KB220298

진짜 종교는
무엇이 다른가

진짜 종교는 무엇이 다른가

초판 1쇄 발행 | 2019년 11월 15일
초판 2쇄 발행 | 2020년 4월 1일

지은이 | 오강남
펴낸이 | 조미현

편집주간 | 김현림
책임편집 | 정예인
표지 디자인 | 씨오디

펴낸곳 | (주)현암사
등록 | 1951년 12월 24일 · 제10-126호
주소 | 04029 서울시 마포구 동교로12안길 35
전화 | 02-365-5051
팩스 | 02-313-2729
전자우편 | editor@hyeonamsa.com
홈페이지 | www.hyeonamsa.com

© 오강남 2019
ISBN 978-89-323-2014-4 03200

이 도서의 국립중앙도서관 출판예정도서목록(CIP)은 서지정보유통지원시스템 홈페이지
(http://seoji.nl.go.kr)와 국가자료종합목록 구축시스템(http://kolis-net.nl.go.kr)에서
이용하실 수 있습니다.(CIP제어번호 CIP2019043927)

진짜 종교는
무엇이 다른가

종교의 심층을 **탐구**한 **인물들**

오강남 지음

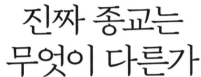

현암사

일러두기

1. 본문에서 개신교 성서의 구절을 인용한 경우 '하나님' 표기를 따랐으며,
   그밖의 경우에는 '하느님'으로 표기하였다.
2. '기원전'은 그리스도교 중심의 연대 계산법인 B.C.(Before Christ) 대신
   BCE(Before Common Era)로 표기하고 '기원후'는 C.E.(Common Era)로 표기하였다.

모든 종교의 심층에는

종교 자체의 중요성을

잃어버리게 하는 경지가 있다.

폴 틸리히

여는 글

탈종교화 시대

이 시대의 가장 중요한 특징 중 하나는 탈종교화 현상이라 합니다. 이른바 산업사회에서는 종교 인구가 급속히 줄어들고 있다는 뜻입니다. 2019년 3월 캐나다 공영방송국《CBC》발표에 의하면 앞으로 10년 안에 캐나다 교회 27,000개 중 9,000개가 문을 닫을 것이라고 합니다. 서방 국가 중 아직도 가장 종교적이라고 할 수 있는 미국의 경우도 지난 25년 간 종교가 없다고 하는 사람들의 수가 200퍼센트 증가하고, 매년 4,500개 교회가 문을 닫는다고 합니다. 어느 연구 결과에 의하면, 미국 청소년들이 고등학교를 졸업하면 절대다수가 교회를 떠나고, 그 중에서 다시 돌아오는 경우는 거의 없다고 합니다. 이런 탈종교화 현상을 두고 미국 성공회 주교 존 쉘비 스퐁John Shelby Spong 신부는 미국에서 제일 큰 동창회가 바로 '교회 졸업 동창회'church alumni association라는 재치 있는 말까지 할 정도입니다.

유럽은 더 말할 것도 없습니다. 미국의 종교사회학자 필 주커먼Phil Zucherman은 그의 책『신 없는 사회』(마음산책, 2012)와『종교 없는 삶』(판미동, 2018)을 통해 북유럽 국가들, 특히 스칸디나비아 3국인 덴마크, 스웨덴, 노르웨이는 실질적으로 '신 없는 사회'라 규정합니다. 그의 연구 결과에 의하면 놀랍게도 이렇게 신 없는 사회, 전통적인 종교가 없는 사회가 사실 세계에서 가장 잘사는 사회라고 했습니다.

최근 아이슬란드 국회에서 "모든 종교는 대량 살상 무기"all religions as weapons of mass destruction라고 선포했다고 말이 미국 어느 웹사이트를 중심으로 떠도는데, 사실 아이슬란드 국회에서 이런 결의를 한 적은 없으며 이는 우스갯소리에 불과하다고 반박하는 글도 있습니다. 사실 여부와 상관없이 이 말은 인류 역사를 비추어 볼 때 진실에 가까운 말이라고 할 수 있습니다. 어느 면에서 잘못된 종교는 대량 살상 무기보다 더 위험하다고 볼 수 있습니다. 대량 살상 무기는 사람들의 육체를 파괴하지만, 잘못된 종교는 우리의 영혼을 파멸시키기 때문입니다. 현실적으로 우리가 일상생활을 하면서 대량 살상 무기에 직접적인 피해를 받을 가능성은 매우 낮습니다. 하지만 잘못된 종교는 오늘날 우리 주위에서도 일상적으로 많은 사람들에게 피해를 주고 있습니다. 전체적으로 보아 순기능보다 역기능으로 작용하는 경우가 더 많기 때문에 결국 종교가 잘못되면 치명적lethal일 수 있다고 주장하는 학자도 있습니다.

한국도 예외가 아닙니다. 2015년 통계에 의하면 우리나라에서 종교가 없다고 하는 무종교인이 전체 인구의 56.1퍼센트라고 합니다. 2010년부터 2015년까지 10년 만에 종교 인구가 무려 9퍼센트, 약 300만 명이 감소하고, 그 이후에는 더욱 급격히 감소하고 있다는 보고가 있습니다. 이제 한국도 무종교 인구가 종교 인구를 훌쩍 넘어섰다는 뜻입니다. 최근에는 신부나 수녀, 비구와 비구니 지망생이 급감했습니다. 특히 주목할 만한 현상은 개신교, 가톨릭, 불교 할 것 없이 일반적으로 '종교 없음'이라고 답한 무종교 층이 연령별로는 10대에서 40대

의 젊은 층, 그리고 교육을 많이 받은 사람들에게서 더욱 두드러진다
는 사실입니다.

탈종교화의 근본 원인

영적으로, 심리적으로, 사회적으로, 정치적으로, 인류의 풍요로운 삶
을 위해 공헌한다고 여겨지던 종교에 왜 이런 현상이 일어나는 것일까
요? 앞에서 언급한 스퐁 신부가 1950년대 노스캐롤라이나 대학교 철
학과를 지망하고 면접을 보는데 과장이 왜 철학을 공부하려고 하는지
질문했다고 합니다. 앞으로 신부가 되기 위해서라고 답하니 그 과장이
"무엇 하려 네 평생을 중세 미신을 다루는 일로 보내려 하는가?" 하고
물었다고 합니다.

정곡을 찌르는 말입니다. 탈종교 현상이 일어나고 있는 것은 물론
여러 가지 복잡한 이유 때문이겠지만, 가장 큰 이유는 뭐니 뭐니 해도
옛 패러다임에 따른 전통 종교의 가르침 대부분이 현재 새롭게 등장한
세계관이나 가치관에 부합하지 않기 때문이라 할 수 있습니다. 기독교
의 예를 들면 종교가 기껏해야 복을 받기 위한 수단으로 여겨지고, 우
주와 세계, 사회와 개인에게서 일어나는 여러 가지 현상을 신의 뜻이
라는 편리한 설명으로 만족하도록 강요하는 경향이 있으며, 성경에 나
온 내용을 문자 그대로 받아들이라고 합니다. 당연히 이런 것들을 현
대인들이 받아들이기는 곤란합니다.

불교와 기타 종교도 대동소이합니다. 예를 들어 티베트 불교의 지
도자 달라이 라마Dalai Lama는 최근에 펴낸 그의 책 『종교를 넘어』(김영
사, 2013)에서 극락과 지옥 같은 인과응보나 상벌을 강조하는 가르침

은 이제 현대인들에게 설득력이 없다고 했습니다. 이런 옛 종교적 패러다임에 기반한 종교를 넘어서서 '종교와 상관없는 도덕'secular ethics을 가르쳐야 한다고 강조합니다.

쇠락하는 종교, 다시 찾아야 하는 종교

그러면 종교는 완전히 없어져야 하는 걸까요? 아니라고 생각합니다. 어떤 종류의 종교를 가져야 하는지가 문제입니다. 종교를 크게 표층과 심층 두 가지 종류로 나눌 수 있다고 봅니다. 오늘날 사라져가는 종교는 사실 표층 종교요, 우리가 이 시대에 정말로 다시 발견해서 도움을 받을 수 있는 종교는 심층 종교라 할 수 있습니다.

여러 해 전 현암사에서 세계 주요 종교들의 역사적 흐름을 간결하고 명료하게 일별하는 것을 일차적 목적으로 책을 내면서 그 제목을 『세계 종교 둘러보기』(2003, 개정판 2013)라 했습니다. 그때 그런 제목을 붙인 것은 언젠가 '세계 종교 깊이 보기'라는 책을 쓰고 싶다는 생각이 있었기 때문입니다. 그러던 차에 서울에서 발간되는 《법보신문》 편집인으로부터 독자들이 세계의 여러 종교들을 더욱 깊이 이해하는 데 도움이 될 수 있도록 세계 여러 종교의 창시자를 비롯해 인류의 위대한 스승들을 소개해달라는 부탁을 받았습니다. 이 기회에 인류의 위대한 스승들의 삶과 가르침을 통해 세계 종교의 '심층'을 들여다보았으면 하는 생각이 들었습니다.

사실 제가 이전에 현암사를 통해 출간하여 화제가 되었던 『예수는 없다』(2001, 개정판 2017)라는 책도 우리가 표층 차원에서 인습적으로 받아들이고 있는 예수가 아니라 심층 차원에서 들여다본 예수와 그의 가르침은 어떤 모습이었을까 하는 문제를 다룬 것입니다. 이제 예수는 물론 다른 인류의 위대한 스승들의 삶과 가르침을 통해 종교의 심층에 무엇이 있을까, 우리가 사랑하고 따라야 할 진짜 종교는 어떻게 다른가, 살펴보고자 합니다.

종교에서 표층과 심층이 무엇일까요? 제가 평생을 비교종교학 전공자로 살면서 세계 종교들을 연구해보고 얻은 결론 비슷한 것은 세계 거의 모든 종교에 표층表層이 있고 심층深層이 있다는, 어찌 보면 평범하기 그지없는, 그러면서도 지극히 중요한 사실입니다. 기독교에도, 불교에도, 힌두교에도, 이슬람교에도, 유교에도 모두 표층과 심층이 공존하고 있습니다. 어느 종교에서나 일반적으로 표층이 심층보다 상대적으로 더 두꺼운 것이 사실입니다. 물론 종교 전통에 따라 어느 종교는 표층이 심층보다 더 두껍고, 어느 종교는 표층이 심층보다 압도적으로 더 두꺼울 수는 있습니다. 그러나 거의 모든 종교는 표층과 심층을 함께 가지고 있다고 보면 틀리지 않을 것입니다.

표층과 심층을 쉽게 이해하기 위해 산타 이야기를 예로 들어봅니다. 네 살이나 다섯 살 된 아이들은 착한 일을 하면 산타 할아버지가 벽난로 옆에 걸어 놓은 양말에 선물을 많이 주고 간다는 것을 그대로 믿습니다. 아이는 자라서 엄마가 양말에 선물을 넣는 것을 보게 됩니다. 그러면 아이는 자연스럽게 '아, 엄마가 산타였구나. 산타 이야기는 선물을 나눈다는 의미구나'라고 깨닫고 지금까지 받기만 하던 것에서 벗어나 자기도 엄마, 아빠, 동생에게 선물을 주는 태도를 지닐 수 있게 됩니다. 좀 더 크면 가족뿐 아니라 온 동네, 좀 더 자라면 사회에서, 또 전 세계 불우한 이들과 사랑을 나누는 것이 산타 이야기의 정신이라는 깨달음을 얻을 수도 있습니다. 사랑을 실천하는 길로 인종차별, 성차별 등이 줄어드는 공평한 사회를 이루기 위해 힘쓸 수도 있고, 인권 문제나 환경 문제 개선을 위해 헌신할 수도 있습니다. 그러다가 정신적으로 아주 성숙하게 될 경우, 크리스마스 이야기는 하늘이 내려오고 땅이 하늘을 영접하는 천지합일天地合一, 신인합일神人合一의 뜻이 있구나 하는 진리를 터득하는 경지에 이르게 되기도 합니다. 이는 표층에서 시작하여 점점 깊이 들어간 경우입니다.

표층 종교와 심층 종교의 차이

표층 종교와 심층 종교의 근본적인 차이는 무엇입니까? 어떻게 다루느냐에 따라 그 차이를 수십 가지로 열거할 수도 있지만 가장 뚜렷하다고 생각되는 몇 가지만 손꼽아봅니다.[1]

첫째, 무엇보다 큰 차이점은 표층 종교가 변화되지 않은 지금의 나, 다석 유영모 선생님의 용어를 빌리면 '제나'를 잘되게 하려고 애쓰는 데에 반하여, 심층 종교는 지금의 나를 부정하고 나를 죽여 '얼나',

---

1 신비주의와 신비체험의 특징에 대해서는 이 방면의 고전이라 할 수 있는 William James, *The Varieties of Religious Experience*(New York: Collier Books, 1961), 한국어 번역본 김재영 옮김, 『종교 경험의 다양성』(한길사, 2000)에서 신비체험의 네 가지 특징을 참조할 수 있다. 또한 Aldous Huxley, *The Perennial Philosophy*(New York: Harper & Row, 1944)를, 한국어 번역본 조옥경 옮김, 『영원의 철학』(김영사, 2014)를 비롯하여 John Macquarrie, *Two Worlds Are Ours: An Introduction to Christian Mysticism*(Minneapolis: Fortress Press, 2004) 1~34쪽 그리고 톰 버틀러 보던 지음, 오강남 옮김, 『내 인생의 탐나는 영혼의 책 50』(흐름출판, 2009) 8~27쪽 등도 참조할 수 있다. William Barrett, ed., *Zen Buddhism: Selected Writings of D. T. Suzuki*(New York: Doubleday, 1996) 103~108쪽에는 선불교를 서양에 소개한 D. T. Suzuki가 '깨침(satori · 悟り)'의 특징 여덟 가지를 소개하고 있다.

즉 새로운 나, '참나', '큰나'로 다시 태어나는 것을 강조합니다. 표층 종교에 속한 사람들은 교회나 절에 다니는 것, 헌금이나 시주를 바치는 것, 열심히 기도하는 것 등을 내가 복을 많이 받아 이 땅에서 병들지 않고 돈도 많이 벌어 보란 듯 살고 죽어서도 지금 그대로 영생 복락을 누릴 것을 염두에 두고 합니다. 그러나 똑같은 일을 하더라도 심층 종교에 속한 사람들은 그런 일을 내 욕심을 줄여가고, 나 자신을 부인하고, 나아가 남을 생각하기 위한 정신적 연습이나 훈련 과정으로 생각합니다.

둘째, 표층 종교는 무조건적인 '믿음'을 강조하는 반면 심층 종교는 '이해'와 '깨달음'을 중요시합니다. 표층 종교에서는 자기 종교에서 주어진 교리나 율법을 무조건 받아들이고 따르면 거기에 따른 보상이 있을 것이라 생각합니다. 심층 종교에서는 지금의 나를 얽매고 있는 선입견이나 고정관념에서 벗어나 지금의 내가 죽고 새로운 나로 태어날 때 필연적으로 따라오는 깨달음을 종교에서 가장 중요한 요소로 여깁니다. 모든 종교적인 의례나 활동도 궁극적으로는 깨달음에 이르기 위한 수단으로 생각합니다. 이런 깨달음은 사물의 좀 더 깊은 차원을 들여다보는 눈뜸입니다. 좀 거창한 말로 표현하면 '의식의 변화' 또는 '주객초월적 의식의 획득'이나 '특수인식능력特殊認識能力의 활성화'라 할 수 있습니다. 이런 깨달음이 있을 때 진정한 해방과 자유가 가능하다고 보는 것입니다.

셋째, 표층 종교는 '신은 하늘에 있고 인간은 땅에 있다'는 식으로 신과 나 사이에 '영원한 심연'만이 있을 뿐이라고 생각합니다. 신과 인간이 관계를 맺으려면 신이 그 심연을 뛰어넘어 인간에게로 오거나 인

간이 하늘을 향해 큰 소리로 외쳐야 된다고 믿습니다. 좀 어려운 말로
하면 신의 초월超越을 강조하는 것입니다. 이와 대조적으로 심층 종교
는 신이 내 밖에도 계시지만 더욱 중요한 것으로 내 안에도 계시다고
생각합니다. 신의 초월과 동시에 내재內在를 주장하는데, 이를 범재신
론汎在神論 · panentheism의 입장이라 합니다.

넷째, 위의 셋째 차이와 직접적으로 관련된 것입니다만, 표층 종
교에서는 신이 '저 위에' 계시기 때문에 자연히 신을 내 밖에서 찾으려
고 하지만, 심층 종교에서는 신이 내 속에 있고, 이렇게 내 속에 있는
신이 나의 진정한 나, 참나를 이루고 있기에 신을 찾는 것과 참나를 찾
는 것이 결국은 같은 것이라 봅니다. 이런 생각을 연장하면 신과 나와
내 이웃, 우주가 모두 '하나'라는 생각을 하게 됩니다. 혼연동체渾然同體,
동체대비同體大悲, 동귀일체同歸一體라는 것입니다. 이렇게 되면 자연히
나 스스로도 늠름하고 의연한 삶을 살 수 있는 자유를 누리게 되고 내
이웃에게도 하늘 모시듯 하는 사랑과 자비의 마음을 가지게 됩니다.

다섯째, 의식의 변화를 통해, 깨침을 통해, 내 속에 있는 신을 발
견하는 일, 참나를 찾는 일 등의 경험은 너무나 엄청나고 놀라워서 도
저히 말이나 글로 표현할 수가 없습니다. 그래도 표현한다면 그것은
어쩔 수 없이 상징적symbolical, 은유적metaphorical, 유추적analogical 수단을
사용할 수밖에 없습니다. 보통의 말은 인간사에서 일어나는 보통의 경
험을 표현하기 위한 것이기에 이런 엄청난 경험은 말로 표현할 수가
없다는 것입니다. 따라서 심층 종교의 사람들은 종교 전통에서 내려오
는 경전들의 표피적인 뜻에 매달리는 '문자주의'를 배격합니다. 표층
종교에서 경전을 '문자대로', '기록된 대로', '그대로' 읽고 받아들여야

한다고 할 때 심층 종교는 문자 너머에 있는 '속내'를 알아차려야 한다고 가르칩니다.

여섯째, 표층 종교는 주로 내세 지향적입니다. 죽어서 극락이나 천당에 가는 것을 중요하게 생각합니다. 그러나 심층 종교는 '지금 여기'에서 이웃과 사회와 인류를 위해 내가 할 일이 무엇인가 찾아 의미 있는 삶을 살려고 합니다.

심층을 찾아야

사실 종교인들은 대개 표층에서 시작합니다. 특별한 경우를 예외로 하면 지금까지 거의 모든 종교에서 이런 표층 종교인이 절대다수를 이루었습니다. 문제는 이제 많은 종교인이 개인적으로도, 시대적으로도 인지가 고도로 발달하고 여러 가지 문화 환경도 급격히 변화된 상태라 위에서 지적한 것과 같은 표층적 종교로는 만족할 수가 없게 되었다는 것입니다. 나이가 마흔이 되었는데 아직도 산타 할아버지를 기다리며 굴뚝을 쑤신다는 것은 보통 사람으로서는 하기 힘든 일이기 때문입니다. 병이 나면 병원에 가고 돈이 필요하면 은행에 가야 하는 것으로 생각하는 것이 당연한 세상입니다. 더 이상 종교를 병을 고치거나 돈을 벌게 해주는 등 개인적, 집단적 이기심을 충족시키기 위한 마술 방망이쯤으로 생각할 수가 없게 되었습니다.

오늘날 많은 사람들이 종교를 떠나는 것은 대부분 표층적인 종교가 종교의 전부라고 오해하기 때문이라 볼 수 있습니다. 문제는 종교에서 심층 차원을 찾는 것입니다. 우리는 종교의 심층 차원이 가져다줄 수 있는 '시원함'에 목말라 있습니다. 종교의 이런 심층 차원을 종교사에서 보통 쓰는 말로 바꾸면 신비주의神秘主義·mysticism입니다. '신비주의'라고 하면 일반적으로 부정적인 시각으로 보기 쉽습니다. 그것은 '신비주의'라는 말의 모호성 때문이라 할 수 있습니다. 똑같은 말은 아니지만 신비주의라는 말 대신 '영성'이라든가, 독일 철학자 라이프니츠가 창안한 '영속철학'perennial philosophy이라는 말을 쓰는 이도 있고 '현교적'顯敎的·exoteric 차원과 대조하여 '비교적'秘敎的·esoteric 차원이라는 말을 쓰기도 합니다. 그러나 이런 말들도 모호하기는 마찬가지입니다.[2]

이런 아리송함을 덜기 위해 독일어에서는 신비주의와 관련하여 두 가지 말을 사용하고 있습니다. 부정적인 뜻으로서의 신비주의를 'Mystismus'라 하는데, 일반적으로 영매, 육체 이탈, 점성술, 마술, 천리안 등 초자연현상이나 그리스도교 부흥회에서 흔히 발견되는 열광적 흥분, 신유체험과 같은 것을 지칭하는 말입니다. 이런 일에 관심을 보이거나 거기에 관여하는 사람을 'Mystizist'라 합니다. 이와는 대조적으로 종교의 가장 깊은 면, 인간의 말로 표현할 수 없는 순수한 종교적 체험을 목표로 하는 신비주의는 'Mystik'이라 하고 이와 관계되거나 이런 일을 경험하는 사람을 'Mystiker'라 합니다.

신비주의에 대한 정의로 중세 이후 많이 쓰이던 'cognitio Dei experimentalis'라는 말이 있습니다. '신을 체험적으로 인식하기'이며, 신, 절대자, 궁극 실재를 몸소 아는 것입니다. 그러나 이때 '안다'고 하는 것은 이론이나 추론, 개념이나 논리, 교설, 문자를 통하거나 다른

---

2 필자도 다른 글에서는 종교를 닫힌 종교와 열린 종교로 분류하고 신비주의적 심층 차원을 '열린 종교'라 한 적이 있다. 『종교란 무엇인가』(김영사, 2012)이나 Frithjof Schuon, *The Transcendent Unity of Religions*(New York: Quest Books, 1984) 등을 참조할 수 있다.

사람이 하는 권위 있는 말을 믿음으로써 아는 것이 아니라, 나 자신의 영적인 눈이 열림을 통해, 나 자신의 내면적 깨달음을 통해, 의식의 변화를 통해, 직접적으로, 그리고 체험적으로 안다는 것을 의미합니다. 사실 "신비주의적 요소가 없는 종교는 진정한 의미에서 종교라 할 수 없다"라고 볼 수 있습니다.[3]

그래도 '신비주의'라는 말이 거슬린다면 일단 그것을 우리가 여기서 하는 것처럼 '심층 종교'라 부르는 것이 좋으리라 생각합니다. 20세기 최대의 가톨릭 신학자 칼 라너Karl Rahner(1904~1984년)는 "미래의 그리스도인은 신비주의자mystic가 되지 않으면 더 이상 존재하지 못하게 되고 말 것"[4]이라고 예견했습니다. 독일 신학자로서 미국 뉴욕에 있는 유니온 신학대학원에서 오래 가르친 도로테 죌레Dorthee Soelle(1929~2003년)도 최근에 펴낸 『신비와 저항』이라는 책에서 신비주의 체험이 역사적으로 특수한 몇몇 사람들에게만 가능한 무엇이 아니라 이제 더욱 많은 사람에게서 있을 수 있는 일이 되어야 한다고 역설하면서 이른바 '신비주의의 민주화'democratization of mysticism[5], 대중화를 주장했습니다. 두 대가들이 거론하는 '신비주의'는 물론 우리가 상식적으로 생각하는

---

3   필자는 이 말을 대학 시절 읽은 김하태 박사의 글에서 접하고, 그 후 신비주의 문제에 관심을 가지게 되었다. 김하태 박사는 이후에 쓰신 다른 글에서도 신비주의를 '모든 종교 경험의 정점'(the pinnacle of all religious experiences)이라고 표현했다. 필자는 그의 직접적인 제자는 아니지만, 김하태 박사에 대한 고마움의 표시로 그의 제자들이 펴낸 90회 생신 축하 문집에 「신비주의 관점에서 본 불교와 기독교의 만남」이라는 글을 실었으며 이 글은 필자의 책 『불교, 이웃종교로 읽다』(현암사, 2006) 340~355쪽에 「불교 기독교 무엇으로 다시 만날까」라는 제목으로 실려 있다.

4   Karl Rahner, *Concern for the Church*(New York: Crossroad, 1981) 149쪽. "The Christian of the future will be a mystic or he will not exist at all."

5   정미현 옮김, 『신비와 저항』(이화여자대학교출판부, 2007), 독일어판 *Mystik und Widerstand*, 영문판 *The Silent Cry: Mysticism and Resistence*(Minneapolis: Fortress, 2001).

의미의 '신비주의'가 아니라 여러 종교 전통을 관통해서 흐르는 종교의 가장 깊은 '심층'을 의미하는 것입니다.[6]

이 책은 종교의 심층을 다루는 것이지만 학술 서적이 아니라 일반 독자를 위한 책이므로 본문에서는 각주를 거의 생략했습니다. 여기저 기서 읽은 자료를 자유롭게 인용하기도 하고, 필자가 전에 쓴 책에서 비슷한 주제를 다룬 것이 있으면 가져다 요약하거나 부연하여 넣기도 했습니다. 여기 등장하는 인류의 스승들은 예수, 붓다, 무함마드 등 몇 분을 제외하면 스스로도 많은 글을 남겼고, 그들에 대한 연구 논문이 나 저술도 많습니다. 이런 분들의 삶과 가르침을 각각 원고지 25매가 량으로 축약한다는 것은 무리일 수밖에 없습니다.

이 책은 그야말로 '달을 가리키는 손가락'에 불과합니다. 오로지 이 책을 통해 종교에는 우리가 상식적으로 생각하는 것보다 훨씬 더 깊은 차원이 있다는 사실이 밝혀지기를 바랄 뿐입니다. 또 글을 이 책 에 나온 순서대로 쓴 것이 아니기에 읽으실 때도 특별한 순서 없이 흥 미로운 부분부터 읽으셔도 좋을 것입니다.

감사와 바람

이 글을 쓰도록 제안하고 열심히 편집 및 활자화해주신 《법보신문》의 당시 김형규 편집부장과 글을 읽어주신 독자들, 이 책을 위해 추천사 를 써주신 도법 스님, 정양모 신부님, 김경재 목사님께 진심으로 감사 드립니다. 『종교, 심층을 보다』(현암사, 2011)의 개정판인 이 책을 출간

---

6 이와 비슷한 주장을 하는 이로는 하버드 신과대학의 하비 콕스 교수를 들 수 있다. 그에 의하면 미래는 '성령의 시대'(Age of Spirit)가 될 것이라 한다. 김창락 옮김, 『종교의 미래』(문예출판사, 2010)를 참조.

하기로 결정하신 현암사 조미현 대표, 이를 위해 힘써주신 김현림 주간, 정예인 편집자에게 깊이 감사드립니다. 또 유영모, 함석헌 편을 읽어주시고 조언해주신 씨알재단 상임이사 박재순 박사님, 조지 폭스와 함석헌 편을 읽어주시고 몇 가지 고쳐주신 함석헌 전문가 김성수 박사님께 감사드립니다. 초벌 원고를 보고 조언해주신 서울대 체육학과 과장 최의창 교수, 『유진의 학교』라는 훌륭한 교육철학서를 소설 형식으로 내신 한석훈 교수, 제자의 자리에서 어엿한 동료 교수가 되었을 뿐 아니라 한국 종교학계의 기둥이 될 서울대 종교학과 성해영 교수에게 고마움을 전합니다. 이 세 분은 각각 체육, 교육, 종교가 궁극적으로 참나를 발견하는 데 도움을 주는 것이어야 한다는 데 저와 뜻을 같이 하는 분들입니다. 국내에서 이 책을 마무리할 때 여러 가지로 도움을 주신 당시 중원대학교 홍기형 총장님께도 감사드립니다.

약사이자 캐나다 한인 사회봉사자로서 바쁜 나날을 보내면서도 언제나 저에게 힘이 되어주는 동반자 오(강)유순裕純·Eunice, 세 아들 유진裕珍·Eugene, 유민裕珉·Dennis, 유현裕玹·Jason과 두 며느리 Joanna와 Bonnie에게도 고마움을 전합니다. 네 손자 이언怡彦·Nathan, 시언時彦·Owen, 지언志彦·Thomas, 리언利彦·James에게 이 책을 선물합니다. 아이들이 비록 미국과 캐나다에 살고 있지만 자라서 이 책을 읽을 수 있기를, 적어도 이 책에 나오는 위대한 스승들의 삶과 가르침을 마음에 새기면서 살아갈 수 있으면 하는 바람입니다. 지금 이 책을 읽으시는 독자들 덕택에 이 아이들이 종교에 관심을 가지게 될 앞날에는 미신에 가까운 표층 종교가 사라지고 심층 종교가 우리 사회에 더욱 보편화되리라 확신합니다. 그런 의미에서 모든 독자에게도 함께 감사드립니다.

　현재 우리 주위에서 발견되는 표층 종교에 실망하고 진짜 종교, 종교의 깊은 차원에 목말라하는 많은 이들이 맑은 물이 샘솟는 옹달샘을 찾아 발걸음을 재촉하는 데 이 책이 조금이라도 도움이 될 수 있다면 저에게는 더할 수 없이 큰 기쁨이 될 것입니다.

2019년 10월

캐나다 밴쿠버에서

오강남

이슬람교의 성인들

동아시아의 사상가들

그리스·로마의
철학자들

소크라테스
플라톤
플로티노스
에픽테토스

소크라테스
Socrates

철학을 지상으로 끌어내리다

"검토되지 않은 삶은 살 가치가 없다"

무지를 자각한다는 것

소크라테스(기원전 470~기원전 399년)는 붓다, 예수, 공자와 함께 '세계 4대 성인'으로 추앙받고 있다. 어떤 기준으로 선정됐는지 모르지만, 서양 사상사에 끼친 그의 공헌을 생각하면 그리 지나친 평가라 할 수 없다. 소크라테스는 그리스철학사 전체를 '소크라테스 이전'과 그 이후로 나눌 정도로 일종의 분기점 역할을 한 사람이다. 키케로는 소크라테스를 두고 "철학을 하늘에서 땅으로 끌어내린 사상가"라고 했다. 소크라테스는 서구 철학의 기초를 형성한 사람으로서 플라톤과 그 이후 그리스철학자들뿐 아니라 서양 사상사 전체에 절대적 영향을 끼쳤다. 중국의 철학자 펑유란^{馮友蘭}은 소크라테스와 플라톤 및 아리스토텔레스의 관계를 중국 철학에서 공자와 맹자, 순자의 관계와 비슷하다고 말한 적이 있다.

소크라테스는 그리스 아테네의 가난한 석수 아버지와 산파 어머니 사이에서 태어났다. 늦은 나이에 결혼하였는데, 그의 아내 크산티페는 '악처'라는 어느 정도 억울한 누명을 쓰고 있다. 이들 사이에 아들 셋이 있었다. 소크라테스의 용모에 대한 기록이나 지금까지 보존된 흉상에 의하면 그는 못생긴 남자였다. 대머리에 눈도 툭 튀어나오고 코도 뭉툭하고 입술도 두툼한 데다가 배까지 불룩하여 땅딸막한 남자의 상이다. 그러나 그는 여러 가지 탁월한 덕성을 갖추고 있어서 인간적인 매력을 지닌 사람이었다. 특히 집중력이 강하여 어느 생각에 몰두하게 되면 생각이 정리될 때까지 몇 시간이고 그 자리에서 움직이지 않았다고 한다.

어려서 정규교육은 받지 못했다. 젊어서 보병으로 세 번이나 전쟁에 참가하여 병역 의무를 수행했다. 나이가 들면서 자연철학에 심취하기도 하고 그 당시 유행하던 소피스트(궤변철학자)들과 가까운 관계를 맺기도 했다. 그러나 자연철학이나 소피스트 철학 둘 다 만족스럽지 못하다는 결론에 이르렀다. 지적으로 방황하고 있던 어느 날 갑자기 자기가 할 일이 무엇인가 하는 사명감 같은 것을 느끼게 되었다. 자기가 할 일이 바로 아테네 사람들의 '무지'를 일깨우고 인간 속에서 참된 자아를 찾는 것이라 생각했다.

누추한 옷을 입고 아테네 시가를 걸어 다니며 그를 따르던 제자들이나 우연히 마주치게 되는 사람들에게 깨달음을 얻도록 했지만, 무보수였기 때문에 가난한 삶을 면치 못했다. 60세 정도에 의회 의장직을 맡기도 했지만 곧이어 70세에 '국가에서 믿는 신들을 믿지 않고, 새로운 신들을 도입하고, 젊은이들을 타락시키는 불경죄'로 사형 언도를 받고 다음 해 사약을 마시고 죽었다. 독배를 마시고 숨을 거두기 직전 "크리톤이여, 우리가 아스클레피오스에게 닭 한 마리 빚을 졌지 않소. 잊어버리지 말고 그에게 진 빚을 갚도록 해주오"라고 당부했다고 한다. 그는 또 "이제 떠나야 할 시간이 되었소. 각자 제 갈 길을 갑시다. 나는 죽기 위해서, 여러분은 살기 위해서. 어느 쪽이 더 좋은가 하는 것은 신만이 알 수 있을 뿐"이라는 유명한 말을 남겼다.

소크라테스 스스로는 아무 글도 남기지 않았다. 그의 사상 거의 모두는 사실 그의 제자 플라톤을 비롯하여 크세노파네스 및 아리스토텔레스 등의 기록을 통해 전해 내려오는 것이다. 그의 말들은 거의가 플라톤이 쓴 많은 저서에서 등장인물로 나타나 다른 이들과 나누는 대화를 이끌어가면서 한 말들이다. 이 때문에 학자들 중에는 우선 소크라테스가 역사적 인물인가 의심하는 이들도 있고, 또 비록 역사적으로 실존하는 인물이었다 하더라도 플라톤이 그의 저서에서 소크라테스의 입을 통해 실질적으로는 자신이 가지고 있던 사상을 표현한 것일 수 있기 때문에 소크라테스의 사상이란 결국 플라톤의 사상이 아닌가 주장하는 사람들도 있다. 이 문제가 철학사에서 자주 거론되는 '소크라테스의 문제'Socratic problem라는 것이다. 우리는 이런 복잡한 역사적 문제를 떠나 플라톤의 대화에 등장해서 소크라테스가 했다는 말을 일단 소크라테스의 사상이라 가정하고 그의 사상을 살펴보기로 한다.

『소크라테스, 공자, 석가, 예수, 모하메드』를 쓴 독일의 철학자 칼 야스퍼스Karl Jaspers에 의하면 소크라테스의 삶을 이루고 있는 핵심적인 요소는 세 가지였다. 첫째, 진리는 우리가 끊임없이 질문하면 스스로 드러난다는 것, 우리가 스스로 무지하다는 것을 알면 허무에 떨어지는 것이 아니라 오히려 우리 삶에 필수적인 앎에 이르게 된다는 것에 대한 신뢰심, 둘째, 국가의 신성성에 대한 믿음, 셋째, 자기 자신의 다이모니온daimonion에 대한 확신이라고 했다. 소크라테스의 사상을 이런 관점에서 일별해보기로 하자.

지식과 행동은 하나

소크라테스가 35~40세 정도였을 때 그의 친구 하나가 "아테네에서 제일가는 현자는 소크라테스이다"라는 델포이 신전의 신탁을 소크라테스에게 전해주었다. 소크라테스는 이 말을 이해할 수 없어서 당시 아테네에 사는 유명 인사들을 만나보았다. 그 결과 그들도 역시 무지하다는 것을 알았지만, 자기는 스스로 무지하다는 것을 알고 있고, 아테네의 다른 이들은 자신들이 무지하다는 것을 모르고 있다고 하는 것이 차이임을 깨닫게 되었다. 그리고 바로 이렇게 자기의 무지를 자각하고 있었기 때문에 스스로가 아테네 제일가는 현자로 칭해짐도 깨닫게 되었다. 이처럼 "내가 아는 것은 오로지 내가 아무것도 모른다는 사실뿐"이라는 식으로 자기의 무지를 아는 것을 중세철학자 쿠자누스는 '박학한 무지'docta ignorantia라 했다.

이런 깨달음을 바탕으로 소크라테스는 "네 자신을 알라"gnōthi seauton는 것을 그의 철학적 삶을 이끄는 원칙으로 삼았다. 이 말은 사실 소크라테스 자신의 말이 아니라 델포이 신전의 신탁으로 그 신전의 비명碑銘이었다. 그는 이 말처럼 아테네 사람들이 스스로의 무지를 깨닫고 무지와 편견에서 벗어나도록 도와주려고 노력하였다.

이런 목적을 위해 소크라테스가 취한 방법 중 하나는 '대화'였다. 아테네 사람들이 서로 이야기하기를 좋아했지만 특히 소크라테스는 대화야말로 진리를 이끌어내기 위한 수단이라 생각했다. 그에게 있어서 교육이란 모르는 사람이 질문을 하고 아는 사람이 가르치는 것처럼 아는 사람이 모르는 사람에게 일방통행식으로 지식을 주입시키는 통상적 방법이 아니었다. 그 대신 대화를 통해 서로 일깨움을 얻도록 하려는 것이었다. 이렇게 대화할 때 소크라테스는 자신의 이론이나 논리를 전개해서 상대방을 가르치거나 굴복시키는 것이 아니라, 상대방에게 질문하고 상대방의 대답 자체에 모순이 있음을 보여주어 상대방이 스스로 자기의 무지를 깨닫고 앎에 이르도록 하려는 것이었다.

이것이 그 유명한 소크라테스의 '산파술'이다. 산파는 아기를 만드는 사람이 아니라 아기가 산모의 몸 밖으로 나오도록 하는 데 도움을 주는 사람인 것처럼, 서로 대화를 통해 다른 사람 속에 있는 진리의 씨앗을 이끌어내는 방식을 취한다는 뜻이다. 소크라테스는 잘 알려진 바와 같이 스스로를 아테네 사람들을 괴롭히는 쇠파리gadfly라 했다. 안이한 생각과 지적 자만에 빠진 아테네 사람들을 성가시게 하여 아테네 사람들이 진정으로 자기들의 참나를 발견하도록 애썼다는 뜻이다.

소크라테스는 지식과 행동이 하나라고 주장했다. 진정으로 알면 그것을 실천하게 되는 것이고, 실천을 하지 않는다는 것은 진정으로 알지 못하기 때문이라고 보았다. 알고도 행하지 않는다는 것은 있을 수 없다. 알고도 행하지 않는다는 것은 진정으로 알지 못하기 때문이다. 옳은 것이 무엇인가를 알지 못하면 그것을 행동으로 옮길 수 없지만, 옳은 것이 무엇인가를 알면 그것을 행동으로 옮기지 않을 수 없다는 것이다.

소크라테스는 이런 지행합일知行合一의 이론을 자신의 삶을 통해 스스로 보여주었다. 그가 체포되고 사형선고를 받은 다음, 사형이 집행되기 전 그의 친구가 탈옥할 것을 권유했다. 그러나 그는 국가와 법을 저버릴 수 없다고 하여 그 청을 거부하고 죽음을 그대로 받아들였다. "악법도 법이다"라는 말은 소크라테스 자신이 한 말이 아니다. 소크라테스는 악법도 법이기 때문에 죽음을 받아들인 것이 아니라 그가 사랑하던 국가의 신성성에 대한 믿음 때문에 죽음을 택한 것이다. "악법도 법이다"라는 말은 소크라테스의 죽음을 기초로 하여 꾸며낸 말로서 그 후 독재자가 즐겨 쓰는 말이 되기도 했다.

소크라테스는 소피스트 철학자처럼 모든 것을 회의하거나 모든 것을 상대적인 것으로만 여기는 것을 거부했다. 그는 천박한 변증법적 유희가 그의 사고를 인도하도록 버려두지 않았다. 그것은 자기 속에 일종의 내적 소리와 같은 것이 깃들어 있어서 자기를 올바른 길로 인도해준다고 믿었다. 그는 이것을 '다이모니온'이라 했다. 일종의 양심의 소리, 혹은 도道의 힘 같은 것이라 볼 수도 있다.

소크라테스 스스로는 학파를 형성하지 않았다. 그러나 플라톤과 다른 네 명의 소크라테스주의자들에 의해 이른바 소小소크라테스학파가 성립되었다. 물론 소크라테스의 사상은 그의 애제자 플라톤에 의해 계승되고 논리적으로 더욱 체계화되고 구체화되었다. 플라톤은 소크라테스를 두고 "당대의 모든 사람 중 가장 사려 깊고 정의로운 사람이었다"라고 칭송하고 있다.

소크라테스는 "검토되지 않은 삶은 살 가치가 없다"고 했다. 소크라테스의 삶과 가르침을 보면서 우리는 새삼 배부른 돼지로 만족하며 살 것인가, 아니면 배고픈 소크라테스가 되어 우리의 삶을 검토하고 우리의 무지를 깨달아 참나를 찾는 경지에 이르려고 할 것인가 자문해 보게 된다.

플라톤
Plato

이데아, 참된 앎을 찾아서

"동굴에서 나오라"

이상적인 국가, 윤리적인 삶

플라톤(기원전 427~기원전 347년)은 소크라테스의 제자이며 아리스토텔레스의 스승이기도 하다. 소크라테스가 독배를 마시고 죽을 때 플라톤은 28세였고, 플라톤이 81세로 죽을 때 아리스토텔레스는 37세였다. 이 셋은 고대 그리스철학사에서 가장 중요한 인물들이라 할 수 있다. 그러나 서양 사상사에서 플라톤만큼 실질적으로 큰 영향을 준 인물은 없다고 보는 것이 일반적 견해이다. 미국 철학자 화이트헤드는 서양철학사는 플라톤에 대한 일련의 '주석' footnotes에 불과하다고 할 정도였다. 철학사뿐만 아니라 '그리스도교 신비주의의 원류'라 불릴 정도로 서양 신비주의 신학은 플라톤과 그의 사상을 계승한 신플라톤주의자 플로티노스를 근원으로 삼고 있다고 해도 과언이 아니다.

플라톤은 기원전 427년, 그리스 아테네에서 민주제도를 반대하다가 몰락한 아테네 귀족 가문에서 태어났다. 그가 민주주의democracy를 주장하는 사람들을 '민중선동가' demagogues라 여기며 반대한 것은 이런 출신 배경에서 볼 때 자연스러운 일이었는지도 모른다. 플라톤은 21세부터 소크라테스 문하에 들어갔다가 스승이 죽은 후 이집트 등지를 여행하며 여러 사상가들을 만났다. 그중 이탈리아에서 피타고라스학파 사람들을 만나 그들의 수학적 사유 방법과 신비주의적 가르침에 큰 영향을 받았다. 잠시 아테네로 돌아왔다가 친구 디옹의 소개로 이탈리아 시칠리아로 가서 독재자 디오니시우스와 교류했지만 정치적 견해가 서로 달라 그곳을 떠났다. 다시 아테네로 돌아와 40세 때 그 유명한 아카데미아를 창설하여 제자들을 양성했다.

아카데미아가 처음에는 그의 집이었으나 후에 아테네에서 유일한 전문 교육 기관으로 발전했다. 60세 무렵 다시 시칠리아로 가서 독재자 디오니시우스의 후계자를 위해 교육과 국정에 관여했지만 이런 관계도 오래가지 못하고, 결국 아테네로 돌아와 교육과 저술에 전념하다가 세상을 떠났다.

플라톤의 저작으로 35편의 대화편과 13통의 서간집이 전해 내려온다고 하지만, 학자들 중에는 이런 것이 모두 플라톤이 쓴 것이라 주장하는 사람이 있는가 하면 모두가 위작僞作이라 말하는 사람도 있다. 그중 플라톤이 썼으리라 여겨지면서 잘 알려진 것은 『소크라테스의 변명』Apologia, 『프로타고라스』Protagoras, 『향연』Symposium, 『국가』Politeia 등이다.

아테네에는 소크라테스 이전부터 이른바 '대화법'eristic이 유행하고 있었다. 그 유명한 궤변철학자 프로타고라스가 이를 창안하여 퍼뜨리지 않았을까 보기도 한다. 이런 대화법에는 질문하는 사람과 대답하는 사람이 등장한다. 대답하는 사람이 어떤 명제나 주장을 설정하여 이를 방어하는 입장이 되고 질문자는 대답하는 사람이 오로지 '예'나 '아니오'로만 대답할 수 있게 계속해서 질문을 하여 그 대답들이 결국 대답하는 사람이 본래 제시했던 명제나 주장과 모순된다는 것이 밝혀지게 유도하므로 그 명제나 주장 자체가 성립될 수 없는 것임을 증명하려 한다.

일정 시간 이런 식으로 대화하여 대답하는 사람이 코너에 몰리지 않고 자기의 주장을 방어할 수 있으면 대답하는 사람이 이기고, 질문하는 사람이 대답하는 사람의 대답으로 모순을 밝혀내면 질문자가 이기는 것이다. 이런 맞짱 토론을 청중 앞에서 하여 청중이 일종의 배심원처럼 승패를 가르도록 하였다.

프로타고라스는 이런 대화법을 장차 정치인이나 변호사가 되려고 하는 젊은이들에게 수업료를 받고 가르쳤다. 그러나 철학사적으로 중요한 것은 이런 대화법을 플라톤이 '변증법'辨證法 · dialectic이라는 이름으로 채택하여 그의 많은 저술에서 소크라테스와 다른 이들이 대화하는 형식을 통해 진리에 이르는 과정을 보여주려 했다는 사실이다.

플라톤의 사상은 너무나 방대하여 작은 지면에 요약하는 것 자체가 무리라 할 수 있다. 그는 정치에 관한 글을 많이 남겨 '현대 국가론의 아버지'라는 칭호를 받기도 하지만, 정치에 관한 저술은 언제나 그의 종교적이고 윤리적인 관심을 배후에 깔고 있었다. 말하자면 이상적인 국가를 이루어 윤리적인 삶을 살기 위해서는 진정한 깨달음을 통해 실재實在를 볼 때에 비로소 가능하다는 식이다. 그의 사상 중 이 책의 주제와 관계있을 것으로 생각되는 몇 가지를 소개하고자 한다.

실재의 세계, 감각의 세계

사실 플라톤에 있어서 가장 중요한 이론은 이른바 '이데아 Idea론'이라는 것이다. 간단히 말하면 영원불변한 실재의 세계는 '이데아'의 세계로서, 우리가 지금 우리의 감각을 통해 알고 있는 현상세계, 우리가 매일 경험하고 있는 일상의 세계는 이데아의 모방에 불과한 가상假象 세계일 뿐이라는 것이다.

예를 들어, 우리 주위에는 여러 가지 책상들이 있다. 낮은 것, 높은 것, 둥근 것, 네모난 것, 나무로 된 것, 쇠로 된 것 등등. 이렇게 다른 모양으로 된 책상들이지만 우리가 이 모두를 '책상'으로 알고 있는 것은 각기 다른 책상 너머에 이 모든 특성들을 포괄하는 '책상이라는 이데아' 혹은 이상理想이 있기 때문이라는 것이다. 우리가 경험하는 모든 책상들은 이 이상적 책상의 특수 모사품이라는 것이다.

물질세계만 그런 것이 아니라 추상적인 것들도 마찬가지라고 한다. 구체적으로 아름다운 것들이 아름다운 것은 그것이 아름다움이라는 이데아를 표출하고 있기 때문이다. 현상세계의 아름다운 사물들이란 아름다움이라는 이데아의 반영일 뿐이라는 것이다.

이런 이론을 플라톤은 그의 유명한 '동굴의 비유'에서 구체적으로 이야기하고 있다. 그의 책 중 가장 잘 알려진 『국가』에 나오는 이야기이다. 이상적인 국가의 이상적인 지도자가 될 수 있는 자격이 바로 영원한 실재의 세계를 그대로 볼 수 있는 능력임을 강조하면서 들려주는 비유이다.

실상의 세계를 보지 못하고 감각의 세계가 유일한 세계라고 여기고 있는 사람들은 마치 어두운 동굴에 갇혀 있는 사람들과 같다고 했다. 동굴 안에 갇힌 사람들은 동굴 안쪽으로만 바라볼 수 있도록 사슬에 매여 있다. 동굴 밖에는 불을 피워놓았는데, 그 불과 동굴 사이에 길이 있어 사람들이 오가고 있다. 동굴 안에 갇힌 사람들은 동굴 벽에 비친 사람들의 그림자만 볼 수밖에 없고 그것이 실재의 전부라 잘못 알고 있다는 것이다. 플라톤에 의하면 이것이 현상세계에 살고 있는 우리 일반 사람들의 형편이라는 것이다. 오로지 우리를 얽매고 있는 쇠사슬을 끊고 햇빛이 환하게 비치는 바깥세상으로 나오는 사람만이 실재의 세계를 볼 수 있고, 플라톤에 의하면 이런 사람만이 이상적인 국가의 지도자가 될 자격이 있다는 것이다. 이것이 그가 말하는 '철인 왕'philosopher kings이라는 것이다.

그러면 이 현상세계 너머에 있는 실재의 세계를 진정으로 알 수 있는 방법은 무엇일까. 동굴의 비유에서 말한 것처럼, 이 무상한 그림자의 세상에서부터 영혼의 눈길을 돌려 참된 세상을 바라볼 수 있게 되어야 한다. 어둠에서 빛으로 나와, 영원한 실재의 세계가 비춰주는 환한 빛을 받아야 한다.

플라톤에 의하면, 우리의 영혼은 본질적으로 실재의 세계에 속했기 때문에 본래 그 세계를 직접 보고 즐기고 있었다. 그러나 우리의 영혼이 육체를 쓰고 이 세상에 내려올 때 '망각의 강'을 건너오면서 그 물을 마시므로 실재의 세계를 망각하게 되었다는 것이다. 마치 '조개껍질에 갇힌 조개처럼' 육체에 매여 있는 우리가 일상적 지각을 통해서는 이런 세계를 볼 수 없고, 오로지 상기想起함, 혹은 그 '기억을 되살림'anamnesis을 활용해야 한다고 했다.

플라톤에 의하면 이것은 이 세상의 구체적인 사물을 통해 이데아의 세계를 회상하고 다시 그것과 접하는 것을 의미한다. 이 감각 세계에서 볼 수 있는 아름다운 것들을 보면 그 아름다운 것들을 아름답게 해주는 이데아로서의 아름다움 자체를 상기하게 되고, 우리 속에 그것을 사모하는 마음(에로스)이 솟아나, 결국에는 영원하고 완전한 아름다움 자체를 볼 수 있게 된다는 것이다. 예를 들어 "소년의 육체적 아름다움에 대한 사랑의 감정을 출발점으로 하여 아름다움 자체를 볼 수 있게 되면, 결국은 절대적 아름다움에 이르려는 우리의 목표에 아주 가까이 접근하게 된다"고 했다.

그렇다면 플라톤에 있어서 참된 앎이란 무엇일까? 그에게 있어서 참된 앎이란 지혜를 통해 얻을 수 있는 봄vision이다. 지혜는 각 사람이 가지고 있는 '영혼의 눈'으로서, 현재는 감각적인 세계를 즐기느라 아래만 내려다보고 있지만 그 눈을 들어 참된 세계의 사물을 보게 될 것이라고 했다. 이 영혼의 눈을 그는 '누스'Nous라고 했는데, 이것은 직관적 통찰로서 '갑작스럽게 번뜩하고' 진리의 편린을 보게 해주는 힘이라고 했다. 누스를 사람 모두에게 있는 신적인 요소 혹은 '다이몬'daemōn이라 하기도 했다. 영혼이 가지고 있는 이런 능력을 통해 실재의 세계에 접할 수 있게 된다는 것이다.

우리가 참으로 행복할 수 있는 길은 이런 실재의 세계를 깨닫는 것, 거기에 눈뜨는 것, 그리하여 변화를 받는 것, 그리하여 자유로워지는 것이라 보았다. 실제적으로 이런 일을 가능하도록 도와주는 지적 준비 작업이 바로 앞에서 말한 변증법이다. 오랜 공부를 거쳐 어느 날 현상세계에서 그것의 근원이 되는 실재의 세계로 옮겨지게 되는데, 이런 궁극 실재 앞에서 인간의 생각이나 말은 의미가 없어지고, 오로지 역설만이 가능하게 된다고 했다. 불교에서 화두話頭나 공안公案의 도움으로 일상적 앎의 한계를 자각한 결과 얻어지는 일종의 깨침을 통해 실상의 세계에 눈뜸을 이야기하는 것과 비슷하다고 볼 수 있을 것이다.

역사적으로 서양에서는 플라톤의 사상을 이원론으로 받아들였다. 영원불변하는 이데아의 세계와 유전流轉 변화하는 현상세계의 차이를 너무 부각한 나머지 그 조화를 충분히 강조하지 못했다고 하는 점은 인정하지 않을 수 없을 것이다. 이 점이 불교 화엄 사상과의 다른 점이라 볼 수 있다.[7] 그러나 플라톤의 사상은 여러 면에서 불교를 연상하게 한다. 특히 언설의 차원을 넘어서서 내면적 깨침을 궁극 목표로 삼았다는 데서 선불교의 한 면을 보는 것 같다고 해도 지나치지 않으리라.

7_ 화엄 사상은 현상세계를 부정하기보다 그것을 완전한 실체의 한 면으로 인정하고, 나아가 현상세계와 본질 세계의 상호 연관성을 강조한다.

플로티노스
Plotinos

서양 신비주의 사상의 원조

"하나—者로 돌아가라"

신플라톤주의 창시자

플로티노스(205~270년)는 일반적으로 플라톤 사상의 계승자로서 이른바 신플라톤주의의 창시자라 불린다. 사실 플라톤의 사상뿐 아니라 아리스토텔레스, 피타고라스, 스토아Stoa학파의 사상에도 영향을 받고 이런 사상들을 자기의 종교적 사상으로 종합하려고 노력했다.

학자들은 플로티노스가 이집트 북쪽에서 그리스인(희랍인)이라기보다 그리스화한 이집트 사람으로 태어났으리라 보고 있다. 따라서 그의 이름을 그리스어 어법에 맞게 플로티노스Plotinos라 할 수도 있고, 나중에는 로마에 가서 가르쳤기 때문에 라틴어 어법에 맞게 플로티누스Plotinus라 하기도 한다. 영어로는 라틴어식을 택하지만 여기서는 관례에 따라 그리스 이름을 사용하기로 한다.

플로티노스는 젊은 시절 그 당시 학문의 중심지인 이집트 알렉산드리아에 살다가 28세에 철학에 관심을 가지기 시작하고, 플라톤 철학을 가르치던 암모니우스 사카스의 제자가 되어 11년간 플라톤 사상에 몰두했다. 그 당시 유명한 그리스도교 교부 알렉산드리아의 클레멘트, 그리고 오리게네스와 함께 공부했다. 플로티노스는 스승으로부터 배운 페르시아와 인도의 지혜에 대해 직접 알아보기 위해 로마 황제 고르디아누스가 이끄는 페르시아 원정군에 합류하기도 했다. 황제가 살해되자 그는 패잔병 신세로 안티옥을 거쳐 로마로 갔다. 거기에서 철학 학교를 설립하여 제자들을 가르치고, 10여 년 후부터는 글을 쓰기 시작했다. 나중에 그의 제자 포르피리오스Porphyryos가 이 글들을 모아 6부작의 책으로 펴냈는데, 이것이 '9편'을 뜻하는 그 유명한 작품 『엔네아데스』Enneades이다. 6부작의 각 부가 9편의 논문으로 구성되어 있어 그런 이름이 붙었다.

서양 신비주의 전통에서 플로티노스의 위치는 실로 괄목할 만하다. 그는 그리스도교 사상을 건설한 4세기 아우구스티누스Augustinus와 6세기 위僞디오니시우스Pseudo-Dionysius에게 크게 영향을 주어 그리스도교 신비주의 전통 형성에 결정적 역할을 했다. 사실 성경에 나오지 않은 인물 중에서 플로티노스만큼 그리스도교 신비주의자들에게 큰 영향을 준 사람은 없다고 해도 과언이 아니다. 16세기에 이르러 고전 그리스 사상이 부흥하면서 그의 생각은 개신교 신비주의자들에게도 크게 영향을 주었고, 나아가 이슬람의 수피 신비주의자들에게도 영향을 끼치므로, 플로티노스는 가히 서양 신비주의 사상의 원조라 불리어도 손색이 없다.

플로티노스 사상의 근간은 이른바 유출론流出論·emanation theory이다. 그는 모든 것의 통합체로서의 절대적 실재가 있고, 그 속에 서로 독특하면서도 분리되지 않은 세 가지 신적 실재들Hypostases이 있다고 보았다. 이 세 가지를 그리스어로 각각 헨to Hen, 누스Nous, 프시케Psyche라 한다.

절대, 최고, 근원으로서의 궁극 실재 내에서 제1의 위치에 해당하는 '헨'을 영어로는 'the One'이라 옮기고, 한국에서는 보통 일자一者라 하는데, 순수 우리말로 옮기면 물론 '하나'라 할 수 있다. 이 '일자'는 모든 존재를 초월하는 것으로서 '있다', '없다' 혹은 '크다', '작다'라고 하는 등 인간이 생각할 수 있는 일체의 범주나 개념, 생각이나 이

론 등에서 벗어난 무엇이다. 마치 일체의 분별지分別智를 거부하는 불교
의 공空을 연상케 한다. 한국의 유영모 선생이 인격화해서 한 말처럼
'없이 계신' 분이라고나 할까.

그러나 이 일자는 오로지 부정적인 것만이 아니라 오히려 적극적
이고 역동적인 실재로서 우주의 모든 존재들이 흘러나오는 시원이나
근원이기도 하고 또 모든 존재들이 결국에는 다시 되돌아가야 할 최종
목표이기도 하다. '지고선의 본원'이며 '가장 위대한 것을 넘어서는 위
대함'이다.

한 가지 분명히 해야 할 것은 이렇게 모든 존재의 초월적 근원이
라고 하여 모든 존재 밖에 따로 독립되거나 분리된 실재라 오해하면
안 된다는 것이다. 이 일자는 만물을 초월하기도 하지만, 동시에 만물
중에 내재하기도 한다. 절대자를 초월이냐 내재냐로 구분하여 이분법
적으로 보는 것이 아니라 초월이면서 동시에 내재라 보아야 한다는 것
이다. 절대자를 초월도 되고 내재도 된다고 보는 입장을 일반적으로
'범재신론'이라 하는데, 옥스퍼드 대학교 존 맥퀘리 교수 같은 이는 이
런 실재관이 범신론pantheism과 유신론theism 모두를 거부하며 동시에 이
들을 아우르는 것이라는 뜻에서 이를 '변증법적 유신관'dialectical theism
이라 하기도 한다.

아무튼 이 제1의 실재인 일자에서 흘러나오는 것이 제2의 실재인
'누스'이다. 플라톤이 말하는 '이데아'의 세계에 해당되는 것이다. 영
어로는 보통 'Intelligence', 'Mind', 'Spirit' 혹은 'Intellectual
Principle'이라 번역한다. 우리말로는 보통 '정신'이라 하는데, 불교에
서 쓰는 용법과는 다르다는 것을 전제로 하고, '일심' 혹은 '한마음'이

라 해서 안 될 것도 없을 것 같다. 물론 이렇게 '흘러나왔다'고 하여 공간적으로나 시간적으로 일자가 독자적으로 어디에 먼저 있었고 그다음에 이것이 생겨났다는 뜻이 아니다. 마치 불과 열, 태양과 빛, 향수와 향기의 관계처럼 둘은 하나도 아니지만 또 완전히 둘도 아닌 관계를 가지고 있다. 신유학에서 이理와 기氣를 두고 공간적으로나 시간적으로 그 선후先後를 따질 수 없다고 하는 주장과 비슷하다고 할까.

누스는 '존재의 위계'the hierarchy of being라는 관점에서 볼 때 존재 영역에서는 최고의 실재라 할 수 있다. 일자 혹은 하나라고 하는 비존재의 영역에서 다양한 존재의 영역으로 넘어오는 경계선에 있는 실재, 그래서 모든 것이 그것을 통해 생겨나게 하는 무엇인 셈이다. 그런 의미에서 그것은 한편으로는 절대적인 하나와 동등하고 다른 한편으로는 만물과 닿아 있는 존재의 영역에 속한다. 이理이면서 동시에 사事이기도 하여 이사의 경계를 넘나드는 이사무애理事無碍의 경지라 할까. 그리스도교 성서 『요한복음』 1장 서두에 "태초에 '로고스' Logos · 理法가 있었다. (……) 모든 것이 그것으로 말미암아 창조되었으니 그것이 없이 창조된 것은 하나도 없다"고 할 때 그 로고스에 해당한다고 볼 수 있다.

다시 누스로부터 흘러나오는 제3의 실재를 프시케라 하는데, 일반적으로 영어로는 'Soul', 우리말로는 '영혼'이라 번역한다. 누스와 현상세계의 중간에 위치한다. 이 영혼에는 우주적이고 보편적인 영혼과 개인적인 영혼이 있다. 보편적인 영혼은 모든 것에 분산되어 사람을 비롯하여 동식물 등 물질세계의 모양을 형성하고 그 활동을 관장한다. 플로티노스에 의하면, 이 물질세계 혹은 현상세계는 영혼이 신령한 것중에서 좋다고 생각되는 것을 가지고 만든 세계이기에, 그 당시 영지주의에서 주장하던 것과는 반대로, 그 자체로 악한 것이 아니라고 본다.

개인적인 영혼은 우주적 영혼의 개별화나 분화인 셈이다. 개인적 영혼에는 세 가지 형태가 있다. 최하의 형태는 동물적이고 감각적인 것으로 우리의 몸과 밀접한 관계를 맺고 있고, 중간 형태의 영혼은 논리적이고 이성적인 것으로 특히 인간을 다른 동물들과 구별 지어주는 것이며, 가장 높은 형태의 영혼은 자기의 개체성을 상실하지 않은 채 누스와 하나가 될 수 있는 능력을 가진 초인간적 형태의 영혼이다. 이런 최고 형태의 초개인적 영혼은 우주적 한마음과 다르면서도 같고, 같으면서도 다르다. 플로티노스 자신의 말을 빌리면 "이 둘은 하나이면서 동시에 둘이다."

영혼의 정화

플로티노스에게 있어서 가장 중요한 것은 유출流出을 반대 반향으로 역류逆流시키는 것이다. 인간 속에 있는 최하질의 영혼에 얽매이지 말고, 제2의 이성적 영혼을 정화하므로, 최고 형태의 영혼이 우리를 관장하게 하여 영혼이 다시 누스로 돌아가고, 거기서 다시 더 나아가 일자 혹은 하나와 하나가 되는 것이다. 말하자면 다시 최초의 고향으로 돌아가는 귀향이다. 나의 근원, 나의 참나를 찾는 것이다. 반본환원返本還源인 셈이다.

플로티노스는 제2의 영혼을 정화하는 방법으로 예술(음악)과 사랑과 깨침을 강조한다. 음악이나 사랑을 통해 영혼이 일자와 하나로 녹아들 수도 있다. 그러나 이 세 가지 중 가장 중요한 길은 깨침 혹은 철학의 길을 통해 '네 자신을 알라'는 말에 따라 나의 근원을 아는 것이라고 한다. 이 방법을 통해 영혼이 다양성의 세계에서 사사무애事事無礙의 세계로 승화될 때 자의식自意識은 사라지고 신의 의식에 몰입되는 황홀경ecstasy을 경험하게 된다. 플로티노스 자신은 철학 혹은 깨침의 길을 통해 이런 경지를 맛보았다고 한다.

플로티노스의 유출론과 똑같지는 않지만 『도덕경』에 나오는 이야기가 재미있다. 제42장에 "도道가 '하나'를 낳고, 하나가 '둘'을 낳고, 둘이 '셋'을 낳고, 셋이 '만물'을 낳습니다" 하는 말이 있다. 절대 무, 절대적인 비존재로서의 도에서 모든 존재의 시초요 근원인 '하나'가 나오고, 여기에서 점점 많은 것이 나타나는 우주창생론cosmogony의 과정을 이야기하고 있다. 더구나 『도덕경』의 중심 사상 중 하나가 만물이 도道로 다시 '돌아감'이라 보는 것도 신기한 일이다. 제32장에 "세상이 도道로 돌아감은 마치 개천과 계곡의 물이 강이나 바다로 흘러듦과 같습니다"라고 하고, 또 제40장에서는 "되돌아감이 도의 움직임입니다"라고 했다.

플로티노스가 인도 사상, 특히 불교 사상, 그중에서도 특히 일중다一中多 다중일多中一 혹은 상즉相卽·상입相入의 관계를 강조하는 화엄 사상과 관련이 있으리라고 보는 학자들이 있다. 동경대학에서 불교를 가르치던 나카무라 하지메中村 元 교수가 1970년대 중반 필자가 재학하던 캐나다 맥마스터 대학교에 초청 강사로 왔을 때 필자에게 재확인시켜준 사실이다. 역사적으로 직접적인 관련이 있든지 없든지 양쪽 사상을 좀 더 구체적으로 비교 검토하는 작업도 흥미 있고 유익한 일이 될 수 있으리라 생각한다. 이런 비교 연구를 통해 동서양 신비 사상의 접촉점을 발견하는 기쁨을 누릴 수도 있지 않겠는가.

에픽테토스
Epictetos

─────────

'받아들임'의 철학자

─────────

"일어나는 일이
　그냥 순리대로 일어나길 바라라"

'참고 견디라'

그리스 사상 중 후대 그리스도교에 많은 영향을 준 사상 체계로 스토아학파가 있다. 이 학파의 사상가들 중 우리에게 많이 알려진 에픽테토스(50~138년경)는 네로 황제 시대였던 서기 50년경 프리기아에 있는 히에라폴리스(현재 터키 남서쪽 파묵칼레)에서 태어났다. 그의 모국어는 그리스어였다. 본명은 알 길이 없고, 에픽테토스라고만 알려져 오는데, 이는 '구해온 자'라는 뜻으로, 어릴 때부터 노예로 데려다 길러졌기에 붙여진 이름이리라. 그는 그의 주인과 함께 로마에서 살았는데, 그의 주인 역시 네로 황제의 부하로서 경호를 맡거나 행정 비서로 일하고 있었다. 에픽테토스의 주인은 나중에 큰 부호가 되었다. 그는 에픽테토스가 노예 신분이었음에도 불구하고 그를 당시 가장 유명했던 스토아학파의 거장 무소니우스 루푸스에게 보내 철학 강의를 청강하도록 했다.

에픽테토스는 평생 다리를 절었다. 그의 주인이 심심풀이로 그의 다리를 비틀어 다리가 부러지고 말았기 때문이다. 다리가 부러질 지경인데도 에픽테토스는 미소를 지으면서 차분히, "계속 비트시면 다리가 부러지겠는데요"라고만 했다. 다리가 부러지자 그는 "제가 그럴 거라고 말씀드렸잖아요"라고 했다. 이것은 "참고 견디라"Bear and forbear라는 그의 기본 자세를 말해주는 일화라 볼 수 있다.

그의 주인이 죽고 나서 에픽테토스는 자유인이 되어 로마에서 철학을 가르쳤다. 그러나 기원후 90년경 공화제를 주장했다는 혐의를 받고 다른 철학자들과 함께 로마 황제 도미티아누스에 의해 로마와 이탈리아를 떠나라는 추방 명령을 받았다. 그리스 동서부에 있는 니코폴리스('승리의 도시'라는 뜻으로 아우구스티누스 황제의 전승 기념으로 세워진 도시)로 가서, 거기서 자신의 학교를 열고 논리학, 물리학, 스토아철학 등을 연구하며 가르쳤다.

그의 강의는 로마의 상류층 학생들을 비롯하여 로마제국 여러 곳에서 많은 학생들이 찾아올 정도로 인기 있는 명강의였다. 노예의 신분에서 젊은이들을 가르치는 자리에까지 이른 그의 입지전적 삶은 그에게 사물을 보는 특별한 안목과 통찰을 가져다주었을 것이다.

학생들이 에픽테토스를 얼마나 존경했던가 하는 것은 그가 죽은 다음 존경하던 누군가 그가 쓰던 토기 램프를 거금을 주고 사갔다고 하는 사실만으로도 알 수 있다. 에픽테토스는 결혼하지도 않았고 자식도 없었다. (자기 친구가 버린 아이를 기르기 위해 결혼을 했다는 설도 있다.) 그는 80세 정도의 장수를 누리다가 138년경 죽었다. 죽기까지 '땅과 하늘과 옷 한 벌만' 가지고 살았던 청빈의 삶이었다.

에픽테토스 본인은 아무 저술도 남기지 않았다. 그의 문하에 플라비우스 아리아누스(86~160년경)라는 학생이 있었는데, 나중에 하드리아누스 황제 밑에서 집정관으로 일하다가 알렉산드로스 대왕의 전기 작가가 된 인물이었다. 그는 에픽테토스의 강의를 꼼꼼히 적었다가 『강화』라는 책을 냈다. 『강화』 서문에서 그는 이 책은 '가능한 한 최선을 다해 에픽테토스가 사용한 말 그대로를 적은 것'이라고 했다. 『강화』는 8권으로 되었는데, 처음 4권만 현존한다. 그는 또 강의 노트에서

에픽테토스의 기본 가르침이라 생각되는 것을 뽑아 『엔키리디온』이라
는 책을 내기도 했는데, '요람'要覽이라는 뜻이다.

　앞에서 말한 것처럼 에픽테토스는 스토아학파에 속한 사상가였
다. 이 학파는 기원전 3세기경 사이프러스섬 키티온 출신 제논Zenon(기
원전 335~기원전 263년경)에 의해 창시되었다. 그는 자연은 물질과 로
고스로 이루어져 있기에 자연을 연구하여 그 속에 있는 로고스를 알고
그것에 순응해 사는 것이 윤리적 삶의 목적이라 보았다. 또 인간은 모
두 이처럼 로고스를 공유하고 있으므로 평등하다는 사해동포주의를
주장하기도 했다. 사물은 기氣와 이理로 구성되었고, 그러기에 우리는
모두 형제자매들이라 주장한 중국 신유학의 정호程顯를 연상시키는 말
이다. 제논의 사상은 로마로 건너가 세네카Seneca, 에픽테토스, 마르쿠
스 아우렐리우스Marcus Aurelius 황제 같은 위대한 사상가를 배출했다.

스토아 사상, 수용의 철학

이제 에픽테토스의 가르침을 몇 가지로 나누어 생각해보기로 한다. 첫
째는 '받아들임'이다. 스토아학파의 기본 가르침대로 에픽테토스도 우
리에게 주어지는 것은 무엇이나 그대로 받아들이는 것이 행복의 열쇠
라는 '수용'受容의 철학을 강조한다. 인간에게 주어진 운명을 받아들이
면 행복해지고, 거기에 대항해서 싸우면 더욱 비참하게 될 뿐이라는
것이다. 우리가 비극적 사건으로 극심한 고통을 받는 것은 그 비극적
사건 자체 때문이라기보다 그 사건을 그대로 받아들이지 못하는 마음
때문이라는 것이다. 오로지 우주의 원리를 깨닫고 거기에 조화를 이루
어 살아갈 때 우리의 마음은 평정을 얻을 수 있다는 주장이다. 그에 의

하면 "다리를 저는 것은 다리에 장애가 되는 것이지 우리의 의지에 방해가 되는 것은 아니다." 불편한 다리 때문에 걸을 수 없을지는 모르지만, 그 때문에 우리가 불행해져야만 하는가? 아니라고 한다. 어떤 사건에도 단 한 가지 반응만 있으라는 법이 없다는 것이다.

에픽테토스는 인간도 먹고 마시고 성생활을 하고 잠을 잔다는 면에서 동물이기는 하지만, 인간이 동물과 다른 점은 만물에 내재하는 '섭리'를 깨닫고 무슨 일이 닥치든 그것을 견딜 수 있는 힘을 가지고 있다는 것이라 했다. 무엇이든 참고 견디기 어렵다고 여기게 되는 것은 그 뒤에 반드시 어떤 합리적인 이유가 있다는 사실을 모르기 때문이다. 사물에 관통하는 이런 이치와 합리성을 볼 수 있는 사람은 무슨 일이 있어도 참을 수 있게 된다. 소크라테스가 자발적으로 감옥에 가고, 죽음을 맞이하면서도 몸부림치지 않은 것 또한 자기에게 닥치는 일이 무슨 일인가를 분명히 깨달았기 때문이다. 그 결과 자기의 운명을 차분히 받아들이고, 이로 인해 정신적 자유를 유지할 수 있었다는 것이다. 에픽테토스의 말을 인용한다.

그대는 작가가 선택하는 대로의 연극에 나오는 배우임을 기억하라. 짧으면 짧은 대로 길면 긴 대로 하고, 그가 그대에게 가난한 사람의 배역을 맡겼다면 그 역할을 자연스럽게 소화하고, 관리 역이나 사사로운 개인의 역을 맡겼더라도 그렇게 하라. 그대에게 주어진 역할을 잘하는 것이 그대의 의무이고, 무슨 역을 선택할까 하는 것은 그대의 소관 사항이 아니기 때문이다.

니체가 말했다는 '운명을 사랑함'amor fati이 연상되는 대목이다.

둘째는 '고마워함'이다. 에픽테토스에 의하면 우리가 겪는 어려움들은 권투할 때 링에서 치고받으며 싸워야 하는 '거친 젊은이'와 같다고 하였다. 우리는 그런 싸움을 통해 올림픽 선수가 될 수 있다. 따라서 육체적, 심리적, 정신적 고통을 당할 때마다 그것이 우리에게 자제심이나 지구력이나 인내심을 키우는 절호의 기회라 여기고 고마워해야 한다고 일러준다.

> 일어나는 일들이 그대가 원하는 대로 일어나길 바라지 말고, 일어
> 나는 일이 그냥 순리대로 일어나길 바라라. 그리하면 평정한 삶의
> 흐름을 보게 될 것이다.

느려터진 엘리베이터 앞에서 엘리베이터를 기다리는 시간 동안 불평만 하면서 스스로를 더욱 불행하게 만드는 대신, 그 흐름을 그대로 받아들이고 오히려 그 시간을 인내심을 함양하는 기회로 삼아 고마워하는 것이 현명하다는 말과 같다.

셋째는 '더 큰 시각에서 바라봄'이다. 에픽테토스에 의하면 사물들 중에는 우리 힘으로 할 수 있는 것도 있고, 할 수 없는 것도 있다. 우리를 위해 삶의 주사위가 어떻게 던져질지를 우리로서는 조종할 수가 없다. 우리가 조종할 수 있는 것은, 일단 주사위가 던져졌을 때 그결과에 어떻게 대처할 것인가 하는 것뿐이다. 질병이나 죽음이나 가난을 피하려고 하면 더욱 비참하게 살 수밖에 없다. 이 중의 어느 것도, 특히 죽음의 경우, 우리가 어찌할 수 없기 때문이다.

행복은 우리가 조정할 수 있는 것들을 잘하는 데서 생겨난다. 행복은 우리가 우리의 생각을 다스릴 때, 욕망과 싫어함을 최소한으로 줄인 단순한 삶을 살 때 찾아오는 무엇이다. 이를 수학 공식으로 표현해보면 행복(H)은 성취(A) 나누기 욕망(D), 즉 $H = A \div D$라는 것이다. 성취(A)를 크게 하면 물론 행복이 커질 수 있지만, 그것은 우리가 어떻게 할 수 없는 경우가 대부분이므로 그 대신 우리가 할 수 있는 것, 즉 욕망(D)을 점차 줄여 행복을 점점 더 키우는 데 중점을 둔다. 욕망을 최소한으로 하면 행복이 그만큼 더 크게 될 수 있다는 이야기이다.

불행이 닥쳐올 때, 그것이 다른 사람의 일일 경우에는 "다 그럴 수밖에 없지요" 하면서 담담하게 말할 수 있다. 그러나 가까운 이가 죽거나 하면 "어떻게 이런 일이 있을 수 있는가!" 하며 슬퍼한다. 이처럼 다른 사람과 나에게 적용하는 판단 기준이 다르다. 에픽테토스에 의하면 깨달은 사람은 "다 그럴 수밖에 없지요"라는 말을 '자신'의 인생사에 적용하는 사람이다. 아무리 불행한 일이라 하더라도 그것이 자연의 법칙에 따라 일어난 어쩔 수 없는 일임을 인정하는 것이다. 사물을 더 큰 시각에서 바라본다는 뜻이다.

스토아철학이나 에픽테토스의 사상은 요즘 유행하는, "무엇이나 할 수 있다"는 식의 사고방식과 거의 정반대라 볼 수 있다. 사물을 함부로 뜯어고치려 하지 말고, 있는 그대로 차분히 받아들이라는 가르침은 억지로 하는 행동이나 부자연스러운 행동을 하지 않음으로 자유를 누리라고 가르치는 노자 『도덕경』의 '무위'無爲 사상과 비슷하다. 운명을 받아들이되 숙명론으로 빠지지 않고 자기의 운명을 끌어안음으로 그 운명을 극복하라는 『장자』의 안명安命 사상을 연상시키기도 한다.

유대교의
지도자들

모세
Moses

유대교의 창시자

"그들의 죄를 용서하여주십시오.
 그렇게 하지 않으시려면 저의 이름을 지워주십시오"

출애굽, 유대 신앙의 초석

일반적으로 유대교의 창시자를 모세(기원전 13세기경)라 한다. 물론 유대교 학자들이나 그리스도교 신학자들 중에 극단적인 보수주의자가 아닌 이상 모세를 실제 역사적 인물로 보는 이는 거의 없다. 전통적으로 모세를 『모세오경』五經 · Pentateuch의 저자라 보기도 하지만 이것 역시 역사적으로 정확한 사실이라 보는 학자들은 거의 없다.

그러나 우리가 여기서 명심해야 할 것은 모세가 역사적으로 실재 인물이냐 아니냐 하는 것이 중요하진 않다는 사실이다. 그가 역사적 인물인가 아닌가 하는 것과 상관없이, 그가 이끌었다고 하는 '출애굽' Exodus 사건에 대한 이야기는 전통적으로 유대인들이 지켜온 신앙의 초석이 되었다고 하는 점을 부인할 수가 없기 때문이다. 이런 점을 염두에 두고 그의 이름에 얽힌 사건과 그가 전했다고 하는 가르침을 살펴보기로 한다.

모세의 이야기는 유대인 성경 둘째 책인 『출애굽기』에 나온다. 한 가지 지나가면서 언급할 것은 그리스도인들이 유대인들의 경전을 『구약』이라 칭하지만, 유대인들 앞에서 그들이 가지고 있는 경전을 『구약』이라 하는 것은 예의가 아니다. 요즘은 대부분 『히브리어 성경』 Hebrew Bible이라 하든가 유대인들처럼 '율법과 선지자와 문서'라는 히브리어의 첫 글자를 따서 『타나크』라 부른다.

『출애굽기』에 나오는 모세의 이야기를 역사와 연관시킬 경우 모세를 전통적으로 기원전 13세기 사람으로 본다. 모세 당시 히브리인들 혹은 이스라엘 백성들은, 이집트(애굽)에서 노예 생활을 하고 있었다. 노예들의 인구 증가가 급격해지자 이집트 당국은 노예들이 침략군과 합세할 경우를 염려해서 그들의 인구를 제한할 필요가 있다고 생각했다. 그 결과 히브리 노예들이 낳는 아이들 중 남자아이는 모두 죽이라고 명했다. 모세의 부모도 모세를 낳고 3개월간 숨겼지만 아기 울음소리가 커지면서 더 이상 숨길 수 없게 되자 아기를 물이 새지 않을 바구니에 담아 나일강 갈대 사이에 띄웠다. 마침 이집트 왕 바로의 딸이 밤에 강가로 목욕하러 나왔다가 아기를 발견했다. 멀리서 이를 지켜보고 있던 아기의 누나가 달려와 공주에게 유모가 필요하냐고 묻고, 아기의 어머니를 소개했다.

아기는 어머니를 유모로 하여 어느 정도 자란 다음 정식으로 공주의 양아들이 되었다. 공주는 아기에게 '모세'라는 이름을 주었는데 '건져내었다'는 뜻을 지닌 이름이었다. 모세가 어른이 된 후, 하루는 어느 이집트 사람이 히브리인을 치는 것을 보고 그 이집트 사람을 쳐 죽였다. 다음 날 두 히브리 사람들이 싸우는 것을 보고 동포끼리 싸우지 말라고 하자 그중 하나가 "당신이 이집트 사람을 죽인 것처럼 나도 죽이려 하는가" 하고 대들었다. 이에 자기가 이집트 사람을 죽인 것이 탄로났음을 감지했다. 바로가 이 사실을 알고 모세를 죽이려고 찾았다. 모세는 도망하여 동쪽으로 홍해를 건너 미디안 광야로 피신했다.

모세는 미디안 제사장의 집에서 양치는 일을 하게 되었다. 그의 딸 십보라와 결혼, 아들을 낳고 그럭저럭 잘 살고 있었다. 그러나 그 당시 이집트에서 계속되던 피라미드나 궁전을 짓는 거대한 토목공사에 동원되던 히브리인 노예들의 고역이 극심하였다. 『출애굽기』에 의하면 '고역으로 인하여 부르짖는 소리가 하느님께 상달'되었다고 한다. 이에 하느님이 '떨기나무 불꽃 가운데' 나타나 광야에서 목자로 일하고 있던 모세에게 이집트로 내려가 고통당하는 그의 동족을 구하여 '아름답고 광대한 땅, 젖과 꿀이 흐르는 땅'으로 인도하라고 명했다. '떨기나무 불꽃 가운데 나타난' 절대자와의 대면이야말로 그 당시 모세의 영적 감수성이 어떠하였던가, 그의 심층적 종교성이 어떠하였던가를 극적으로 말해주는 대목이라 할 수 있다.

모세는 내키지 않는 마음이었지만 자기의 형 아론과 함께 이집트의 바로 왕에게 가서 히브리 백성들을 놓아줄 것을 요청했다. 바로의 입장에서는 물론 토목공사에 필요한 인력을 그냥 놓아줄 수 없었다. 그러자 나일강은 물론 이집트의 모든 물을 피로 변하게 하는 일, 메뚜기 재앙, 이집트의 황태자 등 처음 난 모든 것을 죽게 하는 일 등 열 가지 재앙을 통해 야훼의 능력을 보인 후 가까스로 허락을 받고 탈출하는 데 성공했다. 마음이 변한 바로와 그의 군대가 히브리인들을 잡으러 달려왔지만 홍해가 갈라져 히브리인들은 기적적으로 홍해를 건너고, 그 뒤를 따르던 바로와 그의 군대는 물이 합쳐지는 바람에 모두 수장되고 말았다. 그러나 히브리인들이 그들에게 약속한 땅으로 곧장 들어갈 수는 없었다. 거기에는 이미 다른 민족들이 살고 있었기 때문이다.

어쩔 수 없이 그들은 시내 광야에서 야훼 신이 내려주는 만나를 받아먹으면서 '40년'을 헤매게 되었다. 출애굽 1세대에서 몇 명을 제외하고는 모두 약속한 땅을 밟아보지 못하고 광야에서 죽었다. 모세마저 산 위에서 약속의 땅을 바라보기만 했을 뿐 들어가지 못했다. 그러나 이 출애굽 기간 동안 이런저런 시련을 겪은 히브리인들은 몸에 배인 노예근성을 씻어내고 다음 세대가 자주적이고 독립적인 민족으로 살아갈 수 있도록 하는 정신적 훈련을 쌓은 셈이다.

더욱이 이 사건을 통해 이스라엘은 자기들이야말로 신이 특별히 선택한 백성이라는 '선민'選民 의식을 확고히 할 수 있었다. 또 이 기간에 모세는 시내산 꼭대기에 올라가 야훼 신으로부터 돌비에 새겨진 '십계명'을 직접 받았다. 결국 모세를 매개로 이스라엘 백성들은 새로운 국가, 새로운 종교, 새로운 신앙 의식을 확립하게 되었다.

『모세오경』, 새로운 신관의 출현

앞에서 언급한 것처럼 비록 『모세오경』이 모세가 쓴 것이 아니라, 몇 가지 다른 전통에서 내려오던 고대 문헌들이 후대에 짜깁기식으로 합해져서 이루어진 문헌이라 할지라도, 모세의 이름과 연결되어 기록된 그 내용은 유대교 전통의 근간이 되고 있다. 물론 그리스도교와 이슬람에서도 이를 자기들의 전통 일부로 인정하고 있다. 『모세오경』에 있는 기본 가르침 몇 가지를 살펴보자.

첫째, 새로운 신관이다. 『출애굽기』 기록에 따르면, 모세 이전까지 '아브라함과 이삭과 야곱의 하느님'으로만 알려졌던 신이 이제 특별한 이름을 가지고 등장한다. 불타는 떨기나무 속에서 모세에게 나타난 신에게 모세가 그의 이름을 물으니 그는 '나는 스스로 있는 자'라고 했다. 여기서 '야훼'라는 이름이 나왔다고 보는 것이 일반적 견해다. '스스로 있는 자', '있음을 있게 하는 자'라는 뜻으로 풀이할 수 있다. 이것이 유대인들만 사용하는 신의 고유명사가 된 셈이다. 유대인들은 이 이름이 너무나 거룩하여 함부로 부를 수 없다고 여겨 이 이름이 나올 때마다 '야훼'라는 이름 대신 '주님'이라 불렀다.

야훼 신은 주변 다른 민족들이 모시던 토지신, 태양신 등의 자연신과 달랐다. 야훼 신은 자기 백성들을 위해 역사에 직접 개입하는 인격신이었다. 히브리인들을 추격해 오는 이집트 군대를 물속에 사장시키고 다른 민족들과의 전쟁에서 그들이 이기도록 해주는 등 군사적 전술이나 전쟁에도 능한 힘 있는 신이었다. 유대교가 야훼 신을 역사의 신으로 보고, 자기들의 역사를 야훼 신의 '구원사'로 보는 초석이 이때 마련된 셈이다.

한 가지 덧붙일 것은 일반적으로 유대교 신관을 '윤리적 유일신관'ethical monotheism이라 하지만 『모세오경』에 나타나는 신관을 엄격하게 유일신관이라 말하기는 곤란하다는 점이다. 이스라엘 백성들이 야훼 신만을 따르기로 약속했지만, 다른 신의 존재를 완전히 부정하지는 않은 것 같기 때문이다. 십계명에도 '다른 신'에 대한 언급이 있고, 백성들도 자기들이 약속을 어기고 다른 신들을 섬기는 일이 비일비재했기 때문이다. 이론異論의 여지가 있기는 하지만 모세 당시의 신관은 다른 신의 존재를 부정하지 않으면서도 한 신에게 충성을 다하는 단일신론henotheism의 성격이 강했다고 보아야 할 것 같다.

둘째, 십계명의 등장이다. 십계명은 백성들에게 어떻게 살 것인가를 구체적으로 지시하는 야훼 신의 명령이었다. 『출애굽기』 제20장에 나오는 십계명을 요약해보면 나 외에 다른 신들을 네게 두지 말라, 우상을 만들거나 섬기지 말라, 신의 이름을 망령되게 일컫지 말라, 안식일을 기억하여 거룩히 지키라, 부모를 공경하라, 살인하지 말라, 간음하지 말라, 도둑질 하지 말라, 네 이웃에 대하여 거짓 증거하지 말라, 탐내지 말라 하는 것이다. 처음 네 가지는 인간과 신과의 관계를, 다음 여섯 가지는 인간 자신들 사이 관계를 규정하는 것이다. 여기서 주목할 것은 그 신이 인간에게 인간관계에서 윤리적 행위를 요구하고 있다는 사실이다.

셋째, 언약 개념이다. 야훼 신은 모세에게 준 십계명이나 기타 법령을 통해 자기의 뜻을 밝히고 그의 백성들이 이를 충실히 지키면 그들에게 전쟁에서의 승리를 비롯하여 여러 가지 축복을 내려주기로 약속하고 이에 백성들은 "한소리로 응답하여 가로되 명하신 모든 말씀을 우리가 준행하리이다"(『출애굽기』 24장 3절) 하여 그 약속을 받아들였다. 소를 잡아 그 피로 '언약'covenant을 인준하는 예식도 거행했다. 신을 이렇게 일종의 '계약관계'로 파악하고, 그에 대한 순종이냐 불순종이냐 하는 것을 종교 생활의 근간처럼 중요시했다는 것은 후대 유대교가 자칫 모든 것을 인과응보로 보는 율법주의적 종교가 될 소지를 제공하는 대목이 아닌가 여겨지기도 한다.

넷째, 이스라엘 백성들이 시내산을 떠나 여행을 계속하며 이리저리 다니게 됨에 따라 신과 만날 수 있는 새로운 장소가 필요했다. 이런 필요에서 생긴 것이 '성막'聖幕이었다. 야훼 신을 모시기 위해 특별한 지시에 따라 세워진 성스러운 천막이었다. 백성들이 장막을 옮길 때마다 그 가운데 성막을 치고 신을 모셨다. 성막에는 십계명을 담은 법궤가 있었는데, 이스라엘이 적과 싸울 때 이 법궤를 가지고 가면 언제나 승리할 수 있다고 믿고 가지고 다녔다. 성막도 거룩하지만 법궤는 더욱 거룩하여 제사장 이외의 사람이 만지면 죽을 정도였다.

이상에서 보는 것처럼 모세가 이끌었던 출애굽 사건은 실로 유대교의 시발점이자 중심축이라 해도 과언이 아니다. 유대교 경전은 계속하여 하느님을 지칭할 때 '애굽 땅 종 되었던 집에서 인도해낸 너의 하나님 야훼'로 표현하고 유대교의 유월절 등 큰 명절은 거의 다 이 출애굽 사건을 기념하기 위한 것이다. 사실 『창세기』도 출애굽 사건의 배경을 설명하기 위해 쓴 책이라 볼 수 있다.

모세는 "이제 주님께서 그들의 죄를 용서하여주십시오. 그렇게 하지 않으시려면, 주님께서 기록하신 책에서 저의 이름을 지워주십시오"(『출애굽기』 32장 32절)하고 탄원할 정도로 자기 백성들을 자기 생명보다 더욱 사랑한 사람으로 알려져 있다. 이런 의미에서 모세나 그가 이끈 출애굽의 역사성 문제를 떠나, '모세'라는 인물을 유대교의 초석을 마련한 유대교의 창시자라 보아 마땅하지 않겠는가.

아모스
Amos

정의를 가르친 예언자

"정의를 물같이, 공의를 마르지 않는
강같이 흐르게 할지어다"

예언자 중의 예언자

유대교 전통에 의하면, 모세와 함께 이집트에서 탈출한 이스라엘 백성들은 40년간 광야를 헤매다가 드디어 여호수아('예수'와 같은 이름이다)의 인도로 지금의 팔레스타인인 가나안으로 들어가, 이미 살고 있던 민족들과의 유혈 전쟁을 벌이는 등 우여곡절 끝에 그 땅을 정복하게 되었다. 유대교 경전에 의하면 이 모든 것이 물론 그들의 신 야훼의 직접적인 진두지휘하에서 이루어진 것이다.

가나안을 정복한 이스라엘 백성들은 열두 지파로 나뉘어 살았다. 처음 200년간은 열두 지파를 통괄해서 다스리는 왕이 없이, 주변 민족이 침입해 오면 그때그때 임시로 지도자를 선출하여 적을 물리쳤는데, 이때의 지도자들을 '사사'士師·Judges 혹은 '판관'이라 하였다. 우리에게 '삼손과 델릴라'로 잘 알려진 삼손도 이런 사사들 중 한 명이었다. 북미 호텔에 가면 방마다 '기드온 클럽'에서 제공한 성경이 비치되어 있는데, 기드온도 유명한 사사였다.

시간이 지나면서 백성들이 "우리도 모든 이방 나라들처럼, 우리의 왕이 우리를 다스리도록" 하자고 했다. 이렇게 하여 '기름 부음을 받아' 선출된 최초의 왕이 사울이었다. 그러나 사울은 성공하지 못한 왕이었다. 그에 이어서 왕이 된 사람은 남쪽 베들레헴 출신의 목동으로 적군의 대장 골리앗을 돌팔매로 죽인 다윗이었다. 다윗은 예루살렘을 정복하고 이를 수도로 정하는 등 왕권을 튼튼히 했다. 전통에 따르면

이스라엘 왕국은 다윗의 재위 기간(기원전 1000~기원전 961년)에 그 전
성기를 맞이했다.

다윗의 후계자를 놓고 '왕자의 난'이 있었지만, 그가 사랑하던 아
내 밧세바에게서 난 아들 솔로몬이 왕이 되었다. 솔로몬은 예루살렘에
성전을 짓는 등 아버지에게서 물려받은 부에 힘입어 '솔로몬의 영광'
을 구가하기도 했지만, 계속되는 실정으로 인해 나라의 기초가 흔들리
게 했다. 결국 그가 죽은 후 이스라엘은 북쪽 열 지파로 구성된 '북방
이스라엘'과 유다와 벤야민 두 지파로 이루어진 '남방 유다' 둘로 갈라
지고 말았다.

북방 이스라엘은 기원전 722년 아시리아 왕국의 침입을 받아 멸
망당하고, 아시리아의 인구분산 정책에 따라 사방으로 흩어져 이른바
'잃어버린 지파'lost tribes가 되었다. 남방 유다도 기원전 586년 바빌론
의 침입을 받고 많은 사람들이 바빌론으로 끌려갔는데 이를 '바빌론
유수'Babylonian exile라 이른다. 그러나 이들은 반세기 정도 후 페르시아의
왕 고레스의 정책에 따라 다시 유대 땅으로 돌아오게 되었다. 지금 유
대인들을 '유대인'이라고 하는 것은 이처럼 북방 이스라엘 사람들은
다 사라지고, 남방 유다 사람들만 살아남았기 때문이다.

이스라엘에는 직업적인 예언자 양성 학교가 있었다. 이런 학교를
거쳐서 된 예언자는 한국으로 치면 세습무世襲巫와 맞먹는 사람들이라
할 수도 있다. 그러나 유대교에서 중요시하는 예언자는 모두 '야훼 신
이 내게 임하시매'라는 영적 체험을 통해 예언자가 된 사람들이다. 강
신무降神巫나 접신무接神巫에 가까운 사람들인 셈이다. 여기서 한 가지
지적할 것은 '예언자'預言者는 앞일을 미리 말하는 사람이라는 뜻보다

하느님의 말씀을 맡아 전하는 사람이라는 뜻이다. 따라서 '예언'의 '예'는 '미리 예'豫가 아니라 '맡길 예'預가 더 정확하다. 옛날에는 '선지자'先知者라는 말로 번역하기도 했는데, 이것도 '미리 알고 있는 사람'이라는 뜻이 강하여 현재는 별로 쓰지 않는다.

물론 왕권의 출현 전에도 모세나 사무엘 같은 '예언자'들이 있었지만, 권력층이 등장하면서는 예언자들이 주로 권력의 남용을 경고하는 목소리가 되었다. 다윗 왕이 밧세바를 취하고 그의 남편 우리야까지 전쟁에서 죽게 하자, 예언자 나단이 그에게 가서 그 죄를 지적한 것과 같다. 특히 북방 이스라엘과 남방 유다의 출현, 그들의 멸망 전후해서 이런 식으로 부패한 정치권력이나 종교 권력의 횡포, 이에 부화뇌동하는 사회를 고발하고 질책하는 예언자들이 많이 출현했다.

이런 예언자들 중 기록을 남긴 이들은 그리 많지 않다. 현재 유대교 경전에는 이른바 4명의 '대예언자'와 12명의 '소예언자'의 기록이 남아 있다. 예언자들의 지위에 따른 분류가 아니라 단순히 그들의 이름으로 된 기록의 분량이 많은가 적은가 하는 데 따른 분류이다. 이들 중 가장 대표적인 예언자 몇 명을 든다면 포로기 이전의 아모스(기원전 750년경), 호세아(기원전 740년경), 제1이사야(기원전 742~기원전 690년경), 예레미야(기원전 600년경), 그리고 포로 기간 중의 에스겔, 제2이사야 등이 있다.

아모스는 이런 예언자들 중 시간적으로도 제일 처음일 뿐 아니라 그의 이름으로 된 기록을 남김으로 유대교의 예언자적 전통을 확립한 예언자라는 점에서 예언자들 중 가장 대표적이라 할 수 있다. 그가 남겼다고 전해지는 『아모스서』는 그 시적 문학성에서나 사상에서 가장 아름다운 문헌에 속한다. 이제 그의 삶과 가르침을 살펴보기로 한다.

정의와 공의

『아모스서』에 의하면, 아모스는 남방 유다 왕 웃시야 시대, 북방 이스라엘 왕 여로보암 시대의 사람이라고 한다.(『아모스서』 1장 1절) 그는 남방 유다에 속하는 예루살렘 남쪽 드고아라고 하는 곳에서 '목자요 뽕나무를 배양하는 자'로 일하고 있었다.(『아모스서』 7장 14절)[8]

'예언자도 아니고, 예언자의 제자도 아니었던' 그가 하루는 양 떼를 몰다가 야훼로부터 "내 백성 이스라엘에게 가서 예언하라"는 명을 받았다. 남방 유다 출신이 북방 이스라엘로 간다는 것이 좀 이상스럽지만, 야훼에게는 남북에 있는 사람들이 모두 그의 백성이라는 뜻일 것이다.

그 당시 북방 이스라엘은 전쟁 위협에서 비교적 자유로운 안정 상태를 유지하고 있었다. 상업과 무역이 활발해지면서 부자 상인 계급이 출현하고 그들은 자신들이 축적한 부를 권력층과 나누어 가졌다. 신흥 부호들은 자기들의 호화로운 집을 짓고 장원을 꾸미기 위해 많은 땅을 차지하고, 그로 인해 농부들은 농토를 잃게 되었다. 자연히 가진 자와 못 가진 자 사이의 빈부 차이가 격심해졌다.

잘사는 이들은 자기들의 부가 하느님이 자기들에게 내리신 특별한 축복이라 여기고 더 큰 축복을 빌기 위해 제물祭物을 가지고 베델과

---

8 새 번역에서는 '돌무화과를 가꾸는 사람'으로 되었다. 팔레스타인에는 우리가 한국에서 보는 뽕나무가 없기에 뽕나무를 돌무화과 나무로 옮긴 모양이다. 그리스도교에서 말하는 신약성경에 삭개오가 군중에 둘러싸인 예수를 보러 '뽕나무' 위에 올라갔다는 그 나무도 사실은 뽕나무일 수 없다.

길갈에 있던 야훼의 성전을 찾았다. 성전에 있던 제사장들과 직업적인 예언자들은 이런 부자들이 갖다 바치는 제물에 팔려 이들 기득권자들의 불의와 횡포를 보고도 모른 척할 뿐이었다.

이런 상황에서 아모스는 베델로 올라가 야훼 신의 대변자로 외치기 시작했다. "나 주가 선고한다. 이스라엘이 지은 서너 가지 죄를 내가 용서하지 않겠다."(『아모스서』 2장 6절) 그리고는 "돈을 받고 의로운 사람을 팔고, 신 한 켤레 값에 빈민을 파는"(『아모스서』 2장 8절) 등 이스라엘 지배층이 저지른 죄악상을 낱낱이 열거하고, 결론적으로 "이스라엘 자손들아, 이 말을 들어라. 이것은 나 주가 너희에게 내리는 심판의 말이다. 이집트 땅에서 데리고 올라온 모든 족속에게 내가 선언한다. 나는 이 땅의 모든 족속들 가운데서 오직 너희만을 선택하였으나 너희가 이 모든 악을 저질렀으니 내가 너희를 처벌하겠다"(『아모스서』 3장 1~2절)고 경고한다. 선택받은 민족이지만 인권을 무시하는 등 악행을 할 때는 용서할 수 없다는 뜻이다.

이처럼 아모스는 무엇보다 '정의'正義와 '공의'公義를 강조했다. 부정직한 재판관, 부패한 상인들, 직무 유기한 종교 지도자가 판치는 사회를 향해 '화 있을진저'를 선언한다. 정의를 짓밟고 그 위에서 이루어지는 모든 형식적 종교 행사나 제물은 모두 야훼 신에게 역겨울 뿐이라고 역설한다.

내가 너희 절기들을 미워하여 멸시하며 너희 성회들을 기뻐하지 아니하나니 너희가 내게 번제나 소제를 드릴지라도 내가 받지 아니할 것이요 너희의 살진 희생의 화목제도 내가 돌아보지 아니하

리라. 네 노랫소리를 내 앞에서 그칠지어다. 네 비파소리도 내가
듣지 아니하리라.

이어서 아모스의 중심 사상이라 할 수 있는 말, "오직 정의를 물같이,
공의를 마르지 않는 강같이 흐르게 할지어다"(『아모스서』 5장 21~24절)
하는 말을 소리 높이 외친다.

물론 아모스는 사회적 불평등이나 불의를 회개하지 않으면 이스
라엘이 곧 동쪽으로부터 오는 침입자의 희생물이 될 것이라는 등 하느
님의 임박한 심판을 이야기하지만 그렇게 말하는 목적은 이스라엘 사
람들을 살리려는 것이었다. "너희는 나를 찾으라. 그리하면 살리라.
(……) 너희는 살려면 선을 구하고 악을 구하지 말지어다"(『아모스서』 5
장 4절, 14절) 하는 하느님의 약속을 말하고 있다. 흔히 하느님의 정의
를 말하는 아모스를 아모스 다음에 나와서 하느님의 사랑을 강조하
는 예언자 호세아와 대조하는 것이 보통이지만, 궁극적으로 보면 아
모스도 인간을 위한 하느님의 염려와 사랑을 이야기하는 것이라 볼
수 있다.

아모스가 종교적인 것보다 사회정의나 인권 같은 윤리적 차원만
강조했다고 비판할 수도 있다. 그러나 그의 기별은 일차적으로 잘못된
신관이나 안일한 신앙 형태를 고발하는 것이었다. 우리가 믿는 신이
우리가 정의와 공의를 무시하고라도 그저 헌금이나 많이 하면 기뻐하
시고 우리에게 계속 복을 내려주시리라 믿는 믿음은 우상숭배와 다름
이 없다는 것을 이야기하고 있다.

더욱이 사회정의를 실천하는 것이 바로 하느님과 맺은 언약을 성

실히 준수하는 것임을 강조한다. 가장 중요한 것은 아모스가 이렇게 예언자로 사회의 불의에 항거한 것이 바로 그 자신이 하느님과 하나가 되거나 자기 속에 하느님의 임재하심을 감지하는 깊은 종교적 체험에서 가능하게 된 것이라는 점이다. 아모스가 강조하는 윤리적 기별은 이처럼 깊은 종교적 체험과 혜안에 뿌리박은 나무에서만 가능한 아름다운 결실인 셈이다.

아모스를 비롯한 예언자 전통은 후에 예수에게도 영향을 주었다. 예수도 사회의 버림받은 자, 소외된 자, 약자들의 편에 서서 가진 자들의 형식적이고 제도화된 위선적 종교를 배격하였다. 오늘날 한국 종교계의 현실을 보면서 이런 아모스의 출현이 기다려진다고 하면 잘못일까?

아불라피아 · 모세 드 레옹
Abraham Abulafia · Moses de León

카발라의 스승들

"영혼을 얽매고 있는 매듭을 풀어라"

카발라, 지혜의 비전

그리스도인들 중에는 유대교가 예수의 출현과 더불어 끝난 것으로 오해하는 이들이 더러 있다. 그리스도교의 입장에서 보면 예수는 유대교의 완성이라 할 수 있기 때문에 이런 오해가 있을 수 있겠지만 역사적으로 유대교는 예수와 그리스도교의 등장 이후에도 계속 이어지고 내적, 외적 요인에 영향을 받으며 발전해왔다.

기원후 70년 예루살렘이 로마 군대에 의해 패망하고 유대인들은 산지사방으로 흩어졌다. 이와 같은 유대인의 흩어짐을 '디아스포라'라고 한다. 디아스포라 유대인들은 각기 자기들 사는 곳에 세운 그들의 시나고그^{會堂}를 중심으로 그들의 종교 생활을 계속했다.

유대교 전통에도 예언자들이나 시편 기자에서 볼 수 있는 것처럼 신비주의적 흐름이 있었다. 이런 흐름이 발전하여 수레(병거)를 타고 7층 하늘 너머에 있는 천상의 궁전에 이르는 체험을 강조하는 '수레 신비주의'Merkabah mysticism, 3세기에서 6세기 사이에 기록되었으리라 여겨지는 『창조의 서』Sefer Yetsirah, 12세기 전후 독일에서 '경건'을 강조하던 『하시딤』Hasidim 등이 등장했다.

그러나 유대교 전통에서 면면히 흐르던 신비주의적 경향은 13세기에 이르러 지금의 프랑스 남부와 스페인을 중심으로 만개하였다. 이는 플로티노스의 신플라톤주의, 그리스도교 신비주의, 이슬람의 수피 신비주의 등의 영향 때문이었다. 이런 여러 가지 신비주의 전통들이 결합하여 유대교 내에 뿌리내린 신비주의 전통을 '카발라'Kabbalah라고 한다. 문자적으로 '전통'이라는 말이지만 특히 '비전'秘傳으로 내려오는 전통을 뜻한다.

카발라 전통은 '말씀'에 창조적인 힘이 있다는 것을 전제로 한다. 말씀에는 네 가지의 의미 층위가 있는데, 표면적 의미Peshat, 비유나 은유적인 의미Remez, 미드라쉬Midrash적 연상 기법에 의해 재해석된 의미Derash, 신비적인 비의秘意·Sod가 그것들이다. 카발라는 성서의 말씀에서 바로 이 네 번째의 내밀한 신비적 의미를 찾으려는 노력이라 볼 수 있다. 말씀의 참뜻을 깨닫게 될 때 신의 존재를 비롯한 모든 존재에 감추어진 비밀을 찾을 수 있다는 것이다.

카발라 전통은 크게 세 갈래로 나누어진다. 첫째 갈래는 13세기 스페인에 살던 유대인 아브라함 아불라피아(1240~1291년)의 저작에 의한 것이고, 둘째 갈래는 작자가 불분명한 『세페르 하 조하르』Sefer ha-Zohar (광명의 서, 줄여서 『조하르』라 함)라는 책을 중심으로 발전된 것이고, 셋째 갈래는 16세기 이삭 루리아Isaac Luria의 지도하에 생겨난 것이다. 여기서는 아불라피아와 『조하르』의 가르침에 대해서 알아보기로 한다.

아불라피아는 1240년 스페인 사라고사Saragossa에서 출생했다. 젊어서 중동 여러 지방을 두루 다니고 이탈리아와 그리스에서도 오랜 시간을 보냈다. 그의 저술은 대부분 13세기 말엽 그가 이탈리아에 있으면서 쓴 것이다. 그는 히브리어 경전을 비롯하여 11세기 유대인 최대의 철학자 마이모니데스Moses Maimonides의 저술에 정통하는 등 여러 방면에 걸쳐 극히 박학다식하였다. 그러나 그의 삶을 근본적으로 바꾼 것은 31세에 경험했던 엄청난 신비체험이었다. 그때 이후 그에게 중요한 것은 교리나 신학적 이론에 정통하는 것보다 직접적인 체험을 하는 것이었다. 그의 저술의 주목적도 사람들에게 궁극 실재를 직접 체험할 수 있는 길을 제시하기 위한 것이었다.

아불라피아에 의하면 신을 찾기 위해서는 우선 우리의 '영혼을 얽매고 있는 매듭을 푸는 일'이 중요하다고 한다. 우리의 영혼은 우리의 감각을 기반으로 하여 형성된 각종 관념에 사로잡혀 있다는 것이다. 이런 관념을 비울 때 실재를 직접적으로 꿰뚫어보는 직관이나 통찰에 이른다고 했다. 마치 우리의 분별지로 인해 실재를 볼 수 없으므로 이를 없애야 한다고 하는 공空의 가르침을 연상하게 하는 대목이다.

아불라피아는 마치 불교의 중관론中觀論에서 말하는 반야지般若智 같은 직관, 통찰, 꿰뚫음에 이르기 위한 구체적인 방법으로 '명상'이 필수적이라고 주장하고, 스스로 개발한 '이름의 길'Path of Names이라는 일종의 특수 명상법을 제시하기도 했다. 마음을 한데 모으고 히브리어 알파벳을 이리저리 조합해서 신에게 합당한 여러 가지 이름이나 낱말들을 만든 다음, 이를 주문처럼 외우거나 시각화하는 것이다. 이렇게 하기를 계속하면 신의 이름 속에서 우리의 일상적 의식은 사라져버리고, 신비적 깨침에 이르게 된다고 했다. 티베트 불교에서 불보살들의 이름을 외우거나 시각화하는 수행법, 공안을 가지고 참구參究하여 깨침의 경지에 이르도록 하라는 선불교의 가르침 등을 연상시킨다.

아불라피아는 앞에서 언급한 것처럼 젊어서 여행을 많이 했다고 했는데, 여행에서 실제적으로 인도식 요가의 이론과 수행법을 접하게 되었으리라 본다. 그가 말하는 호흡법, 주문 외우기, 명상할 때의 자세, 스승의 역할 등 많은 면에서 요가의 가르침을 반영하고 있다고 볼 수 있기 때문이다. 이런 이유로 학자들은 그의 명상법을 '유대화된 요가'Judaized Yoga라 부르기까지 한다.

신에 대한 두려움과 사랑

아불라피아와 비슷한 시기에 『조하르』라는 책이 등장했다. 유대교에 끼친 영향으로 볼 때 이 책은 그리스도교 신비 전통에서 위僞디오니 시우스의 저작이 차지하는 위치와 맞먹을 정도라 볼 수 있다. 이 책은 2세기에 살았다고 하는 시므온 벤 요하이라는 랍비와 그의 제자들을 등장시켜 이야기를 나누는 픽션 형식을 취하고 있다. 스페인에 살던 모세 드 레옹(1250~1305년경)이라는 사람이 1280년에서 1300년 사이에 이 책을 세상에 유포하기 시작했는데, 책의 분량으로나 그 내용의 다양성으로 보아 한 사람의 저작이라 보기는 힘들지만, 유대교 신비주의 연구의 대가 숄렘Gershom Scholem에 의하면, 책의 몇몇 부분을 제외하면 그를 저자로 보는 데 무리가 없을 것이라고 한다.

『조하르』에서 가장 중심되는 가르침은 '세피로트'Sefiroth라는 개념이다. 문자적으로 '셈하기'enumeration라는 뜻을 가진 말이다. 이를 중심으로 하는 가르침이 전에도 있었지만, 『조하르』에서는 이를 심화시켜, 보이지 않는 세계에 속한 초월적 신의 창조적 능력이 보이는 현상세계에 어떻게 표출表出되거나 유출流出되었는가 하는 일종의 우주 창생 과정을 하나씩 밝혀주는 이론으로 사용되었다.

궁극 근원으로서의 절대적 신은 엔소프En-Sof · 無限이다. 그에게는 인간이 상상할 수 있는 어떤 것도 들어 있지 않다. 그런 의미에서 이 절대적인 신은 아인Ayin(텅빔)이다. 동양적 표현을 쓰면 무극無極이라고 할까. 그러나 이처럼 무無 혹은 공空으로서의 절대자가 동시에 오르 엔소프Or En-Sof이기도 하다. '무한한 빛' 혹은 '무량광'無量光이란 뜻이다. 이 무한한 빛으로부터 열 가지 '세피로트'가 유출되어 나와 오늘 우리가 보는 현상세계가 형성되었다고 주장한다.

열 가지의 세피로트는 세 개씩 셋으로 나누어지고 열째 것은 위의 아홉 개를 아우르는 것으로 본다. 무량광의 신으로부터 제일 먼저 나온 최고의 것은 신의 '왕관'keter이다. 이것은 신의 의지를 뜻하기도 하는데, 엔소프 자체와 구별되지 않는 미발未發의 경지이다. 여기서 둘째, 셋째 세피로트인 '지혜'hokhmah와 '이해'binah가 나온다. 이를 각각 '아버지'와 '어머니'로 표현하기도 한다. 구태여 동양의 태극도와 비교한다면 무극에서 태극, 태극에서 음양이 구분되어 나온 형식이라 할 수 있을지 모르겠다. 『도덕경』표현을 빌리면 "도가 하나를 낳고, 하나가 둘을 낳고, 둘이 셋을 낳고"(제42장)에 해당한다고 할까?

다음에 나오는 세 개의 세피로트는 '자비'hesed와 '능력'din과 '아름다움'tifereth이다. 그다음 세 개는 '승리'netsah, '영광'hod, '기초'yesod이다. 마지막 열 번째의 것은 이상의 것들을 통합하는 하느님의 '왕국'markuth이다. 이 왕국을 '셰키나'Shekhinah라고도 하는데, 하느님의 임재를 뜻한다. 절대적 실재로서의 신의 생명과 능력이 인간을 포함하여 현상세계의 모든 존재 안에 스며들어 있음을 상징적으로 표현하는 셈이다. 특히 셰키나는 여성성을 상징하는 것으로 절대신과 대비를 이룬다.

본래 절대적인 신과 셰키나가 완전히 결합되어 하나이어야 하는데, 인간의 타락 이후 이 둘이 분리되고, 이로 인해 셰키나가 '유배'exile

상태에 처하는 불행한 역사가 시작되었다는 것이다. 그럼에도 불구하고 인간은 본질적으로 영적인 존재로서, 인간 존재의 최심층에 들어갈 때 신의 임재를 의식하게 된다고 한다. 인간의 영혼은 이 지상으로 내려왔다가 할 일을 완성하면 다시 그 근원인 신에게로 올라가 그와 다시 합일하게 된다. 신과의 합일은 보통 죽어서 이루어지는 것이지만, 지상에 살아 있을 동안에도 신비적인 황홀경을 통해 가능할 수도 있다.

『조하르』에 의하면 깊은 종교적 삶을 위해서는 두 가지가 절대적으로 필요하다고 한다. 신을 경외하는 것과 기도하는 것이다. 신에 대한 경외심은 신을 두려하면서 동시에 깊이 사랑하는 것이다. 기도란 말로 무엇을 비는 것이 아니라 마음을 집중하는 것으로서, 이런 기도를 통해 신과 합일이 가능하게 될 뿐 아니라 평화와 즐거움이 모든 사람에게 두루 퍼지도록 할 수 있다고 했다. 나아가 이 세상이 신과의 관계를 회복하므로 유배 갔던 셰키나가 돌아오도록 하기 위해서는 인간의 협력이 필요함을 강조한다.

카발라 전통을 볼 때마다 유대교에 이런 가르침이 있다고 하는 사실에 놀라움을 금할 수 없다. 현재 미국 연예인들 중 마돈나, 데미 무어, 브리트니 스피어스 등 카발라에 매료된 사람들이 있어 화제가 되고 있다.[9]

---

9   필자가 번역한 『내 인생의 탐나는 영혼의 책 50』(흐름출판, 2009) 407~415쪽의 카발라 이야기를 참조하였다.

이삭 루리아
Isaac Luria

명상과 사랑의 카발라 스승

"저를 위해 혹은 저 때문에
벌 받는 사람이 없게 해주소서"

복귀와 환원

카발라 전통에서 획기적인 사건은 스페인에 있던 유대인들이 추방된 일이었다. 추방된 유대인들이 자기들의 처지를 생각하며 메시아의 도래를 열망하게 되었다는 것과 이들이 대거 팔레스타인 지방으로 유입되었다는 사실 때문이다.

이삭 루리아(1534~1572년)는 1534년 예루살렘에서 출생했다. 어려서 아버지를 잃고 이집트 카이로에 살던 부자 숙부의 집에서 자라면서 훌륭한 유대인 교사의 지도로 랍비 문학을 공부했다. 15세에 사촌과 결혼, 재정적으로 안정됨에 따라, 상업에 종사하려던 생각을 버리고 신비주의에 대한 공부를 계속할 수 있었다.

22세쯤 되었을 때 카발라 신비주의 전통에서 가장 중요한『조하르』에 몰입, 은둔자의 삶을 살기로 하고 나일강 기슭에 있는 외딴 오막살이에서 7년간을 명상으로 보냈다. 소림사에서 면벽 참선으로 9년을 보냈다는 보디다르마達磨를 생각나게 하는 대목이다.

1569년 35세가 되었을 때 예루살렘으로 돌아왔지만, 거기에서 자기의 생각에 동조하는 사람을 만날 수 없었다. 결국 팔레스타인 북부 갈릴리 지방 사페드 Safed로 옮겨 모세 코르도베로 Moses ben Jacob Cordovero 및 다른 카발라 신봉자들을 만나 그들과 함께 '경건한 자들의 공동체'를 결성했다.

스페인에서 추방당하고 팔레스타인으로 온 유대인들은 지금 자기들이 받는 고난이 메시아가 갈릴리에서 출현하기 직전에 있을 것이라고 예고된 그 고난이라 믿었다. 이런 사람들에게 루리아의 가르침은 큰 위로가 되었다. 따라서 그의 공동체는 점점 커져 하나의 독자적인 노선으로 발전했다. 그를 따르는 사람들은 두 부류로 나누어졌는데, 하나는 초보자들로서 루리아에게서 카발라의 기초를 배웠고, 다른 한 부류는 어느 정도의 경지에 입문한 사람들로 그의 새로운 가르침을 보존하고 전수하는 일을 맡았다.

루리아는 시므온 벤 요하이 등 카발라와 관계되는 스승들의 묘소를 찾아 참배하였는데, 물론 이런 묘소에는 아무런 표시도 없었다. 그러나 예언자 엘리야의 계시로 어느 것이 누구의 묘소인지 알 수 있게 되었다고 한다. 루리아는 사실 자기의 가르침이 엘리야와의 대담에서 얻은 것이라 주장했다.

루리아는 즉문즉설식으로 이야기했다. 따라서 몇 편의 시를 제외하고 직접 기록으로 남긴 것은 거의 없다. 그러나 제자들이 받아 적은 강의록을 바탕으로 그의 수제자 하임 비탈Chaim Vital이 편집하여 방대한 유작을 남겼다. 그중 가장 중요한 것이 여덟 권으로 된 『생명의 나무』Etz Chayim라는 책이다. 이 책은 팔레스타인 밖으로의 반출이 금지되었지만, 결국에는 유럽으로 밀반입이 되어 1772년 출판되었다. 물론 1650년경에 이미 그의 사상이 유럽에 있던 유대인들 사이에 상당히 알려져 있기는 했지만, 이 책의 출판으로 더욱 널리 세상에 퍼지게 된 것이다.

루리아는 『조하르』의 가르침을 자기 나름대로 풀이하였지만, 그의 가르침은 어느 면에서 『조하르』 자체보다 더 추상적이고 복잡하다. 『조하르』에서는 '세피로트' 개념을 통해 신의 창조 과정을 설명하고 있는데, 그는 여기에 새로이 '응축'凝縮·Tsimtsum이라는 개념을 도입한다. 절대자로서의 신 엔소프En-Sof가 '움츠림'을 통해 그 존재 안에 일종의 진공을 형성하게 된다.

그러면 진공 안으로 뭔가가 빨려 들어오고, 그다음 신이 자기의 존재를 본래대로 확대하면 거기에서 뭔가가 흘러나온다고 본 것이다. 응축을 통해 처음 빨려 들어갔다가 확대를 통해 밖으로 나온 처음 것이 빛이다. 이와 같은 응축과 확장을 거듭하면서 만물이 생겨났다는 것이다. 똑같지는 않지만, 신유학新儒學에서 기氣가 뭉치느냐 흩어지느냐 하는 '취산'聚散에 따라 만물이 다른 모습으로 나타난다고 하는 주장을 연상시킨다.

이런 이론을 근거로 하고, '그릇들의 깨어짐'이라는 개념을 통해 악의 근원을 설명한다. 태초의 빛이 세피로트 형태로 흘러나왔고 세피로트의 빛에서 최초의 인간 아담 카드몬Adam Kadmon이 생겼다는 것이다. 아담 카드몬으로부터 나온 빛이 다시 열 개의 그릇들 속으로 흘러 들어갔고, 이 중 처음 세 개의 세피로트에 해당되는 그릇들은 그 빛을 담고 있었지만, 나머지 일곱 개는 그 빛을 감당하지 못하고 깨어져버렸다.

그 결과 우주의 조화가 깨어지고 말았다. 결국 신으로부터 흘러나온 빛이 산산이 갈라져 불꽃이 되므로, 창조 세계의 어느 부분은 밝게 되고, 어느 부분은 어둠에 싸여 있게 되었다. 이렇게 하여 빛과 어둠, 선과 악 등이 생겨나 둘이 서로 겨루게 되었다고 한다.

'그릇들의 깨어짐'에서 생긴 불화와 혼돈이 시작되면서 동시에 '복귀'復歸·Tikkun 작업이 시작되었다. 엔소프로부터 새로운 빛이 흘러

나오고, 아담 카드몬의 이마에서부터도 새 빛이 나왔다. 세피로트의 빛들도 새롭게 짜여, 세피로트 하나하나가 하느님의 인격을 보여주는 얼굴의 모습을 한다. 그릇들의 깨어짐으로 '유배' 상태에 있던 셰키나가 라헬이라는 천상의 신부가 되어 돌아왔다. 그러나 다시 아담의 타락으로 온 우주가 함께 타락했다. 그러나 이런 타락 상태가 최종적인 상태는 아니다. 인간에 의해 다시 복귀 작업이 재개되기 때문이다. 인간 노력은 이런 의미에서 온 우주를 회복시킨다는 우주적 의미를 지니게 되었다.

루리아는 환생還生 · Gilgul을 강조했다. 『조하르』에서도 환생에 대한 이야기가 있지만 예외적인 경우로 취급되어 있는데, 루리아는 이를 복귀와 불가분의 개념으로 보았다. 그에 의하면 환생은 과거의 잘잘못에 따른 보상이나 형벌로서뿐 아니라 구원을 얻을 새로운 기회를 제공하기 위해서도 필요하다는 것이다.

인간이 완전한 구원에 이르기까지는 다른 인간의 몸으로만 아니라 동물이나 심지어 나무나 강이나 돌 같은 무생물의 형태로도 떠돌아다닐 수밖에 없다. 그러나 오랜 환생을 통해 모든 영혼이 아담의 보편적인 영혼에 합일되고, 궁극적으로 신과 하나가 되는 경지에 이르게 된다고 주장한다. 이렇게 영혼들이 하나로 재연합되면 메시아의 도래와 함께 셰키나의 유배 상태도 끝난다고 믿었다.

이처럼 루리아에게 있어서 가장 중요한 것은 복귀, 환원이라는 개념이었다. 토라Torah의 궁극 목적도 복귀 작업을 촉진하기 위한 것이다. 계명을 지키는 것도 인간의 영성이 회복되어 우주의 조화를 복원하기 위한 것이다. 루리아에 있어서도 정신을 집중하는 명상 기도

kawwanah가 절대적으로 중요하다. 이런 명상 기도를 통해 신과 하나가 될 뿐 아니라 인간의 영향력을 더 높은 차원에 이르도록 할 수도 있다는 것이다. 금식과 기타 금욕적인 수행도 권장했다. 그러나 가장 중요한 실천 사항으로 그는 사랑을 들었다.

모든 사람은 결국 하나의 우주적 영혼에 속했기 때문에 모든 영혼은 서로 관련을 맺고 있다는 것이다. 따라서 누가 죄를 지으면 자기만 상처를 받는 것이 아니라 다른 사람에게도 상처를 준다. 우리가 이웃을 내 몸과 같이 사랑하는 것도 그 이웃이 결국 나 자신이기 때문이라고 한다. 명상과 기도를 통해 이런 사랑을 계속 키워나가야 한다고 했다. 저녁 시간 자기 전에 다음과 같은 기도를 드리라고 한다.

> 우주의 주인 되시는 주님, 의도했거나 하지 않았거나, 행동으로 했거나 생각으로 했거나, 나를 노엽게 하거나 상하게 한 모든 사람들을 용서하나이다. 저를 위해 혹은 저 때문에 벌 받는 사람이 없게 해주소서.

사랑은 인종이나 국적에 관계없이 모든 사람들에게 한결같은 보편적 사랑이어야 한다. 유대인들이 이처럼 유배 상태에서 떠돌고 있는 것도 모두 인류의 영혼을 구원하기 위해 마련된 것이라고 믿었다.

모든 영혼은 관련을 맺고 있다

루리아의 영향으로 생겨난 두 가지 중요한 결과로, 17세기 이단으로 낙인찍힌 샤바타이 운동과 18세기 하시디즘Hasidism의 출현을 들 수 있다.

루리아에 의해 카발라는 메시아의 도래를 기다리는 종말론과 동일시되었다. 루리아 자신도 자기 당대에 메시아가 오리라 믿었다.

이렇게 메시아의 도래를 기다리는 사람들이 많아지면서 17세기에는 샤바타이 운동이 나타났다. 그 중심인물은 샤바타이 체비Sabbatai Zevi(1626~1676년경)였다. 조울증 환자였던 그는 흥분 상태가 고조되었을 때 빛을 받아 스스로를 메시아로 생각했다. 나중에 스스로 하느님의 영을 받았다고 주장하던 나단Nathan(1644~1680년)이 나타나 샤바타이 체비가 정말로 메시아라 주장했다. 1665년 샤바타이는 자기가 메시아임을 정식으로 공표했다. 많은 사람이 그를 '유대인의 왕'으로 받아들였다.

그러나 샤바타이는 터키 당국에 의해 체포되어, 이슬람으로의 개종과 죽음 중 하나를 택하라는 명령을 받았다. 그는 이슬람으로의 개종을 택했다. 그러나 샤바타이 운동은 그의 개종으로 끝난 것은 아니었다. 많은 추종자들은 그의 배교가 거룩한 빛을 해방시키기 위해 악의 영역으로 들어가야 하는 메시아로서 거쳐야 할 하나의 필수 과정이라 여기고, 그가 결국에는 곧 팔레스타인에 다시 돌아와 메시아로 등극하리라 믿었다.

그가 배교 후 10년 뒤 알바니아에서 죽자, 그가 다른 사람의 몸을 통해 메시아로 환생하리라 생각했다. 실제로 자기가 샤바타이의 환생이라 주장하는 사람이 나타나고, 많은 이가 그를 따랐다. 그 후로도 메시아가 여럿 나타났다. 그중 주목할 만한 사람은 폴란드 유대인 야콥 프랑크Jacob Frank(1726~1791년)였다. 그는 샤바타이가 환생한 사람의 또 다른 환생이라 주장하였다. 자기는 지금까지 세상을 지배하는 모든 법과 모든 법령에서 세상을 자유롭게 하러 왔고, 그러기 위해 모든 것을 파괴하겠다고 했다.

그를 따르는 이들은 선택된 자들에게는 선악의 구별이 없다고 주장하며 윤리적인 규범을 어기는 파격적 행동도 거리낌 없이 행했다. 이들은 내면적으로 자기들의 고유 신앙을 지켰지만, 핍박을 피하기 위해 외적으로는 가톨릭으로 개종했는데, 이는 샤바타이 체비의 경우처럼 적절한 처신이라 보았다. 이들은 폴란드 가톨릭 내에 특수 그룹으로 있다가 없어지고, 프랑크의 권위를 받들지 않던 다른 카발라 신봉자들은 18세기에 나타난 하시디즘 전통에 흡수되었다.

카발라는 이른바 비교적秘教的 종교에 속한다. 전통적으로 카발라를 연구할 수 있는 자격으로 40세 이상, 결혼한 사람으로 건전한 심성을 소유한 자라야 한다는 조건이 붙어 있었다. 궁극 실재의 가장 깊은 면을 다루는 가르침이기 때문에 자칫하면 사람들을 미치게 할 수도 있고, 심지어 죽게 할 수도 있다고 생각했다.

이런 위험 때문에 카발라 스승들은 추종자를 찾아 나선 일이 없다. 물에서 수영할 준비가 되지 않은 사람을 물에 밀어 넣을 수 없다는 단순한 이유 때문이었다. 그러나 진정으로 영적 발전을 위해 힘쓰려는 사람들에게 카발라는 놀라울 정도로 풍요로운 영감의 원천이 될 수 있기에 올바로 이해되고 실천될 경우 유대교만이 아니라 전 인류의 유산이 될 수도 있을 것이다.

바알 셈 토브
Baal Shem Tov

근대 하시디즘의 창시자

"아무리 큰 죄인이라도 신에게 오르지 못할
정도로 타락할 수는 없다"

체험과 치유

18세기에 등장한 근대 하시디즘은 12~13세기 독일을 중심으로 일어난 중세의 하시디즘과 이름은 같지만 직접적인 연관은 없다. 근대 하시디즘은 앞에서 살펴본 루리아의 사상에서 큰 영향을 받은 일종의 카발라 전통의 한 줄기라 볼 수 있다. 근대 하시디즘이 종래까지의 카발라 전통과 다른 점이 있다면 지금까지의 카발라 전통이 교리나 메시아의 도래 등에 큰 관심을 보인 것에 반해 근대 하시디즘은 특별히 실생활에서의 체험을 강조한다는 점이다.

근대 하시디즘 운동은 앞에서 잠깐 살펴본 샤바타이 운동이 성행하던 우크라이나와 폴란드에서 일어나서 러시아, 헝가리, 루마니아 등지로 퍼졌다. 18세기 동유럽에는 유대인들이 많이 살고 있었는데, 이들은 카발라 전통을 지지하는 사람들과 이를 반대하고 정통 유대교 랍비 전통을 지켜야 한다는 사람들로 나누어져 있었다.

카발라를 지지하는 사람들은 폴란드 남동쪽에 주로 살았고, 반대자들은 북쪽 리투아니아를 중심으로 살고 있었다. 많은 사람들은 메시아의 도래를 열망하는 샤바타이식 카발라에도 만족하지 못하고, 형식주의에 사로잡혀 메마르기만 한 랍비 전통에도 식상한 상태였다.

이런 정신적 환경에서 실생활에서의 체험과 치유를 강조하는 하시디즘 운동이 생겨났다. 이 운동의 창시자는 이스라엘 벤 엘리에제르Israel ben Eliezer(1698~1760년)이다. 나중에 그에 대한 존경의 의미로 바알 셈

토브, 줄여서 베쉬트^{Besht}라 불리기도 하였는데 '거룩한 이름의 큰 스승'이라는 뜻으로 한자로는 성호대사^{聖號大師}라 할 수 있을 것이다.

그는 지금은 우크라이나 땅이지만 그 당시 폴란드, 러시아 땅이기도 했던 오코피라는 곳에서 태어났다. 어려서 부모를 잃고 후원자의 도움으로 자랐다. 학교 다닐 때 가장 잘하는 일은 학교에 결석하는 일뿐이었다고 한다. 결석할 때마다 그는 숲에 들어가 자연과 함께 지내며 깊은 명상에 잠겼다. 도저히 랍비가 될 재목이 아니라고 생각한 그의 후원자는 그에게 어린아이들을 학교에 데려다주고 데려오는 일 등의 잔심부름을 하게 했다. 놀랍게도 아이들이 그가 하는 이야기를 좋아하고 그를 따랐다. 나중에는 유대인 회당에서 허드렛일도 했다. 18세에 결혼했지만, 부인이 젊어서 죽자 이곳저곳으로 떠돌아다니며 잡일을 맡아 하다가 결국 선생님이 되었다.

유대인들 사이에 소송사건이 있을 때면 그가 중재를 해주었는데, 천성이 착하고 정직했을 뿐 아니라 사람의 속을 이해하는 타고난 능력 때문에 훌륭하게 해냈다. 이를 좋게 본 어느 부자가 자기 딸에게는 물어보지도 않고 그를 사윗감으로 점찍었다. 이 사실을 딸에게 정식으로 알리지도 못하고 죽었는데, 딸은 아버지의 유지를 받들어 그와 결혼했다. 처남의 반대 때문에 말 한 필만을 물려받은 바알 셈은 부인과 함께 시골로 들어가 점토나 석회석을 캐어 동네로 가져다 파는 일을 했다.

그는 이처럼 자연에 묻혀 일하는 것을 큰 행복으로 여겼다. 그 이후 유대인을 위해 특별히 운영하는 정육점, 여관 등을 운영하기도 했지만 이런 일을 할 때에는 주로 그의 부인이 일을 맡고 그는 숲 속에서 명상하는 데 많은 시간을 보냈다. 둘 사이에는 두 자녀가 있었다.

　시골에서 농부들과 같이 지내면서 바알 셈은 약초의 효험을 알게 되고, 약초로 사람들의 병을 고쳐주기 시작했다. 이 때문에 많은 사람이 그에게 몰려들었다. 그는 자기 말에 귀 기울이며 따르는 사람들을 보고 메드지비지Medzhybizh에서 일반을 상대로 가르침을 전하기 시작했다. 상류층 유대인들이 찾아와 그의 가르침을 받았다. 이리하여 '메드지비지 가문'家門이 탄생했다. 바알 셈의 가문이 점점 커져가자 탈무드의 가르침을 받드는 랍비 전통의 유대인들이 이를 싫어하게 되었다. 그럼에도 불구하고 그의 가문에는 그 당시 이름 있던 랍비나 유대인 학자를 비롯하여 많은 사람들이 계속 몰려들었다.

　바알 셈이 시작한 하시디즘에서 가장 중요한 가르침은 '범재신론적 신관'이라 할 수 있다. 만물이 신 안에, 그리고 신이 만물 속에 내재한다는 생각이다. 물질적이든 정신적이든 세상의 모든 것은 신이 스스로를 나타내 보이는 신의 현현顯現이라 여겼다. 예를 들어 우리가 말을 하면 말에는 생명력이 있는데, 그 생명력이 바로 하느님의 나타나심이라는 것이다. 이런 의미에서 이 세상의 모든 것은 선할 뿐, 악 자체가 따로 있는 것이 아니라고 보았다. 악이란 그 자체가 악한 것이라기보다 잘못된 관계에서 나온다는 것이다. 예를 들어 여인의 아름다움을 보고 음욕을 품는 것은 잘못된 것이지만 그 아름다움을 찬양하는 것은 신이 준 능력이다. 그 아름다움을 신의 현현으로 보지 못하고 그것을 자기의 사사로운 목적을 위한 무엇으로 생각하는 것이 나쁜 것이다.

　만물 속에 신의 불꽃이 있으므로 만물을 선한 것으로 본다는 것은 모든 사람도 본래 선하다는 일종의 서양식 '성선설'性善說이라 볼 수 있다. 사람들의 지금 상태가 어떠하든, 아무리 그들이 악한 사람처럼 보이더라도 모든 사람은 본질적으로 선하기에 그들을 한결같이 사랑해야 한다고 주장했다. 친구를 사랑하듯 나를 원수처럼 대하는 사람이라도 한결같이 사랑하는 보편적 사랑을 강조했다. 일종의 서양식 '겸애설'兼愛說을 가르친 셈이다. 이에 따라 바알 셈 자신도 사회에서 멸시당하고 천히 여겨지는 이들과 어울렸다. 특히 여자들과 어울렸는데, 이 때문에 반대자들로부터 비도덕적이라는 비난을 사기도 했다. 그는 "누구도 자기 이웃보다 더 훌륭하다고 생각하지 말라. 누구나 하느님께서 주신 이해의 분량에 따라 나름대로 하느님을 섬기고 있기 때문이다"라고 했다.

이런 생각을 가지고 있었기 때문에 그는 이른바 죄인들에 대해서도 너그러운 태도를 취했다. 죄를 지었다는 사람을 정죄하고 판단하는 대신 그들 속에 있는 신적인 부분, 선한 부분을 보라고 했다. 그들이 지었다는 죄도 정죄의 대상이 아니라 설명되고 이해되어야 할 무엇이라 보았다. "아무리 큰 죄인이라도 신에게 오르지 못할 정도로 타락할 수는 없다"라고 하며 죄는 오로지 무지와 어리석음일 뿐이라 하였다.

영적 체험의 기쁨

만물 속에 살아 움직이는 신의 임재를 강조하는 범재신론적 신관에 입각해서 그는 우리 밖에 계실 뿐 아니라 우리 속에도 내재하는 신을 직접 체험하는 것을 강조했다. 그러고는 이것이 우리가 삶에서 누려야 할 끊임없는 즐거움simcha의 원천이라 주장했다. 그는 정통 유대교에서 지나치게 강조하는 금식이나 참회 같은 금욕주의적 종교 형식이나 음울한 엄숙주의를 배격했다. 기도를 하며 참회의 눈물을 흘릴 것이 아니라 자기 속에 있는 하늘의 소리를 들을 수 있음을 기뻐하고 즐거워해야 마땅하다고 했다. 모든 종교적 행위에서 가장 중요한 것은 열성적인 헌신의 정신이었다. 순수한 마음으로 삶에서 발견되는 모든 것을 즐거워하라고 했다. 삶의 두 기둥은 경배와 황홀경으로, 경배는 시간과 공간 속에서 신을 섬기는 것이고, 황홀경은 시간과 공간을 넘어서서 신을 끌어안음이라고 했다. 신을 경배하는 것은 몸과 마음을 다 바치는 것으로, 이것을 통해 유배되어 갔던 세키나가 다시 돌아오고 흩어졌던 불꽃들이 다시 모이게 된다고 믿었다.

바알 셈이 가르친 하시디즘에서는 기도가 특별히 중요하다. 물론 이때의 '기도'는 하느님께 무엇을 달라는 탄원 기도가 아니다. 그것은 나와 다른 이들을 하나로 묶어주고 우주 안의 모든 것이 하나 됨을 인지하고 그 하나됨을 회복하도록 촉진하는 힘이다. 그뿐 아니라 무엇보다도 기도가 중요한 것은 그것이 개별적이고 독립적인 것으로 여겨진 나 자신을 잊게 하는 수단이기 때문이라고 했다.

기도를 통해 나를 완전히 잊어버리면 황홀경에 이르게 되는데, 이때 인간은 신에게 완전히 흡입되므로 자신이나 자기 주위를 의식하지 못하게 된다. 이렇게 개별적 존재를 잊어버린 상태를 '존재의 소멸'the extinction of existence이라 한다. 불교에서 '니르바나'가 '소멸'을 의미한다는 말을 상기시켜주는 대목이기도 하고, 장자가 말하는 '내가 나를 여읨'吾喪我과도 비교될 수 있는 말이다. 아무튼 이런 상태에 든 사람은 '자연과 시간과 생각을 초월'하고 말할 수 없는 기쁨을 경험하게 된다. 하시디즘에서는 이런 상태에 이르기 위한 수단으로 주문을 외우거나 춤을 추는 방법을 권장하기도 한다.

바알 셈 토브가 시작한 하시디즘은 기본적으로 교리 체계나 윤리적 행위 같은 것이 아니라 개인이 경험할 수 있는 종교적 체험을 강조하는 종교운동이었다. 이런 종교적 체험을 하기 위해서는 '자디크' Zaddik(의로운 이)라는 영적 지도자들을 따르는 것이 무엇보다 중요하다고 강조했다. 이들이야말로 신과 인간을 연결하는 도관導管 같은 역할을 한다고 믿었다. 신을 직접 체험한 이들 지도자들에게는 토라에 상응하는 권위가 있다고 보았다.

따라서 하시디즘 신도들은 이런 지도자들을 중심으로 모여 일종의 가문이나 계보 같은 것을 형성했다. 한국 불교에서 볼 수 있는 '문중'門中과 비슷한 것이라 할 수 있을까. 이런 가문이 큰 것으로 9개, 작은 것으로 30개, 기타 수백 개의 소소한 그룹들이 있었다.

하시디즘은 자디크의 권위를 받들었기 때문에 토라를 받드는 정통 랍비 전통의 유대교와 충돌하게 되고, 이로 인해 박해까지 받았다. 이런 박해는 그들의 열성과 결속을 더욱 강화시키는 결과를 가져오기도 했다. 일부 과격파는 감정에 치우치는 경향을 보였지만 19세기에 하시디즘은 지성을 강조하는 정통 유대교의 가르침을 대량 흡수하여, 감정과 지성을 동시에 강조하는 '하바드 하시디즘'Habad Hasidism이라는 새로운 형태의 종교 운동으로 발전했다. '하바드'라는 이름은 지혜hokhmah와 이해binah와 지성daath이라는 히브리어 첫 글자를 조합한 것이다.

이 새로운 형태의 하시디즘에서는 자디크가 영적 체험을 한 사람일 뿐 아니라 토라에 대한 지식도 함께 갖춘 지도자이어야 한다고 주장하였다. 그러나 영적 체험과 자기를 잊는 수단으로서의 기도를 강조하는 하시디즘의 기본 성격에는 변함이 없었다. 이런 하시디즘에 크게 영향을 받은 사람 중 하나가 세계적인 유대인 사상가 마르틴 부버였다.

마르틴 부버
Martin Buber

────────

20세기 최고의 유대 사상가

────────

" '나와 너'라고 하는 대화 관계에 들어가보라"

신비주의 체험의 황홀

20세기 가장 위대한 유대인 사상가 중 하나로 알려진 마르틴 부버 (1878~1965년)는 1878년 2월 3일 오스트리아 비엔나에서 태어났다. 다뉴브 운하가 내려다보이는 집에 살았지만 네 살 때 어머니가 가출하 자 어린 마르틴은 지금의 우크라이나 영토 갈리시아에 살던 할아버지 솔로몬 부버의 집으로 옮겨가 유년 시절을 보냈다.

솔로몬 부버는 그 당시 사회적으로도 부유한 유대인 지도자들 중 한 사람이었을 뿐 아니라 미드라쉬라는 성경 주해 방식에 일가견이 있 던 유대교 학자이기도 했다. 어린 부버는 열 살이 될 때까지 학교에 가 지 않고 집에서 할아버지와 할머니로부터 히브리어 성경, 유대 구전문 학 등을 공부했다.

마르틴의 어머니에 대한 이야기는 집안에서 금기사항이었다. 어 린 마르틴은 영문도 모른 채 오랫동안 어머니가 돌아오기를 기다리다 가 여러 해가 지나서야 기다리기를 포기했다. 나중에 안 일이지만 어 머니는 어느 장교와 함께 러시아로 도망가 거기서 두 딸을 낳고 살고 있었다. 마르틴이 서른네 살 때 어머니가 찾아와 다시 만날 수 있었다.

마르틴 부버가 14세가 되었을 때 아버지가 재혼하면서 아버지 집 으로 들어가 폴란드계의 김나지움에 다녔다. 유대 전통에서 떠나 칸 트, 키르케고르, 니체 등을 읽었다. 18세가 되었을 때 비엔나 대학에 들어가 1년 정도 머물다가 라이프치히, 취리히, 베를린 등으로 옮겨

다니면서 철학, 고전어, 독문학, 미술사 등 다양한 분야에 관심을 가지고 공부했다.

베를린에 있을 때 그에게 가장 큰 영향을 준 스승은 딜타이Wilhelm Dilthey(1833~1911년)와 짐멜Georg Simmel(1858~1918년)이었다. 20세경에는 베를린에서 시온주의Zionism 운동을 접하게 되었다. 시온주의란 창시자 테오도어 헤르츨Theodor Herzl(1860~1904년)의 제안에 따라 팔레스타인에 유대인 국가를 재건하자는 운동이었다. 부버의 경우 시온주의의 주요 과제는 유대인들의 정신 · 사회적 성숙을 가져오도록 하는 것이라 본 데 반해 헤르츨은 그것을 철두철미한 국가 건설이라는 정치적 목적 하나를 달성하는 수단으로 밀고 나갈 뿐 종교나 문화의 필요성을 무시했다. 이런 차이점 때문에 부버는 시온주의 운동과 결별하고, 자기의 학업을 계속하여 1904년 비엔나 대학에서 그리스도교 신비주의 사상가들인 니콜라우스 쿠자누스Nikolaus Cusanus(1401~1464년)와 야콥 뵈메Jakob Böhme(1575~1624년)에 관한 연구로 박사 학위를 받았다.

마르틴 부버가 시온주의 운동과 결별했지만 그 운동에 참가하므로 얻게 된 수확은 컸다. 무엇보다 그동안 등한시했던 자기의 민족적 뿌리를 재인식하게 되고, 이에 따라 유대인 전통, 특히 근대 하시디즘의 가르침에 더욱 깊은 관심을 가지게 되었기 때문이다. 부버는 학위를 받은 후 유대교의 신비주의 전통을 본격적으로 연구할 목적으로 은둔 생활에 들어갔다. 그는 하시디즘 연구에 몰두하면서 스스로도 신비주의 체험을 하기도 했다. 그 이후 그는 우리가 앞에서 살펴본 근대 하시디즘의 창시자 바알 셈 토브에 관한 재료를 모아 1908년 『바알 셈의 전설』 같은 책을 출판하는 등 유대교 신비주의에 관한 책을 내기 시작했다.

한 가지 흥미로운 사실은 1909년부터 마르틴 부버가 중국 사상, 특히 도가道家 사상에 깊은 관심을 가지게 되었다는 것이다. 서양 말로 된 『장자』莊子 번역서들을 참고하여 1910년에는 『장자』의 상당 부분을 독일어로 번역하고 자기 나름대로 풀이한 『장자의 이야기와 비유』라는 책을 펴냈다. 그 외에도 『도道의 가르침』(1910년), 『중국의 귀신 및 사랑 이야기』(1911년)라는 책도 출판하고, 실제로 출판은 되지 않았지만 노자 『도덕경』에 대한 강연 모음도 냈다. 더욱 흥미로운 것은 부버가 도가 사상, 특히 『장자』를 접한 것이 그의 후기 사상의 핵심이 되는 '나와 너'라는 대화 개념을 발전시키는 것과 무관하지 않다고 하는 사실이다. 부버 전문가 허만Jonathan R. Herman에 의하면 부버에 있어서 『장자』는 "그의 '나와 너'라는 나비가 나오게 한 유충幼蟲"10과 같은 역할을 했다는 것이다.

1912년 이후 부버의 주관심은 신비주의 일변도에서 점차 '대화' 對話 쪽으로 넘어갔다. '상호성'이라든가 '만남'이라는 말을 많이 쓰게 된 것이다. 개인적 황홀의 경험을 강조하는 신비주의적 몰입보다 인간 상호 간, 인간과 신, 나와 너와 같은 인격적 만남을 중심으로 인간을 이해하려 한 셈이다. 1916년 대화에 관한 책을 내리라는 계획을 수립하고, 1919년 『나와 너』Ich und Du · I and Thou라는 책의 초고가 나왔고, 이것이 퇴고를 거듭하여 1923년 완결판으로 나오게 되었다. 『나와 너』는 짧은 책이지만 마르틴 부버의 주저主著라 할 수 있다. 그가 쓴 이후의

10　그의 논문 "I and Tao: Buber's Chuang Tzu and the Comparative Study of Mysticism" in Maurice Friedman ed., *Martin Buber and the Human Sciences*(SUNY,1996)와 그의 책 *I and Tao: Matin Buber's Encounter with Chuang Tzu*(SUNY, 1996)를 참조할 수 있다.

책들은 어느 면에서 이 책에 나온 기본 사상들을 설명하고 보충해주는 주해서들이라 해도 과언이 아니다.

부버는 저술 활동 외에 독일, 스위스, 네덜란드 등에서 유대인의 교사들, 청소년들, 성인들, 랍비들을 상대로 하는 교육에도 힘썼다. 1935년 나치로부터 공적 활동 금지처분을 받고 1938년 가족과 함께 팔레스타인으로 이민, 예루살렘의 히브리 대학에서 1951년 은퇴할 때까지 가르쳤다. 그 후 미국과 유럽 여러 나라를 다니며 강연과 대담 등으로 여생을 보내고, 80세가 지나 각각 철학과 성서와 하시디즘에 관한 그의 저술을 모아 세 권의 전집을 내었다. 그리고 1965년 87세로 타계했다.

나와 너, 관계의 철학

앞에서 지적한 것과 같이, 마르틴 부버는 무엇보다 그의 책 『나와 너』를 통해 가장 많이 알려졌다. 이 책은 '관계'에 초점을 맞추고 있다. 부버에 의하면 관계에는 크게 두 가지가 있다고 한다. 하나는 '나와 그것'Ich und Es · I and It이라는 독백monologue의 관계이고 다른 하나는 '나와 너'라고 하는 대화dialogue의 관계라는 것이다. '나와 그것'의 관계는 우리가 대하는 사람들이나 사물들을 그 이용 가치로 따져보는 관계이다. 일정 정도 이런 관계를 유지하는 것이 그 자체로 나쁜 것만은 아니다. 특히 사물을 그렇게 보지 않으면 생존할 수가 없기 때문이다.

그러나 우리가 사람을 대할 때 언제나 이런 식으로 그 사람이 나의 이기적 목적에 어떻게 부합할 수 있을까만 생각하면서 대한다면 그것은 비극이다. 사람들을 진심으로 이해한다든가, 사랑한다든가, 마음으로부터 소통하는 것이 불가능하기 때문이다. 언제나 나 자신을 완전히 열어놓지 못하고 뭔가 움츠리고 감추려 한다면 삐걱거리는 관계일 수밖에 없다.

마르틴 부버는 이런 관계를 청산할 수 있다고 주장한다. 바로 '나와 너'라고 하는 대화 관계에 들어가보라고 한다. 다른 사람을 가면이나 체면치레나 가식이나 체하는 일 없이, 심지어는 말하지 않고도 진정으로 이해하고 서로 통하는 관계를 말한다. 독일어에는 '너' 혹은 '당신'이라는 2인칭 대명사로 'Du'와 'Sie'가 있는데, Du는 친밀한 사람들끼리 쓰는 것이고, Sie는 공식적, 외교적인 관계에서 쓰이는 것이다.

부버가 '나와 너'라고 했을 때 그것은 물론 'Ich und Du'였다. 영어의 경우 'I and Thou'라 번역하기도 하지만, 현재 Thou라는 말은 일상에서 거의 쓰이지 않기 때문에 만족스러운 번역이라 할 수는 없다. 우리말로는 '나와 그대'라 하는 것이 더 적절할지도 모르겠다. 이런 '나-너'의 관계는 서로가 아무런 전제 조건이나 이해관계를 고려하지 않고 순수한 두 존재 그대로 만나는 것이다. 이렇게 하여 생긴 유대 관계에서는 서로서로 북돋워주고 서로서로 자라게 해주는 일이 가능해진다. 구체적인 예를 들면 두 연인, 고양이와 그 주인, 기차에서 만난 두 사람 등이다.

한 가지 알아야 할 것은 '나-너'의 관계가 한 번 성립되면 언제나 그대로 유지되는 것은 아니라는 사실이다. 끊임없이 '나-너'의 관계에서 '나-그것'의 관계로 넘나든다. 또 의식적으로나 억지로 '나-너'의 관계를 이루려고 하면 안 된다고 한다. 그렇게 하면 '너'는 다시 나의 목적을 위한 수단으로 바뀌어 결국 '나-그것'의 관계로 변하고 말기 때문이다. 우리가 할 수 있는 일은 우리 스스로를 열어놓고 진정한 만남과 대화가 이루어지도록 기다리는 것뿐이다. '나-너'의 인격적 관계는 경험을 통해서만 그 깊이를 알 수 있다.

부버에 의하면 '나-너'의 관계는 사람들 사이에서뿐만이 아니라 세상과 세상에 있는 사물들에 대해서도 맺을 수 있는 관계라고 한다. 미술이나 음악이나 시가 모두 이런 진정한 대화가 가능하도록 하는 매체의 역할을 감당할 수 있다고 한다. 부버는 이런 관계를 신에게까지 적용한다. 부버에 있어서 신은 우리의 '영원한 그대'이다. 신의 존재를 증명하려 한다거나 신을 정의하려는 것은 신과 우리의 관계를 '나-그것'의 관계로 전락시키고 마는 일이다.

'영원한 그대'에게 무조건 우리 스스로를 열어놓고 기다리면 그와 '나-너'의 관계에 들어갈 수 있다고 하였다. 이런 관계에 들어갈 때에는 말이 필요 없게 된다. 그야말로 언설을 넘어서는 경지라는 것이다. 신과 '나와 그대'의 관계에 들어가는 것은 사람이나 자연이나 예술과의 '나-너'의 관계를 통해서도 가능하다고 하였다.

부버에 의하면 경전은 '영원한 그대'인 신과 인격적 관계를 체험한 사람들의 기록이며, 우리는 열린 마음으로 그 기록을 읽고 우리 스스로를 비움으로 그런 관계에 들어갈 수 있다. 그러나 그 기록을 읽을 때 분석적으로 따지면서 읽으면 안 된다. 그렇게 읽는다는 것은 우리 스스로를 관찰자의 입장에 서게 하므로 참된 대화의 상대가 되지 못하게 하기 때문이다.

부버에게 있어서 법이 정해주었기 때문에 그대로 행한다는 것은 의미 없는 일이다. 내가 신이나 다른 사람이나 세상과 '나-너'의 관계에 들어갈 때 그 반응으로 자연스럽게 흘러나오는 행동이 진정으로 의미 있고 바람직한 행동이라 보았다.

부버의 관계 철학은 아름답기 그지없다. 그러나 만물 동체라든가 천지합일, 무극이나 불이주=의 입장에서 보면 아직도 나와 그대가 독립적으로 존재하는 것을 전제로 한다는 의미에서 뭔가 궁극 경지에는 미치지 못한 상태를 이야기하고 있는 것이 아닌가 아쉬울 수도 있을 것이다. 그러나 이런 '나와 그대'의 대화 관계만 있어도 세상은 얼마나 더 아름다워질까?

에리히 프롬
Erich Pinchas Fromm

정신분석학과 사랑의 기술

"쉼이란 인간과 자연 사이의
평화적인 상태를 유지하는 것"

안식일의 의미

유대교 전통이 인류를 위해 베푼 가장 큰 공헌 중 하나는 7일을 일주일로 하는 주일 제도를 널리 보급한 것이다. 특히 주일 중 제7일을 '안식일'安息日 · Sabbath이라 하여 그날을 쉬는 날, 거룩한 날로 삼았다는 것은 의미심장하다. 물론 주일 제도는 고대 바빌로니아에서 유래되었고, 제7일 안식일Shapatu도 바빌로니아에서 시간과 죽음의 신 토성Saturn을 위한 축제일로 지키던 날이었다. 그러나 바빌로니아에서는 안식일이 슬픔과 자책의 날인 반면 유대교에서는 즐거움과 쉼을 위한 날이었다. 유대인들은 안식일을 특히 먹고 마시고 노래하고 부부가 잠자리를 같이하는 시간으로 여겼다.

유대교를 모체로 하는 그리스도교와 이슬람교도 유대교의 전례를 따라 각기 일요일과 금요일을 자기들의 특별한 날로 지키기 시작했다. 이제 전 세계는 유대인이든 그리스도인이든 이슬람교인이든 무신론자이든 모두가 유대교에서 전해준 주일 제도에 따라 주일 중 하루나 이틀은 일을 하지 않고 쉬게 되었다. 유대교 덕택으로 일주일 중 적어도 하루를 쉬는 것이 종교적으로 정당화되었을 뿐 아니라 의무화까지 된 셈이다. 고대 유대인들에게 안식일을 지키는 것은 가장 중요하고 신성한 의무 사항이었다. 유대인들의 성경인 히브리어 성경은 안식일의 의미를 신의 천지창조와 연결시켰다. 신이 첫날부터 엿샛날까지 6일 동안 하늘과 땅과 바다와 그 안에 있는 모든 것을 다 창조하시고 이렛날에는 창조하시던 모든 일에서 손을 떼고 쉬었다고 한다. 그러면서 "그 날을 복되게 하시고 거룩하게 하셨다"(『창세기』 2장 3절)라고 했다. 안 식일을 지키는 것은 유대인들이 따르던 모세의 십계명 중에서도 가장 길고 상세하게 제시된 계명이기도 하다. 십계명 넷째 계명에 해당하는 이 계명은 다음과 같다.

> 안식일을 기억하여 거룩하게 지키라. 엿새 동안은 힘써 네 모든 일 을 행할 것이나 일곱째 날은 네 하나님 여호와의 안식일인즉 너나 네 아들이나 네 딸이나 네 남종이나 네 여종이나 네 가축이나 네 문 안에 머무는 객이라도 아무 일도 하지 말라. 이는 엿새 동안에 나 여호와가 하늘과 땅과 바다와 그 가운데 모든 것을 만들고 일곱 째 날에 쉬었음이라. 그러므로 나 여호와가 안식일을 복되게 하여 그날을 거룩하게 하였느니라.(『출애굽기』 20장 8~11절)

히브리어 성경 『신명기』에는 하느님이 쉬었기 때문이라기보다 이집트 땅에서 종살이 하던 유대인을 이끌어내 자유를 준 하느님의 명령이기 에 지켜야 한다고 했다.(5장 12~15절) 심지어 안식일을 지키지 않는 사람을 돌로 쳐서 죽이라고까지 했다. 이처럼 안식일 준수는 남자아이 들이 받는 할례와 함께 유대교의 근간을 이루는 가장 특징적인 예식이 었다. 보기에 따라 '유대인들이 안식일을 지킨 것보다 안식일이 유대 인을 지켰다'고 보는 것이 더 타당하다고 할 수도 있다.

이렇게 유대인들이 안식일을 지키는 것이 단순히 신의 명령이었 기 때문이 아니라 거기에 뭔가 더 깊은 뜻이 있으리라 생각한 사람들은 많이 있었다. 그중에서 안식일 준수의 의미를 특히 현대인들이 납득할 수 있는 방법으로 설명한 두 명의 유대인 사상가들이 있다. 한 명은 에리히 프롬이고 다른 한 명은 아브라함 헤셸이다. 이 두 사상가들에 대해 잠시 조명해보기로 한다.

에리히 프롬(1900~1980년)은 1900년 독일 프랑크푸르트에서 태어났다. 이른바 프랑크푸르트학파에 속했던 그는 그 학파에 속했던 대다수 유대인들과 마찬가지로 유대인의 종교적 전통을 고수하거나 고집하지는 않았다. 그러나 그는 가게를 지키며 탈무드를 열심히 연구하다가 손님이 들어오면 오히려 언짢아하거나 심지어는 다른 가게로 가보라고 할 정도로 유대교 연구에 열성적이던 할아버지와 정통 유대교 출신 아버지 밑에서 자라며 스스로도 성경과 탈무드를 연구하는 등 유대 전통으로부터 깊은 영향을 받았다.

그 자신의 말에 의하면 "무엇보다 나는 이사야, 아모스, 호세아 등 예언자들의 글에 감동을 받았다. 다가올 재앙에 대한 그들의 경고나 공표보다는 '끝날'에 대한 그들의 약속 때문이었다. 민족들 간에 보편적인 평화와 조화에 대한 그들의 비전은 내가 열두 살이나 열세 살이었을 때 나에게 깊은 감명을 주었다"라고 한다.

프롬은 18세에 프랑크푸르트 대학 법철학과에 입학했다가, 19세에 하이델베르크로 가서 사회학, 심리학, 철학 등을 공부하고, 1922년 카발라주의자들, 근대 하시디즘 신봉자들, 유대교 개혁파라고 하는 세 가지 유대인 공동체에 대한 사회학적 연구로 박사 학위를 받았다. 그는 이 논문에서 하시디즘이 현학적인 랍비 전통과 달리 일상생활에서 종교적 예식이나 윤리적 실천의 중요성을 강조하는 창조적 운동이라 결론지었다.

졸업 후 나중에 자기 부인이 된 프리다 라이히만Frieda Reichmann의 하이델베르크 정신분석 진료소에서 정신분석자가 될 훈련을 받고, 27세에 자기 자신의 진료소를 설치하기도 했다. 26세경에는 선禪불교의 가르침에 접하고 거기에 매료되었다. 20대 말 마르틴 부버와 함께 자유 유대인 학당에서 가르치기도 하고, 30대에는 프랑크푸르트학파의 본산인 프랑크푸르트 사회연구소에 들어가 프로이트 심리학과 마르크스 사회학을 결합하여 자기 나름의 사회심리학을 정립했다.

나치가 독일을 장악하게 되자 제네바로 옮겼다가, 1934년 미국 뉴욕의 컬럼비아 대학교로 갔다. 1943년부터 워싱턴 정신과 대학에서, 1946년부터는 윌리엄 앨런슨 화이트 연구소에서 심리학자이자 정신분석학자, 정신과 의사로 재직했다. 1950년 멕시코 국립자치대학교 의과대학에 정신분석학과를 설립하여 교수로 재직하였고 1965년 이 대학교에서 은퇴하였다. 1957년에서 1961년 동안에는 미시간 주립대학교에서, 1962년에는 뉴욕 대학교에서 교수직을 수임하기도 하였다. 1974년 스위스 무랄토Muralto로 이주했으며 1980년 자택에서 별세하였다.

주요 저서로 『자유로부터의 도피』(1941년), 『인간 상실과 인간 회복』(1947년), 세계적인 베스트셀러가 된 『사랑의 기술』(1956년), 우리에게 익숙한 『소유냐 존재냐』(1976년) 등이 있다. 특히 주목할 것은 1960년 일본의 선불교 학자 스즈키 다이세쓰, 미국인 리차드 디 마티노와 함께 쓴 『선불교와 정신분석』이라는 책이 있는데, 필자가 선불교 강의에서 교과서로 쓰기도 했다.

소유냐 존재냐

에리히 프롬이 박사 학위 이후 처음으로 쓴 논문은 '안식일'에 관한 것이었다. 거기에는 정신분석학적 입장이 고스란히 드러나 있다. 그는 "안식일은 원래 아버지를 죽이고 어머니를 빼앗은 일을 상기시키는 역할을 했다. 그날 일을 하지 말라는 명령은 이런 원죄에 대해 (……) 참회하기 위한 목적에서였다"고 주장했다.

그러나 20대 후반에서 30대에 걸쳐 쓴 글에서 그는 이런 순수한 프로이트의 정신분석학적 입장에서 벗어나 안식일을 새로운 시각에서 해석한다. 1951년에 쓴 그의 책 『잃어버린 언어』에서 그는 안식일 제도의 '상징적 의미'를 좀 더 세밀하게 분석했다. 그의 분석에 의하면 '일'과 '쉼'에 대한 고대 유대인들의 생각이 우리와 달랐다고 한다. 유대인들의 경우 "일이란 건설적이든 파괴적이든 인간이 물질세계에 간섭하는 것을 뜻하고, 쉼이란 인간과 자연 사이의 평화적인 상태를 유지하는 것"으로 파악했다는 것이다.

결국 안식일에 일을 하지 말라는 것은 자연 세계를 건드리지 말고 가만히 두라는 뜻으로 해석할 수 있다. 건설적이든 파괴적이든 무엇이나 자연과 인간 사이에 있는 균형을 파괴하는 행위는 그것이 아무리 미미한 것일지라도 쉼을 방해하는 것으로 간주된 셈이다. 이런 기본적인 원칙을 이해하면, 집을 짓거나 이사를 하는 것과 같이 힘이 드는 일뿐 아니라 촛불을 켜는 것, 풀잎 하나를 뽑는 것도 모두 '일'에 속하는 것이다.

그러므로 안식일은 인간과 자연 사이, 그리고 인간과 인간 사이의 완전한 조화와 평화를 상징하는 것이다. 일을 하지 않는다는 것, 곧 자연이나 사회의 변화 과정에 관여하지 않는다는 것은 비록 일주일에 하루이기는 하지만 자연의 사슬, 시간의 사슬에서 해방되는 것을 의미한다.

히브리어 성경 첫머리에 나오는 『창세기』에 의하면, 아담과 이브의 타락으로 뱀과 여인, 뱀의 후손과 여인의 후손, 남자와 여자, 사람과 흙 등 모두가 원수가 되었다고 한다. 일체가 상극 관계에 들어갔다는 이야기이다. 프롬의 해석에 따르면, 유대교의 예언자들은 이렇게 사람과 사람, 사람과 짐승, 사람과 흙 사이의 상극 관계를 완전한 평화와 조화의 관계로 바꾸는 것을 이상으로 여긴 사람들이었다. 말하자면 상극의 세계에서 벗어나 상생의 세계를 구현하려 했다는 것이다. 땅의 소산이 풍요롭다든가 검을 쳐서 보습으로 만든다든가 사자와 양이 함께 놀 것이라는 등이 이런 조화의 세계를 시적으로 표현한 것이라고 한다. 이를 종교적으로 표현하면 메시아의 때가 이르렀음이다.

이렇게 생각한다면 안식일을 지킨다는 것은 메시아의 도래를 미리 맛보고 축하하는 행위라 볼 수 있다. 따라서 안식일을 지킨다는 것은 단순히 육체노동이나 정신 활동을 피하고 쉰다는 것 이상이다. 그것은 궁극적으로 평화와 자유의 상징이다. 하느님이 만물을 창조한 다음 쉬었다고 하는 것은 피곤해서 쉰 것이 아니라 자유와 평화가 창조 작업 자체보다 더욱 귀중하다는 것을 말해주는 것이다.

프롬은 그의 저서 『소유냐 존재냐』*To Have or To Be?*에서 안식일 문제를 더욱 설득력 있게 제시한다. 그는 삶에 두 가지 존재 양식이 있는데 하나는 가짐의 존재 양식having mode of existence이요 다른 하나는 있음의 존재 양식being mode of existence이라고 했다. 가짐의 존재 양식을 취하면 언제나 가짐, 더 가짐의 끊임없는 물질적 소유욕에 시달리느라 삶의 즐거움을 모르고 지낸다고 했다. 그러나 있음 그대로를 받아들이는 있음의 존재 양식을 취할 경우 서로 사랑하고 나누는 일이 가능하고 삶이 의미 있게 된다고 보았다. 안식일이란 결국 일주일 중 적어도 하루만이라도 가짐의 존재 양식에서 벗어나 있음의 존재 양식으로 살아보려는 노력이라는 것이다.

유대교에서 강조하는 안식일에 대한 그의 해석을 통해 그가 인간 실존을 어떻게 이해했던가 하는 것의 일면을 볼 수 있었다. 참선參禪은 정신분석학적으로 "무의식을 의식화하는 일"이라고 정의한 그의 선불교 이해도 흥미롭다.[11]

---

11 이 문제에 대해서는 필자의 『불교, 이웃종교로 읽다』(현암사, 2006) 270쪽을 참조할 수 있다.

아브라함 헤셸
Abraham Joshua Heschel

종교적 진리는 독점할 수 없다

"시간의 영역은 존재, 나눔, 조화를 목표로 한다"

행동파 유대 사상가

아브라함 조슈아 헤셸(1907~1972년)은 20세기 후반 유대인들뿐 아니라 비유대인들에게도 큰 영향을 끼친 사상가요, 사회운동가였다. 그는 유대교 사상의 심층을 파고들어, 거기서 얻은 영감을 오늘 우리들의 삶에 어떻게 적용할 수 있는가 하는 문제에 관심을 기울였다. 그는 이런 관심의 연장선에서 인권 운동 등 사회 문제에 깊이 관여하여 많은 사람을 감동시키기도 했다. 그는 또 유대교와 가톨릭의 유대를 강화하는 등, 종교 간 화합의 문제에도 크게 공헌했다.

헤셸은 1907년 폴란드의 수도 바르샤바에서 랍비 가문 출신의 부모 밑에서 여섯째, 막내로 태어났다. 십대에 탈무드를 배우는 등 정통 유대교 교육을 받고, 16세에 랍비 안수도 받았다. 20세에 베를린 대학교에 입학, 1933년 26세로 철학 박사 학위를 취득하고, 이어서 베를린에 있는 유대학 고등학원에서 두 번째 랍비 안수도 받았다. 베를린에서도 가르치고, 마르틴 부버가 설립한 프랑크푸르트 유대 학당의 교장으로 봉직하기도 했다. 나치 정권이 들어서자 1938년 프랑크푸르트에서 체포되어 폴란드로 추방되었다. 6개월간 바르샤바 유대 학당에서 유대교 철학과 토라를 가르치다가 독일이 폴란드를 침공하자 1939년 런던으로 옮겼다.

헤셸의 어머니는 나치에 의해 죽음을 당하고, 누나 하나는 폭격에 맞아 죽고 누나 둘은 유대인 수용소에서 죽었다. 헤셸은 폴란드를 떠난 후 한 번도 독일이나 폴란드에 다시 간 일이 없다. 그는 "내가 폴란드나 독일에 다시 간다면, 돌멩이 하나하나, 나무 하나하나가 모멸과 증오와 살인, 죽음을 당한 어린아이들, 산 채로 불타 죽은 어머니들, 질식사한 사람들을 상기시켜줄 것이다"라고 했다.

1940년 3월 미국으로 건너가 오하이오주 신시내티에 있는 히브리 연합대학Hebrew Union College에서 철학과 랍비 문학을 가르치기 시작했다. 이 대학은 유대교 중에서 자유주의적인 개혁파에 속한 대학이었기 때문에 자기의 경전주의적 배경과 잘 맞지 않는다고 생각하고, 1945년 뉴욕에 있는 보수파 유대교 신학대학Jewish Theological Seminary으로 옮겨가 유대교 윤리와 신비주의를 가르쳤다. 1946년 결혼해서 딸을 두었는데, 딸 수산나 헤셸Susannah Heschel은 현재 미국 명문 다트머스Dartmouth 대학 종교학과 교수로 맹활약하고 있다.

헤셸의 주요 저작으로 『안식일 : 현대인을 위한 그 의미』(1951년), 『인간은 홀로가 아니다 : 종교철학』(1951년), 『인간을 찾는 신 : 유대철학』(1955년), 『예언자들』(1962년), 『인간이란 누구인가?』(1965년), 『이스라엘 : 영원의 메아리』(1969년), 『진리를 향한 열정』(1973년) 등이 있다.

헤셸은 독일어, 히브리어, 유럽 유대인들이 쓰던 언어 이디시로 글을 쓰다가 삶의 후반에는 뒤늦게 배운 영어로 글을 썼는데, 매우 아름답고 음률적인 영어를 구사했다. 인터넷 동영상에서 인터뷰하는 장면을 보면 힘차고 확신에 넘친 말을 하고 있음을 보게 된다. 그는 어렸을 때 배운 정통 유대교나 카발라, 하시디즘의 기본 가르침을 오늘을 사는 사람들에게 의미 있는 것으로 재해석하는 데 힘썼다. 그는 고대 문헌 연구 자체보다 그 문헌이 인간의 영적 발달에 어떻게 도움을 주는가 하는 문제에 더 큰 관심을 가지고 있었던 셈이다. 그는 유대교 예언자들의 전통에 따라 앎이 행동과 결합되어야 한다는 것을 강조하고 스스로 이를 실천했다.

가톨릭의 전통적 가르침에는 유대인을 그리스도를 죽인 백성이라 하는 등 유대인이나 유대교를 비하하는 내용이 들어 있었는데, 헤셸은 유대교 대표로 로마 교황 바오로 6세 등 가톨릭 지도자들을 만나 이런 내용을 시정해줄 것을 요구하여, 가톨릭교회 제2차 바티칸공의회에서 공식적으로 유대교에 호의적인 선언을 채택하도록 하는 데 공헌하였다.

헤셸은 어느 한 종교가 종교적 진리를 독점할 수 없다고 보았다. 이런 자세 때문에 그는 유대교와 그리스도교 간의 대화에도 주도적 역할을 하고, 1965년에는 유대인으로서 최초로 뉴욕에 있는 개신교 최고의 신학교 중 하나인 유니온 신학대학의 교수로 지명되기도 했다. 미국 민권 운동에도 참가했는데, 1965년 3월 21일 앨라배마주 셀마에서 마틴 루터 킹 목사를 비롯한 미국 민권 운동 지도자들과 함께 팔짱을 끼고 행진하는 모습을 담은 사진은 민권운동사에서 불후의 명작으로 남아 있다. 그는 자기의 민권운동 참가 경험에 대해 말하면서, "내가 셀마에서 행진하고 있을 때 내 발이 기도하고 있었다"고 했다. 그는 또 베트남전쟁 반전 평화 운동에도 참가했다. 그의 가르침은 영성과 사회 활동과의 관계를 추구하는 많은 사람들에게 점점 더 많은 주목을 받고 있다.

그는 앞에서 말한 마르틴 부버와 함께 비유대인들에게 큰 영향을 끼친 유대인 학자라 할 수 있다. 2007년 12월 헤셸 탄생 100주년 기념 강연회가 뉴욕에서 있었다. 여덟 시간이나 계속된 이 행사에 200명이

넘는 유대인, 비유대인 학자들이 모여 랍비이며 동시에 철학자, 신비
주의자, 사회 활동가로서의 그의 면모에 대해 토의했다. 이는 '그의 영
향력이 갈수록 커진다는 것'을 보여주는 사례라 할 수 있다. 필라델피
아에 있는 샬롬 센터는 헤셸의 가치관을 반영하고 그의 메시지를 전파
할 목적으로 세워진 기관이다.

시간의 선물

헤셸이 사람들에게 많이 알려지게 된 가장 큰 이유 중 하나는 그가 『안
식일 : 현대인을 위한 그 의미』라는 책을 썼기 때문이었다. 이 책에서
그는 유대인들에게 가장 중요한 종교적 가르침인 안식일 문제를 새로
운 시각에서 서술한다. 유려하고 열정적인 문장으로 가득한 이 책은
1951년 출판된 이후 하나의 고전으로 자리매김하여, 유대인들뿐 아니
라 현대인의 삶에서 의미를 찾으려는 종교인이라면 반드시 탐독해야
할 책으로 여겨지고 있다. 단 100페이지 정도의 이 짧은 책에서 헤셸
은 우선 공간과 시간을 대비시킨다. 공간 영역에 속한 사물에도 과거
와 미래가 있지만, 참된 미래는 없다. 사물들의 경우 미래는 과거에 의
해 결정되기 때문이다. 시간을 하나의 선물로 경험할 수 있는 인간만
이 진정한 미래를 가지고 있다. 그러나 시간을 선물로 경험하기 위해
서는 우선 공간과 물질의 세계로부터 자유로워져야 한다.

　　종교도 공간과 물질을 중요시하는 종교와 시간과 영원을 중요시
하는 종교로 나눌 수 있다. 공간을 중요시하는 종교는 공간과 그 공간
을 채우고 있는 물질을 중요시하고 거기에서 의미를 찾는다. 반면 시
간을 중요시하는 종교는 시간과 그 속에 스며든 영원을 중요시하고 거

기에서 의미를 찾는다. 기본적으로 유대교는 시간을 중요시하는 종교라 할 수 있는 것이다. 공간이나 물질에서 의미를 찾는 종교가 산이나 샘이나 나무 등 물체나 장소에서 신을 찾고 신을 위해 위대한 성당이나 신전을 짓는 데 반해, 시간과 영원을 중요시하는 종교인 유대교는 안식일이라는 성당을 건축했다는 주장이다.

그는 "안식일이야말로 우리들의 위대한 성당이다" The Sabbaths are our great cathedrals라고 했다. 이것은 구체적으로 무슨 뜻인가? 일반적으로 인간은 누구나 공간과 공간에 있는 물질세계를 중요시하기 마련이다. 행복을 증진시키기 위해서는 물질을 더욱 많이 얻어야 한다고 생각하기 때문이다. 대부분 물질 자체가 최대의 관심사일 수밖에 없다. 시간이란 오로지 이런 물질을 더 얻기 위해 쓰이는 수단일 뿐이다. 그런데 시간은 언제나 모자라는 것, 쉽게 흘러가버리는 것, 부질없는 것으로 보이기에 시간에 대해서는 부정적으로 생각하기 일쑤다.

이렇게 시간이란 물질을 얻기 위해 희생되어야 할 수단에 불과하다는 부정적인 시각 때문에 우리에게는 '안식일'이 필요하다는 것이 헤셸의 주장이다. 안식일은 물질을 더 얻겠다는 생각, 살아남거나 무엇인가를 더 얻겠다는 염려나 욕심에서 해방되는 날, 물질이 아니라 진정으로 시간의 고마움을 체험하는 날이라고 보았다. 이렇게 함으로써 사람들은 신이 물질 너머에 계시다는 것, 그리고 인간도 물질을 초월할 수 있다는 것을 확인하게 되는 것이라 하였다. 헤셸의 말을 직접 들어보자.

공간 세계를 제어한다는 것은 분명 우리가 이루어야 할 과업 중 하나이다. 위험은 공간의 영역에서 힘을 얻으려 할 때 시간의 영역에서 얻을 수 있는 모든 감흥을 다 빼앗기게 되고 만다는 것이다. 시간의 영역은 소유하는 것이 아니라 단순히 존재하는 그대로를, 획득하는 것이 아니라 나눔을, 억누름이 아니라 조화를 목표로 한다. 공간을 제어하는 것, 공간의 사물을 획득하는 것이 우리의 유일한 관심사가 될 때 우리의 삶은 빗나가게 된다.

일주일 중 엿새는 세상과 씨름하면서 땅에서 이익을 얻어낸다. 안식일에는 특별히 영혼에 심긴 영원의 씨앗을 보살핀다. 일주일 중 엿새는 세상을 다스리려 애쓰고, 이렛날은 우리 자신을 다스리는 날이다.

헤셸은 십계명 중에 "탐내지 말라"는 말이 두 번이나 언급되었다는 사실에 주목해야 한다고 했다. 이 말은 물질의 영역에서는 탐내지 말고, 시간의 영역에서는 탐을 내라는 뜻이라고 한다. 물질 영역에서 탐내는 것은 남에게 속한 것을 가지려는 이기적인 욕망이다. 그러나 시간의 영역에서 탐내는 것은 신과, 그리고 동료 인간들과 시간 속에서 함께 함을 나누려는 사랑스러운 마음이라고 했다. 헤셸은 안식일이야말로 신이 우리에게 탐내기를 바라는 날이라 주장했다.

그러므로 안식일은 휴전 이상이고 휴게 시간 이상이다. 그것은 인간과 세상 사이의 심오한 조화를 의식하는 날, 만물과의 동질성을 재확인하는 날, 아래에 있는 것과 위에 있는 것을 합일시키는 그 정신에 동참하는 날이다.

유대인들 중에는 안식일을 율법이 명했기에 '지켜야 하는 날', '부담
스러운 날'이라 여기는 경우가 많은데, 이 책에서는 안식일을 축제의
날, 사랑의 날로 묘사하고 있다. 유대 전통에서 안식일을 신부나 여왕
으로 생각하며 사랑하던 전통을 현대적으로 회복한 셈이다.

이 책이 비유대인에게도 고전으로 취급되는 것은 안식일의 의미
가 하나의 종교에만 국한되는 것이 아님을 밝혀주었기 때문이다. 누구
에게나 안식일은 영원의 차원으로 우리의 시선을 돌리도록 하는 창문
이 될 수 있다.[12]

---

12   아브라함 헤셸 지음, 김순현 옮김, 『안식』(복 있는 사람, 2007)을 참조할 수 있다.

빅터 프랭클
Viktor Emil Frankl

희망과 삶의 의미를 찾아서

"인간의 구원은 사랑을 통해서,
그리고 사랑 안에서 가능해진다"

아우슈비츠의 심리학자

종교로서의 유대교와 직접적으로 연결되지는 않지만 유대인으로서 현
대인들에게 큰 영향을 끼친 심리학자 빅터 프랭클(1905~1997년)의 삶
과 가르침에 대해 알아보고 유대교 전통을 배경으로 한 위대한 스승
편을 끝내려 한다. 프랭클은 1905년 3월 26일 오스트리아 빈에서 유대
인 부모의 세 자녀 중 둘째로 태어났다. 어려서부터 심리학에 관심이
많아 18세에 우리나라 고등학교에 해당되는 김나지움을 졸업할 때 철
학자 쇼펜하우어를 연구하여 「철학적 사고의 정신분석학적 연구」라는
논문을 써서, 《국제정신분석학회지》에 실을 정도였다. 이 논문을 계기
로 그 당시 정신분석학의 대가 프로이트와 잦은 서신 교환이 있었다.

김나지움 졸업 후 비엔나 대학교 의과대학에 들어가 정신신경과
를 전공으로 택하여 우울증과 자살 문제를 전문으로 연구했다. 프로이
트의 영향을 많이 받았지만 개인적으로는 빈의 또 다른 심리학의 대가
아들러 Alfred Adler를 더 좋아하여 아들러가 책임으로 있던 《개인심리학
국제학회지》에 「심리치료와 세계관」이라는 논문을 게재하기도 했다.

그러나 1926년부터는 이 두 대가의 영향력에서 벗어나 독자적인
심리학 이론을 탐색하기 시작했다. 1928년부터 2년 동안 빈과 다른 여
섯 개 도시에 청소년들을 위한 무료 상담소를 설치하고, 1930년에는
의학으로 박사 학위를 받았다. 프로이트의 정신분석학, 아들러의 개인
심리학에 이어 이른바 빈 심리요법의 '제3학파'의 등장인 셈이었다.

1933년부터 정신과 병원에 자살 미수 여인들을 위한 병동 책임자로 일했다. 1934년 히틀러가 오스트리아에 진군했을 때, 프랭클은 미국으로 가는 비자를 얻었지만 비자를 받지 못한 나이 든 부모를 두고 갈 수 없어서 이민을 포기했다. 1940년에는 빈에 있던 유일한 유대인 병원의 정신신경과 과장이 되었다. 이때 정신 질환자를 안락사시키라는 나치 정부의 지시를 피하기 위해 거짓 진단서를 쓰기도 했다. 이 시기에 『의사와 영혼』이라는 책을 쓰기 시작했다.

1942년 결혼했으나 그해 9월 부인, 부모, 형제와 함께 유대인이라는 이유 하나로 체포되어 체코에 있던 테레지엔슈타트 수용소에 수감되었다. 체포 직전에 호주로 이민 간 여자 형제만이 화를 면할 수 있었다. 식구들은 수용소에서 뿔뿔이 헤어졌다. 프랭클은 수용소를 전전하면서도 자기가 쓴 원고를 코트 안자락에 숨기고 다녔는데, 결국 그 악명 높은 아우슈비츠 수용소에서 발각되어 빼앗기고 말았다.

그는 절망적인 수용소 생활에서도 언제고 자유의 몸이 되었을 때 이 원고를 다시 완성하여 출판한다는 생각, 식구들을 다시 만날 것이라는 희망으로 어려움을 참고 살아남을 수 있었다. 다른 수감인들이 부인의 생사를 몰라 애타는 동안에도 프랭클은 부인이 자기 속에 살아 있다는 사실을 실감하면서 살았다. 그런 경험을 토대로 "인간의 구원은 사랑을 통해서, 그리고 사랑 안에서 가능해진다. 나는 이 세상에서 가진 것이라고는 하나도 없게 된 사람이라도 자기의 사랑하는 이를 깊이 생각할 때, 비록 짧은 순간일 수도 있겠지만, 여전히 기쁨을 맛볼 수 있다는 사실을 깨닫게 되었다"고 했다.

1945년 4월 27일 미군의 진군으로 그는 자유의 몸이 되었다. 집으로 돌아왔지만 식구들은 돌아오지 않았다. 아버지는 일찌감치 굶어서 죽고, 어머니와 형제는 1944년 아우슈비츠에서 죽음을 당하고, 부인은 1945년 다른 수용소에서 죽었다. 그는 수용소에서 빼앗긴 원고를 다시 써서 책으로 냈다. 1947년에 수술실 조수로 일하던 여자와 재혼하고, 그해 12월 딸을 얻었다. 1948년 「무의식의 신」이라는 논문으로 철학 박사 학위를 받았으며 같은 해 빈 대학 신경정신의학 연구소 소장직에 선임되어 1990년 85세로 은퇴할 때까지 그 자리를 지켰다. 1950년 오스트리아 심리치료의학회를 설립하고 초대 회장을 역임했다. 하버드, 피츠버그, 샌디에고, 댈러스, 스탠퍼드 등에서 방문 교수로 초빙되기도 했다. 1970년 이후 1997년 죽기 전까지 세계 여러 대학에서 29개의 명예박사 학위를 받았고, 노벨 평화상 후보로 지명되기까지 했다.

그는 전문 산악인이기도 했고, 67세에 비행기 조종사 면허증을 획득하기도 했다. 1995년에 자서전을 쓰고, 죽기 바로 전인 1997년에는 자기의 철학 박사 학위 논문을 기초로 책을 내는 등 모두 32권의 책을 저술하였는데, 그 책들 중 더러는 34개 언어로 번역되었다.

로고테라피, 의미를 찾는 법

그의 저서 가운데 가장 유명한 것은 『삶의 의미를 찾아서』이다. 이 책은 수용소에서 돌아온 다음 해 빈의 시민대학에서 세 번에 걸쳐서 행한 강연 원고였다. 독일어 원제목은 『그럼에도 불구하고 삶에 대해 '예'라고 말하네 : 한 심리학자가 수용소를 경험하다』*Trotzdem Ja Zum Leben Sagen: Ein Psychologe erlebt das Konzentrationslager*였는데, 영어로 번역할 때 *Man's Search for Meaning : An Introduction to Logotherapy*라 고쳤다.

1997년 집계에 의하면 이 책은 미국 내에서만 9백만 부가 팔리고 전 세계적으로 천2백만 부가 나갔다고 한다. 미국 의회도서관과 '이 달의 책 클럽'the Book of the Month Club 조사에서 '미국에서 가장 영향력이 큰 열 권의 책' 중 하나로 선정되었다.

영어 번역판 서문을 쓴 하버드 대학교 심리학 교수 고든 올포트 교수는 이 책을 "우리 시대 가장 의미심장한 심리학적 운동에 대한 서론"이라 칭했다. 프랭클은 2부로 구성된 이 책 1부에서 수용소에서 겪은 자기의 경험을 이야기하고, 2부에서는 그 경험을 토대로 하여 '로고테라피'Logotherapy라는 심리요법에 대해 설명한다. 나치 수용소에서 비슷한 환경에 처한 사람들 중 어떤 사람은 살아남고 어떤 사람은 죽는 것을 보고, 그 주된 이유가 무엇일까 생각했다. 살아남거나 죽는 것이 신체가 건장하냐 하는 것과 직접 관계가 없다는 것을 발견했다. 그는 프리드리히 니체가 말한 "살아가야 할 이유가 있는 사람은 거의 어떤 경우에라도 견딜 수 있다"He who has a why to live for can bear with almost any how는 말이 사실이라 생각했다. 몸이 건장한가와 상관없이, 앞으로 뭔가 의미 있는 일이 있다고 믿고 희망하는 사람은 살아남고, 절망적인 사람은 죽었다는 것이다.

1945년 2월 수용소에서 어느 작곡가가 3월 30일에 전쟁이 끝나고 수용소에서 풀려날 꿈을 꾸었다고 한다. 희망을 가지고 기다렸는데, 그날이 가까워져도 꿈이 실현될 가망이 보이지 않았다. 3월 29일 그는 갑자기 고열에 시달리다가 30일 의식을 잃고 31일 죽고 말았다. 깊은 절망이 우리 몸속의 면역 체계를 약화시켜 병에 대항할 힘을 잃게 한다는 것이다. '건전한 육체에 건전한 정신'이기보다 오히려 '건전한 정신에 건전한 육체'가 더 진실에 가깝다는 이야기이다.

이런 관찰을 토대로 그는 '로고테라피'라는 심리요법을 확고한 기반에 정착시켰다. 로고테라피란 그리스 말 '로고스'와 '테라피'를 결합한 말이다. 예수가 "사람이 떡으로만 살 것이 아니요 하나님의 입으로부터 나오는 모든 말씀으로 살 것이라"(『마태복음』 4장 4절)고 했을 때 그 '말씀'에 해당하는 그리스 말이 로고스이다. 이 낱말은 말씀뿐 아니라, 이성, 이유, 의미 등을 뜻하기도 한다.

'로고테라피'는 '의미 요법'이라 할 수 있을 것이다. 지금 정신적으로 고통당하는 사람들에게 그들의 앞날에 그들 나름대로의 의미가 있음을 보여줌으로써 지금의 문제를 해결하도록 도와주려는 심리요법이다. 우리가 지금 정신적으로 고통을 당하는 것이 과거 유아 시절의 문제 때문이므로 연상법 등의 방법을 통해 과거의 상처를 알아내고 그것을 치유해야 지금의 문제가 해결된다고 본 프로이트의 과거 중심주의적 치료법과 현저한 대조를 이룬다. 인간을 움직이는 동인動因의 관점에서 보았을 때 프로이트가 '쾌락 의지'를, 아들러가 '권력 의지'를 강조했다면 프랭클은 '의미 의지' will to meaning에 초점을 맞춘 셈이다.

프랭클은 사람들의 육체적·정신적 질병을 오로지 신체·생리적 요인에 기인하는 것으로 본다든가 두뇌 구조의 부작용에 따른 것이라 보는 환원주의적 태도를 위험한 것으로 보았다. 현대사회에 만연한 우울증, 중독증, 공격성의 원인도 생물학적·사회적인 요인보다 삶에서 의미를 찾지 못하는 '의미 없음' meaninglessness 혹은 '실존적 공허' existential vacuum에 기인한다는 것이다. 따라서 중요한 것은 의미를 찾는 것이다.

의미를 찾는 방법으로 프랭클은 우선 세 가지를 제시한다. 첫째 방법은 '체험적 가치'를 통해서이다. 체험적 가치 중 가장 중요한 것은 사랑을 느끼는 것이다. 누군가를 사랑하면 그 사랑을 받는 사람이 삶에 의미를 가질 수 있고, 그렇게 함으로써 우리 스스로도 의미를 찾을 수 있게 된다. 프랭클에 의하면 사랑은 "인간이 희구할 수 있는 최종, 최고의 목표이다." 의미를 찾는 둘째 방법은 '창조적 가치'를 통해서이다. 무엇인가 의미 있는 행동을 하는 것이다. 미술, 음악, 저술, 발명 등 창조적인 활동을 통해 삶이 의미 있게 되는 것이다. 셋째 방법은 '태도적 가치'를 통해서이다. 자비, 용맹, 유머 감각 같은 태도를 견지하는 데서 삶이 의미 있게 된다는 뜻이다. 특히 고통에 대해 어떤 태도를 견지하는가 하는 것이 중요하다. 고통을 당할 때 그 고통의 의미를 발견하므로 고통을 의연하게 견디어낼 수 있는 힘을 얻게 된다. 프랭클은 이런 세 가지 가치 외에 더욱 근본적인 가치를 제시하고, 거기에서 궁극적인 의미를 찾아야 한다고 했다.

이런 의미를 그는 초의미supra-meaning, 혹은 초월이라 했다. 초의미는 일, 경험, 태도 같은 이 세상에서의 조건과 상관없이 발견될 수 있는 삶의 궁극적 의미라고 보았다. 프랭클은 오늘을 사는 우리에게 정말로 중요한 의미는 무엇일까 스스로를 돌아보라고 한다. 경제적 안정이나 사회정의도 물론 중요하지만, 결국은 내 속에 있는 불성佛性이나 신성神性을 찾는 영적 가치에서 참된 의미를 찾으라고 촉구하는 것이 아닐까? 프랭클은 1997년 9월 2일, 92세를 일기로 마더 테레사 수녀, 영국의 다이애나 황태자비와 같은 주간에 심장마비로 타계했다.

그리스도교의
선각자들

예수
바울
도마
성 아우구스티누스
위(僞)디오니시우스
성 프란체스코
마이스터 에크하르트
노리치의 줄리안
아빌라의 성 테레사
십자가의 성 요한
마르틴 루터
조지 폭스
알베르트 슈바이처
디트리히 본회퍼
폴 틸리히
토머스 머튼
테레사 수녀
한스 큉
헨리 나우웬
구스타보 구티에레스
존 쉘비 스퐁

예수
Jesus

그리스도교의 창시자

"나는 길이요 진리요 생명이다"

탄생과 침례

'그리스도교 창시자 예수'라고 했지만, 정확하게 따지면 예수(기원전 4~기원전 30년경)는 그리스도교를 창시하지 않았다. 엄격히 말해 그는 그리스도인도 아니었다. 그는 '그리스도교'니 '그리스도인'이니 하는 말도 모르고 어디까지나 유대인으로 태어나서 유대인으로 살다가 유대인으로 죽었다. 그러나 그리스도교가 예수의 삶과 가르침과 죽음과 부활에 대한 이야기를 근간으로 한 종교라 할 수 있고 그에 대한 이야기가 아니면 그리스도교가 있을 수 없었다는 뜻에서 그를 창시자로 볼 수 있는 것이다.

예수에 대한 기록은 성경에 나오는 4복음서(『마태복음』, 『마가복음』, 『누가복음』, 『요한복음』) 이외에는 없다고 해도 과언이 아니다. 따라서 학자들 중 그의 역사성 자체를 부인하는 사람들마저도 있다. 일단 이 4복음서에 의존해서 예수의 생애와 가르침을 알아볼 수밖에 없는 셈이다.

4복음서 중 『마태복음』과 『누가복음』에서만 예수의 출생에 대한 이야기가 나온다. 이 두 복음서의 기록이 서로 상충해서 예수의 출생 연대를 정확하게 알 수는 없다. 그러나 『마태복음』의 기록을 그대로 따르기로 할 경우, 예수의 출생 연대가 대략 기원전 4년경이었으리라 보고 있다.

예수의 출생을 이야기하고 있는 『마태복음』과 『누가복음』이 공통적으로 말하고 있는 것은 그의 어머니 마리아가 약혼만 한 처녀 상태에서 성령으로 임신을 했다는 것과 그가 예루살렘에서 멀지 않은 베들레헴이라고 하는 곳에서 태어났다고 하는 것이다.

『마태복음』에 의하면 아기가 태어났을 때 동방에서 별을 보고 '동방박사'들이 선물로 '황금과 유향과 몰약'을 가지고 아기를 경배하러 찾아왔다. 여기서 동방박사들이란 조로아스터교의 제사장들이었으리라 짐작할 수 있다. 천사가 요셉의 꿈에 나타나 그 당시 왕 헤롯이 아기를 죽이려 하니 아기와 어머니를 데리고 이집트로 피신하라고 일러주었다는 것이다. 이집트로 간 세 식구는 헤롯이 죽기까지 거기서 살다가 헤롯이 죽고 갈릴리 지방 나사렛이라는 동네로 가서 살게 되었다. 『누가복음』에는 이야기가 조금 다르다. 아기가 태어나던 밤, 들에서 양을 치던 목자들이 천사들의 기별을 받고 아기를 찾아와 구유에 누인 아기를 경배했다. 태어난 아기는 규례대로 예루살렘에 올라가 성전에서 봉헌식을 치렀다.

예수가 갈릴리에서 자라난 갈릴리 사람이라는 것은 4복음서 모두가 공통적으로 이야기하고 있다. 갈릴리는 정통 유대인들로부터 차별 대우를 받는 곳이었다. 예수의 성장기에 대한 이야기는 『누가복음』에 잠깐 언급된 것 이외에 없다. 『누가복음』에 보면 그가 열두 살 때 부모와 함께 예루살렘 성전으로 유월절을 지키러 갔다가 부모가 집으로 가는 것도 모르고 성전에 남아서 종교 지도자들과 토라에 대해 토의를 했는데, "모두 그의 슬기와 대답에 경탄하였다"는 것이다.

세계 종교사적으로 그렇게도 중요한 바로 '30세'가 되어 예수는 침례 요한에게 가서 침례를 받았다. 그 당시는 물을 뿌리거나 바르는

'세례'가 아니라 전신이 요단강 강물에 잠기는 '침례'였다. 예수도 물에 잠겼다 올라오는데, 하늘이 갈라지고 성령이 비둘기처럼 내려오는 것을 보게 되고, 또 하늘에서 "이는 내 사랑하는 아들이요 내 기뻐하는 자라" 하는 소리를 들었다. 영적 눈과 귀가 열린 체험이라 할 수 있다.

침례를 받은 후 곧 성령의 인도함을 받아 광야로 나가 40일간 금식과 기도로 시간을 보냈다. 40일이 지난 후 예수가 사탄의 시험을 받았다고 한다. 『마태복음』과 『누가복음』에는 그 시험이 세 가지였다고 하는데, 둘째와 셋째 시험의 순서가 각각 다르다. 『마태복음』의 순서대로 하면 첫째 시험은 사탄이 와서 예수에게 하느님의 아들이거든 돌을 떡 덩이로 만들라는 것이었다. 예수는 "사람이 빵으로만 살 것이 아니라, 하나님의 입에서 나오는 모든 말씀으로 살 것이다" 하는 히브리어 성경의 말씀으로 이 유혹을 물리쳤다. 둘째는 예수를 성전 꼭대기에 세우고 하느님의 아들이거든 아래로 뛰어내리라는 것이었다. 예수는 "주 너의 하나님을 시험하지 말라"는 말씀으로 이 시험도 이겼다. 셋째는 사탄이 예수를 산꼭대기로 데리고 가 천하만국과 그 영광을 보여주고 자기에게 엎드려 경배하면 이 모든 것을 주겠다는 것이었다. 예수는 "주 너의 하나님께 경배하고, 그 분만을 섬기라"는 말씀으로 사탄을 물리쳤다. 이 시험을 요즘 말로 고치면, 순서에 따라 경제적, 종교적, 정치적 유혹이라 할 수 있다. 예수가 이런 유혹을 모두 물리쳤다고 하는 것은 참된 종교의 목적이 돌을 떡으로 만드는 것처럼 경제적인 이득을 추구하는 것도, 성전 꼭대기에서 뛰어내려도 다치지 않는 것 같은 초자연적 초능력을 발휘하는 것도, 막강한 영광과 권위로 세상을 휘어잡고 세상에 군림하는 것도 아니라는 뜻이다.

예수의 삶에서 침례와 시험이라고 하는 이 두 가지 사건에 대한 이야기는 그에게 궁극 실재와의 새로운 관계에서 가능한 '의식의 변화'transformation of consciousness를 가져다준 체험이 있었다는 것을 시사해주는 이야기라 볼 수 있다. 이런 '특수인식능력의 활성화'를 통해 지금까지의 일상적 세계관이나 가치관에서 완전히 '비보통적인' 것으로 바뀌는 체험이다. 이제 떡으로만 살 것이 아니요 '말씀(로고스)', 곧 우주와 삶의 참다운 '뜻'으로 살게 되는 것이다.

이런 의미에서 예수도 '깨치신 분', '성불하신 분'이라 볼 수는 없을까? 예수뿐 아니라 종교사를 통해서 볼 때, 붓다를 위시하여 무함마드나 최제우 등의 경우와 마찬가지로, 종교의 심층에 들어간 위대한 종교 지도자들은 이런 특수인식능력의 활성화라는 체험을 통해 새로운 의식과 확신으로 거듭나게 되고, 이런 일이 가능한 후에 그 체험을 행동으로 옮겨 사람들을 가르치기 시작했음을 발견하게 된다.

복음의 핵심

예수는 침례와 시험을 받은 후 갈릴리로 돌아가 외치기 시작했다. 『마태복음』에 의하면 가장 처음 외친 복음이 "회개하라. 천국이 가까웠느니라"(『마태복음』 4장 17절) 하는 것이었다. 불교식으로 말하면 예수의 초전법륜初轉法輪이었던 셈이다. 그러나 사실 이것은 예수의 최초의 기별이자 중간의 기별이며 또한 끝의 기별, 그야말로 초지일관初志一貫된 기별이었다. 대부분의 학자가 이 기별이 예수가 가르친 복음의 핵심이었다는 데 동의한다.

그러나 이 기별의 참된 뜻이 무엇인가에 대한 해석은 학자들마다 다르다. 크게 몇 가지로 나누면 첫째, 예수가 자기 당대에 세상 끝이 이를 것으로 믿고 거기에 따라 말하고 행동하고 가르쳤다는 주장(알베르트 슈바이처)과 둘째, 예수가 그의 제자들을 비롯해 그 당시 많은 사람과 달리, 미래에 올 별도의 종말을 기다리지 않고 자신의 등장과 활동으로 천국이 이미 실현된 것으로 보았다는 입장(찰스 해럴드 도드)이다. 나중에 이야기하겠지만 예수는 천국을 궁극적으로 내 속에 있는 신성神性이나 나의 본성本性을 의미하는 것으로 가르쳤다고 보는 이들도 있다. 필자도 이와 같은 선상의 생각이다.

예수는 '천국 복음'을 가르치며 대략 3년 정도를 보냈다. 붓다가 80세가 될 때까지 45년간 가르치고 공자가 72세까지 수십 년 가르친 것에 비하면 너무나 짧은 기간이었다. 예수는 자기의 말을 받아들이는 열두 제자들을 모았다. 그를 따르는 이들 중에는 그 유명한 막달라 마리아처럼 여자들도 많이 있었다.

그는 그를 따르는 이들에게 천국의 건설을 위해 세속적인 것들에 집착하지 말라고 가르쳤다. 부자가 천국에 들어가는 것은 낙타가 바늘구멍으로 들어가는 것과 같다고 하고 모든 것을 하느님께 맡기면 하느님께서 돌보시리라고 하였다. '무엇을 먹을까 무엇을 입을까' 염려할 필요가 없다는 것이다. 공중에 나는 새나 들에 핀 백합화처럼 특별히 스스로를 위해 애쓰지 않아도 하늘에 계신 아버지께서 다 먹이고 입히시는데, 이보다 훨씬 귀한 너희 인간이야 오죽할까 하는 생각이었다. 하느님의 사랑에 대한 철두철미한 신뢰에서 오는 느긋함 아닌가. 도의 흐름을 신뢰하고 스스로를 거기에 맡기라는 노자의 무위자연無爲自然을 연상하게 하는 말이다.

복음서에 의하면 예수가 가르칠 때 많은 '기적'을 행하였다고 한다. 물을 포도주로 만든다든가, 나병 환자나 눈먼 자, 혈우병 앓는 여인 등 병자들을 고친다든가, 귀신을 쫓아낸다든가, 물위를 걸어 다닌다든가, 광풍을 잔잔하게 한다든가, 떡 다섯 덩이와 생선 두 마리, 이른바 '오병이어'五餅二漁로 5천 명을 먹인다든가, 열매 맺지 않은 무화과나무를 저주해서 말라 죽게 한다든가 심지어 죽은 사람을 살린다든가 하는 것들이다. 복음서에서는 이런 것들이 새로 임할 왕국의 징조 signs(표적과 기사)라 하였다. 왕국의 도래가 임박함을 말해주는 도로 표시와 같다고 본 셈이다. 물론 이런 일을 문자적이고 역사적 사건으로 보기보다 상징적, 은유적으로 보는 그리스도인들도 많다.

예수의 가르침은 세계의 거의 모든 종교 지도자들의 경우와 마찬가지로, 그 당시로서는 가히 '파격적'subversive이었다. 그는 특히 유대교를 형식적이고 위선적인 종교로 변질시킨 종교 지도자들을 '회칠한 무덤'이라든가 '독사의 자식'이라는 등의 말로 신랄하게 비판했다. 나아가 그 당시 유대인들이 모두 히브리어 성경 『레위기』의 명령에 따라 하느님이 거룩한 것처럼 거룩해야 한다는 '정결 제도'purity system를 가장 중요한 가르침으로 삼고 거기 매여 있을 때, 예수는 "너희의 아버지께서 자비로우신 것 같이, 너희도 자비로운 사람이 되어라" 하는 '자비'의 가르침을 그의 중심 가르침으로 삼았다. 율법을 둘로 요약하면 '하나님을 사랑하고 이웃을 내 몸과 같이 사랑하는 것'이라고 했다. 우리에게 익숙한 말로 표현하면 경천애인敬天愛人이다.

그는 이처럼 그 당시 제도에 구애받지 않고 병든 사람, 죽은 사람, 피 흘리는 사람, 불의한 사람, 천한 사람 등 불결한 사람들, 부정 타는 사람들로 취급되어 기피 대상이었던 나병 환자, 죽은 사람, 혈우병 앓던 여인 등 누구라도 그의 도움을 필요로 하는 사람들과 함께하는 일을 마다하지 않았다. 사회적 위치, 인종, 종교에 따라 누가 의로우냐, 거룩하냐, 깨끗하냐, 바르냐 하는 것 등이 사람을 대할 때 따져보는 표준이었던 그 당시 사회에서 그는 이런 차별과 장벽을 허물고, 오로지 누가 고통을 당하느냐 그것 하나를 표준으로 삼아 고통당하는 사람들과 스스로 고통을 함께하는 '자비'를 실천하고 가르쳤다.

'자비'에 해당되는 영어 'compassion'이 어원적으로 '아픔을 함께한다'는 의미라면, 예수는 실로 이런 '자비'의 스승이었다. 그의 '밥상 교제'table fellowship는 창녀나 세리 등 그 당시 부정을 탄다 하여 천시되고 기피되던 사람들을 포함하여 모든 계층의 사람이 모두 참여할 수 있었던 사귐의 공동체였다. 예수에게는 제도나 규례 같은 것 자체가 중요한 것이 아니라, 무엇보다 사람이 우선이었다. 제도나 규례가 사람을 위한 것이 아니라면 그 자체로는 의미가 없는 것이라고 보았다. "안식일이 사람을 위하여 생긴 것이지, 사람이 안식일을 위하여 생긴 것이 아니라"고 한 그의 말에서 그의 이런 태도가 단적으로 나타나 있다.

그는 인간이 맞게 될 최후의 심판에서도 이처럼 정결하냐 거룩하냐에 근거한 제도나 규례를 성실히 따랐느냐 하는 따위의 외부적인 표준과 상관없이 '사람들이 주릴 때에 먹을 것을 주고, 목마를 때 마실 것을 주고, 나그네 되었을 때 영접하고, 벗었을 때 옷을 입히고, 병들었을 때 돌아보고, 옥에 갇혔을 때 와서 보는' 등 얼마나 사람들에게 자비를 베풀고 잘 섬겼느냐 하는 것이 판단의 기준이 된다고 하였다. 스스로에 대해서도 자기는 '섬김을 받으러 온 것이 아니라 섬기러' 왔다고 했다. 이렇게 자기를 낮추고 남을 섬기는 자세를 그는 그의 제자들의 발을 친히 씻겨주는 것으로 실증했다.

예수의 비유

예수는 그 당시 유대인 랍비(선생) 전통에 따라, 가르치면서 '비유'譬喩 · parables를 많이 사용했다. 비유는 가르침의 핵심을 짧은 이야기로 표현하는 방법으로, 사람들이 그것을 오래 기억할 수 있게 할 뿐 아니라 그 핵심을 스스로 더욱 깊이 생각하고 자기 자신의 해답을 찾도록 도와주는 특징이 있다.

그가 말한 비유 중 많이 알려진 것으로는 탕자의 비유, 선한 사마리아인의 비유, 씨 뿌리는 자의 비유 등이 있다. 탕자의 비유는 어느 부자 아버지의 두 아들 중 작은아들이 아버지로부터 받을 유산을 미리 달라고 하여 먼 나라로 가 허랑방탕虛浪放蕩하며 돈을 다 쓰고 돼지 밥으로 배를 채우다가 '참된 자기로 돌아오게 되자' 일어나 아버지 집으로 돌아갔는데, 아버지가 뛰어 나와 옷을 입히고 자기 반지를 빼서 끼워주고, 그를 위해 잔치를 베푸는 등 '무조건적인 사랑'으로 그를 받아주었다는 이야기이다.

예수가 한번은 제자들과 함께 갈릴리 북쪽에 있는 가이사라 빌립보라고 하는 곳으로 갔다. 거기서 제자들에게 "사람들이 나를 누구라 하느냐"고 물었다. 제자들이 '침례 요한, 엘리야, 예레미야 혹은 선지자 중 하나'라 하더라고 대답했다. 그러자 예수는 제자들에게 "너희는 나를 누구라 하느냐"고 다시 물었다. 성질이 급한 베드로가 제일 먼저 "주는 그리스도(메시아)이시요 살아 계신 하느님의 아들이시니이다"

고 대답했다. 예수는 제자들에게 이 말을 "아무에게도 이르지 말라"고 경계했다. 예수가 메시아임을 스스로 인지하거나 받아들였을까 하는 문제는 신학자들 사이에 논쟁점이 되고 있다.

그러나 예수는 자기가 예루살렘에 올라가 '장로들과 대제사장들과 서기관들에게 많은 고난을 받고 죽음을 당하고 제3일에 살아나야 할 것'이라 말했다. 그러자 베드로가 예수에게 권세와 영광으로 나타날 메시아가 어떻게 고난을 받을 수 있겠느냐며 결코 그럴 수 없다고 했다. 예수는 베드로를 향하여 그가 할 수 있는 최대의 욕을 하였다. "사탄아 내 뒤로 물러가라!" 이는 베드로가 '하느님의 일' 대신에 '사람의 일'을 생각하고 있기 때문이라고 하였다. '하느님의 일'이란 자기를 잊어버림이요, '사람의 일'이란 자기중심적으로 생각함을 의미하는 것이리라. 예수가 스스로 고난을 받을 것이라 한 것도 자기를 완전히 잊고 오로지 거룩한 목적을 위해 자기를 바칠 각오가 되어 있다는 뜻일 것이다. 바로 이 말에 이어서 예수는 그의 가르침에서 가장 중요한 것 중의 하나라 할 수 있는 다음과 같은 발언을 하였다.

> 아무든지 나를 따라오려거든, 자기를 부인하고, 제 십자가를 지고, 나를 따라오너라. 누구든지 자기 목숨을 구하고자 하는 사람은 잃을 것이요, 누구든지 나 때문에 자기 목숨을 잃는 사람은 찾을 것이다. (『마태복음』 16장 24~25절)

예수를 따른다는 것은 자기를 부인하는 것self-denial인데, 이를 다른 말로 하면 십자가를 지는 것, 자기의 썩어질 자아를 십자가에 못 박는 것이라는 뜻이다. 작은 자아^{self}를 구하고자 하면 큰 자아^{Self}는 잃어버리고, 작은 자아를 버리면 큰 자아를 찾을 것이라는 종교적 역설을 강조하고 있다. 이렇게 큰 자아를 위해 작은 자아를 버리는 것이 독일 신학자 본회퍼가 말하는 '제자 됨의 값'$^{cost of discipleship}$이라 할 수 있다. 불교의 무아無我 사상이나 유교의 무사無私 개념을 상기시킨다.

이런 고백 후에 예수는 베드로와 야고보와 요한을 데리고 높은 산에 올라갔다. 예수는 제자들 앞에서 변형이 되어 그 얼굴이 해같이 빛나고 옷이 빛과 같이 희어졌다. 다시 하늘에서 소리가 나 "이는 내 사랑하는 아들이요 내 기뻐하는 자니 너희는 저의 말을 들으라"는 소리가 났다. 이 때문에 이 산을 나중에 '변화산'이라고 부른다.

영적으로 어느 단계에 도달한 사람은 모세나 붓다의 경우처럼, 이렇게 얼굴에서 빛이 나는 것으로 묘사되는 것이 보통이다. 불상에서 붓다 뒤로 빛이 퍼지는 모양이나 불꽃이 그려진 것이나 그리스도교 성화에 예수의 머리 둘레로 후광^{halo}이 나타나 있는 것도 이런 사실과 관련된 것이 아닐까 생각해볼 수 있을 것이다. 힌두교에서는 인간에게 있는 일곱 개의 '에너지 센터(차크라)' 중 여섯 번째 이마에 있는 것이 열리면 빛을 발한다고 가르친다.

이런 일이 있고 난 다음 예수는 제자들과 그를 따르던 여자들을 데리고 예루살렘으로 길을 떠났다. 예수는 고난을 받기 위해 가는 길이지만, 제자들은 "누가 크냐?"를 가지고 논쟁을 했다. 예수가 왕으로 등극하는 날 누가 재무 장관이 되고 누가 외무 장관이 되는가 하는 것을 가지고 격론을 벌인 셈이다. 노자가 "나를 이해하는 사람이 이렇게도 드문가" 한탄하고, 공자가 "아, 아무도 나를 이해하지 못하는구나.

하늘밖에 없구나" 안타까워하며 다른 이들이 자기들의 심원한 뜻을 이해하지 못했을 때 느꼈던 그 '실존적 고독'을 예수도 똑같이 느꼈을 것이다. 예수는 예루살렘 성전에 들어갔다가 성전 안에서 장사하는 자들을 쫓아내고 환전상의 상과 제물로 쓰일 비둘기를 파는 자들의 의자를 둘러엎었다. 제물을 팔아 이권을 챙기던 그 당시의 제사 제도에 대한 심각한 도전이었다.

죽음과 부활

목요일 저녁, 제자들과 어느 집 다락방에서 이른바 '최후의 만찬'을 가졌다. 손수 제자들의 발을 씻겨준 다음, 떡과 포도주를 나누어주며 이것이 그의 살과 피니 받으라 하고 이것으로 그를 기억하라고 하였다. 이 이야기가 그리스도인들이 지금까지 '성만찬' 혹은 '성찬'을 거행하는 이유이다. 만찬이 끝나고 모두 감람산 겟세마네 동산으로 갔다. 예수는 제자들에게 깨어 기도하라고 이르고, 거기서 '돌 던질 만큼' 거리에 가서 홀로 기도했다. 이때의 기도가 그 유명한, "내 아버지여 만일 할 만하시거든 이 잔을 내게서 지나가게 하옵소서. 그러나 나의 원대로 마옵시고 아버지의 원대로 하옵소서" 하는 기도였다. 제자들은 그 시간을 견디지 못하여 잠을 잤다. 얼마 후 예수의 제자 가룟유다의 안내를 받은 '큰 무리가 검과 몽치를' 가지고 나타나 예수를 잡아갔다. 물론 최근에 발견된 『유다복음』에서는 유다가 배신자가 아니라 예수의 부탁을 받고 이런 일을 했다고 되어 있다.

유대 대제사장 가야바는 예수를 죽이기로 마음먹고 그를 로마 총독 빌라도에게 넘겨주었다. 빌라도는 여기서 역사적으로 가장 유명한 질문을 했다. "진리가 무엇이냐?" 예수가 이 질문에 대답을 했다는 기록이 없다. 그야말로 필자가 쓴 책 제목대로 '예수가 외면한 그 한 가지 질문'인 셈이다. 복음서의 주장에 의하면 빌라도는 명절 때마다 죄수 한 명을 사면하는 관례에 따라 예수를 풀어주려고 했지만 유대인들이 반대하며 오히려 민란을 꾸미다가 잡혀온 바라바를 그 대신 방면하라고 요청했다고 한다. 복음서에 나오는 이 간단한 한 구절이 결국 예수를 죽인 것이 로마의 식민지 세력이 아니라 유대인 자신이라는 생각을 뒷받침하는 빌미를 제공하게 되었고, 이 생각이 서양 역사를 통해 그리스도인들의 반유대교적 정서를 부추기는 근거로 작용하였다. 하지만 1960년대 초에 있었던 제2차 바티칸공의회에서는 유대인들이 예수의 죽음에 책임이 없음을 이미 공식적으로 선포했다. 복음서 기록에 의하면 예수는 결국 유대인들이 원하던 대로 사형선고를 받고, 다음 날인 금요일 아침 골고다 언덕으로 끌려가 십자가 형틀에 달려 죽음을 당했다고 한다.

예수가 십자가 위에서 한 '일곱 가지 말' 중에서 가장 많이 알려진 것은 "엘리 엘리 라마 사박다니(나의 하나님, 나의 하나님, 어찌하여 나를 버리셨나이까)" 하는 것이다. 이 말은 『시편』(22장 1절)에 나오는 말로 하느님을 원망하는 것이 아니라 오히려 하느님에 대한 절대적 신뢰를 나타내는 것이라 여겨진다. 복음서에 의하면 예수가 십자가에 달릴 때 '해가 빛을 잃고 온 땅에 어두움'이 내리고 '성소의 휘장 한가운데가 찢어지는' 일이 있었다. 붓다 입멸 때 큰 지진이 나고 엄청난 천둥 소리가 들렸다고 하는 것과 맞먹는 대목이다.

복음서에 의하면 금요일 해가 지기 전에 부자 아리마대 요셉이 빌라도의 허락을 받고 예수의 시체를 내려 세마포 linen shroud 로 싸고 일단 자기를 위해 준비했던 무덤으로 옮겼다. 이때 예수의 시신을 쌌던 세마포가 2006년 동계올림픽이 열렸던 이탈리아 토리노에 보관되어 있다고 주장하는 사람들이 있다. 일요일 아침, 예수를 따르던 여자들이 그를 정식으로 장사하기 위한 준비로 예수의 몸에 바를 기름을 준비해서 무덤에 가보니 무덤을 막고 있던 큰 돌이 옆으로 비켜져 있고 무덤은 비어 있었다. 이른바 '빈 무덤' the empty tomb 사건이다.

이 사건을 두고 그리스도교에서는 전통적으로 예수의 '부활'이라 이야기한다. 4복음서가 부활 사건에 대하여 각각 다른 이야기를 하기 때문에 그 정확한 정황을 파악하기는 힘들다. 그러나 복음서에서 한가지로 강조하는 사실은 예수가 죽음을 이기고 부활했다는 그 '확신'이 절망 중에 있던 제자들과 그를 따르던 사람들에게 용기와 활력을 불러일으키는 결정적 요소가 되었다는 것이다.

이렇게 부활한 예수가 그 후 어떻게 되었는지 복음서 초기 사본에는 분명한 언급이 없고, 『사도행전』에 부활 후 40일 만에 제자들이 보는 앞에서 하늘로 들려 올라가 구름에 싸여 보이지 않게 되었다고 했다. '승천'이다. 제자들이 하늘을 쳐다보고 있는데, 갑자기 흰 옷을 입은 두 사람이 그들 곁에 서서 "갈릴리 사람들아, 어찌하여 하늘을 쳐다보면서 서 있느냐? 너희를 떠나서 하늘로 올라가신 이 예수는, 하늘로 올라가시는 것을 너희가 본 그대로 오실 것이다"라고 했다. 이것이 많은 그리스도인들이 아직도 예수의 다시 오심, 곧 '재림'을 기다리고 있는 이유이다.

이상이 현존 4복음서 기록에 기초한 예수의 삶과 가르침과 행적의

대략이라 할 수 있다. 그런데 다시 한번 강조하고 싶은 것은 4복음서
에 나온 이런 이야기들을 어떻게 이해해야 할까 하는 문제가 간단하지
않다는 것이다. 또한 이 복음서들에 나타나는 이런 예수상像과는 사뭇
다른 예수에 대한 이해가 그리스도교 초기에도 있었고 역사를 통해 언
제나 있었고, 지금도 있다고 하는 사실이다.[13]

'깨 치 라'

지금 서양에서는 종래까지의 근본주의적 그리스도교가 많은 이들에게
'반지성적, 독선적, 문자주의적, 스스로 의로운 척, 우익 정치에 무비
판적으로 경도된' 종교 집단으로 여겨지고 있다. 이런 식의 그리스도
교는 받아들이기도 어렵고, 실천하기도 어렵고, 더욱이 여러 가지로
말썽을 일으키는 경향이 있다고 보고 있는 것이다.

이런 식의 그리스도교에 속할 것인가 말 것인가? 이것만이 유일
한 선택일까? 일단의 그리스도인들은 이런 식의 그리스도교에 속하기
를 거부하는 것이 바로 그리스도교를 버리는 것이라는 공식을 거부하
고 제3의 선택을 하기에 이르렀다. 이 선택이 바로 '새로 등장하는 그
리스도교' the newly emerging Christianity와 함께하는 것이다.

새로 등장하는 그리스도교와 함께하는 사람들은 성경에 나온 예
수 말씀의 표피적, 문자적 차원의 뜻을 넘어서는 심층적, 영적 차원의
뜻을 찾으려 하는 사람들이다. 한 가지 예로 예수의 핵심적인 기별인
"회개하라. 천국이 가까웠느니라"(『마태복음』 4장 17절) 하는 말씀을 심

---

13 필자가 쓴 『예수는 없다』(현암사, 2001, 개정판 2017)는 우리가 인습적으로 알고 있는 예수가 아니라
새로운 시각을 가지고 예수와 그의 가르침을 심층적으로 볼 것을 제안한 책이다.

층적으로 이해하는 경우이다.

우선 이 문장에서 '회개'라는 말이 무슨 뜻일까. 일반적으로 회개라고 하면 우리의 과거 잘못을 뉘우치고 새로운 삶을 살겠다고 결심하는 것쯤으로 생각한다. 그러나 회개의 그리스어 '메타노이아'metanoia는 '의식을 바꾸라', '보는 법을 바꾸라', '눈을 뜨라', '깨치라'는 뜻이다. "회개하라. 천국이 가까웠느니라"라는 말은 그러니까 "눈을 떠서 천국이 가까이 있음을 알라" 혹은 "우리 내면 가장 깊은 곳, 우리의 의식 자체를 바꾸라. 그러면 천국이 바로 옆에 있다는 사실을 깨달을 것이다" 하는 말로 풀 수도 있다.

'천국'이라고 하면 저 하늘 어디에 떠 있을 지리적, 물질적 나라로 생각되기 쉽지만, '나라' 혹은 '왕국'의 본래 말인 말쿠스(히브리어)나 바실레이아(그리스어)에는 영토 혹은 장소라는 뜻보다는 주권, 통치, 원리라는 뜻이 더 강하다. 영어로도 the Kingdom of God보다는 Sovereignty of God, Reign of God, Rule of God, Dominion of God, Principle of God라는 말을 선호하고 있다.

그러면 하느님의 나라가 어디 있다고 하는가? 표층적, 문자적 의미에 집중하는 경우 하느님 나라 혹은 천국은 하늘 어디에 붕 떠 있고, 우리가 죽어서 가는 곳 혹은 예수 재림 때 이 땅으로 임할 곳 등 '장소'로 생각하게 된다. 물론 이런 식으로 믿어서 안 된다는 것은 아니나 '하느님 나라'의 더욱 깊은 뜻을 알아보기 위한 우리의 노력을 여기서 멈추어서는 안 된다.

우선 예수 스스로도 "하느님의 나라는 볼 수 있게 임하는 것이 아니요 또 여기 있다 저기 있다고도 못 하리니 하느님의 나라는 너희 안

에 있느니라"라고 하였다. 예수의 이 말씀은 '하느님의 나라'라는 것
이 우리 '중에' 혹은 우리 '속에' 이미 있는 것임을 주목하라는 말씀이
다. 이런 뜻에서 하느님 나라란 바로 우리 안에 있는 하느님의 주권,
하느님의 힘, 하느님의 원리, 하느님의 임재, 하느님의 일부를 가리키
는 것이라 보아도 틀리지 않다. 영어로 'God within'이다. 바울 같은
이는 이를 '내 속의 그리스도' the Christ within라 했다.

그 천국이 '가까이 왔다'는 것은 무슨 뜻일까. 일반적으로 '가까
이 왔음'을 '시간'의 개념으로 생각했다. 그래서 예수가 한 이 말을 두
고, 예수는 천국이 이미 임한 것으로 가르친 것인가? 혹은 그의 생전
에 곧 임할 임박한 것으로 가르친 것인가? 혹은 이미 임했지만 아직
완성된 것은 아니라는 이중적인 뜻으로 가르친 것인가? 하는 등 '언
제'의 문제로 논쟁을 계속했다. 그러나 우리는 여기서 하느님 나라의
가까움을 시간의 개념이 아니라 '거리', '공간', '어디'의 개념으로 받
아들일 수 있다. 영어로 'at hand'라는 번역이 더 실감 난다. '손 가까
이 있다'고 하는 말이다. 하느님의 나라는 시간적으로 어느 때쯤에 올
것인가 하는 문제가 아니라 공간적으로 바로 내 손 닿는 지근至近 거리
에, 내 속에 있다는 뜻으로 이해하는 것이 좋다는 뜻이다.

복음서에 보면 예수가 우리를 보고 "너희는 먼저 그의 나라와 그
의 의를 구하라"고 했다. '먼저'라는 것을 보면 인간으로서 우리가 해
야 할 최우선 과제가 바로 하느님의 나라를 구하는 것이라 볼 수밖에
없다. 그런데 앞에서 본 것처럼 하느님의 나라가 '우리 안에' 있다고
하셨으니 우리는 당연히 우리 안을 들여다보고 거기 있는 하느님의 나
라를 찾아야 할 것이다. 내 안에 있는 하느님 나라, 그것이 좀 더 구체

적으로 무엇이겠는가? 여기서 우리는 그것이 바로 내 속에 있는 하느님의 현존, 내 속에 있는 하느님의 일부분, 내 속에 들어 있는 신적 요소, 내 속에 임해 계시는 하느님 자신이라 볼 수 있다는 것이다.

그런데 내 속에 계시는 하느님이 나의 바탕, 나의 근원이란 뜻에서 그 하느님은 결국 나의 '참나'이기도 하다는 것이다. 따라서 하느님의 나라를 찾는 것은 궁극적으로 나의 가장 깊은 차원의 '참나'를 찾는 것과 같은 것이다. 다석 유영모 선생님의 말을 빌리면, 나의 일상적이고 이기적인 '제나'가 아니라 나의 참된 나, '얼나'를 찾는 것이다. 신학자 폴 틸리히Paul Tillich가 하느님을 '높이'에서 찾을 것이 아니라 '깊이'에서 찾아야 할 것이라 한 것은 이런 의미에서 의미심장한 말이라 보아야 한다.

이런 맥락에서 예수가 말하는 '천국 복음'도 결국 세계 여러 종교의 신비주의 전통과 궤를 같이 하여 내 속의 참나, 진아眞我, 얼나를 찾으라는 말이라 보면 지나치지 않을 것이다.

붓다가 출생하자마자 "천상천하 유아독존"天上天下唯我獨尊이라고 했다는 말이나 예수가 "나는 길이요 진리요 생명"이라고 한 말에서 그 '나'라는 것도 결국 역사적 고타마나 역사적 예수를 지칭하는 것이라 보기보다 우리의 바탕이 되는 '참나'를 가리키는 말로 이해할 수 있다는 것이다.

1945년 이집트 나그함마디Nag Hammadi라는 곳 땅 밑에서 항아리에 담긴 채 묻혀 있던 52종의 문서가 발견되었는데, 거기에 성경 4복음서에 속하지 않은 복음서들이 여러 가지 나왔다. 그중 가장 잘 알려진 것이 『도마복음』으로, 여기에 등장하는 예수는 철두철미하게 우리를 향해 우리 속에 있는 천국, 참나를 발견하는 '깨침'^{gnōsis}을 얻으라고 가르치는 분이다. 『도마복음』의 예수는 위에서 말한 그리스도교의 깊은 가르침, 곧 비교적秘教的 가르침을 전하고 있다.[14]

---

14 필자의 『도마복음』 풀이가 『또 다른 예수 : 비교종교학자 오강남 교수의 도마복음 풀이』(예담, 2009)로 나와 있다. 도마에 대해서는 뒤에 별도로 이야기한다.

바울
Paul

그리스도교 제2의 창시자

"사랑이 없으면 아무것도 아닙니다"

새 사람 '바울'

그리스도교를 오늘날의 그리스도교로 만드는 데 가장 크게 공헌한 사람이 바울(10~67년경)이라 하는 데 의견을 달리할 사람은 없다. 학자들 중에는 심지어 그리스도교의 창시자가 '예수냐 바울이냐'라는 질문까지 한다. 앞에서 언급한 것처럼, 예수는 유대인으로 났다가 유대인으로 죽었다. 그는 생전에 '그리스도교'나 '그리스도인'이라는 말을 들어본 적도 없다. 그런 의미에서 바울이 유대교의 울타리를 넘어 퍼져나간 독립된 종교로서의 그리스도교 창시자라 하는 주장도 전혀 근거 없는 말은 아니다. 그러나 물론 예수 없이 그리스도교가 성립할 수 없었다는 의미에서 예수를 여전히 그리스도교의 창시자라 해야 할 것이다. 아무튼 이런 질문이 나온다고 하는 그 자체가 그리스도교에서 바울이 차지하는 위치가 얼마나 중요한가를 말해주는 것이라 할 수 있고, 또 많은 이들은 실제로 바울을 '그리스도교 제2의 창시자'라 칭하기도 한다. 가톨릭에서는 2008년을 '바오로 탄생 2,000주년'으로 기념했다. 그리스어로 '파울로스'를 영어로는 '폴'Paul, 한국 개신교에서는 '바울', 한국 가톨릭에서는 '바오로'라 발음한다.

예수를 유대인들이 대망하던 그리스도로 받아들이는 사람들의 수가 많아지면서 유대인들의 반대와 박해도 더욱 커져갔다. 스데반 같은 이는 거리로 나와 전도하다가 돌에 맞아 죽어 그리스도교의 첫 순교자가 되었다. 사도 이외의 많은 사람이 박해를 피해 예루살렘으로부터 유대와 사마리아 각처로, 나아가 로마제국 전역으로 퍼졌다. 이때 그리스도인 박해에 앞장선 사람 중 지금의 터키 남단에 해당되는 다소Tarsus 출신의 유대인 사울Saul이라는 사람이 있었다. 그는 다소에서 지낼 때 그 당시 그리스, 로마, 이집트 등에 널리 퍼져 있던 밀의종교密儀宗教·mystery religions와 접하고, '죽고 부활하는 신과 합일함으로써 영생을 얻을 수 있다'는 밀의종교의 가르침에 익숙해 있었을 가능성이 크다.

그는 예루살렘으로 가서 그 당시 유명한 유대인 랍비인 가말리엘 문하에서 교육을 받음으로써 유대 전통에도 정통한 바리세파 지식인이 되었다. 사람들이 그리스도인 첫 순교자 스데반을 돌로 칠 때 그는 그들의 옷을 맡는 일을 비롯하여, 예루살렘 예수쟁이 박멸 운동에 진력하다가 거기에도 만족하지 못하고 멀리 다메섹Damascus에 있는 예수쟁이들까지도 진멸하겠다고 정열을 불태웠다.

다메섹으로 가는 길에, 갑자기 하늘에서 큰 빛이 쏟아지며 그를 비추자 그는 땅바닥에 엎어졌다. "사울아, 사울아, 네가 어찌하여 나를 핍박하느냐"(『사도행전』9장 4절, 22장 7절, 26장 14절) 하는 소리가 들렸다. 사울이 누구냐고 묻자 "나는 네가 핍박하는 예수다"라는 대답이 왔다. 사울은 땅에서 일어나 눈을 떴으나 아무것도 볼 수 없었다. 그는 부활한 예수가 자기에게 나타난 것이라 확신했다.

그는 다메섹으로 인도되어 가서 3일간 앞을 보지 못하고 음식도 먹지 못했다. 그 후 거기서 아나니아라는 그리스도인으로부터 안수를 받아 눈도 고치고 세례도 받았다. 이 엄청난 경험으로 그리스도인을 박해하던 옛 사울은 죽고 그리스도인들을 대변하는 새사람 '바울'Paul이 탄생한 셈이었다. 그는 당장 유대인의 회당을 찾아다니며 '예수가 하느님 아들이심'과 '그리스도이심'을 전했다. 이런 충격적인 사건을 거친 바울은 생각을 정리하고 더욱 내실을 갖추기 위해 아라비아 사막으로 가서 얼마를 지냈다. 그 후 그는 실로 위대한 그리스도교 전도자로 등장했다.

바울이 처음에는 그 당시 각국에 흩어져 있던 디아스포라 유대인들의 회당을 찾아가 유대인들을 상대로 전도를 하다가, 나중에는 스스로 '이방인을 위한 사도'라 자처하고 이방인들, 곧 비유대인들에게도 그리스도교를 전파하기 시작했다. 유대인이면 누구나 어릴 때 일종의 종교적 의례로서의 포경수술을 받는데, 이를 '할례'라 한다. 바울은 이방인들이 그리스도인이 되기 위해서 이런 할례를 받는 등 우선 유대인의 규범을 준수하여 유대인이 되고 나서 그리스도인이 되어야 한다는 이중적인 절차를 생략하고, 직접 그리스도인이 될 수 있도록 하는 데 앞장섰다. 이제 이방인들이 그리스도인이 됨으로써 그리스도교는 더 이상 유대인들로만 구성된 유대교의 분파로 여겨질 수가 없게 된 것이다.

바울과 그의 일행은 유대인들과 이방인들에게 복음을 전하기 위해 그 당시로서는 '세상 끝'이었던 지중해 연안 전역을 세 번이나 전도 여행으로 다녔다. 『사도행전』의 거의 반 정도가 그에 대한 이야기와 그의 전도 여행에 대한 기록이다. 그는 가는 곳마다 교회를 세우고 그 후 교회마다에 일일이 문안과 교훈의 편지를 보냈다. 이 편지들이 나중 신약성경의 일부가 되었는데, 이것들은 신약성경에 들어 있는 문헌 중에서 가장 먼저 쓰인 것으로서 전통적인 계산으로 하면 신약성경 전체 27권 중 14권으로, 권수로만 따지면 신약성경 반 이상에 해당한다

(상당수 신학자들은 바울이 썼다고 하는 이른바 목회서간들은 문체나 사상으로 보아 바울 자신이 쓴 책이라 볼 수 없다고 주장한다).[15]

배가 난파되는 일, 감옥에 갇히는 일, 매 맞는 일, 심지어 돌 맞는 일, 굶고 잠 못 자고 추위에 떠는 일 등 온갖 고초를 겪으면서(『고린도전서』 11장 23~28절) 감행한 바울의 열성적인 전도와 그의 깊은 신학 사상으로 그리스도교는 명실공히 유대교의 분파적인 성격에서 완전히 벗어나 어엿한 보편 종교로 발전하게 되었다.

그리스도 안의 신비주의

바울의 가르침은 '믿음으로 말미암은 의'稱義, 종말관, 인간관 등 다양하여 한마디로 간추릴 수는 없지만, 적어도 가장 중요한 사상 중 하나는 '그리스도 안 신비주의'in-Christ mysticism라 할 수 있다. 일상적 자아가 그리스도와 함께 십자가에 못 박혀 죽고 그리스도 안에서 새로 나는 체험을 통해 '새로운 존재'가 됨을 강조하는 것이다. 유대인들에게 그렇게 중요하던 할례를 두고서도 '할례를 받거나 안 받는 것이 중요한 것이 아니라, 새롭게 창조되는 것이 중요할' 뿐이라고 하였다.(『갈라디아서』 6장 15절) 이런 새로 지음의 체험, 새로운 의식에 이를 때 '이제는 내가 산 것이 아니요 오직 내 안에 그리스도께서' 사시게 되는 것을 깨닫게 된다고 하였다.(『갈라디아서』 2장 20절)

바울은 이렇게 내 속에 있는 신성神性 혹은 나의 본래 면목을 깨닫고 신인합일의 종교적 체험을 갖게 되는 것이 중요하다고 했지만, 그

---

15 마커스 보그 · 존 도미닉 크로산 지음, 김준우 옮김, 『첫 번째 바울의 복음-급진적인 바울이 어떻게 보수 신앙의 우상으로 둔갑했는가?』(한국기독교연구소, 2010)를 참조할 수 있다.

렇다고 그것으로 끝나는 것은 아니라고 한다. 그는 높은 도덕적 수준에 이르는 것을 중요시하고, 특히 타인에 대한 무조건적인 '사랑'을 강조한다. "내가 사람의 모든 말과 천사의 말을 할 수 있을지라도 내게 사랑이 없으면 울리는 징이나 요란한 꽹과리가 될 뿐입니다. 내가 예언하는 능력을 가지고 있을지라도, 또 모든 비밀과 모든 지식을 가지고 있을지라도, 또 산을 옮길 만한 모든 믿음을 가지고 있을지라도, 사랑이 없으면 아무것도 아닙니다"(『고린도전서』 13장 1~2절)라고 하였다. 이른바 상대방에게 자기를 완전히 내어주는 '아가페' 사랑의 실천이 핵심이라는 것이다.

바울은 또 그리스도 안에서 하나가 된 사람들이 누릴 수 있는 평등, 특히 남녀평등을 강조한다. "유대 사람도 그리스 사람도 없으며, 종도 자유인도 없으며, 남자와 여자가 없습니다. 여러분 모두가 그리스도 예수 안에서 하나이기 때문입니다"(『갈라디아서』 3장 28절)라고 하였다. 성서신학자 존 도미닉 크로산과 조나단 리드의 최근 연구에 의하면 "여자는 조용히, 언제나 순종하는 가운데서 배워야 합니다"(『디모데전서』 2장 11절) 하는 말이나 "여자들은 교회에서 잠자코 있어야만 합니다. 여자에게는 말하는 것이 허락되어 있지 않습니다. 율법에서도 말한 대로 여자들은 복종해야 합니다"(『고린도전서』 14장 34절) 하는 말 등 성경에 바울이 했다고 기록된 여성 차별적, 여성 비하적인 발언은 가짜 바울적pseudo-Pauline, 후세 바울적post-Pauline, 반 바울적anti-Pauline 무리들이 '사실적이고 역사적인 바울'actual and historical Paul을 변개하거나 무력화하기 위해 나중에 삽입하거나 첨가하거나 대치한 것이라 본다.

신약 학자들 중에는 그리스철학에 영향을 많이 받은 바울이 유대인 예수의 실천적이고 단순한 가르침을 지나치게 그리스철학에 맞추어 철학화, 신학화, 추상화해서 도리어 예수의 구체적이고 실천적인 복음을 손상시키거나 심지어 왜곡시켰다고 주장하는 이들도 있다. 바울이 역사적 예수에 대해 언급한 일이 없는 것은 사실이다. 그러나 그에게 더욱 중요한 것은 '그리스도 예수'가 상징하는 의미였다고 볼 수 있다. 한 가지 예를 들면, 그가 빌립보에 사는 그리스도인들에게 보낸 편지에서 이렇게 말한다.

> 여러분 안에 이 마음을 품으십시오. 그것은 곧 그리스도 예수의 마음이기도 합니다. 그는 하나님의 모습을 지니셨으나, 하나님과 동등함을 당연하게 생각하지 않으시고, 오히려 자기를 비워서 종의 모습을 취하시고, 사람과 같이 되셨습니다. 그는 사람의 모양으로 나타나셔서, 자기를 낮추시고 죽기까지 순종하셨으니, 곧 십자가에 죽기까지 하셨습니다. (『빌립보서』 2장 5~6절)

바울은 이처럼 예수의 자기 '비움'을 강조하며 우리도 그렇게 나를 비워야 함을 역설했다. 예수의 십자가는 결국 자기 비움의 상징이라는 것이다. 예수를 이렇게 이해하고 받아들이는 것을 '비움의 기독론' Kenotic Christology이라 한다.

바울은 약 30년간 자기 나름대로의 복음을 전파하기 위해 혼신의 힘을 쏟다가 네로 황제가 그리스도인들을 박해할 때인 기원후 60년경 로마로 갔다고 하는데, 성경에는 그 이후 어떻게 되었다는 언급이 없지만, 전통적으로 네로 황제의 그리스도인 박해 때인 64년경 체포되었다가 67년경 거기서 처형되었으리라 본다. 그러나 그의 삶과 가르침은 아직도 그리스도교의 기본 토대로 굳게 남아 있다.

도마
St. Thomas

깨달음의 복음을 전하다

"여러분 자신을 깨달아 아십시오"

비밀의 메시지

도마(1세기경)는 지금까지 살펴본 '인류의 스승' 중에서 조금은 특별한 인물이다. 그는 최근까지도 그리스도교 전통에서 특별히 존경받는 인물은 아니었다. 그리스도교 성경에 포함된 복음서들에 보면 그가 예수의 열두 제자 중 하나였다는 것 이외에 별로 알려진 것이 없다. 그뿐 아니라 『요한복음』에서는 세 번씩이나 도마를 믿음이 없는 제자, 바람직하지 못한 제자로 묘사하고 있다.(『요한복음』 11장 16절, 14장 5절, 20장 24절) 『요한복음』에 있는 그의 이야기를 옮기면 대략 다음과 같다.

다른 제자들이 예수가 부활했다고 전해주자, 도마는 "내가 그의 손의 못 자국을 보며 내 손가락을 그 못 자국에 넣으며 내 손을 그 옆구리에 넣어보지 않고는 믿지 아니하겠노라"라고 했다. 여드레가 지나서 도마를 포함한 제자들이 집에 있는데, 예수가 닫힌 문을 통해 들어와 도마에게 "네 손가락을 이리 내밀어 내 손을 보고 네 손을 내밀어 내 옆구리에 넣어보라. 그리하여 믿음 없는 자가 되지 말고 믿는 자가 되라"고 했다. 이에 도마가 감명을 받고 예수를 향해 "나의 주님이시요 나의 하나님이시니이다"(『요한복음』 20장 28절) 하는 고백을 했다. 예수가 마지막으로 한 말씀하시면서 "너는 나를 본 고로 믿느냐 보지 못하고 믿는 자들이 복되도다"라고 했다. 따라서 『요한복음』이 정경으로 받아들여진 이후 그리스도교 역사에서 2천 년 가까이 도마는 '의심하는 도마' doubting Thomas로 알려지는 수모를 당하게 되었다고 볼 수 있다.

　이렇게 수모를 당하던 도마가 우리에게 위대한 스승 중 한 분으로 받아들여질 수 있는 이유는 무엇인가? 그가 인도로 건너가 그리스도교를 전파하였다는 전설 때문도 아니고, 또 다른 사도들과 함께 성인으로 추대되었기 때문도 아니다. 결정적인 이유는 그가 예수의 가르침 중 가장 깊은 차원의 가르침을 취하여 그것을 『도마복음』이라는 이름의 복음서로 우리에게 전해주었다는 사실 때문이다.

　『도마복음』이란 지금의 성경에 포함되어 있지 않은 복음서들 중 하나이다. 그리스도교 초기에는 지금 성경에 포함된 4복음서 이외에 여러 가지 복음서들이 있었다. 그러나 초대 교회 교부들에 의해 이런 복음서들 중 오로지 4개의 복음서만이 그리스도교 정경에 포함되고 다른 것들은 폐기 처분당했다. 이렇게 폐기 처분당한 복음서들 중 일부가 1945년 이집트 나그함마디라는 마을 부근 산기슭에서 발견되었다.

　나그함마디 문서 뭉치들 속에는 모두 52종의 문서가 들어 있었는데, 이 중에서 사람들의 관심을 가장 많이 끈 것이 바로『도마복음』이다. 초기 그리스도교 전통에서 도마가 '쌍둥이'를 의미하는 그의 이름 때문에 예수의 쌍둥이 형제로 알려져 있었던 것도 그 이유 중 하나이기도 했지만, 무엇보다『도마복음』에 나타난 예수, 그가 전하는 '비밀의' 메시지가 놀랍기 그지없었기 때문이다.

　『도마복음』은 "살아 계신 예수께서 말씀하시고 디두모 유다 도마가 받아 적은 비밀의 말씀들"이라는 선언으로 시작한다. 도마가 간취해서 우리에게 전해주는 예수의 말씀은 모든 사람이 상식적으로 알아들을 수 있는 보통의 말씀이 아니라 정말로 가장 깊은 차원의 진리를 찾는 소수의 사람들만이 꿰뚫어볼 수 있는 '비밀의 말씀'이라는 뜻이다. 예수가 하신 말씀 중에서 표층 혹은 현교적 차원이 아니라, 정말로 열린 마음을 가진 사람들만 이해할 수 있는 심층 혹은 비교적秘敎的 차원의 말씀을 전하겠다는 이야기이다.

『도마복음』이 전하는 비밀의 말씀이란 무엇인가? 『도마복음』은 여타 복음서들과 달리 기적, 예언의 성취, 십자가, 부활, 승천, 재림, 종말, 최후 심판, 대속 등에 대한 언급이 거의 없다. 대신 내 속에 있는 신성, 참나를 아는 '그노시스' gnōsis, '깨달음'을 계속 강조한다. 그노시스는 프라즈나 prajñā, 반야般若, 통찰, 꿰뚫어봄, 직관과 같은 계열의 말이기도 하다. 『도마복음』에 등장하는 예수는 '나를 믿으라'라는 말을 한 번도 하지 않는다. 계속해서 '깨달으라', '깨치라'고 타이른다.

『도마복음』의 한 절을 인용해보자. 제3절에 보면 "여러분 자신을 깨달아 아십시오. 그러면 남도 여러분을 알 것이고, 여러분도 자신이 살아 계신 아버지의 자녀라는 것을 알게 됩니다"라고 했다. "너 자신을 알라", 그 유명한 '그노시 세아우톤'이다. 알아야 할 것, 깨쳐야 할 것 중 내가 누구인가를 아는 것이 가장 중요하다는 뜻이다. 내가 바로 살아 계신 아버지의 아들딸이라는 사실, 내 속에 하느님을 모시고 있다侍天主는 사실, 이 하느님이 바로 내 속 가장 깊은 차원의 '참나', '얼나'에 다름 아니라人乃天는 엄청난 사실을 '깨달음'. 이것이야말로 삶에서 우리가 얻을 수 있는 가장 귀중한 '진주' 같은 진리라는 것이다.

최고의 제자

그런데 이 『도마복음』에는 도마 자신에 관해서 재미있는, 그러면서 의미심장한 이야기가 나온다. 제13절에 보면 예수는 제자들에게 자기가 누구인지 말해보라고 했다. 먼저 베드로라는 제자가 "선생님은 의로운 메신저와 같습니다"라고 했다. 마태가 그다음으로 '지혜로운 철인'과 같다고 했다. 도마가 마지막으로 "선생님, 제 입으로는 당신이 누구와 같다고 감히 말할 수가 없습니다"라고 했다. 그러자 예수가 도마를 향해 "나는 자네의 선생이 아닐세. 자네는 내게서 솟아나는 샘물을 마시고 취했네" 하는 말을 하고 그를 데리고 물러나 그에게 무언가 세 가지를 말해주었다고 한다.

도마가 자기 동료들에게 돌아오자 동료들은 그에게 "예수님이 자네에게 무슨 말씀을 하셨는가?" 하고 물어보았다. 도마는 그들에게 "예수님이 내게 하신 말씀 중 하나라도 자네들한테 말하면 자네들은 돌을 들어 나를 칠 것이고, 돌에서 불이 나와 자네들을 삼킬 것일세" 하는 대답을 했다. "너희는 나를 누구라 하느냐?" 하는 이 이야기가 지금의 성경에 포함되어 있는 공관복음서에도 나온다. 공관복음서에 나오는 이야기와 『도마복음』에 나오는 이야기의 가장 중요한 차이점은, 공관복음서에는 "선생님은 살아 계신 하나님의 아들 그리스도이십니다" 하는 베드로의 고백만 있을 뿐 '도마의 침묵'에 대해서는 언급이 없다는 점이다.

이 이야기를 읽으면 선불교 『육조단경』六祖壇經에 나오는 이야기가 생각난다. 잘 아는 이야기지만, 인도에서 건너온 달마대사達摩大師가 소림사에 머물며 9년간의 면벽 참선을 끝낸 뒤 그곳을 떠나려고 하면서 제자들을 불러놓고 각각 그동안 깨달은 바를 말해보라 했다. 한 제자가 나와서 뭐라고 하자, 달마는 "너는 내 살갗을 얻었구나" 한다. 다음 제자가 나와 또 뭐라고 하자, "너는 내 살을 얻었구나" 한다. 또 다른 제자가 나와 뭐라고 하자, "너는 내 뼈를 얻었구나" 한다. 드디어 그의 수제자 혜가慧可가 나와 스승에게 경건하게 절을 올린 다음 가만히 서 있을 뿐 아무 말도 하지 않았다. 이에 달마는 그를 보고 "너는 나의 골수를 얻었구나" 했다. 깨달음에도 정도의 차이가 있고, 구경究竟의 깨달음에 이르면 이를 말로 표현할 수 없음을 보여주는 예이다. 여기『도마복음』에서도 도마가 그가 깨친 진리는 말로 할 수 없다는 것을 침묵을 통해 웅변적으로 말한 것이 아닐까?

예수가 도마에게 "나는 자네의 선생이 아닐세"라고 한 것도 의미심장하다. 중국의 고전『장자』를 살펴보자. 공자의 제자 안회가 공자에게 찾아와 이런저런 말로 자신의 수행이 깊어지는 것 같다고 보고하였다. 공자는 거기에 대해 특별히 관심을 기울이는 기색이 없었다. 그러다가 안회가 자기는 좌망坐忘, 즉 앉아서 모든 것을 잊었다고 하자 공자는 깜짝 놀라 "그게 무슨 말이냐?" 하고 묻는다. 안회가 모든 앎을 몰아내고 잊어버리는 것이라고 하자 공자는 안회를 보고 "청컨대 나도 그대 뒤를 따르게 하라"고 부탁한다.

예수가 도마에게 "나는 자네의 선생이 아닐세"라고 한 말도 이런 문맥으로 이해할 수 있다. 이런 깊은 경지에 이른 도마, 여기 표현대로 예수가 주는 물을 마시고 완전히 '취한' 도마에게, 예수는 더 이상 선생님일 필요가 없고, 깨달음에 있어서 이제 둘은 동격임을, 그의 이름 그대로 '쌍둥이'임을 선언한 셈이다. 도마가 이런 경지에 이르렀기에 예수는 그를 데리고 나가 그에게만 특별한 비법을 전수할 수 있게 되었다.

예수가 도마를 따로 불러 일러주었다는 그 비밀이라는 것은 또 무엇인가? 구체적으로 무엇이라는 언급은 없지만, 다른 제자들처럼 아직 완전한 깨달음에 이르지 못한 사람들이 들으면 기절초풍할 무엇, 심지어 그것을 전하는 사람을 돌로 쳐 죽일 수 있을 정도로 공분을 일으키는 엄청나고 혼란스러운 무엇이었음에 틀림없다. 궁극 진리란 상식의 세계, 당연히 여겨지는 세계를 뛰어넘는 역설逆說의 논리일 수밖에 없기 때문이다. 『도덕경』에서는 "웃음거리가 되지 않으면 도라고 할 수가 없다"(제41장)라고 했다. 진리를 듣고 돌로 쳐 죽이려는 것과 크게 웃는 것에는 차이가 있지만, 진리가 보통 사람들이 이해하기에는 도무지 말이 안 되는 무엇이라는 것을 말해준다는 점에서는 같다.

이처럼 도마는 『도마복음』에서 제자들 중 가장 위대한 제자로 그려져 있다. 그러나 우리가 도마를 특별히 '인류의 스승' 반열에까지 올리는 것은 그가 전해주는 『도마복음』이 그리스도교는 주로 현교적인 가르침이라고 생각하던 많은 사람에게 가히 혁명적이라고 할 만큼 심층적 기별을 전해주기 때문이다. 어느 학자는 1945년 『도마복음』의 발견이 주는 정신사적 충격이 같은 해 히로시마와 나가사키에 투하된 원자폭탄의 위력에 버금가는 것이라고까지 말했다. 필자가 『도마복음』을 중요하게 생각하는 이유 중 하나는 이것이 불교와 그리스도교를 잇는 가교의 역할을 할 수 있을 것이라는 점 때문이다. 그리스도교에서 잃어버리거나 등한시되던 심층적 가르침을 되살리게 하는 데 결정적 역할을 해준 그가 참으로 고마울 따름이다.[16]

---

16 『도마복음』에 대해 더 자세한 것을 알기 위해서는 『또 다른 예수 : 비교종교학자 오강남 교수의 도마복음 풀이』(예담, 2009)나 김용옥 지음, 『도올의 도마복음 한글역주 2, 3』(통나무, 2010)을 참고할 수 있다.

성 아우구스티누스
Aurelius Augustinus

그리스도교 신학의 초석을 세운 교부

"최선의 경배는 침묵을 통해서,
최고의 지식은 무지를 통해서"

쾌락의 삶을 버리다

서력 기원후 2세기부터 4세기까지 그리스도교를 변호하는 호교론자 apologists들이 많이 등장했다. 그 대표자가 알렉산드리아의 클레멘스 (150~220년), 그의 제자 오리게네스(185~254년경), 라틴 신학의 대부 테르툴리아누스(160~220년) 등이다. 그러나 초기 그리스도교 역사에서 가장 위대한 사상가는 아우구스티누스(352~430년, 영어 발음을 따라 '어거스틴'이라 부르기도 한다)였다. 앞에서 말한 것처럼 그리스도교 신비주의의 원류는 플로티노스였다. 적어도 12세기에 들어와 6세기의 위傷디오니시우스의 『신비주의 신학』 등의 저서가 서방에 널리 소개되기까지는 주로 아우구스티누스의 공헌을 통해서 플로티노스의 사상이 서방 그리스도교에 지대한 영향을 끼쳤다.

그는 그리스도교 신학의 초석을 세운 위대한 교부敎父의 한 사람이면서, 동시에 서양 역사에서 최초의 본격적 자서전이라 할 수 있는 그 유명한 『고백록』Confessions의 저자이기도 하다. 그 책 첫 부분에서 그는 "오 주님, 주님께서는 당신을 위해 저희를 지으셨으니 저희 마음은 당신 안에서 쉼을 얻기까지 쉼이 없사옵니다" 하였는데, 그의 삶은 실로 이 고백을 뒷받침하는 것이었다.

아우구스티누스는 354년 로마제국 말기 북아프리카 타가스테 Tagaste(지금의 투니시아 수크아라스)에서 그 지방 하급 공무원이었던 비그리스도인 아버지와 그리스도교로 개종한 그 유명한 어머니 모니카 사이에서 출생했다. 어릴 때 어머니의 극성스러운 영향으로 그리스도교 교육을 받았다. 학교에서는 타고난 총명함으로 웅변이나 글쓰기에 재주를 보였으나 일찍부터 육체적 쾌락에 쉽게 빠져들었다.

아우구스티누스의 삶은 아프리카 북부의 고대 도시 카르타고로 옮기면서 새로운 전기를 맞았다. 카르타고는 학문의 중심지로 그가 학업을 계속한 곳이다. 그러나 그곳은 시칠리아섬으로부터 지중해를 가로질러 있는 항구도시로서 온갖 유혹이 들끓는 곳이기도 했다. 거기서 수사학을 가르쳤지만 그것이 '수다를 파는 것'이라며 부끄럽게 생각했다. 그의 고백에 의하면 그는 이곳에서 욕망을 충족시키기 위해서만 살았다고 한다. 심지어 한 여성과의 혼전 동거로 사생아까지 얻고 '신으로부터 얻음'이라는 뜻으로 '아데오다투스'라 이름 지었다. 이런 일련의 과정을 거치는 동안, 그는 쾌락에 빠지면 빠질수록 그의 삶이 더욱 의미 없는 것으로 느껴진다는 것을 발견했다. 그는 일종의 냉소주의자로 변한 것이다.

그런 와중에서도 아우구스티누스는 계속 독서에 열중했다. 특히 키케로의 『호르텐시우스』라는 책을 보고 진리 탐구의 정신을 일깨울 수 있었다. 그는 '키케로의 위엄에 비하면 성경은 가치가 없는 것'이라 여기고 성경을 배격하고, 자연스럽게 마니교Manichaeism에 심취하게 되었다. 마니교는 영지주의적 그리스도교와 불교 및 조로아스터교의 혼합종교로서, 영육 이원론을 주장하고, 육을 악으로 보았다. 육을 악으로 보는 이론이 그에게는 짐이 되기도 했던 모양이다. 그는 "저에게 정조와 자제력을 허락하소서. 그러나 아직은 아닙니다"라고 하는 기도를 했다고 한다. 그는 9년간 마니교에 몸담고 있었다.

아우구스티누스는 29세에 어머니를 피해 로마로 갔다가, 이듬해 마니교에 속한 친구의 도움으로 밀라노에서 수사학을 가르치는 일거리를 얻었다. 거기에서 그는 그 유명한 암브로시우스 주교의 힘찬 강론을 듣게 되었다. 처음에는 그 주교의 종교적 통찰에 관심이 있어서가 아니라 웅변가로서의 그의 화술을 보고 배우기 위해서였다. 그러다가 점점 암브로시우스가 전하는 그리스도교의 가르침에 귀를 기울이게 되고, 성경이란 '부조리한 이야기'로만 가득한 책이 아니구나 하는 생각을 하기에 이르렀다.

그의 어머니도 뒤따라 밀라노로 옮겨왔다. 어머니는 아들에게 그의 동거녀와 갈라서고, 그의 신분에 걸맞은 여자와 정식으로 결혼하라다그치며 어린 처녀를 소개했다. 그는 어머니의 말을 거역할 수 없어서, 자기와 그렇게 오래 살면서 아이까지 낳은 여인을 떠나보낼 수밖에 없었다. 그러나 어머니가 말한 나이 어린 처녀와 결혼은 하지 않았다. 아직도 육욕에서 벗어나지 못한 그는 또 다른 여자를 만났다. 그는 그러는 자기 자신에 절망하지 않을 수 없었다.

이 무렵 아우구스티누스는 앞에서 우리가 살펴본 플로티노스가 창설한 신플라톤주의에 눈을 돌리기 시작했고, 이에 따라 그의 삶에는 극적인 변화가 생겨났다. 그는 육신적 유혹이 육체 속에 생래적으로 존재하는 악의 요소 때문이 아니라, 인간이 신으로부터 떨어져 나갔기 때문에 오는 것이라는 생각에 이르렀다. 그의 『고백록』에 쓰인 것처럼, "인간의 영혼이 당신에게 향하지 않고 자신에게 향할 때, 그것은 슬픔으로 뒤덮이나이다" 하는 것이다. 인간이 신에 가까이 가면 갈수록 인간이 겪는 비참함과 고뇌도 그만큼 줄어들 것이라 보았다. 육체는 본래 악한 것이고, 누구도 육체를 지닌 한 고뇌에서 벗어날 수 없다고 보던 마니교의 가르침을 그대로 받들 수 없게 되었다는 뜻이다.

아우구스티누스는 이런저런 문제로 고민하다가 머리도 식힐 겸 친구 알리피우스의 시골집으로 다니러 갔다. 하루는 절망감에 시달리면서 무화과나무 아래에 엎드려 울고 있었다. 바로 그때 그는 담 너머에서 동무들과 게임을 하던 한 어린아이가 "들어서 읽으라!"고 외치는 소리를 들었다. 아우구스티누스는 이 말을 하나의 계시로 생각하고, 자기 친구가 앉아 있는 곳으로 달려가 그가 읽고 있던 성경책을 집어들고 아무 곳이나 펼쳐서 눈길이 제일 먼저 닿는 곳을 읽었다. 그가 펴서 읽은 성구는 신약성경 『로마인서』 13장 12~14절, "호사한 연회와 술 취함, 음행과 방탕, 싸움과 시기에 빠지지 맙시다. 주 예수 그리스도로 옷을 입으십시오. 정욕을 채우려고 육신의 일을 꾀하지 마십시오" 하는 구절이었다.

그 후 암브로시우스 주교로부터 영세를 받고 그리스도교로 개종했다. 수사학 교사직을 사임하고, 수도원을 창설할 목적으로 북아프리카로 돌아가 신부 안수를 받았다. 그리고 396년, 42세에 오늘날 알제리의 안나바에 해당되는 히포의 주교가 되고, 430년 반달족이 그가 살던 도시를 포위하고 있을 때, 그의 나이 76세로 세상을 떠났다.

'원죄'

그는 마지막 30년 동안 수없이 많은 글을 통해 자신이 한때 따르던 마니교를 비롯한 여러 가지 이설들을 열정적으로 비판하고, 정통 그리스도교 신학의 기둥을 세웠다. 그는 플로티노스의 신플라톤 학파의 영향으로, 신은 영원한 실재로서 모든 것의 근원이라 보았다.

그는 스스로 신을 체험했다고도 했다. 어머니로부터도, 자기 생각에서도 벗어나고, 또 스스로부터도 벗어나 '번쩍하는 통찰로 모든 것 위에 거하시는 영원한 지혜에 접했다'고 했다. 그에게 있어서 신은 '언설로 할 수 있는 것 이상으로서, 신에 대한 최선의 경배는 침묵을 통해서, 최고의 지식은 무지를 통해서, 최고의 묘사는 부정을 통해서' 가능하다고 했다. 그는 특히 절대적 신을 아버지와 아들과 성령이라는 세 가지 측면으로 파악하는 삼위일체를 강조하고 이 삼위의 절대적 동등성을 역설했다.

아우구스티누스는 자기의 젊은 시절 맛보았던 비극적인 경험 때문인지 인간의 나약함을 지나치게 강조했다. 그에 의하면 인간이 지닌 성욕이 바로 아담과 하와가 선악과를 먹어서 지은 죄이기 때문에 자자손손 인간들에게 유전적으로 내려오는 '원죄'라 주장하고, 그러기에 인간은 자기의 의사와 관계없이 모두 죄인으로 태어날 수밖에 없다고 하였다. 그러나 하느님이 미리 예정한 사람들에게는 절대적인 은혜와 사랑을 부어주시므로, 그런 사람들은 구원을 받게 된다고 주장했다. 신의 사랑과 은혜는 우리가 그것을 받을 자격이 있어서 받는 것이 아니라 그저 주어지는 선물이라고 했다. 일종의 '예정론'이다.

이런 이론은 원죄를 인정하지 않을 뿐 아니라 인간의 자유의지를 강조하여, 인간이 하느님의 도움을 받지만 어디까지나 스스로 구원을 이루어야 한다고 주장하던 영국 출신 펠라기우스 Pelagius와의 유명한 논쟁을 불러오기도 했다. 현대 신학자들 중에는 원죄가 아담과 하와에게서부터 내려온 것이 아니라 바로 아우구스티누스에게서 온 것이고, 아우구스티누스는 그의 이론으로 성욕을 가진 모든 인간을 다 죄인으로 만들었다고 힐난하는 이들도 있다.

아우구스티누스는 교회란 신의 은혜가 인간에게 임하도록 하는 예전禮典을 거행하기 위해 위임된 신성한 기관이라 보았다. 이 세상에 교회는 하나뿐, 따라서 교회 밖에는 은혜가 이를 수 없고, 은혜가 이를 수 없기에 '교회 밖에는 구원이 없다'Extra Ecclesiam nulla salus고 못 박았다. 그가 쓴 많은 책 중에 『신의 도성』Civitas Dei이라는 책이 특히 유명하다. 이 책은 인간 역사를 신의 선택을 받은 자들이 속하는 '신의 도성'과 바빌론과 로마로 대표되는 '땅의 도성'civitas terra과의 투쟁사로 보고, 인간은 이런 역사에서 훈련을 받게 되므로 역사에 의미가 있다고 주장했다. 이런 식으로 역사의 의미를 찾으려 했다는 뜻에서 이 책은 서양 사상사에서 최초로 '역사철학'을 다룬 책이 된 셈이다.

아우구스티누스의 신학은 물론 토머스 아퀴나스Thomas Aquinas의 신학과 더불어 가톨릭 신학 전통을 떠받드는 두 개의 기둥 중 하나의 역할을 했지만, 어느 면에서는 종교개혁 당시 프로테스탄트 신학에 더 큰 영향을 주었다고 볼 수도 있다. 종교개혁의 선봉장이며 루터교 창시자 마르틴 루터는 본래 아우구스티누스 수도원에 속한 신학자로서 아우구스티누스의 사상에 크게 영향을 받아 그의 프로테스탄트 신학을 설정했고, 아우구스티누스의 예정설은 장로교 창설자 장 칼뱅에 의해 장로교 신학의 주춧돌 중 하나가 되었다. 그런 의미에서 아우구스티누스는 아직도 우리 주위에서 긍정적이든 부정적이든 크게 영향을 미치고 있는 스승인 셈이다.

위僞디오니시우스
Dionysius the Areopagite

침묵과 비움의 성자

"감각과 지성이 감지할 수 있는 모든 것,
존재와 비존재 모두를 뒤로 하라"

부정의 신학

앞에서 언급한 것과 마찬가지로 신플라톤주의자 플로티노스의 신비 사상을 서양 신학자들에게 알리는 데 크게 공헌한 사람은 4~5세기의 아우구스티누스였다. 그러나 5~6세기경 '아레오바고의 디오니시우스'(460~520년경)라는 가명의 시리아 승려가 등장하여 플로티노스의 가르침과 그리스도교 신학을 아름답게 결합한 신학서들을 저술하고 이것들이 9세기에 라틴어로 번역되어 서방에 널리 읽히기 시작하면서부터 이야기가 달라진다. 디오니시우스의 사상이 12세기 이후 그대로 그리스도교 신비주의 전통에서 가장 직접적인 영향력을 발휘하는 위치에 서게 되었기 때문이다.

이 저자를 '아레오바고의 디오니시우스'라는 긴 이름 대신에 보통 '위僞디오니시우스'라 부른다. 신약성경 『사도행전』 17장에서 바울은 그리스 아테네의 아레오바고 법정 가운데 서서 아테네 시민들을 향해 복음을 전했다. 별로 성공을 거두지 못했지만 이때 몇 사람이 그리스도교로 개종했는데, 그중 한 사람이 '아레오바고 법정의 판사인 디오누시오(디오니시우스)'라고 했다.

전통에 의하면 그가 아테네의 첫 주교가 되었다. 그러나 5세기 말이나 6세기 초에 쓰였으리라 여겨지는 책들을 쓴 저자가 1세기에 바울의 전도로 그리스도인이 된 진짜 아레오바고의 디오니시우스일 수는 없기 때문에 그의 이름 앞에 '위'僞라는 말을 붙이게 된 것이다. 아무튼 바울로부터 직접 가르침을 받고 개종했다는 아레오바고의 디오니시우스라는 가명 덕택으로 그의 책에 더욱 큰 무게가 실리고, 그것으로 더욱 크게 주목받았다는 것은 분명한 사실일 것이다. 여기서는 편의상 그냥 '디오니시우스'라는 이름을 사용하기로 한다.

디오니시우스의 삶에 대해서는 알려진 것이 거의 없다. 신의 신비성을 그처럼 강조하는 저자가 스스로 신비의 장막에 싸여 있다는 것은 어쩌면 당연한 일인지도 모른다. 그의 생애에 대해서는 알지 못하지만, 그가 남긴 『신비신학』*Mystical Theology*, 『신의 이름』*Divine Names*, 『천상의 위계』*Celestial Hierarchy*, 『교회의 위계』*Ecclesiastical Hierarchy* 등 네 권의 책과 약간의 편지서들은 그리스도교 신비 전통에 혁혁한 공을 세웠다. 특히 겨우 5장으로 이루어진 짧은 책인 『신비신학』은 다른 어느 신학서보다 더 큰 위력을 발휘했다고 볼 수 있다.

아우구스티누스와 함께 그리스도교 신학의 양대 기둥 중 하나라 일컬어지는 13세기의 토머스 아퀴나스도 디오니시우스의 저작에 주석을 붙였고, 그리스도교 최대의 신비주의 사상가로 여겨지는 13~14세기의 마이스터 에크하르트*Meister Eckhart*, 그 외에 16세기 스페인 신비주의자들 등 모두가 그의 사상에 힘입은 바가 크다.

디오니시우스는 궁극 실재 혹은 신성*Goodhead*에 대해 논할 때 그리스어 'hyper'라는 접두사를 많이 쓴다. '너머', '위에', '이상'*以上* 등 초월을 의미하는 말이다. 그에 의하면 궁극 실재, 혹은 신성은 '지성 너머'*hypernous · above intellect*, '존재 이상'*hyperousia · above being*, '신 너머'*hypertheotetos · above deity*의 무엇이라는 것이다. 그것은 우리가 아는 보통의 존재와 차원을 달리한 절대적인 무엇이므로, 인간의 일상적인 감성이나 지성의 대상이 되지 못한다.

따라서 이름 붙일 수도 없고 말로 표현할 수도 없다. 그야말로 무명無名이요 언어도단言語道斷이다. 이런 절대적인 실재에 대해 일단 뭐라고 말했다고 하면 그것은 이미 절대적인 무엇일 수 없다. 『도덕경』 첫 줄에 나오는 것처럼 "말로 할 수 있는 도는 도가 아니다"道可道非常道라는 뜻이다.

디오니시우스는 『신비신학』에서 "신은 보편적 원인으로서 우주의 모든 긍정적 속성을 구유具有하고 있지만, 엄격한 의미에서 신은 그런 것들이 없는 빔의 상태다. 그는 이 모든 속성들이 적용될 수 없는 초월적인 무엇이기 때문이다. 인간이 가지고 있는 최고의 범주라도 신에게는 적용될 수 없다"고 하였다. 이런 궁극 실재에 대해 그래도 이야기하려 한다면 그것은 오로지 역설의 논리, 상징적 언어로나 가능하다고 주장하는 셈이다. 나가르주나의 '공'空·sunyata 사상을 연상케 하는 말이다. 그의 말을 좀 더 들어본다.

> 이성은 그분에게 이를 수도 없고 그분에게 이름 붙일 수도 없고, 그분을 알 수도 없다. (……) 그분에게는 긍정도 부정도 적용될 수가 없다. (……) 그분은 모든 사물의 완전하고 유일한 원인으로서 모든 긍정도 초월하고 동시에 모든 제한으로부터 자유롭고 모든 것으로부터 벗어난 그의 단순하고 절대적인 특성 때문에 모든 부정도 초월한다. (『신비신학』 5장)

절대적인 실재에 대해 알 수도 없고 이렇다 저렇다 말할 수도 없다고 주장하는 신학을 서양의 신학 전통에서 '부정의 신학'negative theology · apophatic theology이라고 하는데, '부정'이라는 말 때문에 이런 신학을 나쁘게 보려는 사람들도 있다. 그러나 부정의 신학이라 하여 절대적 실재로서의 신 자체를 부정하는 것도 아니고, 또 그런 신에 대해서는 아무것도 말하지 말아야 한다고 주장하는 것도 아니다. 디오니시우스는 그것이 상징적인 의미라는 것을 인지하는 한 생명, 지혜, 선함, 능력, 사랑 등의 아름답고 긍정적인 속성을 신에게 붙여도 좋다고 했다. 이럴 경우 그것은 이른바 '긍정의 신학'cataphatic theology이 된다. 마치 인도 베단타 철학에서 절대적 브라흐만은 모든 속성을 초월하는 '무속성의 브라흐만'Nirguna Brahman이지만, 상징으로서 인격, 주님 됨 등의 속성을 가진 것으로 이해된 '선한 속성의 브라흐만'Saguna Brahman으로 섬겨도 좋다는 생각과 비슷하다.

그러나 이렇게 아름다운 특성을 나타내는 말들도 절대적 신의 무한성과 위대성을 표현하기에는 턱없이 모자란다는 사실을 분명히 알고 있어야 한다고 역설한다. 여기서 디오니시우스가 '그분'이니 '신'이니 하는 말을 쓰기는 하지만, 이렇게 인격성을 부여하는 것마저도 '상징적'symbolic이라는 사실을 분명히 알아야 한다. 사실 디오니시우스는 인격성을 함의하는 '신'이나 '그분'이라는 말보다 비인격적 표현인 '절대자'Thearchy라는 말을 선호했다. 『신비신학』에서 처음 성부, 성자, 성령을 부르는 형식적인 기도문을 제외하고는 '아버지 하느님'이라는 말을 한 번도 쓰지 않았다. 우리가 흔히 쓰는 '신'이라는 말 자체도 그 절대적인 궁극 실재에 대한 상징일 뿐이다. 이런 점에서 디오니시우스는 힌두교 베단타 철학에서 라마누자보다 샹카라에 더욱 가깝다고 볼 수 있다. 샹카라에게 있어서 신은 '이것도 아니고 저것도 아니'neti-neti 라 한다.

참고로 한 가지 덧붙이면, 20세기 가장 영향력이 큰 신학자 폴 틸리히도 '신 너머의 신'the God above God이나 '신의 상징으로서의 신'God as a symbol of God이라는 말을 쓰고, 신을 모든 존재를 가능하게 하는 '존재의 바탕'the Ground of all being이라 하는데, 스스로 그것이 디오니시우스의 사상에 근거를 둔 것이라 인정하고 있다. 여러 번 이야기한 것처럼 이런 신관은 신을 '초월이면서 동시에 내재'라는 양면성으로 파악하는 이른바 '범재신론적 신관'이라 부른다.

신이 되는 길

디오니시우스에게 있어서 절대자에 대한 상징을 분명하게 이해하는 것이 중요하다. 상징을 상징으로 여기지 않고 문자적으로 받아들여 대단한 지식을 얻은 것으로 착각하는 한 결코 그 상징이 손가락으로 가리키는 그 실재를 보지 못하고 만다고 하였다. 마치 대리석을 쪼아 조각을 할 때 그 속에 내재하던 형상을 뚜렷하게 보지 못하도록 하던 모든 장애물을 쪼아 없애고 나면 거기에 숨겨져 있던 아름다운 조각상이 저절로 드러나게 되는 것처럼 우리가 가진 모든 지식은 우리가 그 절대적 실재를 참으로 알고, 나아가 그것과 합일하는 경지에 이르기 위해서는 반드시 제거해야 할 장애물일 뿐이라고 했다. 그는 다음과 같이 말한다.

신비적인 묵상 수행을 할 때, 감각과 지성의 역할, 그리고 감각과

지성이 감지할 수 있는 모든 것, 그리고 존재와 비존재 모두를 뒤
로 하라. 그러면 알지 않음을 통해 모든 존재와 모든 지식을 초월
하는 그분과의 연합을 향해 도달할 수 있는 한도까지 이르게 될 것
이다. 이처럼 네 자신이나 모든 것으로부터 해방된 절대적이고 순
수한 무욕의 상태에 이를 때, 그리고 모든 것을 초월하고 모든 것
으로부터 자유로워졌을 때, 너는 모든 것 너머에 있는 신의 광명을
향해 올라가게 될 것이다.(『신비신학』 1장)

디오니시우스는 이어서 우리가 그 광명 너머에 있는 '어둠'에 들어가
야 한다고 말한다. 이렇게 될 때 우리는 '완전한 침묵과 무지'에 이른
우리 스스로를 발견하게 된다고 했다. 이처럼 모든 잡동사니 지식을
다 비워버릴 때, 완전한 무지에 이를 때, 혹은 황홀에 들어갈 때, 우리
는 우리의 가장 숭고한 기관을 통해 '앎의 대상이 될 수 없는 그 일자
와 합일하게 된다'라고 말한다.

　디오니시우스에게 있어서 '그 일자와 하나 됨'은 곧, 나 스스로가
'신이 되는 것'을 의미한다. 이것이 디오니시우스를 비롯하여 그리스
도교 신비주의자들이 그처럼 강조하는 '신화'神化 · deification라는 것으로
서, 그들에 의하면 이것이 바로 인간들이 추구하는 최종의 목표라고
한다. 물론 이런 목표에 이르는 것은 나 자신이나 세상사에 대한 집착
을 완전히 극복한 상태, 나를 완전히 잊어버리는 상태, 자의식이 없어
진 경지, 유영모의 용어를 빌리면 '몸나', '제나'에서 벗어나 '얼나'로
솟아난 경지를 통해서만 가능하다고 역설한다.

　디오니시우스는 신으로 나아가는 세 가지 단계를 좀 더 구체적으

로 열거하는데, 그것은 자기를 정화purification하는 단계로 시작하여, 빛을 보는 조명illumination의 단계를 지나, 마지막으로 궁극 실재와 하나 되는 합일union의 단계에 이르러 스스로 신이 되는 것이다. 이 세 단계 이론이 중세 신비주의자들이 한결같이 주장하던 '신비의 길'mystical path에서 거쳐야 할 세 단계설의 원조인 셈이다.

앞에서 플로티노스에 대해 이야기할 때도 언급했지만, 플로티노스의 사상을 그리스도교와 아름답게 종합한 디오니시우스의 신학 사상을 살펴보면서도, 그것이 인도 베단타 학파의 철학이나 『도덕경』의 가르침 등 동양의 종교 사상을 연상케 한다는 데 놀라움을 금할 수 없었을 것이다. 사실 이런 신비 사상, 심층 종교가 서양 전통에도 면면히 흘러왔지만, 그동안 절대다수의 그리스도인들은 이런 것을 모르거나 등한시하거나 백안시했다. 그러다가 현재 불교 등 동양 사상과 접한 신학자들이나 의식 있는 평신도들로부터 다시 주목받고 있다. 동서양 대화를 위해 반가운 일이다.

성 프란체스코
San Francesco

청빈과 무소유의 삶

"어둠이 있는 곳에 빛을
슬픔이 있는 곳에 기쁨을"

성 프란체스코의 기도

주여, 저를 당신의 평화의 도구로 삼아주시옵소서.

미움이 있는 곳에 사랑을 뿌리게 하시고,

상함이 있는 곳에 용서를,

의심이 있는 곳에 믿음을,

어둠이 있는 곳에 빛을,

그리고 슬픔이 있는 곳에 기쁨을.

거룩하신 주님, 제가 위로받기보다는 위로하게 하시고,

이해되기보다는 이해하게 하시고,

사랑받기보다는 사랑하게 하소서.

우리가 줌으로 받게 되고,

용서함으로 용서받고,

우리 스스로에게 죽음으로 영원한 삶으로 태어나기 때문입니다.

이른바 「성 프란체스코의 기도」라는 것이다. 이 아름다운 기도를 쓴 성 프란체스코(1182~1226년)는 본명이 지오반니 베르나도네^{Giovanni Bernadone}로서, 1182년 이탈리아의 중부 도시 아시시에서 태어났다. 그는 포목상으로 자수성가한 부자 아버지의 덕택으로 어려서부터 유복한 환경에서 걱정 없이 자랐다.

그 당시 유럽에서 젊은이들의 마음을 사로잡던 것은 기사騎士들이 말을 타고 다니면서 이상의 여인을 그리며 지어 부르던 낭만적인 음유시吟遊詩들이었다. 어린 프란체스코도 프랑스 음유시인들의 시를 좋아하여 열심히 읽고, 부자 아버지의 돈으로 화려하고 멋있는 프랑스식 옷을 사 입고 다니기도 했다. 이 때문에 친구들로부터 '어린 프랑스인'이라는 뜻의 '프란체스코'라는 별명을 얻었다. 이것이 결국 그가 태어날 때 받은 본명보다 더 유명해진 이름이 되었다. 한국에서는 '프란치스코'라 표기하기도 하고, 영어로는 '프란시스'Francis라 한다. 미국 서부의 '샌프란시스코'도 이 성인의 이름에서 나온 것이다.

프란체스코도 기사가 되고 싶었다. 그는 이웃 도시국가인 페루지아 원정에 참가했다가 포로가 되어 1년간을 감옥에서 지냈다. 그러나 좌절하지 않고, 다시 나폴리를 침공하는 전투에 참여했다. 부상을 입고 집으로 돌아와 병에서 회복되기를 기다리는 동안, 그는 자기가 할 일이 군인으로서 사람을 죽이는 전장의 기사가 아니라 가난하고 병든 사람을 도와줄 그리스도의 기사가 되는 것이라는 내면의 소리를 듣게 되었다. 그러나 그는 그 소리를 애써 외면했다.

얼마 안 있어 또 다른 소리가 들렸다. 아시시 외곽 언덕 위 다 허물어져 가는 성 다미아노 교회에서 기도를 하고 있는데, 예수의 입상이 그에게 친히 "프란체스코야, 허물어져가는 나의 집을 보수하라"고 말하는 소리를 듣게 되었다. 프란체스코는 이 말을 문자 그대로 받아들이고, 그 교회 건물을 보수하는 일에 착수하기로 마음먹었다. 보수 공사비를 마련하는 것이 큰일이었다. 프란체스코는 몰래 아버지의 포목점에서 포목을 잔뜩 내다 팔았다. 이 사실을 알게 된 아버지가 대노

하면서 부자간의 연을 끊고 유산도 물려주지 않겠다고 했다. 프란체스코는 주교가 관장하는 재판에서 아버지의 돈을 되돌려주라는 명령을 받았다. 그는 명령대로 돈뭉치를 건네고, 그 위에 자기의 화려했던 옷도 벗어던지면서, 이제 '가난 양孃'과 결혼하여 고행자의 길을 가겠다고 선언했다. 그의 나이 26세였다.

프란체스코와 같이 놀던 친구들 중 몇 명도 그에게 합류했다. 처음에는 이들이 '신의 광대'Jongleurs de Dieu로 알려졌다. 그들은 광대가 하는 것처럼 사람들에게 사물을 다른 관점에서 보면 삶이 지금보다 더 즐거울 수 있다는 것을 보여주려 했다. 모든 사람이 물질적 풍요와 세속적 권리를 추구하는 데 시간과 정력을 낭비하고 있지만, 청빈과 무소유의 삶에서 참된 자유를 누릴 수 있음을 보여주려는 것이었다.

프란체스코는 이런 태도와 생활 방식을 채택하기로 한 자기나 자기 친구들이 많은 사람의 눈에는 바보로 보인다는 사실을 깨달았다. 그는 기왕이면 하느님을 위해 참된 바보가 되리라 결심했다. 그러고는 예수의 삶을 본받아 거지들과 나병 환자들을 돌보기 시작했다. 돈 많은 부자나 추종자들이 자기를 후원하겠다고 제안해 와도, 그는 안락한 삶을 포기하고 나병 환자 수용소 옆 오두막에서 살았다. 모두 그를 정말로 정신 나간 사람으로 취급했다.

프란체스코가 출가하고 3년이 지난 1210년, 그는 11명의 젊은이들을 데리고 수도회 창설 승인을 받기 위해 교황 인노첸티우스 3세를 알현하러 갔다. 남루한 행색을 하고 나타난 이들을 보고 교황이 처음에는 청원을 거절했다. 그러나 그날 밤 교황은 꿈에서 어느 촌사람이 교회를 떠받들고 있는 것을 보게 되었는데, 그 사람이 남루한 갈색 수도복을 걸치고 새끼 끈으로 허리를 질끈 동여맨 채 나타났던 프란체스코의 모습과 닮았다고 생각했다.

교황은 프란체스코의 수도회가 괄목할 만한 성장을 해야 한다는 단서를 내걸고 순회 설교 수도회로서의 창설을 허가했다. 수도회 창설로부터 10년 후 프란체스코 수도회의 상징이 된 거친 갈색 수도복을 입은 사람의 숫자는 1만 명으로 늘어났다. 이 갈색 수도복은 오늘날까지도 그대로 전해지고 있고, 한국에서도 서울 중구 정동에 있는 '프란치스코회'에 가면 이런 수도사들을 볼 수 있다.

프란체스코의 갸륵한 뜻과 정열에 감동을 받고 그에게로 몰려온 사람들 중에는 한동네에 살던 클라라(1194~1253년)라는 소녀도 있었다. 프란체스코처럼 부유한 가정의 딸이었지만, 프란체스코의 열정적인 외침을 듣고 자기도 청빈과 정절과 순복의 삶을 살기 위해 집을 떠나기로 작정했다. 프란체스코는 클라라를 일단 베네딕토Benedicto 수녀원으로 보내 그녀를 보호했다.

1212년 클라라는 자기 여동생 아그네스, 그리고 다른 몇 명의 여자들과 함께 프란체스코가 보수한 성 다미아노 교회에서 그의 지도를 받으며 '프란체스코 빈자 클라라'The Franciscan Poor Clares 수녀회를 창립했다. 프란체스코가 죽기까지 클라라는 프란체스코 주변에서 그를 위해 지극 정성을 다했다. 클라라는 1255년 성인으로 추대되어 '성 클라라'로 알려져 있다.

클라라와 프란체스코가 서로에게 가지고 있던 사랑의 감정이 단순한 남녀 간의 사랑이었을까, 혹은 천상의 사랑이었을까 하는 것이 많은 사람의 관심거리가 되었다. 그것이 어떤 종류의 사랑이든 둘 사이의 이 지고지순한 사랑은 두 사람 모두 하느님에 대해 함께 가지고 있던 절대적 사랑을 매개로 하고 있었다는 것만은 틀림없을 것이다.[17]

프란체스코가 1224년 라베르나산 위에서 단식기도를 하고 있는데, 그의 몸에 성흔聖痕 · stigmata이 나타났다. 예수가 십자가 수난 때 양손, 양발, 옆구리 등 다섯 군데를 찔려 피를 흘렸는데, 프란체스코의 몸에서도 똑같은 곳에 피가 흐르기 시작한 것이다. 이 성흔은 아물지 않고 죽을 때까지 그에게 계속 심한 고통을 가져다주었다.

1226년 10월 3일 해 질 무렵에 프란체스코는 동료 수도자들에게 마지막 유훈을 남기고 45세의 나이로 '죽음 자매'를 맞았다. 죽은 지 2년 뒤 교황 그레고리오 9세에 의해 성인으로 시성諡聖되고, 성 조르지오 성당에 묻혔던 그의 유해는 1230년 성 프란체스코 대성당으로 이장되었다.

청빈과 무소유의 헌신

프란체스코가 청빈을 강조하고 이를 스스로 실천했지만 결코 '음울한 금욕주의자'는 아니었다. 그도 행복을 추구했다. 단 그 행복을 찾는 데 보통 삶과 다른 방법을 썼을 뿐이다. 보통 사람의 경우 사물을 얻는 데서 즐거움을 얻으려 했지만 프란체스코는 우리가 아무것도 소유하지 않기로 결심하는 순간 자유로워져서 정말로 중요한 것을 볼 수 있게 된다고 믿었다. "아무것도 기대하지 않는 자는 복이 있나니, 그는 모든 것을 다 즐길 수 있을 것임이라" 하는 식이었다.

---

17 이 문제에 대해서는 『종교인의 연애』(바이북스, 2015)에서 자가 쓴 「무소유함으로 전부를 소유한 사랑: 프란체스카와 클라라」를 참조할 수 있다.

프란체스코는 한때 불신자들을 개종시키겠다고 성지로 여행한 적이 있다. 그 여행에서 이슬람교도에게 사로잡혀 술탄 앞에까지 끌려갔다. 프란체스코는 그를 그리스도교로 개종시키려 했지만, 그는 그리스도교로 개종하는 대신 프란체스코에게 후한 선물을 주겠다고 했다. 물론 그는 그 선물을 정중하게 거절했다. 프란체스코가 처형되지 않고 이렇게 대접까지 받으며 무사히 석방된 것은 그가 너무나 유쾌하고 매력적인 인물로 비쳤기 때문이었다.

프란체스코 평전을 쓴 체스터튼에 의하면 프란체스코의 특징은 '교황에서부터 거지에 이르기까지, 자기 궁전에 좌정하고 있는 시리아의 술탄에서부터 숲에서 기어 나온 누더기 강도에 이르기까지, 그의 불타는 듯한 갈색 눈을 들여다보기만 하면 그가 정말로 세상에서 자기에게만 관심을 가지고 있구나 하는 확신을 갖지 않을 수 없게 만드는 힘'이라고 했다. 그는 계급과 명예가 중시되던 중세 시대에 사람들을 내 편, 네 편으로 가르거나 가치 있다, 없다로 차별하는 일이 없이 "보통 사람들을 모두 왕처럼 취급했다."

프란체스코는 사실 사람들만 사랑한 것이 아니라 자연도 함께 사랑했다. 막연히 자연을 사랑한 것이 아니라 '개별적인' 꽃 혹은 동물을 사랑했다. 그렇기 때문에 그는 마치 친동생을 대하듯 당나귀에게 이야기할 수 있었고, 여동생에게 말하듯 참새에게 말을 건넬 수 있었다. 그가 행한 기적들 중에는 새소리로 교향곡을 연주하게 했다든가, 이리를 길들였다는 것 등이 있다. 프란체스코의 사랑은 사람이나 동식물에 대한 것만이 아니었다. 말년에 눈이 멀 지경에 이르러 자원해서 자기 눈을 뜨거운 송곳으로 지지게 했는데, '불 형제'를 초청하여 그 일을 하게 했다고 한다. 달 자매, 해 형제, 물 자매 등을 노래했고, 그의 노래는 아직도 이탈리아 어린이들이 부르고 있다. 말하자면 그는 자연계와의 완전한 동질성을 느꼈던 셈이다. 사사무애라고 할까. 이런 사실들을 바탕으로 그는 1939년 이탈리아의 수호성인으로 선포된 것 이외에, 1979년 교황 요한 바오로 2세에 의해 생태학자들의 수호성인으로 선포되었다.

프란체스코는 '나의 집을 보수하라'는 하느님의 명령에 따라 그전까지 권력을 축적하고 지반을 굳히는 데 여념이 없던 교회를 무소유를 실천하면서 세상에 사랑을 나누어주는 교회로 바꾸는 데 혼신을 다한 셈이다. 이런 혁명적인 발상을 하는 사람들은 보통 미움을 받기 마련이지만, 그리스도교 전통에서 예수 그리스도를 가장 많이 닮은 성자로 칭송받고 있는 그는 그리스도인들뿐 아니라 비그리스도인들로부터도 모두 사랑과 존경을 받는 성자로 우리 곁에 남아 있다.

마이스터 에크하르트
Meister Eckhart

위대한 그리스도교 신비주의 사상가

"신은 이것이라 할 수도 없고
저것이라 할 수도 없다"

발가벗은 진리

그리스도교 신비주의 전통에서 가장 위대한 사상가를 꼽으라면 거의
모두 마이스터 에크하르트(1260~1327년경)를 꼽을 것이다. 그는 당시
까지의 신비 사상을 모두 통합하고 그 이후 그리스도교 신비주의 사상
에 가장 큰 영향을 끼친 인물이다.

　마이스터 에크하르트는 독일 남서부의 튀링겐 지방 호흐하임
Hochheim의 귀족 가문에서 태어나 15세에 도미니크회 수도원에 들어갔
다. 처음 에르프르트에서 훈련을 받고, 곧 쾰른으로 옮겨가 같은 도미
니크회 신학자로서 막 세상을 떠난 토머스 아퀴나스의 저작을 공부했
다. 파리에서 공부를 끝내고 1302년, 42세에 '마이스터(대가)'가 되고
이때부터 요한네스 에크하르트라는 이름 대신 '마이스터 에크하르트'
라는 이름으로 불렸다. 도미니크회 수도원에서의 봉사 기간이 끝나고
1311년, 그가 51세 되던 해부터 파리, 스트라스부르크, 쾰른 등지에서
가르치면서 훌륭한 설교가로서의 명성을 떨쳤다. 1314년 이후에는 라
인강 계곡에서 관상기도觀想祈禱에 전념하는 수녀들에게 설교하는 일에
힘썼다.

　그러던 중 66세 되던 해에 도미니크회에 극히 비우호적이던 프란
체스코회 소속 쾰른의 대주교로부터 이단적 가르침을 전한다는 비판을
받게 되었다. 쾰른에서 재판을 받고, 이어서 그 당시 아비뇽에 있던 교
황에게 상소했지만 최후 판결이 나기 2년 전인 1327년에 세상을 떠났

다. 최후 판결에서 그의 사상을 요점적으로 정리한 28개 조항 중 17개 조항은 이단적이고, 나머지 11개 조항은 완전히 이단적이라 할 수는 없지만 그 어투로 보아 역시 개탄스러운 것이라 했다. 에크하르트는 죽기 전 그의 변론에서 "나는 오류를 범할 수는 있다. 그러나 나는 이단일 수 없다. 전자는 지력에 속하는 것이고, 후자는 의지에 속하는 것이기 때문"이라고 했다. 자기가 가르치는 것은 '발가벗은 진리'뿐이라고 했다.

이런 유죄 판결에도 불구하고 그의 영향력은 계속되었다. 그러나 그의 저작들을 공개적으로 회람하거나 토의할 수는 없었다. 이 때문에 세월이 가면서 그의 저작 중 상당수가 훼손되거나 분실되기도 했다. 그러다가 1855년, 오스트리아의 어느 학자가 그의 독일어 저작을 수집하여 책으로 출판하였는데, 그때 이후 그의 저술이 다시 활발한 연구 대상이 되고, 그의 영향력이 다시 위력을 발휘하기 시작했다. 1980년에는 도미니크회에서 그의 가르침에 대한 모든 검열을 중단할 것을 공식적으로 요청하기에 이르렀다.

다른 신비주의자와 마찬가지로 에크하르트도 신의 초월성과 동시에 내재성을 강조했다. 여러 번 지적한 것처럼 신의 초월만 강조하는 것은 유신론이고, 내재만 강조하는 것은 범신론이지만, 초월과 내재를 동시에 강조하는 것, 초월이며 동시에 내재이고, 내재이며 동시에 초월임을 강조하는 것은 '범재신론'으로서, 에크하르트는 여러 가지 오해를 불러올 수 있는 용어를 쓰기는 했지만 그의 사상 전체를 볼 때 그의 입장은 결국 이런 범재신론적인 것이었다고 해야 할 것이다.

에크하르트의 사상은 기본적으로 앞에서 말한 위僞디오니시우스에게서 온 것이라 할 수 있다. 그는 "영혼이 신의 이름을 부르는 순간 그 말은 그의 존재에 대한 진정한 진실을 내포하고 있지 못하다. (……) 우리가 신에 대해서 말하는 무엇은 신과 직접 상관이 없는 것이다. 신은 우리가 그에 대해 말하는 것보다 오히려 말하지 않는 바의 무엇이다"라고 하였다.

무한의 신은 모든 말을 초월한다는 뜻이다. 불교적으로 하면 언설을 이離한다. 언어도단이라는 뜻이고, 『도덕경』식으로 말하면 제1장 첫머리에 나오는 것처럼 "말로 할 수 있는 도는 진정한 도가 아니다"라는 이야기이다.

이렇게 말로 표현할 수 없는 궁극 실재를 에크하르트와 그가 속했던 독일 신비주의학파에서는 'Nichts'라고 했다. '무'無나 '공'空과 비교되는 대목이다. 에크하르트 자신의 말로 "신은 모든 유한한 존재보다 높다. 최고의 천사가 벌레보다 더 높은 것처럼 (……) 신은 이것이라 할 수도 없고 저것이라 할 수도 없다"고 하였다. 힌두교 베단타에서 말하는 '네티 네티', '이것도 아니고 저것도 아니라'는 표현과 같은 '부정의 신학' 계통이다.

그러나 에크하르트는 신을 완전한 비실재로 보기보다는 모든 존재의 바탕으로 보았다. 그에 의하면 "신은 선하지도 않고, 더 선하지도 않고, 최고로 선하지도 않다." 성경 『마태복음』 19장 17절에 '선한 이는 오직 한 분', 곧 신 이외에는 선한 자가 없다고 했지만, 이것은 신이 인간에게 자신을 드러낼 경우에 한한 것이지 신의 본성 자체에 있어서는 선악 같은 모든 속성이나 분별을 초월하기 때문에 선하다거나 더 선하다는 등의 말을 할 수 없는 것이라 했다. 이런 의미에서 신은 우리에게 감추어져 있고, 오로지 조용함과 침묵 속에서만 가능한 신비적 체험을 통해 알 수 있을 뿐이다.

신 너머의 신

에크하르트는 신神과 신성神性을 구별한다. 신을 라틴어로는 Deus, 독일어로는 Gott, 영어로는 God이라 한다면 신성은 각각 Deitas, Gottheit, Godhead라 한다. 그리스도교 신학에서 말하는 삼위일체의 신, 창조주로서의 신, 인격이나 선하심 등의 속성을 가진 신, 우리 머리로 상상이라도 할 수 있는 그런 신은 어떤 형태로도 나타나지 않는 절대적 실재로서의 신성 자체가 결코 아니라는 것이다.

그는 "신과 신성은 하늘과 땅만큼이나 다르다"고 했다. 힌두교 베단타 철학에서 말하는 훌륭한 속성을 지닌 절대자로서의 사구나 브라흐만Saguna Brahman과 속성을 초월하는 무속성 절대자로서의 니르구나 브라흐만Nirguna Brahman이라는 생각을 연상케 한다. 이렇게 표현 불가능한 궁극 실재를 불교식으로 하면 법신法身이라 할 수 있을까?

영혼은 신에게서 나와서 신에게로 돌아가고자 한다. 우리가 의지의 영역에 머무르는 한 신의 선하심만 가지고도 만족할 수 있다. 그러나 직관이나 통찰의 영역으로 옮기면 그것으로는 부족하고 오로지 신성의 차원까지 꿰뚫고 들어가야 만족하게 된다고 보았다. 그는 인간의 종교적 경험은 신성으로서의 신을 보는 것으로 절정에 도달하게 된다고 주장했다. 이렇게 될 때 참다운 앎, 깨달음에 이르게 된다는 것이다. "신 자체이신 빛으로 빨려 들어가보지 않고서는 어느 누구도 신성이 무엇인지 말할 수 없다"라고 하였다. 이런 경험은 사실 우리 영혼

속에 신의 불꽃, 바로 영혼의 중심이면서 동시에 바탕인 이 불꽃이 다름 아닌 우리 속에 거하는 신 자신이면서 동시에 우리의 '참나'라는 사실을 깨닫는 것이기도 하다.

에크하르트는 이처럼 신성 자체와의 합일을 통해서만이 인간은 인간이 지니고 있는 유한성의 한계를 초극할 수 있다고 보았다. 그런데 이런 신성 자체와의 합일은 두 가지 단계를 거쳐서 이루어진다. 첫째는 우리의 영혼 속에 '신의 탄생', '아들 혹은 로고스의 탄생'이 이루어지는 것이다. 이런 신의 탄생 혹은 로고스의 탄생은 지금껏 나의 중심을 이루고 있는 일상적인 '나'라고 하는 것이 없어져, 신이 내 삶의 중심으로 들어올 수 있게 될 때만 가능하다. 이렇게 될 때 인간은 그 가장 깊은 차원에서 신과 하나가 된다. '나'뿐 아니라 시간에 속한 모든 것에 집착하는 일을 그만두고, 무아와 자비, 겸손의 길을 걸어야 한다. "모든 사물을 한결같은 마음으로 대하고, 어려운 일을 당해도 넘어지지 않고 풍요로움에 스스로를 잊어버리는 일도 없고, 어느 한 가지에 더 기뻐하는 일도, 어느 한 가지에 더 무서워하거나 슬퍼하는 일도 없어야 한다." 이런 모든 일이 가능하게 될 때 우리는 진정으로 신과 하나가 된다. 중세 많은 신비자들이 한결같이 이야기하는 신화, 곧 우리의 옛 자아가 소멸되고 우리 스스로가 신 자체로 변하는 일이 가능해진다고 했다.

둘째는 '관통'breakthrough의 단계이다. 우리는 우리가 상상하는 대로의 신에 집착하는 일마저 거부해야 한다. 신에 대한 상상은 모두 신을 우상화하고 상대화하는 일이다. 모든 관념이나 견해를 떨쳐버리고, 우리의 참된 근원인 영원에 거하기를 배워야 한다. 그러므로 우리는 삼위일체 같은 교리에 나타난 신을 넘어서 그것이 상징하는 실체 자체로 뚫고 들어가야 한다. 인간이 감행해야 할 최후이자 최고의 이별은 그가 신을 위해 신과 이별할 때라는 것이다. 우리가 상상하는 신을 넘어서는 신, 곧 '신 너머의 신'God beyond God을 체험해야 한다는 뜻이다. 신과 하나가 되는 일, 혹은 신이 되는 일은 영혼이 추구할 수 있는 최고의 경지이다. 에크하르트는 그의 설교 중에 다음과 같이 말했다.

> 영혼이 신과 합일하는 일은 너무나 엄청나기 때문에 거의 믿을 수가 없다. 신은 그 자신이 너무나 높으셔서 어떤 형태의 지식이나 욕망도 그에게 미치지는 못한다. 욕망은 깊고, 한없이 깊다. 그러나 지성이 파악할 수 있는 그 어떤 것도, 욕망이 바랄 수 있는 그 어떤 것도 신일 수는 없다. 이해와 욕망이 끝나는 지점, 거기에 어둠이 있고 거기에 신의 찬연함이 시작된다.

종교 개혁자 마르틴 루터가 강조한 '믿음으로만'sola fide이라든가, 헤겔이 말하는 절대자 개념, 하이데거가 말하는 '놓음'Gelassenheit · letting-go 등도 에크하르트에 영향을 받은 것이라 생각하는 사람들이 있다. 20세기 서양 신학계에서 가장 큰 영향력을 발휘한 폴 틸리히가 신을 '존재의 바탕'으로 보았다든가, '신 너머의 신', '신의 상징으로서의 신' 등의 개념을 강조한 것 등 많은 면에서 에크하르트에게 빚을 졌다는 것은 분명한 사실이다.

사실 에크하르트의 사상이 힌두교 베단타의 샹카라 철학과 너무나 비슷하여 종교학의 대가 루돌프 오토Rudolf Otto는 이 둘을 비교하여

『동양과 서양의 신비주의』*Mysticism East and West*라는 책을 내었고, 또 그것이 선불교 가르침과 너무나 비슷하여 선불교를 서양에 소개한 스즈키 다이세쓰鈴木大拙 · D. T. Suzuki는 에크하르트와 선불교를 비교하여 『신비주의 : 기독교와 불교』*Mysticism : Christian and Buddhist*라는 책을 낼 정도였다.

노리치의 줄리안
Julian of Norwich

신학의 여성성을 드높인 낙천주의 성녀

"지상에서 모성의 역할만큼
진실하고 강한 것은 없다"

은둔자의 명상

영국 최초의 여성 신비주의자이면서 동시에 영국이 낳은 가장 위대한 신비주의자의 한 사람으로 노리치의 줄리안(1342~1416년)이 있다. 줄리안의 생애에 대해서는 알려진 것이 거의 없다. 생몰 연대도 불확실하고 원래 이름이 무엇인지도 정확히 알 수 없다. 그가 노리치에 있던 성 줄리안 교회에 부속된 작은 은둔처에서 생활했기 때문에 사람들이 그냥 '줄리안 부인'Lady Julian이라 불렀다. 사람들이 그를 줄리안 부인으로 부른 것을 보아 그 당시 많은 수녀들의 경우와 마찬가지로 귀족 출신이었을 가능성이 크다는 것, 수녀가 된 다음에도 그를 돌봐줄 도우미를 거느리고 있었다는 것, 그가 전 생애를 영국 노리치나 그 주위에서만 보냈다는 것, 훌륭한 글을 남긴 것으로 보아 상당히 훌륭한 교육을 받았을 것이라는 정도를 미루어 알 수 있을 뿐이다. 잔첸Grace Jantzen의 말을 빌려보자.

> 줄리안은 젊은 나이에 구체적으로 세 가지를 위해 기도했다. 첫째, 그리스도의 수난을 머리로 이해할 뿐만 아니라 몸소 참여하는 차원으로 체감하기 위해 기도했다. 둘째, 중병이 들어 자기를 포함하여 주위 사람들이 모두 자기가 죽을 줄로 여길 수 있게 해달라고 기도했다. 셋째, 참된 참회·자비·신의 뜻에 대한 사모라는 세 가지 '상처'를 얻게 해달라고 기도했다.

기도 때문인지 줄리안은 30세 무렵 심하게 앓았다. 며칠간 생사를 헤매다가 신부님이 와서 임종에 관한 예식을 거행하려는데 갑자기 병이 나으면서 일련의 깊은 종교적 체험을 하게 됐다. 그리스도를 보는 비전vision과 말문이 터지는 체험이었다. 1373년 5월 13일에 시작된 이런 경험이 열여섯 번이나 일어났다. 줄리안은 이 경험을 다른 사람들과 나누기 위해 영어로 적어놓고 『신의 사랑에 대한 열여섯 번의 계시』 Sixteen Revelations of Divine Love라는 제목을 달았다. '계시'라는 말 대신 '보여줌'Showings이라고도 했다.

줄리안이 언제 종교에 완전히 귀의했는지 분명하지 않으나 이런 중병과 종교적 체험을 일종의 '부르심'으로 받아들인 다음이 아닌가 여겨진다. 아무튼 줄리안은 자기를 완전히 헌신한 '은둔자'가 되었다. 줄리안과 같은 형태의 은둔자를 영어로 'anchoress'라고 하는데(남성의 경우 anchorite), 속세를 떠나 성당 한쪽 벽에 붙여서 지은 골방 같은 곳에서 평생을 묵언과 기도와 고행으로 사는 사람을 일컫는다.

이런 골방에는 세 개의 문이 있었다. 하나는 밖으로 향한 작은 창문으로서 보통 커튼을 쳐두었다가 일정한 시간이 되면 열어서, 종교 문제로 상담하러 온 사람들에게 상담을 해주는 문이다. 다른 하나는 좁은 구멍 같은 문으로 그곳을 통해 성당 안에서 미사가 행해지는 것을 들여다보고 영성체를 받을 수 있는 문이다. 셋째는 옆에 붙은 도우미 방으로 통하는 문이다. 도우미가 살림을 맡아 하고 은둔자는 오로지 기도와 명상과 상담과 저술에 전념했다.

은둔자는 세상에 대해 이미 죽은 사람이라 여겨졌다. 그러기에 은둔자가 은둔의 삶을 시작할 때는 장례미사를 드리고, 죽는 사람에게

기름을 바르는 예식인 병자성사病者聖事를 행한다. 그 후 은둔자는 주교
의 인도를 받아 골방에 들어가 죽는 날까지 거기서 나오지 않는다. 몇
가지 예외가 있는데, 병이 심해질 경우 일광욕을 위해 정원을 산책하
는 것 같은 경우이다. 물론 찾아오는 사람들을 창문을 통해 만나 좋은
말을 전해주는 일을 계속하고, 또 도우미와 같이 생활하기 때문에 완
전히 고립된 삶이라고 할 수는 없다. 음식은 단순한 것이지만 단식을
요구하지는 않는다. 정상적인 건강을 유지해야 찾아오는 사람들을 맞
이해서 상담을 할 수 있기 때문이다.

이런 고행과 기도의 삶을 사는 동안 줄리안은 자기가 1373년에 처
음 받았던 계시 혹은 '보여줌'의 뜻에 대해 더욱 깊이 생각할 수 있었
다. 처음 비전들을 기록해놓은 『신의 사랑에 대한 열여섯 번의 계시』
는 단순히 자기 경험 자체를 서술하는 형식의 글이었다. 그 후 신학적
으로 더욱 완숙해진 줄리안은 자기가 처음 받았던 경험들이 신학적으
로 어떤 의미를 지닌 것인가를 더욱 깊이 이해할 수 있었다. 그녀는 자
기가 처음 본 계시들을 풀이해주는 주석 형식의 본격적인 책을 펴냈
다. 처음 계시를 받은 후 20년이 지난 1393년에 완결판으로 나온 이
책은 영국에서 여성이 영어로 쓴 최초의 책이 되었다. 처음에는 손으
로 베껴 쓰는 사본 형식으로 전수되다가 1670년 처음으로 인쇄되고,
여러 쇄를 거쳐 20세기 초엽 본격적으로 알려지기 시작하였다. 줄리안
이 영국이 낳은 가장 위대한 신비주의자에 속하는 인물로 인정된 결정
적 계기는 1979년 해설과 주해를 붙인 줄리안의 저서가 출판되면서부
터였다.

이 책에 나타난 줄리안의 사상을 보면 한마디로 '낙천주의적'이라

할 수 있다. 줄리안이 하느님으로부터 들었다고 하는 유명한 말, "모든 것이 잘 될 거다. 모든 것이 잘 될 거야. 온갖 것 모두 다 잘 될 거야"All shall be well, and all shall be well, and all manner of things shall be well는 그가 가지고 있던 사상의 핵심을 잘 보여준다고 할 수 있다.

줄리안 스스로도 물론 고행의 삶을 살았지만, 당시는 유럽 전역이 흑사병이나 백년전쟁으로 많은 사람이 죽고 고생을 할 때였다. 그러나 줄리안은 이런 현실 너머를 꿰뚫어 볼 수 있는 예리하면서도 따뜻한 눈을 가지고 있었다. 그녀는 그의 계시에서 자기가 개암나무 열매를 손바닥에 올려놓고 보듯이, 하느님이 동그란 공처럼 생긴 이 세상을 그의 손바닥에 올려놓고 그것을 보호하고 있는 모습을 보았다고 한다. 줄리안은 이처럼 자기가 처한 참담한 현실에서도 궁극적으로는 모든 사람을 한결같이 사랑하시는 하느님의 사랑을 볼 수 있었다. 이런 하느님은 그에게 율법의 준수를 강요하는 엄혹한 하느님이 아니라 기쁨과 자비, 사랑의 하느님이었다.

그 당시 주류 정통 신학은 이처럼 흑사병이나 농민 봉기로 죽어가는 사람들을 보면서 그것이 사악한 사람들을 솎아내시는 하느님의 형벌이라고 주장했다. 그러나 줄리안은 하느님이 무한한 사랑의 하느님이기에 그럴 수가 없다고 믿었다. 우리가 당하는 이런 고난이나 아픔은 우리의 잘못에 대한 하느님의 형벌이 아니라 우리를 사랑하셔서 구원하시려는 하느님의 특별한 배려라고 보았다. 줄리안은 또 그의 계시에서 그리스도가 십자가에서 피 흘리며 고통당하는 광경을 자주 보았다. 이렇게 십자가에 달린 그리스도의 희생과 고통 속에서 하늘 아버지의 사랑과 영광을 볼 수 있기에, 십자가에 달린 그리스도를 보는 것이 바로 하느님과 하늘을 보는 것이라 했다.

'어머니 하느님'의 사랑

줄리안의 사상을 일별해보면 크게 세 가지 구체적인 견해 때문에 특별히 주목을 받는다. 첫째가 죄란 필요한 것이라 보는 그의 죄 인식, 둘째가 하느님은 노하시지도 않고 용서하시지도 않으신다는 특별한 구원관, 셋째가 하느님과 예수를 어머니로 보는 신관이다. 이 세 가지 사상은 하느님의 절대적 사랑에서 저절로 흘러나온 논리적 귀결이라 볼 수 있다.

첫째, 줄리안에 의하면 죄란 필요한 것이다. 죄에는 우리 스스로를 되돌아보게 하는 기능이 있고, 이렇게 우리 스스로를 되돌아보는 일은 우리의 삶에서 하느님의 역할이 중요함을 인식할 수 있는 계기를 마련해주기 때문이라는 것이다. 중세 교회에서는 인간이 죄를 짓는 것은 인간이 본성적으로 악하기 때문이라고 가르쳤지만, 줄리안은 우리가 악하기 때문이 아니라 철이 없고 무지하기 때문이라고 보았다. 인간은 실수를 통해서 뭔가를 배우기 마련인데, 우리가 짓는 죄란 결국 이런 실수 같은 것으로서, 우리가 죄를 짓는다는 것은 우리가 배우는 과정에서 거쳐야 할 필수 불가결한 수단이라 주장했다. 또 죄나 실수 때문에 겪을 수밖에 없는 고통은 그리스도의 수난을 상기시켜 준다는 의미에서도 도움이 된다고 보았다. 그리스도가 고난을 받은 것처럼 우리도 고난을 받으면 같은 고난을 통해 우리는 그리스도에게 더욱 가깝게 나아갈 수 있는 계기를 얻게 된다는 것이다. 말하자면 동병상련同病相憐을 경험하게 된다는 뜻이다.

둘째, 위에서도 언급한 것처럼 절대적 사랑과 자비의 하느님이 분노wrath를 발한다는 것은 있을 수 없다고 본다. 하느님이 분노하셨다는 말은 인간 속에 존재하는 분노를 투영한 말에 불과하다. 줄리안은 또 하느님이 죄를 용서하신다는 말도 있을 수 없다고 보았다.

용서라는 말은 뭔가 옳지 못한 일을 했을 때 사용하는 말인데, 앞에서 지적한 것처럼 죄는 옳지 않은 것이 아니라 우리의 삶이 성숙해가는 데 겪어야 할 학습 과정의 일부라는 것이다. 하느님은 우리 인간을 완전하다고 보면서, 인간의 영혼이 성숙해지므로 더 이상 죄악의 방해를 받지 않고 살 수 있는 날이 올 것을 기다리신다는 것이다. 이런 생각은 전통적으로 죄인은 지옥에서 영원히 고통당한다는 가르침보다는 모두가 결국은 다 구원받게 된다는 '만인 구원설'의 원형에 가까운 생각이라 할 수 있다.

셋째, 줄리안은 하느님을 '어머니'라 믿었다. 절대적 실재로서의 신은 남성이나 여성이라는 구별을 초월하지만, 인간적 표현을 사용해야 할 경우 신을 어머니로 보는 것이 옳다고 보았다. 동시에 예수도 어머니라고 했다. 줄리안에 의하면 이 지상에서 모성의 역할만큼 진실하고 강한 것은 없다. 따라서 우리 인간과 하느님, 혹은 인간과 예수의 관계를 이처럼 어머니와 자식의 관계로 보는 것보다 더 훌륭한 것은 없다는 것이다.

줄리안 자신이 30세에 은둔자가 되기 전 어머니였을 가능성도 배제할 수 없다고 하지만, 아무튼 이런 관점에서 예수는 우리를 "낳으시고 젖 먹이시고 보살피시고 길러주시는 분"이라 했다. 도道를 두고 "만물을 낳고 젖 먹이고 돌보고 기르는 어머니"로 보는 『도덕경』을 연상시키는 말이다.

전쟁과 전염병으로 고난이 겹치는 시대였지만 이런 아름다운 마음 때문인지 줄리안은 70세 이상을 살았다. 지금 노리치 성당 앞에는 성 베네딕토의 성상과 더불어 성 줄리안의 성상도 함께 서 있다. 비전을 통해 얻어진 새로운 사상을 통해 그리스도교 신학사에서 여성성을 드높인 한 여성이 남성성의 상징적인 인물과 함께 서 있는 모습이 사뭇 신기하게 여겨진다.

아빌라의 성 테레사
St. Teresa of Avila

'하느님과 혼인한' 성인

"나비는 이제 날개를 가졌다.
어찌 기는 것에 만족할 수 있겠는가?"

성 테레사의 고통과 희열

16세기 유럽의 강국으로 등장한 스페인에서 태어나 활동한 아빌라의 성 테레사 수녀(1515~1582년)는 그리스도교 신비 전통에서 가장 돋보이는 인물이다. 그녀의 자서전 『테레사의 생애』와 『내면의 성城』은 스페인 황금기였던 16세기 르네상스 문학사에서도 더할 수 없이 중요한 위치를 차지하고 있다. 그녀는 또 스페인의 위대한 신비주의자 십자가의 성 요한 St. John of the Cross(1542~1591년)과 함께 스페인 가르멜 수도원을 세우는 등 교회 활동에도 적극적이었다. 그녀가 세상을 떠난 후 40년이 지난 1622년, 그녀는 교황 그레고리 15세로부터 성인으로 시성되고 1970년 교황 바오로 6세로부터 여자로서는 최초로 '교회 박사' 칭호를 얻었다.

테레사는 1515년 3월 28일 스페인의 아빌라주 고타렌두라에서 태어났다. 친할아버지는 본래 유대인으로 가톨릭교회로 개종한 사람이었지만 다시 유대교로 돌아갔다는 의심을 받아 스페인 종교재판소로부터 유죄판결을 받았다. 그의 아버지는 돈으로 기사騎士 자격을 획득하여 그리스도교 교인이 되었지만 순수 그리스도인 귀족이 아니라는 사실이 탄로날까 노심초사하며 살았다. 테레사는 어려서부터 기사들의 무용담이나 사랑을 주제로 하는 소설도 즐겨 읽었고 특히 성인들에 대한 이야기를 아주 좋아했다.

나이가 들어 결혼을 할 것이냐 수녀가 될 것이냐 하는 갈림길에

섰을 때, 아빌라 교외에 있는 가르멜 수도회 소속 한 수녀원에서는 수녀들이 자기 독방을 가지고 독서할 수 있는 자유를 누릴 수 있다는 사실을 알고 그녀는 결혼을 원했던 부모의 반대를 물리치고 1533년 18세에 수녀원에 가입하고 2년 후 종신서원을 했다.

명석한 두뇌와 사교적인 성격 때문에 테레사는 수녀원 원장이 될 수도 있었다. 그러나 남 앞에 드러나는 삶을 살고 싶지는 않았다. 그럼에도 불구하고 뜻하지 않게 일련의 신비경을 경험하고 비전을 보기 시작하면서 그녀는 일개의 무명인사로 남아 조용히 살아갈 수가 없었다.

1559년부터 테레사는 예수가 자기에게 나타난다고 믿었다. 이런 예수의 모습을 2년 이상 계속 보았다. 때로는 예수가 불붙은 황금 창 끝으로 자기 가슴을 계속 찌르는 것 같은 경험도 하였는데, 이럴 때면 지독한 고통과 함께 말할 수 없는 희열을 느끼기도 했다.

나는 그의 손에 금으로 된 긴 창이 들려 있는 것을 보았는데, 그 창 끝에는 작은 불이 붙어 있는 것 같았다. 그는 그것을 때때로 나의 심장을 향해 던지고 그것이 내장으로 뚫고 들어오는 것 같았다. 그가 창을 뽑으면 내장들도 다 뽑혀 나오는 것 같았다. 그러면 나는 하느님의 크신 사랑으로 불붙은 상태가 되었다. 고통이 얼마나 큰지 신음소리를 내지 않을 수 없었다. 그러나 이 크나큰 고통이 가져다주는 달콤함이 얼마나 놀라운지 나는 그것을 피하려는 마음이 전혀 없었다.

지금 로마의 산타 마리아 델라 빅토리아 성당에 있는 그 유명한 베르니니Gian Lorenzo Bernini의 조각품 〈성 테레사의 황홀〉the Ecstasy of St. Teresa은 테레사가 이런 황홀경에 들어가 있는 모습을 묘사한 것이다. 미술 평론가들에 의하면 이 조각상은 여인이 오르가슴을 경험하는 것과 같은 표정이라고 한다. 테레사는 죽을 때까지 계속적으로 이런 경험을 했다. 그녀는 "주님, 저에게 이런 고통을 주시지 않으시려면 저를 죽게 하시옵소서"라는 말을 했다.

그 당시 스페인은 종교재판으로 들끓고 있었는데, 1556년경 테레사를 아는 사람들 중에는 그녀가 받는 황홀경이나 비전이 하느님에게서 오는 것이 아니라 마귀에게서 오는 것이라고 주장하는 사람들이 있었다. 그러나 그녀의 고해신부만은 그녀에게 그 모든 것이 하느님에게서 오는 영감이 틀림없다는 확신을 심어주었다. 테레사는 좀 더 권위와 학식을 갖춘 교회 지도자들을 찾아 물어보았다. 그들은 그녀를 조사한 다음 다행스럽게도 그녀의 경험이 진정으로 하느님으로부터 오는 참된 선물이라는 데 의견의 일치를 보았다.

이렇게 하여 자신감을 회복한 테레사는 여러 사람들의 도움으로 그 당시 도덕적으로 해이해진 가르멜 수도단을 더욱 엄격한 규율을 준수하고 절대 청빈을 철저하게 고수하는 교단으로 개혁하기 위해 열심히 노력했다. 돈 많은 사람들과 후원자들의 도움을 받아 아빌라의 성 요셉 수녀원을 비롯해 17개의 새 수녀원과 2개의 수도원을 창설했다. 스페인 최대의 신비주의자로 알려진 십자가의 성 요한은 테레사를 도와 이런 수녀원이나 수도원에 머무는 수도사들의 내면적 삶을 깊게 하는 데 힘썼다. 테레사는 또 그 당시 스페인에 살던 유대인들을 그리스도교로 개종시키는 일에도 적극적이었다.

내면의 방으로 들어가기

신비주의 전통의 입장에서 볼 때, 그녀의 최대 공헌은 한 영혼이 자라나는 단계들을 묘사하고 있는 『내면의 성』이라는 걸작을 남긴 것이라 할 수 있다. 이 책은 1577년 삼위일체 주일 전야에 전체 계획이 테레사에게 섬광처럼 밝혀진 것으로서, 가르멜 수녀원의 수녀들이 그들의 영적 시련에서 외로움을 달래며 읽도록 하기 위해 3개월 만에 완성한 것이다. 본래의 책명은 스페인어로 *Las Moradas*인데, '거할 곳'mansions 혹은 '방'이라는 뜻이다. 테레사는 영혼을 "마치 하나의 거대한 다이아몬드나 매우 투명한 수정으로 만들어진 성城"이라 비유하고, 그 속에는 '거할 곳'이 많다고 보았다. 그 성에는 크게 7개의 방이 있다.

우리들 대부분은 내면의 성에서 처음 방도 아니고 성벽으로 둘러싸인 성의 바깥마당에서 살고 있는 처참한 삶을 산다. 여기 사는 사람들은 너무나 분주하게 살고 있기 때문에 성벽 내부에 있는 보물을 알아볼 여유조차 없다. 그래도 더러는 기도와 명상을 통해 성안으로 들어오려 하지만 그들의 기도가 너무나도 미약하다는 것이다.

그런 중에라도 정말로 하느님께 가깝게 나아갈 필요를 느끼는 사람들은 성 안쪽에 있는 첫째 방으로 들어갈 마음이 생겨서 그리로 들어간다. 지상의 모든 것들은 덧없고, 오로지 하느님의 사랑만이 영원하다는 것을 가슴 깊이 명심하고, 영혼의 성 밖의 삶은 결코 우리에게 우리가 원하는 완전한 안전과 평화를 가져다주지 못한다는 사실을 절감했기 때문이다. 둘째 방에서는 사람들이 좀 더 큰 힘을 얻기 시작한다. 영적 길을 계속하기 위해 하느님의 것들을 추구하고, 기도를 통해 유혹을 이길 수 있는 힘을 얻는다.

셋째 방에 이르면 우리는 사람들 눈에 착한 사람, 종교적인 사람으로 보일 수 있다. 그러나 이 방에는 우리가 스스로 교만해질 수 있는 위험이 도사리고 있다. 내면의 성에서 이 단계에 이르면 우리는 문지방에 서 있는 셈이다. 하느님께 완전히 순복하느냐 혹은 우리 자신의 이성을 믿는 입장으로 되돌아가느냐 하는 것을 결정하게 되는 것이다.

계속 정진하여 넷째 방으로 들어가면, 여기가 바로 신비주의적 경험의 초기 단계에 해당한다. 우리가 우리 자신을 믿는 대신 신을 더욱 의존하고 신뢰하며 그의 품으로 들어간다. 이 단계의 방들은 너무나 아름다워 이를 직접 보지 못한 사람들에게 묘사해줄 수가 없다. 노력이나 애씀의 방이 아니라 은혜와 축복의 방인 것이다.

드디어 다섯째 방에서 하느님과 하나 됨이 이루어진다. 테레사는 여기서 유명한 '누에 비유'를 사용한다. 영혼은 하느님께로부터 오는 영양분을 먹고 사는 누에와 같이, 우리가 완전한 신뢰 상태에 있으면 우리는 하느님의 사랑 속에 고치를 틀고 안주하게 된다는 것이다. 이런 경건의 보호막 속에서만 우리는 그전에 없었던 가벼움을 지닌 나비로 태어날 수 있다. "나비는 그것이 벌레였을 때 하던 일, 천천히 실을 뽑던 일을 중요한 것으로 여기지 않는다. 나비는 이제 날개를 가졌다. 날 수가 있는데 어찌 꾸물거리면서 기는 것에 만족할 수 있겠는가?"

여섯째 방에서 영혼은 하느님과 약혼 관계에 들어간다. 하느님은 결혼 직전에 영혼을 조금 더 시험하려 하신다. 영혼은 더욱 큰 사랑을 받지만 시련도 그만큼 더 커진다. 이때가 바로 우리가 겪게 되는 '영혼의 어두운 밤'이다.

끝으로 일곱째 방에서 완전한 평화와 안정을 지니고 하느님과 혼인 관계 속으로 들어간다. 영혼이 자기 자신에 대해 죽을 때 그 영혼은 이 지상에서 하느님을 완전히 표현하게 되는데, 이런 사람이 바로 성인聖人이다. 여러 가지 사건이나 시련이 아직 다가오지만 이런 것들은 그 사람 주위에서 일어날 뿐 그 사람에게 아무런 영향도 줄 수 없다.

테레사에 의하면 처음 세 방까지는 인간의 노력과 일상적인 은혜로 이를 수 있지만, 나머지 네 개의 방은 오로지 신비적 기도를 통해 하느님의 특별한 은혜를 받을 때 가능하게 된다고 하였다. 이때 기도는 무엇을 얻으려고 하는 것이 아니라 하느님과 그의 뜻에 더욱 가깝게 나아가기 위한 도구일 뿐이다. 자서전에서도 테레사는 영혼이 예수의 수난에 대해 명상하는 관상기도, 인간의 뜻을 신의 뜻에 합일시키고 무엇이든 조용히 기다리는 침묵기도, 이성적 활동을 완전히 정지시키고 신에게 흡입되는 하나 됨의 체험, 개별적인 몸을 의식하지 못하고 모든 것을 잊어버린 채 황홀경과 기쁨에 이르는 체험 등 4단계를 거쳐 완성되는 영적 발달을 이야기하기도 한다.

테레사는 1582년 10월 임종했다. 마지막 말은 "나의 주님, 이제 나아갈 시간입니다. 그러하오니 당신의 뜻이 이루어지이다. 오 나의 주님 나의 신랑, 제가 그렇게도 그리워하던 시간이 다가왔습니다. 서로 만날 시간입니다"이었다. 몇 달 후 시신을 열어보니 시신이 부식되지 않고 그대로 있어서 성인임을 알 수 있는 표지가 되었다. 시신은 성물聖物로 여겨져 여러 수도원으로 나누어졌다. 시신이 밖으로 나왔을 때 거기서 '성인의 향내'가 났다고 한다. 살면서 향내 나는 삶을 산 사람은 죽어서도 향내를 발하는 것인가.

십자가의 성 요한
St. John of the Cross

위대한 경험주의적 신비가

"그대의 영에서 세상 모든 것들을 비워버리라"

맨발의 가르멜회

스페인 아빌라의 성녀 테레사를 이야기할 때 함께 이야기해야 할 성인
이 있다. 성녀 테레사와 함께 가르멜 수도회를 개혁하고 이른바 '맨발
discalced의 가르멜회'를 창설하였을 뿐 아니라 스스로 깊은 영성의 신앙
인으로 그리스도교 신비주의 역사에게 길이 남을 저작을 남긴 십자가
의 성 요한(1542~1591년)이다. 그가 사용한 '영혼의 어두운 밤'은 그
리스도교 신비 사상을 이야기할 때 빼놓을 수 없는 용어가 되었다.

그는 가톨릭교회 33명의 교회 박사 중의 한 명으로 1675년에 시복
諡福되고 1726년 교황 베네딕토 13세에 의해 성인으로 시성되었다. 그
가 죽은 날인 12월 14일은 가톨릭교회력에서 그를 기념하는 축일이기
도 하다.

십자가의 성 요한은 유대인으로서 가톨릭으로 개종한 아버지의
세 자녀 중 막내로 태어났다. 생일은 1542년 6월 24일. 본래 이름은 스
페인어 발음으로 후안 데 예페스Juan de Yepes였다. 여기서는 편의상 '요
한'으로 칭하기로 한다. 요한의 아버지는 비교적 유복한 가정에 태어
났으나, 가난한 실크 방직공 소녀를 사랑하여 결혼하는 바람에 아버지
로부터 의절당하고, 한 푼의 유산도 없이 아내와 함께 방직공으로 일
하며 가난한 삶을 영위하는 수밖에 없었다. 막내 요한이 태어나자마자
아버지는 병들어 죽었다. 과부가 된 어머니가 꾸려가는 집안의 열악한
조건 때문에 요한의 누나도 죽자, 어머니는 요한도 죽을지 모른다는

두려움에서 요한을 고아원으로 보냈다. 그가 9세 때였다.

　　요한은 고아원에서 직업 기술 훈련을 받았지만 특별한 재능을 발휘하지 못했다. 그러자 17세부터 병원에서 간호사로 일하기도 하고 길모퉁이에 서서 병원을 위한 자선기금을 모금하기도 했다. 그러면서 시간을 쪼개어 예수회 학교에서 인문학을 공부했다. 1563년 21세에 가르멜 수도회에 가입하고, 다음 해부터 살라만카로 옮겨 대학에서 신학과 철학을 공부했다. 이때 히브리어 성경에 나오는 솔로몬의 『아가』를 스페인어로 번역하는 등 당대 성경 해석학으로 유명했던 루이스 데 레온을 만나 지도를 받았는데, 이때의 경험이 그의 일생에 크게 영향을 주었다.

　　요한은 1567년 25세에 신부가 되었지만, 신부로 일하는 것을 부담스럽게 느껴서 명상과 관상기도에 전념하는 다른 수도원으로 옮기려고 생각했다. 그러나 이 생각을 실천에 옮기기 전 아빌라의 성 테레사 수녀를 만나게 되었다. 이는 운명적인 만남이라 할 정도로 중요한 사건이었다. 둘은 해이해진 가르멜 수도원의 개혁에 착수하고 스페인 전역에 새로 수도원을 세우는 일에 전념했다.

　　이런 개혁 작업은 가르멜 수도회 다른 지도자들의 저항에 부딪혔다. 이들은 테레사와 요한의 개혁 때문에 수도회가 지나치게 엄격해진다고 생각했다. 테레사와 요한은 이런 저항에도 불구하고 개혁을 추진하고 또 자기들이 세운 수도원을 다른 수도원과 구별하기 위해 맨발의 가르멜회라 불렀다.

　　1577년 12월 2일 요한은 반대 세력에 의해 상사의 말을 거역했다는 이유로 체포, 구금되었다. 톨레도에 유폐되어 겨우 몸 하나 들어갈 정도의 작은 감방에 감금되었는데, 운동을 할 수 있는 유일한 기회는 일주일에 한 번씩 마을 사람들이 보는 앞으로 나와 태형笞刑을 받을 때뿐이었다. 1578년 8월 15일 감방 작은 창문을 통해 기적적으로 탈출에 성공했다. 물론 9개월간의 감옥 생활이 완전히 허송세월만은 아니었다. 그는 그 속에 있으면서 아는 간수가 건네준 종이에 그의 가장 유명한 시집 『영의 송가』를 거의 완성할 수 있었고, 그때 얻은 고난의 경험이 그 이후 계속 나온 그의 글에 밑거름이 되었다.

자유의 몸이 된 이후 그는 새로 창립된 맨발의 가르멜 수도회에 속하는 수도원들을 세우는 데 진력하고, 드디어 3년 후 1581년 교황 그레고리 13세로부터 정식 인가를 받았다. 그럼에도 불구하고 1581년 마드리드 회의에서 그는 다시 교회 지도자들로부터 비판을 받고, 유배지나 다름없는 외딴 수도원에서 은둔 생활에 들어갔다. 1591년 49세의 나이로 세상을 떠났다. 반대자들도 그가 죽음을 앞둘 때쯤에는 그의 거룩함에 감명을 받고, 그가 죽자 엄숙한 장례를 치렀다.

영혼의 어두운 밤

십자가의 성 요한이 남긴 글은 아빌라의 성녀 테레사의 글과 함께 스페인어로 된 가장 아름다운 문학 작품 중 하나로 여겨지고 있다. 성 요한의 주저는 『가르멜산에 오름』, 『영의 송가』, 『영혼의 어두운 밤』이라 할 수 있다. 이런 작품들은 그 내용으로나 문학 형식, 상징성과 상상력에 있어서 더할 수 없이 빼어난 걸작으로 꼽힌다.

『가르멜산에 오름』은 영혼이 신을 향해 올라가는 여정을 그린 것이다. 불교에서의 '십지'十地에 대한 설명과 비슷하다고 할까? 『영의 송가』는 영혼을 상징하는 신부가 예수 그리스도를 상징하는 신랑을 찾아가는 이야기를 노래한 것이다. 신랑을 잃었을 때의 불안과 다시 찾아 하나가 되었을 때의 기쁨을 생생하게 묘사하고 있다. 성경에 나오는 솔로몬의 『아가』에 해당된다고 볼 수 있다.

『영혼의 어두운 밤』은 영혼이 어느 날 밤 자기 집을 떠나서 신과 하나 되기 위해 신을 찾아가는 여정을 그린 것이다. 『가르멜산에 오름』의 첫 문장이기도 하고, 『영혼의 어두운 밤』에도 나오는 문장으로 거의 후렴처럼 등장하는 문장이 있다.

> 어느 어두운 밤
> 사랑의 강렬한 갈망으로 불붙은 채
> (아, 오로지 은총일 뿐)
> 나는 보이지 않게 집에서 빠져나왔다.
> 내 집은 아직도 그저 고요할 뿐.

성 요한의 작품들을 종합적으로 살펴보면 중세 그리스도교 신비주의자들이 공통적으로 말하고 있는 정화purification와 조명illumination과 합일union의 세 단계, '신비의 길'이라는 기본 형식을 보여주고 있다. 단, 그에게 있어서 가장 중요한 상징은 '어두운 밤'이었다는 것이 특징이라 할 수 있을 것이다. 그가 신과의 합일을 향해 나아가는 길을 '밤'이라 부르는 데는 세 가지 이유가 있다고 하였다. 출발할 때 이 세상적인 것에 대한 욕심을 다 버려야 한다는 뜻에서 그것은 밤이고, 가는 길도 믿음으로 가는 길이므로 지성을 버린 밤이요, 도착점도 신과 합일이기에 신은 이 생을 사는 영혼에게는 어두운 밤일 수밖에 없다고 하였다.

이를 다음과 같이 좀 더 구체적으로 설명할 수 있을 것이다. 여정의 첫 단계는 감각을 어둡게 할 감각의 밤이다. 신을 향해 가는 사람이 이 세상의 것에 집착할 수 없다. 세상 것에 대한 감각을 문을 닫아 어둡게 해야 한다. 세상에 대한 집착이 크면 신에게로 나가려는 마음은 그만큼 위축될 수밖에 없기 때문이다. "그대의 영에서 세상 모든 것들을 비워버리라"고 권고한다. 피조된 세계의 모든 것들에 대한 집착은 신을 향해 나아가는 데 사다리가 아니라 장애물이 되기 때문이라는 것이다.

둘째 단계는 영의 밤이다. 우리 스스로를 신의 정화하시는 역사에 맡기는 것이다. 이성을 포함하여 이 세상 사람으로 살아가는 데 필요한 모든 것을 뒤로 하고 영의 어둠으로 들어가는 것이다. 이 경우 비전이나 위로 같은 달콤함이 아니라 '신 안에서의 쓴맛'을 구하라고 한다. 우리 스스로를 이렇게 비우고 신에게 전적으로 맡기면 영혼이 정화될 뿐 아니라 결국에는 어둠 속에서 번쩍이는 빛을 볼 수 있게 된다는 것이다. 이른바 '조명'의 단계인 셈이다.

이처럼 이 세상 한정된 모든 것을 비우는 정화의 단계도 지나고 조명의 단계도 지나면 영혼은 신과 하나가 되는 합일의 단계에 이른다. 이것도 밤이다. 성 요한은 이런 경우를 두고 "영혼에 비치는 그 넘쳐나는 믿음의 빛은 영혼에게는 하나의 어두움"이라고 했다. 밝게 빛나는 태양을 보면 눈이 너무 부셔서 오히려 어두운 것으로 보이는 것과 마찬가지라는 것이다.

더 밝은 빛이 희미한 빛을 퇴색시키고 억누른다. 태양이 밝게 비칠 때는 다른 모든 빛들을 어둡게 하여 이런 빛들이 빛처럼 보이지 않는다. 마찬가지로 믿음의 빛은 너무나 찬란하여 지성의 빛을 모두 무색하게 한다는 것이다. 이런 어두운 빛에서 신과 하나 되는 체험을 하게 된다고 보았다.

다른 작품에서도 그렇지만 특히 『불타는 사랑의 불길』 같은 데서 십자가의 성 요한은 영혼과 신이 하나 됨을 솔로몬의 『아가』에서 볼 수 있는 것처럼 신부와 신랑의 에로틱한 관계로 표현한다. 이런 것들은 자기의 종교적 삶을 통해 직접 얻은 체험에 바탕을 두고 있다고 볼 수 있다. 그런 의미에서 십자가의 성 요한을 '경험주의적 신비가'empirical mystic라 하기도 한다.

십자가의 성 요한은 살바도르 달리의 〈십자가의 성 요한〉이라는 그림의 주제가 되기도 하고, T. S. 엘리엇, 토머스 머튼, 자크 마리탱, 도로시 데이 같은 사람들에게 영감의 원천이 되었다. 교황 요한 바오로 2세도 십자가의 성 요한의 신비신학을 주제로 학위논문을 썼다. 우리는 십자가의 성 요한에게서 세상적으로는 어둡고 불우했으나 영적으로는 행복하고 힘찬 삶을 산 또 한 분의 위대한 스승을 본다.

마르틴 루터
Martin Luther

절대 권위에 도전한 종교개혁 지도자

"선한 행동이 선한 사람을 만드는 것이 아니라
선한 사람이 선한 행동을 한다"

중세 교회의 양면

중세 그리스도교의 개혁을 주도한 마르틴 루터(1483~1546년)에 대해
알아보기 전에 그가 등장하게 된 역사적 맥락을 잠깐 짚어보아야 하리
라. 중세 교회는 적어도 신학적인 면이나 영성 면에서는 지극히 활발하
였다. 12~13세기에 유럽 전역에 대학들이 생기고 이 대학들에서 가장
중요한 과목이 신학이었다. 이때 활동하던 신학자들을 스콜라 신학자
Scholastics라 하는데, 이들은 '신앙'과 '이성'理性을 종합하려고 노력한
사람들이다. 그중 가장 유명한 사람으로 안셀무스Anselmus(1033~1109
년)와 토머스 아퀴나스를 꼽을 수 있다.

이탈리아인 안셀무스는 그의 유명한 말 "알기 위해서 믿는다"Credo
ut intelligam에서 보이듯이 신앙이 지식의 전제 조건으로서, 믿어야 알게
된다는 이야기를 펼쳤다. 그는 또 신의 존재를 이론적으로 증명하려 했
다. '우리는 모두 완전한 신이라는 생각을 가지고 있는데, 완전하기 위
해서는 존재하지 않을 수 없다. 그러므로 신은 존재한다' 하는 식으로
논증하려 한 것이다. 이를 '존재론적 논증'ontological argument이라 한다.

그리스도교 역사에서 가장 위대한 신학자를 꼽는다면 토머스 아
퀴나스를 드는 사람들이 절대 다수일 것이다. 필자도 대학에 다닐 때
라틴어 강독으로 그의 책『신학대전』Summa Theologiae를 보고 인간으로서
어찌 이런 책을 쓸 수 있을까 감탄한 경험이 있다. 이 책에는 신학적인
모든 물음을 '우리의 철학자' 아리스토텔레스의 사상과 성경의 가르침

을 바탕으로 하여 일목요연하면서도 일관된 구조로 하나하나 설명·논증하고 있다.

아퀴나스도 신의 존재를 이론적으로 증명하려 했는데, 그중에서 잘 알려진 것 두 가지는 이른바 '우주론적 증명'cosmological argument과 '목적론적 증명'teleological argument이다. 우주론적 증명은 "세상 모든 것은 원인이 있어야 존재한다. 그 원인에는 또 다른 원인이 있어야 한다. 이렇게 따져가서 최초의 원인first cause 혹은 '원인 되지 않은 원인' uncaused cause을 찾는다면 이것이 바로 신이다" 하는 것이다. 목적론적 증명이란 "인간의 눈 같은 것을 보라. 세상의 모든 것이 아무렇게나 된 것이 아니라 일정한 목적을 위해 일정한 질서, 일정한 구조를 가지고 있지 않은가. 이렇게 설계한 존재가 있어야 하는데 그것이 바로 신이다" 하는 것이다. 물론 18세기 칸트가 나와서 '순수이성의 한계'를 넘어서는 신을 이렇게 이성의 한계 내에 놓고 증명할 수 없는 것이라 반박한 이후 이런 논증을 절대적인 논증이라 받아들이는 사람은 거의 없다. 스콜라 신학의 시대적 제약성과 한계를 말해준다고 볼 수 있다.

이런 신학적 발달과 함께 우리가 앞에서 살펴본 마이스터 에크하르트 등 신비주의자들의 가르침도 있었다. 그 외에『그리스도를 본받아』Imitatio Christi를 쓴 토머스 아 켐피스Thomas à Kempis,『무지의 구름』The Cloud of Unknowing을 쓴 익명의 저자 등 많은 신비주의자들이 나타났다.

이런 신학적 노력이나 신비주의적 경향에도 불구하고 교회의 일반적 상태는 지극히 부정적이었다. 특히 교황들이 절대 권력을 갖게 되면서 권력 남용, 부패 등 여러 가지 부작용이 생기게 되었다. 한때는 본부를 프랑스 아비뇽Avignon으로 옮기고, 교황이 둘이 되는 일까지 있었다.

15세기 인문학이 발달되고 특히 인쇄술이 발달되면서 점점 더 많은 사람이 자기들 말로 번역된 성경을 직접 읽고 초대교회와 로마가톨릭교회를 비교하면서 로마가톨릭교회의 불합리성에 불만을 품게 되었다. 물론 십자군에 참가했던 군인들, 중국까지 갔다 온 마르코 폴로, 그 외에 콜럼부스나 마젤란 등의 항해사들이 가지고 돌아온 딴 세상의 이야기도 가톨릭교회의 관행을 새로운 눈으로 보게 해주었다.

더구나 교회는 베드로 성당 건축 등 여러 세속적인 일에 필요한 재정을 확보하기 위한 수단으로 면죄부indulgences(대사부大赦符)를 파는 등 돈이 될 여러 가지 사업을 시작할 수밖에 없었다. 교황은 성인들이 쌓아놓은 공덕의 창고를 마음대로 할 권리가 있기에 면죄부를 사는 사람들에게 여기 쌓인 공덕을 무한으로 나누어줄 수 있다고 하는 주장이었다. 그 외에도 영세, 혼례, 장례 등 교회가 하는 집례執禮에 세금을 부과하기도 했다. 교회의 이런 행태에 반대하는 사람들이 생겨나기 시작했다. 영국 옥스퍼드의 성경 번역자 위클리프(1320~1384년), 보헤미아 사람 후스(1372~1415년) 등이 그 선구자들이었다. 그러나 이런 사람들은 모두 화형에 처해지는 등 개혁에 성공하지 못했다.

이들과 달리 '적절한 시간, 적절한 장소'에 나타나 결정적인 영향을 미친 사람이 바로 독일 비텐베르크Wittenberg 대학에서 성경을 가르치던 젊은 신학자 마르틴 루터였다. 그는 농부의 둘째 아들로 태어나 아버지의 소원대로 법학을 공부하다가 어느 날 천둥 번개를 만나 성직자가 되기로 서약, 법학을 포기하고 1505년 아우구스티누스파 수도원에 들어가 신학을 공부했다. 그는 수도원에서 엄격한 수행을 하면서도 영적 만족을 얻을 수 없다는 사실에 안타까움을 느꼈다. 또한 아리스토텔레스와 토머스 아퀴나스는 자기의 영적 필요를 채워주지 못한다고 하여 배격했다. 1507년 사제로 서품을 받고 1513년부터 비텐베르크 대학에서 가르치기 시작해 성경의 『시편』과 바울 서신들을 가르치면서 비로소 영적 안식처를 찾을 수 있었다.

교회 개혁의 요구

마르틴 루터가 한번은 로마로 여행했는데, 그때 로마에 있는 사제들이 사는 모습을 보고 예수의 청빈하고 겸손한 생활과 너무나 다름을 발견, 교회가 타락했다는 확신을 굳히게 되었다. 그는 교회에서 하는 일 중에서 옳지 못하다고 생각되는 것을 '95개 조항'으로 적어 1517년 10월 31일 비텐베르크 교회 문에다 못 박았다. 못 박는 망치 소리가 그렇게 폭발적일 줄은 루터 자신도 몰랐다. 독일 각처에서 95개 조항을 적은 문서의 사본을 보내달라는 요구가 쏟아져 들어와 비텐베르크 대학 출판소는 미처 그 요구를 다 들어줄 수 없을 정도였다.

개혁의 요구가 요원 燎原의 불길처럼 퍼져나갔다. 물론 처음에는 교회 내에서 개혁을 이루자는 것이지만, 점점 로마로부터의 자유를 요구하는 소리가 커지기 시작했다. 이 소식은 곧 교황에게까지 들어갔다. 교황은 처음에는 이를 묵살하다가 1520년 루터에게 로마로 출두해 재판을 받으라고 명했다. 루터는 이를 거절했다. 1521년 보름스Worms에서 열린 신성로마제국 황제 앞에서의 회의에 불려와 다시 그의 저작을 철회하라는 요구를 받았다. 그는 그 자리에서 이를 단호히 거절하고, 이로 인해 교회로부터 영원히 파문당했다. 그 후 프레데릭이라는 제후의 도움으로 그의 성에 피신, 성경을 독일어로 번역하는 일에 몰두했다.

　　루터는 교회가 가르치는 것처럼, 면죄부를 살 때 돈이 상자 밑으로 떨어지는 소리가 나는 순간 죽은 친척의 죄가 사해지는 것이 아니라, 바울이 『로마인서』 1장 17절에 쓴 것처럼 그리스도를 믿는 이들이 '믿음으로 말미암아 의롭게 됨'을 강조했다. 교회가 믿음과 행위로 구원을 받는다고 가르친 데 반해 루터는 이른바 '믿음으로만'sola fide을 강조했다. 그는 진정으로 부모의 사랑을 알게 된 아이는 저절로 선한 행위의 삶을 살게 되는 것과 같이, 하느님의 은총으로 구원을 받는다는 참된 믿음만 있으면, 좋은 행위는 자연적으로 따라온다고 보았다. 『그리스도인의 자유』라는 그의 유명한 소책자에서 그는 "선행이 선한 사람을 만드는 것이 아니라 선한 사람이 선한 행동을 한다"고 했다.

　　루터는 하느님께로 갈 수 있는 것이 오로지 사제를 통해서만 가능하다는 교회의 주장을 배격하고, 누구나 스스로 사제가 되어 직접 하느님께 나갈 수 있다는 것을 강조하는 '만인 사제직'priesthood of all believers을 주장하기도 했다. "죄의 용서는 그리스도와, 그리고 그리스도를 통해서 하느님과 갖게 되는 직접적인 개인적 관계를 통해 영혼 내면에서 생겨나는 변화를 통해서만 가능하다"고 했다. 그는 참된 교회란 어느 특정한 조직이라기보다 그리스도를 머리로 모신 모든 신도들의 공동체라고 보게 되었다. 또 최종의 권위는 교회의 전통이나 교황이 아니라 '오직 성경'sola scriptura이라 주장했다. 루터는 이처럼 교회 안에 있던 사제주의적 권위와 위계질서를 무너뜨렸다는 의미에서 '현대성'의 문을 연 셈이다.

　　루터와 그를 따르던 개혁자들은 1529년 스파이어 회의의 판결에 저항protest했기 때문에 그의 개혁 운동을 프로테스탄트(저항자) 운동이라 부르게 되었다. 루터는 신부들이 결혼할 것을 권장하고 스스로도 수녀였던 캐서린 폰 보라와 결혼을 했다. 그의 개혁 운동은 독일, 스칸디나비아 제국으로 들어가고 이런 나라에서 이민 간 사람들과 함께 북미로도 퍼졌는데, 미국의 위스콘신주와 미네소타주, 캐나다 온타리오주에 많이 몰려 있다. 한국에도 루터교가 들어와 초기 '루터란아워' Lutheran Hour라는 라디오 프로그램으로 많이 알려졌다.

루터의 사상은 여러 면으로 불교 아미타불의 원력願力을 믿는 믿음으로 극락왕생한다는 정토종의 사상과 상통하는 바가 많다. 특히 일본에서 조도신슈淨土眞宗를 창시한 신란親鸞(1173~1262년)과 닮은 면이 너무 많아 루터와 신란을 비교하는 저작이 많이 있다. 신란도 타락한 인간으로서는 염불 자체도 실행하기 힘들다고 보고 인간이 할 수 있는 일은 오로지 아미타불의 원력에 절대적으로 의탁하는 절대 신앙뿐임을 역설하고, 믿음을 갖는 자체도 공덕으로나 정토에 이르기 위한 조건으로 생각하면 안 된다고 할 정도로 '믿음으로만'을 강조했다. 신란도 승려들의 결혼을 권장하고 스스로도 결혼했다.

루터는 반유대인 정서를 노골적으로 드러내고, 그 당시 새로 등장하는 자연과학적 발견을 반대하는 등 여러 가지로 완전한 것은 아니지만, 그의 '프로테스탄트 정신'과 이로 인한 그의 공헌은 모두의 칭송을 받아 마땅하다. 상당수 문명 비평가들은 현재의 한국 개신교 상태가 종교개혁 직전의 가톨릭 상태와 비슷하다고 보는 이들이 있어, 그의 개혁 정신은 오늘날 다시 그 위력을 발휘해야 할 것이 아닐까 하는 생각이 든다.

조지 폭스
George Fox

퀘이커교의 창시자

"왜 내 처지에 관해
말해줄 수 있는 사람이 한 사람도 없는가"

봉사자들, 퀘이커교

서양 종교 중에서 선불교 전통에 가장 가까운 종교를 하나 꼽는다면 많은 사람이 주저하지 않고 퀘이커교Quakers를 지목할 것이다. 속칭 퀘이커교는 본래 'The Religious Society of Friends'로서 한국에서는 '종교친우회' 혹은 '친우회'라 한다. 퀘이커(친우회)에서는 내 속에 '하느님의 일부'가 내재해 있다고 믿는다.

따라서 누구나 내 속에 있는 하느님을 직접 체험적으로 깨달아 알수 있다고 믿고 이런 깨달음에 이르기 위해 힘쓴다. 퀘이커 내에도 일반 교회와 비슷한 예배 형식으로 예배하는 '프로그램으로 하는 예배' programmed worship가 있기는 하지만 퀘이커 예배의 주종을 이루는 '프로그램 없는 예배'unprogrammed worship는 기본적으로 침묵 예배로서 '친우들'Friends이 한 자리에 모여 한 시간 동안 조용히 앉아 내 속에 빛으로 계신 하느님의 움직임을 기다리는 시간으로 보낸다. 그러다가 누구든지 내면의 빛이 비쳤다고 여겨지는 사람은 그 빛을 다른 이들과 나누기 위하여 짧게 몇 마디씩 간증을 한다.

그러기에 이들에게는 직업적인 목사minister가 없고 모두가 모두에게 '봉사'하는 '봉사자들'ministers만 있을 뿐이다. 십일조 등 전통적인 예배 의식을 배격하고 특정한 교리에 구애됨이 없이 오로지 신의 직접적인 체험을 종교에서 가장 중요한 요소로 여긴다.

퀘이커 교도들의 깊은 영성과 이런 영성을 통한 열성적인 사회봉

사는 널리 알려져 있다. 종교학의 대가 루돌프 오토는 그의 유명한 책
『성스러움의 의미』에서 개신교에서도 퀘이커교에서 실행하는 이런 침
묵의 예배가 널리 채택되었으면 좋겠다고 했다. 또 제1, 2차 세계대전
으로 고통당하는 사람들을 위한 봉사 활동으로 미국 퀘이커 봉사위원
회와 영국 퀘이커 봉사위원회는 1947년 노벨 평화상을 수상하기도 했
다. 물리학자 알베르트 아인슈타인도 "내가 만일 유대인이 아니었다
면 나는 퀘이커교도가 되었을 것"이라 하였다.

퀘이커 운동은 미국 역사 초창기에 독립운동, 흑인 해방운동, 평화
운동, 여성운동 등에도 지극히 큰 영향을 끼쳤다. 미국의 펜실베이니아
주는 그 별명 'Quaker State'가 말하는 것처럼 퀘이커 지도자 윌리엄
펜William Penn(1644~1718년)이 1681년 영국 왕 찰스 2세로부터 얻은 땅
에 평화와 관용이라는 퀘이커의 이상을 실험하기 위해 세운 주이다.

그 주에 있는 가장 큰 도시 필라델피아는 '형제 우애'라는 뜻으로,
시청 꼭대기에는 윌리엄 펜의 동상이 서 있다. 2009년을 기준으로 전
세계 교인이 35만 정도에 불과하지만 아직도 평화운동이나 사회 개혁
운동에서의 영향력은 엄청나다고 할 수 있다. 한국에서는 종교 사상가
함석헌(1901~1989년) 선생님이 퀘이커 지도자로 활약하기도 했다. 필
자도 1975년 이후 지금까지 부정기적이나마 캐나다 퀘이커 모임에 참
석하고 그들의 활동에 이런저런 형태로 참여하고 있다.

퀘이커교를 창시한 사람은 영국인 조지 폭스(1624~1691년)였다.
마침 한국친우회 홈페이지에 폭스에 관해 훌륭한 글이 올라와 있기에
이를 간추려 본다.

17세기 영국 사회는 그야말로 격랑의 시기였다. 왕정에서 공화정

으로, 공화정에서 다시 왕정으로 뒤바뀌는 정치적 격변은 물론 지금까지 내려오던 가톨릭과 종교개혁으로 새로 등장한 개신교 간의 갈등으로 사람들은 심한 혼란을 겪고 있었다. 이런 시대적 상황 속에서 가톨릭이나 개신교 어느 파에서도 만족하지 못하는 사람들이 생겨났다. 이런 사람들을 구도자Seekers라 불렀는데, 그들은 주로 하느님과의 직접적인 접촉과 새로운 계시를 통해 삶의 의미를 찾으려 했다. 조지 폭스도 이런 '구도자들' 중 한 사람이었다. 그는 이런 사람들 중 일부를 모아 일종의 신앙 운동을 전개하고 이것이 오늘날 퀘이커라 불리는 종교의 시작이 되었다.

내면의 빛

조지 폭스는 영국 중부의 레스터셔, 지금의 페니 드레이튼이라는 곳에서 마을 사람들로부터 법 없이도 살 수 있는 사람이라 불리던 방직공紡織工 아버지와 다른 부인들보다 뛰어난 교양을 지닌 어머니 사이에서 태어났다. 조지 폭스의 어린 시절에 관하여는 알려진 바가 거의 없고, 공식 교육을 얼마나 받았는지조차도 알려져 있지 않다. 그러나 그는 어려서부터 나이에 비해 신앙심이 깊고, 생각하기를 좋아했으며, 침착하고 분별력이 뛰어났다고 한다. 또한 사려가 깊어 그가 어떤 사실에 대해 묻고 대답하는 것을 들으면 모두들 깜짝 놀랐으며, 영적인 일들에 관해서 특별히 그랬다고 한다.

십대 시절, 폭스는 신부가 될 것을 바라는 친척들의 희망을 뒤로 한 채 어느 구두 제조업자 밑에서 일하며 양털 장사를 한 적이 있었다. 그는 우직할 정도로 정직하고 성실했다. 물건을 속여 팔던 시대에 사람들은 그의 성실과 정직을 비웃었지만, 결국은 그를 좋아하게 되었고 그리하여 사업도 번창하게 되었다. 물론 그가 사업에서 손을 떼고 신앙 운동을 전개하면서부터는 가난을 면하지 못했다.

윌리엄 펜에 의하면, 폭스는 양치는 일을 아주 좋아해서 양치는 솜씨가 훌륭했는데, 양치는 일은 깨끗하고 고독했던 폭스의 성격과 아주 잘 맞아떨어지는 일로서, 후에 하느님의 종으로서 사역하고 봉사하는 일의 상징이 되었다고 한다.

1644년 20세가 되던 해에 그는 심각한 고뇌에 휩싸였다. 친척들이나 여러 목사들을 찾아다니면서 위로와 해결을 구해보았지만 모두 허사였다. 그들이 실제로 어떤 삶을 사는가, 그들이 가진 신앙의 실상이 어떤가 하는 것을 알게 되었기 때문이다. 폭스는 번민과 좌절감에 빠질 수밖에 없었다. 이런 그를 두고 친척들은 결혼을 시키려고도 하고, 어떤 사람들은 정치에 입문하라고도 했다. 그러나 영적 진리에 민감한 젊은이에게는 그러한 제안이 슬프기만 할 뿐이었다. 그는 이즈음의 심경을 자신의 일기Journal에 이렇게 기록했다.

내 몸은 그야말로 슬픔과 고통과 괴로움으로 메말라 있었고, 그러한 고통들이 너무나 커서 차라리 태어나지 말거나 장님으로 태어나 사악하고 허망한 것들을 보지 않게 되거나, 벙어리로 태어나 헛되고 나쁜 말들이나 주님의 이름을 욕되게 하는 말들을 결코 듣지 않기를 바라는 게 나았을 것 같았다.

고뇌하던 폭스는 하나 둘 깨달음을 얻어가기 시작했다. 그는 그 일이

"주께서 내 마음을 여시어opened 된 일"이라 했다. 하느님께서 그에게 열어 보이신 깨달음에는 여러 가지가 있었다. "개신교도이건 가톨릭 교도이건 모두가 같은 그리스도인이다", "진정한 그리스도인은 이름뿐인 그리스도인이 아니라 하느님의 자녀로서 죽음에서 생명으로 옮긴 자들이어야 한다", "옥스퍼드나 케임브리지에서 공부했다고 해서 그리스도의 일꾼이 될 자격을 온전히 갖추는 것은 아니다", "하느님은 사람의 손으로 만든 성전에 계시지 않고 사람들의 마음속에 계신다", "여자들은 영혼이 없다고 주장하는 사람들이 많지만 남녀는 평등하다" 등이었다.

이러한 깨달음들이 있긴 했지만 폭스의 고뇌가 다 사라진 것은 아니었다. 그 자신이 '아브라함의 가슴속에 있었노라'고 생각할 정도로 큰 기쁨을 맛보면서도, 번민은 계속되었다. 그는 번민을 씻기 위해서 '열림'의 경험을 한 다른 사람들을 열심히 만났다. 그러나 안타깝게도 그가 도달한 결론은 자신의 처지에 대해 말해줄 사람이 하나도 없다는 것이었다. 실의에 빠져 있던 바로 그때, 그에게 한 목소리가 들려왔다.

한 분, 한결같은 예수 그리스도가 계시니, 그분만이 네 처지를 말해줄 수 있다.

폭스는 이 음성에 너무 기뻐서 펄쩍펄쩍 뛰었다. 이 음성은 영의 문제로 고민하고 진리를 고대하던 그에게 이전의 다른 어떤 깨달음보다도 더욱 크고 뚜렷한 것이었다. 폭스가 들었던 그 음성이 후에 '내면의 빛'이라 불리게 된 바로 그것이다. 그 빛은 또한 '속에 계신 그리스도',

'각 사람 안에 있는 하느님의 그것', '하느님의 능력', '하느님의 증거' 등으로도 불리게 된다. 그 빛은 모든 사람에게 있다. 그 빛은 모든 사람을 비추는 것이다.(『요한복음』1장 9절) 이 음성은 이후 폭스 자신의 생애와 퀘이커의 역사에서 결정적인 역할을 하게 되었다. 폭스는 자신의 이런 체험에 대해서 다음과 같이 설명했다.

> 왜 이 땅에는 내 처지에 관해 말해줄 수 있는 사람이 한 사람도 없는가를 주님은 깨닫게 하셨으며 그 때문에 나는 주께 모든 영광을 돌릴 수 있었다. 사람들 모두가 나처럼 죄 아래 있다는 판단을 내리고 불신앙에 사로잡혀 있었기 때문이다. 예수 그리스도는 탁월하신 분으로 우리를 깨우치시며 우리에게 은총을 베푸시며 믿음과 능력을 주시는 분이시다. 이처럼 하느님께서 역사하시면 누가 우리를 가로막겠는가? 이러한 사실을 나는 경험으로 알았다.

그는 하느님의 무한한 사랑과 위대함을 깨닫고 슬픔과 고통으로부터 벗어나 기쁨의 눈물을 흘렸다. 이러한 모든 체험들을 계기로 그는 자신이 '마치 새로이 만들어져 바뀐 것처럼 용모와 사람이 바뀌었다'고 했다. 변화된 폭스에게 이제 세상은 온통 거두어들여야 할 하느님의 씨앗들이 널려 있는 곳으로 보였다. 우리는 종교의 심층에 접하므로 변화된 한 영혼이 얼마나 위대한 일을 해낼 수 있는가 하는 것을 조지 폭스의 경우에서 다시 확인하게 된다.

알베르트 슈바이처
Albert Schweitzer

신비적 사랑의 실천자

"나는 살려고 하는 의지를 가진
뭇 생명들 가운데 또 하나의 생명"

의사가 된 신학자

'아프리카의 성자'로 불리는 슈바이처 박사(1875~1965년)는 아프리카 사람들을 위해 반평생을 희생하며 인술을 펼친 인도주의적 의사로 기억되지만 그는 의사이며 동시에 신학자요, 철학자요, 음악인이었다. 필자도 대학원 입학시험 과목 중 하나인 독일어 시험 준비를 위해 그의 자서전 『나의 삶과 사상에서』 *Aus meinem Leben und Denken*를 독일어로 읽으면서 그의 희생정신에 깊이 감명을 받아 진로를 바꿀까 하는 생각마저 해본 적이 있다.

슈바이처는 1875년 1월 14일 알자스 Alsace 지방 카이저스베르크 Kaysersberg에서 루터교회 목사의 다섯 자녀 중 둘째로 태어났다. 슈바이처는 어린 시절 건강상의 이유로 출생지에서 가까이 있던 귄스바흐로 옮겨가 그곳에서 자랐다. 알자스 지방은, 우리에게 익숙한 알퐁스 도데의 단편 「마지막 수업」으로 잘 알려진 것처럼, 프랑스 지배하에 있다가 보불전쟁의 결과로 1871년부터 독일 영토가 되었다가 제1차 세계대전 이후 다시 프랑스 영토가 된 곳이다. 어린 슈바이처도 그 지방의 사람들과 마찬가지로 모국어는 독일어였지만 어릴 때부터 프랑스어에도 익숙한 이중 언어 구사자였다.

슈바이처의 할아버지도 고등학교 교사이면서 오르간 반주자로 일하고 있었고, 그의 외할아버지도 오르간 연주와 제작에 열성적이었다. 이런 음악적인 환경 속에서 슈바이처는 다섯 살 때 외할아버지가 물려

준 피아노로 피아노를 배우고, 여덟 살 때는 파이프오르간을 연주하기 시작하고, 아홉 살에는 벌써 교회 예배 시간에 오르간 반주를 할 정도 였다. 나중에 바흐의 음악에 매료되어 있던 그의 음악 선생 위도르의 영향으로 슈바이처는 결국 바흐 음악의 연주와 이론에서 유럽 일인자 가 되었다.

18세에 스트라스부르크의 카이저 빌헬름 대학교에 들어가 신학과 철학을 공부하면서, 음악 공부도 계속했다. 1894년 일 년 간의 군복무 를 마치고, 1899년 철학 박사 학위를, 이어서 1900년 신학 박사 학위 를 취득했다. 1901년 그가 갓 졸업한 성 토머스 신학대학의 임시 학장 이 되었다가 1903년 정식 학장으로 임명되었다.

학위 후 슈바이처는 예전부터 관심을 가지고 있던 '예수의 생애' 에 대한 문제에 몰두하게 되었다. 1906년 드디어 『예수전 연구사』 *Geschichte der Leben-Jesu-Forschung*이라는 책을 내었는데, 이 책은 1910년 *The Quest of the Historical Jesus*라는 이름으로 영역되어 나왔다. 독일어 판의 원제목 『라이마루스에서 브레데까지』*Von Reimarus zu Wrede*가 보여주 듯이 여기서 슈바이처는 18세기 후반부터 시작된 '역사적 예수' 찾기 에 몰두한 신학자들의 연구 결과를 하나하나 검토하고, 그들이 제시한 역사적 예수란 결국 그 당시 자유주의 신학을 바탕으로 한 주관적인 희망사항을 투영해서 그린 윤리 교사로서의 예수상이 주종을 이루고 있다고 보았다.

슈바이처에 의하면 예수는 그 당시 세상의 종말이 곧 임하리라고 믿었던 후기 유대교 종말론에 철저했던 종말론적 종교 지도자였다. 이런 임박한 종말론적 대망 때문에 예수는 현재 성서 4복음서에 묘사된 것과 같은 방식으로 생각하고 말하고 행동했다는 것이다. 그러기에 4복음서에 나타난 예수의 생각과 말과 행동은 '철저한 종말론'through-going eschatology의 맥락에서 이해되어야 한다고 보았다. 예를 들어 오른 뺨을 때리거든 왼뺨마저 돌려 대라고 한다든가, 속옷을 달라고 하면 겉옷까지 주라, 오 리를 가자고 하면 십 리를 같이 가주라고 하는 등의 산상수훈은 예수가 이런 임박한 종말을 가상했기 때문에 가능했던 특수한 가르침이라는 것이다. 이른바 종말 직전에 임시로 채택한 일종의 '중간 윤리'interim ethic였던 셈이라 보았다.

슈바이처는 예수가 결국 오지도 않을 세계의 종말을 철저하게 믿었다는 점에서 일종의 '실수한' 종교 지도자였지만, 그 당시 여러 심리학자들이 주장하듯 예수가 '균형을 잃은 정신 이상자'는 결코 아니라고 했다. 그리고 스스로도 예수를 따르는 데 주저함이 없었다. 이유는 예수가 인간의 구원을 위해 자기의 믿는 바를 목숨을 걸고 실천한 위대한 신비적 사랑의 실천자였기 때문이라고 했다.

슈바이처는 예수 연구 이후 바울 연구에도 몰두하고 바울에게서 이상형의 종교인을 발견했다. 그는 바울도 예수와 마찬가지로 철저하게 후기 유대교 종말론을 신봉하는 종교 사상가이기는 하지만, 바울은 예수와 달리 하느님 나라가 우주적인 종말 사건을 통해 임할 것으로 기대하지 않고, 우리 마음속에서 내면적으로 이루어질 무엇, 그리고 우리를 통해서 전 세계에 실현되어야 하는 무엇으로 가르쳤다고 했다. 슈바이처는 우리가 이제 할 일은 바울의 이와 같은 사상이 터놓은 길을 열심히 따르는 것이라 결론지었다.

이런 배경을 가진 슈바이처가 어찌하여 아프리카로 가게 되었는가? 1896년 봄 부활절 아침 젊은 슈바이처는 창문을 통해 침대 머리로 들어오는 밝은 햇살과 동시에 지저귀는 새소리를 들으며, 무한한 평온과 행복감에 휩싸이게 되었다. 그러면서 동시에 자기가 누리는 젊음과 건강, 지적 능력 등 여러 가지 특권을 자기 혼자만 당연한 것으로 누려도 되는가 하는 자문을 했다. 그는 자기가 뭔가 빚을 지고 있으며 따라서 이 세상의 고통을 함께 나누어 져야 한다는 생각을 하기에 이르렀다. 결국 그는 앞으로 10년간은 자기가 원하는 학문과 예술에 바치지만, 30세가 되면 말이 아닌 '직접 손으로' 사람들과 고통을 함께하는 일을 해야 하겠다고 결심했다.

슈바이처는 1904년 29세 때 우연히 프랑스 '파리 복음선교회'에서 발행하는 작은 책자에서 아프리카 콩고에 의료봉사자가 필요하다는 기사를 보게 되었다. 그는 의사가 되어 봉사하기로 결심하고, 1905년 30세가 되는 생일날 그의 친척, 친구, 동료들에게 자기의 결심을 공표했다. 그들의 적극적인 만류에도 불구하고 그 해 10월 의과대학 강의를 듣기 시작하고, 1911년 10월 의사 국가고시를 통과하고 이듬해 6월 유대인이지만 무신론자였던 역사학자 해리 브레슬라우의 딸이며 교사와 사회사업가가 되려다가 슈바이처와 함께 아프리카로 가기 위해 간호학을 공부한 헬레네 브레슬라우와 결혼했다.

1913년 2월 인턴 과정을 끝내면서 「예수에 대한 정신과적 연구」라는 논문으로 의학 박사 학위를 받았다. 그리고 1913년 3월 26일 부인과 함께 그 당시 콩고, 현재의 가봉 오고웨강 연안의 랑바레네로 출발했다. 임지에 도착하여 우선 닭장으로 쓰이던 건물을 임시 병동으로 사용하며 첫해에만 각종 환자 2천 명을 치료했다.

생명에 대한 경외

슈바이처가 아프리카로 가게 된 더 깊은 이유는 무엇일까? 슈바이처가 그의 비정통적인 신학 사상을 가지고는 정직하게 목회하기가 곤란함을 깨닫고, 신학이 아닌 다른 무엇으로 인류에 봉사하고 싶었을 수도 있다. 그러나 그가 유럽을 떠나 아프리카 사람들을 위해 인술을 펴기로 작정한 것은 단순히 그런 이유만은 아니었다. 더욱 근본적인 이유는 슈바이처가 어릴 때부터 남의 아픔을 보고 참지 못하는 불인不忍의 마음, 남의 아픔을 자기의 아픔으로 여기는 자비慈悲의 마음이 있었기 때문이라 보아야 할 것이다. 그의 자서전에 의하면 그는 아주 어릴 때부터 "세상에서 발견되는 비참한 일들을 보고 괴로워했다"고 한다.

몇 가지 알려진 예를 들면, 어릴 때 친구와 함께 새총을 만들어 새를 잡으러 가서 언덕바지에 숨어 기다리는데 새들이 나뭇가지에 와서 앉았다. 막 새총을 겨누고 쏘려 하는데, 새들이 지저귀는 소리와 함께 저 멀리 교회에서 수난절을 알리는 종소리가 들려왔다. 그의 귀에는 그것이 마치 하늘의 소리처럼 들렸다. 그는 새총을 던져버리고 벌떡 일어나 소리를 질러 새들을 쫓아버렸다.

또 어려서 매일 밤 잠 자기 전에 어머니가 침대 머리맡에 와서 기도를 해주었는데, 기도할 때마다 '사람들'만을 위해 기도하는 것을 듣고, 이렇게 기도해줄 사람이 없는 다른 생명체들이 불쌍하다는 생각이 들었다. 어머니가 기도하고 나가면 그는 혼자 "숨 쉬고 있는 모든 것들"을 축복하고 지켜달라고 하는 기도를 덧붙였다.

1915년 9월, 그가 아프리카로 가서 의사로 일하기 시작한 지 2년 반이 지났을 때였다. 그가 있던 곳에서 200킬로미터 떨어진 곳 어느 선교사 부인이 아프다는 소식을 듣고 그곳을 향해 짐배를 타고 오고웨 강을 거슬러 올라가고 있었다. '세계 긍정', '생명 긍정'이라는 자기의 독특한 윤리 사상과 문명의 이상을 함께 엮을 수 있는 구체적 표어를 찾으려 골똘하며, 마음이 흐트러지는 것을 막기 위해 계속 무엇이든지 긁적이고 있었다. 화두를 붙잡고 정진하는 선禪의 경지 같았다고 할까. 드디어 3일째 되던 날 해 질 무렵 배가 하마 떼 사이로 지나가는데, 갑자기 "전에 생각지도 못하고 찾지도 않았던 문구가 번개처럼 머리에 번쩍했다", '생명 경외!'Ehrfurcht vor dem Leben · verenatio vitae · Reverence for Life 그는 그 순간 "철문이 열리고 숲 속으로 오솔길이 뻥 뚫리는 것을 보는" 기분이었다고 한다. 일종의 '견성'見性이나 '돈오'頓悟 같은 깨침의 경험이 아니었겠는가.

슈바이처는 모든 생명은 신성하므로 모든 생명을 경외해야 한다고 했다. 우리가 가져야 하는 가장 기본적인 태도는 "나는 살려고 하는 의지를 가진 뭇 생명들 가운데 또 하나의 생명"이라는 사실을 기억하는 것이라고 했다. 그에 의하면 서양 사회가 붕괴되어가는 가장 큰 원인이 윤리를 인간들 사이의 문제로만 생각하고, 윤리적 기초가 되는 생명 경외, 생명 긍정 사상을 방기한 것이라고 주장했다. 기독교도 결국은 인간을 중심에 놓고 인간 중심의 윤리 체계를 구성하고 있을 뿐, 다른 생명들을 도외시하는 한계를 가지고 있다고 비판했다.

슈바이처는 스스로 그의 생명 경외 사상을 철저하게 실천했다. 적도 아프리카의 더운 밤, 방에서 등불을 켜고 작업할 때도 창문을 열어놓을 수가 없었다. 날파리들이 등불에 날아와 타 죽는 것을 볼 수 없었기 때문이었다. 쓸데없이 나뭇잎을 따거나 꽃을 꺾지도 않았다. 심지어 그가 수술할 때 병균을 죽여야만 하는 것도 안타깝게 여겼다.

물론 그도 생명을 희생시키는 것이 불가피하다는 사실을 인정했다. 그러나 어쩔 수 없이 희생시켜야 할 경우 일종의 생명의 위계를 생각하고 더 귀한 생명을 구하기 위해서 덜 귀한 생명을 희생시킬 수밖에 없다는 원칙에 따라야 한다고 보았다. 소를 먹이기 위해 풀을 잔뜩 베어 마차에 싣고 가는 농부가 소먹이로 풀을 베는 것까지는 어쩔 수 없는 일이지만, 집으로 돌아가다가 무심코 길가의 풀 한 포기를 뽑는 행동은 희생하지 않아도 될 것을 희생시키는 비윤리적 태도라는 것이다.

한 가지 덧붙일 것은 슈바이처의 이런 철저한 생명 경외의 원칙이 사실 인도 사상, 특히 자이나교의 불살생不殺生(아힘사)의 가르침에 영향받은 바가 크다고 하는 사실이다. 그는 인도 사상을 깊이 연구하고 『인도 사상과 그 전개』라는 책을 내기도 했다. 그는 인도 사상뿐 아니라 중국 사상에 대한 몇 가지 원고도 남길 정도로 중국 사상 전반에 걸친 연구에도 몰두했다.

1914년 제1차 세계대전이 터지자 독일 시민권 소유자였던 슈바이처 부부는 독일 시민이라는 이유로 프랑스 군부에 의해 구금 상태에 놓이게 되었다. 슈바이처와 부인은 1917년 9월 구금 상태로 프랑스로 보내졌다가 1918년 7월 알자스 고향으로 돌아가 비로소 구금 상태에서 풀려났다. 알자스가 다시 프랑스 영토가 되어 슈바이처도 프랑스 시민이 되었기 때문이다. 다시 스트라스부르크에서 의사로 치료도 하고 교회에서 설교도 하면서 지내는 중 1919년 1월 14일 그의 44회 생일 선물로 그의 외동딸 레나Rhena가 태어났다.

부인 헬레네의 권유에 따라 1924년 4월, 7년간의 유럽 생활을 뒤로 하고 아프리카로 돌아갔다. 형편없이 퇴락한 병원을 새로 보수하고, 새로 합류한 다른 의사들과 간호사들의 도움으로 병원 일이 다시 본궤도에 오르도록 했다. 병원이 자체적으로 돌아가는 것을 보고 1927년 슈바이처는 다시 유럽으로 돌아와 연주, 강연도 하고 괴테상도 받았다. 몇 차례 아프리카와 유럽을 오가면서 의료봉사와 1934년 유명한 옥스퍼드 대학의 히버트 강연, 에딘버러 대학의 기포드 강연 등 문화 활동을 계속했다.

외동딸의 건강 때문에 부인과 딸은 고향 부근 슈바르츠발트의 퀴니그스펠트로 옮겼다. 슈바이처는 제2차 세계대전 때문에 1937년부터 1948년까지 아프리카에 머물렀다. 1949년 미국을 여행한 적도 있었다. 1952년 노벨 평화상 수상자로 선정되고, 1954년 11월 수상식에서 '현 세계에서의 평화 문제'라는 제목으로 행한 그의 연설은 명연설로 꼽히고 있다. 이후 죽을 때까지 스위스 취리히, 영국 캠브리지 등 수없이 많은 대학으로부터 명예박사 학위를 받았고, 영국 여왕으로부터의 작위 수여, 프랑스 학술원 회원으로의 추대, 서독 정부로부터의 훈장 등의 영예를 얻었다. 알베르트 아인슈타인과 버트런드 러셀 등과 함께 핵실험, 핵전쟁 반대를 위한 운동에도 적극적으로 참여했다.

1965년 9월 4일 슈바이처는 그가 그렇게도 사랑하던 아프리카 랑바레네 병원에서 세상을 떠났다. 오고웨강 언덕에 있는 그의 무덤에는 그가 직접 깎아서 만든 십자가가 그를 지키고 있다.

슈바이처의 사상은 그가 사랑하던 5촌 조카(큰아버지의 딸인 4촌 여동생 Anne-Marie Schweitzer의 아들)이며 프랑스 실존철학의 대가였던 장 폴 사르트르 Jean-Paul Sartre (1905~1980년)를 비롯하여 수많은 사람들에게 큰 영향을 미쳤다. 슈바이처의 외동딸 레나는 아프리카의 슈바이처 병원에 자원봉사자로 온 미국인 의사와 결혼하여 미국 애틀랜타에 근거지를 두고 아프가니스탄, 방글라데시, 에티오피아, 아이티, 인도, 나이지리아, 파키스탄, 베트남, 예멘 등 세계 여러 곳에 다니며 의료봉사에 헌신하다가 캘리포니아에서 2009년 90세로 아들 하나와 딸 셋을 남기고 세상을 떠났다. 아버지의 유훈과 모범이 딸에게 그대로 전해진 셈이다. 한국에서도 슈바이처 박사를 존경하여 울릉도 같은 무의촌이나 아프리카 등지로 가서 의료봉사에 몸 바친 '한국판 슈바이처'들이 많았다.

슈바이처의 삶을 생각할 때마다 인류의 역사가 이만큼이라도 이어지는 것이 이런 훌륭한 스승이 밝혀준 횃불, 스스로 보여준 모범 때문이 아니었을까 하는 생각을 금할 수 없다.

디트리히 본회퍼
Dietrich Bonhoeffer

나치에 대항한 실천 신학자

"오늘 우리의 싸움은 값비싼 은혜를
얻기 위한 싸움이다"

신학적 기적

1960년대 『신에게 솔직히』라는 책을 써서 기독교계에 큰 충격을 준 영국 성공회 주교 로빈슨 J. A. T. Robinson 은 20세기에 가장 영향력이 큰 신학자 셋으로 루돌프 불트만, 폴 틸리히, 디트리히 본회퍼(1906~1945년)를 들었다. 1960년대에 『세속도시』라는 책을 써서 신학계에 선풍을 일으켰던 현 하버드 대학교 하비 콕스 교수도 본회퍼에게 크게 영향을 받은 학자들 중 하나이다. 미국 민권 운동 지도자 마틴 루터 킹 목사, 남아프리카공화국 인권 운동가 데스몬드 투투 주교도 본회퍼로부터 영감과 용기를 얻은 이들이다. 한국에서도 본회퍼가 쓴 책이나 그에 관한 책이 20여 권 출판되었고, 2010년에는 대한기독교서회에서 전 8권으로 된 『디트리히 본회퍼 선집』이 나왔다.

디트리히 본회퍼는 1906년 2월 4일 독일의 브레슬라우 Breslau 에서 8남매 중 여섯째로 여자 형제 사비네와 함께 쌍둥이로 태어났다. 베를린 대학교 정신과 교수였던 아버지의 뒤를 이어 정신과 의사가 되기를 바라던 부모의 기대와 달리, 열네 살 되었을 때 신학을 전공하여 목사가 되리라 공언했다. 그의 형이 "교회처럼 보잘것없고, 허약하고, 재미없고, 쪼잔하고, 부르주아적인 기관에서 평생을 허비하지 말라"고 당부하자, 그는 "형이 말한 것이 진짜라면, 내가 그걸 개혁해야지" 하고 대답했다.

본회퍼는 튀빙겐 대학에 다니다가 그 당시 아돌프 폰 하르낙 같은 신학자들이 주도한 독일 자유주의 신학의 중심지 베를린 대학교로 옮겼다. 거기서 그는 자유주의 신학을 반대하여 생겨난 신정통주의 신학자 칼 바르트의 저서를 읽었다. 본회퍼는 그리스도교가 현대 세계의 상황에 응답해야 한다는 하르낙의 입장과 신학이 그리스도 중심적이어야 한다는 바르트의 주장을 절묘하게 종합해서 자기 신학을 구축했다.

본회퍼는 1927년 베를린 대학을 최우등 summa cum laude 으로 졸업하고 21세에 박사 학위를 취득했다. 그의 박사 학위 논문인 「성도의 교제」 Sanctorum Communio 에서 그는 그리스도교가 무엇인가 하는 문제를 새로운 시각으로 분석했는데, 바르트로부터 '신학적 기적'이라는 찬사를 받았다. 1928년에는 스페인 바르셀로나에 있는 독일인 교구로 가서 1년간 봉사했다. 1929년 다시 베를린 대학으로 돌아와 개신교와 가톨릭 신학에 끼친 초월주의 철학의 영향력을 밝히는 논문에 몰두했다.

그러나 그는 아직도 목사로 안수받을 나이가 되지 못해 1930년 미국 뉴욕에 있는 유니온 신학교로 건너갔다. "여기에는 신학이 없다"고 할 정도로 미국 신학이 독일 신학의 수준에 미흡하다고 생각했지만, 여기서 그는 그의 삶을 바꾸는 경험을 했다. 유명한 라인홀드 니버 밑에서 공부하며 같이 공부하던 흑인 학생 프랑크 피셔를 만난 것이다. 피셔는 본회퍼에게 뉴욕 할렘에 있는 한 침례교회를 소개하고, 본회퍼는 그 교회 주일학교에서 가르치면서 미국 흑인들의 영성에 깊은 감명을 받았다.

그는 그 교회 목사가 사회정의를 외치는 설교를 들으면서 흑인 등 소수인들이 겪는 사회적 불의에 대해 새로운 인식을 가지게 되었을 뿐 아니라, 교회가 이런 문제에 적절히 대처하지 못한다는 사실을 통

절하게 되었다. 나중에 이때의 경험을 회상하면서 "나는 말장난에서
현실로 돌아왔다"고 술회할 정도였다. 1931년 본회퍼는 다시 베를린
대학으로 돌아가 조직신학을 강의하고, 그해 11월 15일 드디어 25세
의 나이로 베를린에 있는 성 마태 교회에서 루터교 목사로 안수를 받
았다.

1933년 1월 30일 나치 정권이 들어서면서 지금까지 평탄하던 본
회퍼의 삶에 일대 전환이 일어났다. 히틀러가 권좌에 앉은 이틀 후 본
회퍼는 라디오 방송을 통해 국민들을 '잘못 인도할 지도자'Verführer가
될 수도 있는 '지도자'Führer를 우상처럼 떠받드는 우상숭배의 위험성
을 경고하였다. 방송은 도중에 끊겼다.

본회퍼는 많은 독일 그리스도인들이 나치 정권을 지지하고 나설
때 그의 동료들과 함께 '고백교회'를 설립하여 나치 정권에 대항했다.
나치 정권에 협력하는 독일 교회에 실망한 본회퍼는 영국 런던에 있는
독일인 교회 둘을 2년간 맡아달라는 제안을 받아들여 1933년 가을 독
일을 떠났다. 1935년 영국에서의 계약이 끝나고 인도 간디 아슈람에
서 간디의 지도로 비폭력 저항에 대해 연구할 수 있는 기회가 생겼다.
아주 좋은 기회였지만 그는 독일에서 고백교회 목사들을 훈련할 지하
신학교를 이끌기 위해 독일로 돌아왔다. 그가 할 일은 가르치는 일뿐
아니라 자금을 모으는 일이기도 했는데, 후원자 중 한 여자의 손녀 딸
마리아 폰 베데마이어와 약혼했다.

1937년 9월 게슈타포는 신학교를 폐쇄하고 11월 27명의 목사들과
졸업생들을 체포했다. 다음 2년간 본회퍼는 나치의 눈을 피해 작은 마
을에서 불법적으로 목회를 하고 있는 신학생들을 찾아 돌아다니면서

신학 교육을 계속했다. 이때 그는 그의 신학교 지도 경험을 기초로 그의 가장 잘 알려진 책『제자 됨의 값』과『신도의 공동생활』이라는 책을 냈다. 본회퍼는 평화주의자로서 도저히 독일에 계속 머물 수 없다고 생각하고 1939년 6월 유니온 신학교의 초청을 받고 다시 미국으로 갔다. 그러나 미국에 도착하자마자 미국으로 온 것을 후회했다. "독일 국민들과 함께 독일 역사에서 이런 어려운 시기를 함께 보내야" 한다는 생각으로 독일로 돌아갔다.

독일에 돌아온 본회퍼는 1938년부터 매형을 통해 알게 된 반나치 저항 운동에 가입했다. 이들은 결국 히틀러를 암살하는 것만이 문제를 해결하는 것이라 생각했다. 그는 암살 음모에 가입하는 것이 죄라는 사실을 그대로 받아들였다. 단, 그 죄를 다른 사람과 다음 세대를 위해 어쩔 수 없이 자기가 떠맡아야 한다고 생각했다.

1943년 4월 6일 본회퍼와 그의 매형 도나니가 체포되었다. 다른 사건으로 체포되었지만, 조사 도중 암살 음모에 관련된 문서들이 발견되었다. 본회퍼는 재판을 기다리며 테겔 군용 감방에 갇혀 있었다. 거기 있으면서 그가 쓴 글을 그에게 호의적인 간수의 도움으로 그의 친구 에버하르트 베트게Eberhard Bethge 등에게 보낼 수 있었다. 이것이 후에『옥중서간』이라는 책으로 발간되었다. 1944년 7월 20일 본회퍼가 속해 있던 반나치 단체의 히틀러 암살 계획이 실패로 돌아가고 이에 본회퍼의 관련이 확실하게 드러났다. 1945년 2월 본회퍼는 그동안 지내던 테겔에서 떠나 몇 군데 중범자 감옥을 거쳐 플로센베르크에 있는 수용소로 옮겨졌다.

1945년 4월 8일 증인도, 재판 기록도, 변호인도 없이 사형선고가 내려지고, 4월 9일 새벽 교수형으로 39년 2개월의 짧은 삶을 마감했다. 소련군이 베를린에 들어오기 3주 전, 나치 독일이 무너지기 한 달전이었다.

히틀러 암살 계획

디트리히 본회퍼에게 가장 곤혹스러운 질문은 평화주의자이며 목사였던 그가, 더욱이 인도의 성자 간디의 비폭력 저항 운동을 배우려 했던 그가, 어떻게 히틀러 암살 계획에 가담할 수 있었느냐 하는 것이었다. 마치 '평화의 왕'이라 불리는 예수가 "내가 이 세상에 화평을 주러 온줄로 생각하지 말라. 화평이 아니요 검을 주러 왔노라"는 말을 하는 것을 들을 때 가지게 되는 의문과 같다. 물론 평화라고 하여 불의를 보고도 모른 척하고 있어야 한다는 것이 아닐 것이다. 본회퍼 자신도 이런 생각을 다음과 같은 말로 설명하였다.

> 만일 어떤 미친 운전사가 사람들이 많이 다니는 인도 위로 차를 몰아 질주한다면 목사인 나는 희생자들의 장례나 치러주고 가족들을 위로하는 일만 하는 것이 나의 유일한 임무라 생각하지 않습니다. 나는 그 자동차에 뛰어올라 그 미친 운전사로부터 핸들을 빼앗아야 할 것입니다.

본회퍼의 신학 사상은 주로 나치 정권에 저항하면서 행한 강연이나 설교, 편지, 일기, 메모 등을 통해 단편적으로 발표될 수밖에 없었다. 독일에서 나온 그의 저술을 보면 단행본으로 『성도의 교제』, 『행위와 존

재』, 『창조와 타락』, 『나를 따르라』, 『신도의 공동생활』, 『윤리』, 『저항
과 복종』 등이 있고, 1986년에는 지금까지의 저작을 다시 편집하여 전
16권으로 된 전집이 출간되었다. 그 후 그의 약혼자와 교환한 서신이
공개되어 출판되고, 2000년에는 그의 삶을 담은 영화가 제작되어 상
영되기도 했다.

　그의 저술에서 발견되는 몇 가지 중요한 신학 사상을 살펴보자.
본회퍼 사상의 근간은 그의 그리스도론이다. 그는 '공동체로 존재하는
그리스도'를 강조한다. 그리스도가 인간 존재와 역사의 중심이며 신과
자연의 중보자仲保者라는 것이다. 그리스도가 '나를 위하여'pro me라기
보다 '우리를 위하여'pro nobis, 결국에는 '남을 위하여'pro aliis 산 분이라
정의하고, 특히 그가 "남을 위한 존재"Dasein-für-andere라는 점을 강조하
였다. 오로지 중생을 위해 존재하는 보살 사상을 연상하게 하는 발언
이다. 이것도 그리스도를 '따름'Nachfolge의 문제와 관련되는 사상으로,
키르케고르를 강의하면서 자극을 받고 만들어낸 말이다. 그는 다음과
같이 외친다.

　　값싼 은혜는 우리 교회의 치명적인 적이다. 오늘 우리의 싸움은 값
　　비싼 은혜를 얻기 위한 싸움이다. 값싼 은혜는 싸구려 은혜, 헐값
　　의 용서, 헐값의 위로, 헐값의 성만찬이다. 그것은 교회의 무진장
　　한 저장고에서 몰지각한 손으로 생각 없이 무한정 쏟아내는 은혜
　　이다. 그것은 대가나 값을 치르지 않고 받는 은혜이다. (……) 값싼
　　은혜는 죄인을 의롭다 함이 아니라 죄를 의롭다 함이다.

그러면서 그는 루터가 말한 은혜란 그리스도와의 인격적 결합을 통해 우리의 삶이 그리스도께 완전히 복종함을 전제로 한 은혜라고 하였다. 이런 기본적인 사실을 망각하고 우리는 "까마귀처럼 '싸구려 은혜'라는 시체 주위에 모여, 그 시체의 독을 받아 마신 결과 우리에게는 예수를 따르는 삶이 사라지고 말았다"는 것이다. 말하자면, 값비싼 은혜는 예수의 십자가를 '지고' 가는 것인데 반해, 값싼 은혜는 예수의 십자가를 '타고' 가려는 것이라 할 수 있을지 모르겠다.

본회퍼는 감옥에 있는 동안 어느 모로 보나 '종교적'이지 않은 사람들을 많이 알게 되었는데, 그들에게서 깊은 감명을 받았다. 이들은 감옥의 힘든 삶이나 연합군의 폭격 속에서도, 심지어 사형선고를 받고도 결코 '종교적 위안'을 구하지 않았다. 그는 이런 사람들과 함께 살면서 결국은 비종교적 내지 탈종교적인 이런 사람들이야말로 미래를 이끄는 선구자들이라는 것, 그리고 역사는 결국 종교가 없는 시점을 향해 달리고 있다고 믿었다. 따라서 그는 이와 같은 시대에 예수의 기별이 어떻게 의미 있게 전달될 수 있을까 고민하지 않을 수 없었다. 종교란 그리스도교가 입고 있는 일종의 '외투'로서, 이제 그것을 벗어던져야 할 때가 되었다고 보았다. 이런 사실을 감안하여, 어떻게 "우리는 이 '성년이 된 세계'world come of age에서 '그리스도교에 대한 비종교적 해석'을 창안할 수 있을까" 하는 질문을 던졌다.

본회퍼는 중세의 연극에서 앞뒤 이야기의 흐름이 맞지 않을 때 신을 등장시켜 문제를 해결할 때처럼 '기계에서 튀어나온 신'deus ex machina 같은 신은 이제 필요 없게 되었다는 것이다. 인간이 설명할 수 없는 상황이나 한계에 부딪쳤을 때 불러들이는 도구로서의 신, 주변으로 밀려났다가 필요할 때마다 가끔씩 해결사로 등장하는 신은 안 된다고 보았다.

본회퍼는 참된 신은 초월적이지만 동시에 우리의 삶 중심에 계시는 분이어야 한다고 역설했다. 이를 두고 그는 우리가 '하느님 앞에, 하느님과 함께, 하느님 없이' 산다고 표현했다. 이런 하느님은 고난 받고 약한 하느님으로서, 십자가에 달린 예수는 결국 신의 고난에 동참한 것이다. 예수를 따르는 그리스도인들도 예수처럼 신의 고난에 동참하는 사람들이어야 한다고 주장했다.

제2차 세계대전 이후 등장한 사신死神신학, 세속화신학, 상황윤리, 평화신학, 해방신학, 한국의 민중신학 등은 직접적으로나 간접적으로 본회퍼에 대한 이해와 오해에서 촉발되었다고 볼 수 있다. 그리스도인이든 비그리스도인이든 그가 공리공론의 신학자가 아니라 그의 신학을 직접 삶으로 옮긴 실천의 신학자라는 데 크게 감명을 받는다. 하버드 대학교 하비 콕스 교수의 다음과 같은 말에 동의하지 않을 수 없다.

> 아마도 테겔 군인 구치소 19호 감방의 수감인이 성인은 아니었을 것이다. 그러나 그는 내가 아는 그 어느 누구보다도 완전한 인간적인 존재에 가까웠고, 그는 아직도 우리 모두에게 들려줄 가치 있는 무엇을 가지고 있음에 틀림이 없다.[18]

---

[18] 본회퍼의 저작은 한국어로 많이 번역되어 있다. 특히 에버하르트 베르게 지음, 김순현 옮김, 『디트리히 본회퍼』(복있는 사람, 2014)와 하비 콕스 지음, 오강남 옮김, 『예수 하버드에 오다』(문예출판사, 2004) 등을 참조할 수 있다.

폴 틸리히
Paul Tillich

현대 지성인을 위한 사도

"모든 종교의 심층에는 종교 자체의
중요성을 잃어버리게 하는 경지가 있다"

철학적 신학

폴 틸리히(1886~1965년)는 루돌프 불트만과 함께 20세기에 가장 영향력이 컸던 신학자였다. 1990년대 미국 신학교에서 조직신학을 가르치는 신학자들을 대상으로 조사한 바에 의하면 긍정적이든 부정적이든 가장 큰 영향을 준 신학자로 틸리히를 꼽았다. 필자의 경우도 성서 이해나 해석학 분야에서는 불트만의 영향을 크게 받았지만, 신학 사상에 있어서는 틸리히의 영향이 가히 절대적이라 할 수 있을 정도였다.

대학교 저학년 때 사촌형의 책꽂이에 꽂힌 틸리히의 『조직신학』 Systematic Theology을 펼쳐보았다. 하얀 것은 종이이고 까만 것은 글자라는 사실 이외에는 전혀 알 수 있는 것이 없었다. 세월이 흘러 대학원 학생이 되었을 때 틸리히의 사상에 매료되기 시작했다. 캐나다에서 유학하며 불교를 전공할 때도 틸리히가 머리에서 떠나지 않았다. 틸리히 때문에 불교 사상을 더욱 친근하게, 더욱 쉽게 접할 수 있게 되지 않았나 생각한다. 이 글을 쓰기 위해 유튜브에서 틸리히가 생전에 했던 두 시간 분량의 인터뷰를 다시 보았다. '과연'이라는 말이 절로 나왔다.

틸리히는 1886년 8월 20일 독일 동부의 조그마한 도시 슈타르체델Starzeddel에서 보수적인 루터교 목사였던 아버지와 자유주의적이었던 어머니 사이의 첫째로 태어났다. 밑으로 두 여동생이 있었다. 틸리히가 네 살 때 아버지의 임지인 인구 3천 명의 쇤플리스Schönfliess로 옮겨가 거기서 초등학교를 다니고, 12세 때 혼자서 쾨니히스베르크Königsberg로가 한국의 중고등학교에 해당하는 김나지움에 다녔다. 기숙사에서 외로움을 달래기 위해 성경을 읽고, 그러면서도 학교에서 가르치는 인문주의적 사상에 매료되기도 했다. 1900년 아버지가 다시 베를린으로 옮김에 따라 틸리히도 15세에 베를린에 있는 학교로 옮기고 3년 후 18세에 졸업했다. 그가 17세 때 어머니가 암으로 세상을 떠났다.

틸리히는 1904년 베를린 대학에 입학했다가 곧 튀빙겐 대학으로 옮기고, 1905~1907년에는 할레 대학에 다닌 후, 1911년 브레슬라우 대학에서 셸링Schelling 연구로 철학 박사 학위를 받고, 1912년 할레 대학에서 역시 셸링 연구로 신학 전문직 학위를 취득, 루터교 목사로 안수도 받았다. 그의 사상 형성에 영향을 준 사상가들은 셸링 외에 니체, 헤겔, 키르케고르, 하이데거 등이었다. 1914년 9월 결혼한 데 이어 10월부터 4년간 제1차 세계대전 군목으로 복무해 제1급 십자훈장도 받았다. 제대 후 1919년에서 1924년까지 베를린 대학에서 신학을 가르쳤다.

1924년부터 2년간 마르부르크 대학 신학 교수로 있으면서 그의 『조직신학』 체계의 틀을 잡았다. 그 이후 드레스덴, 라이프치히, 프랑크푸르트 등에서 가르쳤다. 프랑크푸르트 대학에서 가르치는 동안 전국을 다니며 한 그의 강연이 나치 운동과 갈등을 빚게 됐고, 1933년 히틀러가 정권을 잡자 교수직에서 해임되었다. 그 후 라인홀드 니버의 초청으로 미국 뉴욕에 있는 유니온 신학대학원으로 옮겼다.

1933년 47세의 나이에 새롭게 영어를 배우고, 그 이후 모든 저작을 영어로만 하기로 결심했다. 처음에는 영어가 서툴러 고생을 했지만, 영어로 말하거나 글을 쓸 경우 독일어보다 쉽고 부드럽게 되는 것을 발견하게 되었다고 한다. 1933년 종교철학을 가르치기 시작, 1955년까지 유니온 신학대학원에서 '철학적 신학 교수'로 알려졌고, 그 가까이 있는 컬럼비아 대학교에서도 방문 교수로 철학 강의를 할 정도로 명강의를 했다. 그가 유니온 대학에 있을 때 영어로 쓴 『프로테스탄트 시대』 등의 논문 모음집, 『흔들리는 터전』 등의 설교 모음집, 특히 그의 대표작인 『조직신학』 제1권 등의 저작으로 크게 명성을 떨쳤다. 이에 힘입어 1953년에는 영예로운 스코틀랜드 기포드 강연 강사로 초대되고, 1955년에는 하버드 대학교 신학대학으로 초빙되어 강의에 구애받지 않는 최우대 특별 교수가 되었다. 1962년까지 하버드에 있으면서 『조직신학』 제2권과 그 유명한 『신앙의 역동성』 등을 출판하였다.

1962년 시카고 대학으로 옮겨가 2년 동안 그 당시 시카고 대학 종교학의 대가 미르체아 엘리아데와 공동 세미나를 이끌면서 그와 학문적 교분을 두텁게 했다. 여기서 『조직신학』 제3권이 완성되었다. 1965년 10월 12일 저녁 시카고 대학 종교사학회에서 그의 동료들의 요청으로 '조직신학자를 위한 종교학의 의의'라는 제목으로 강연을 했다. 거기서 그는 그가 시간적 여유만 있다면 그의 조직신학을 동양 종교를 포함하여 세계 종교들의 통찰과 대화하면서 다시 쓰고 싶다는 그의 염원을 말하고, 이런 식으로 세계 종교의 맥락 속에서 쓰여지는 신학이 "신학의 미래를 위한 나의 희망"이라고 했다. 강연이 끝나고 오랫동안 박수가 그치지 않았다. 그러나 다음 날 새벽 4시에 심장마비를 일으킨 그는 그 후 10일 만인 10월 22일 79세를 일기로 숨을 거두었다.

그의 유해는 미국 인디애나주 뉴하모니에 있는 폴 틸리히 공원에 안치되었다. 조지아 하크니스는 틸리히를 두고, "미국 철학을 위해 화이트헤드가 있었다면 미국 신학을 위해 틸리히가 있다"는 말로 틸리히의 신학적 공헌을 찬양했다.

'깨어진 신화'

틸리히는 그리스도교의 가르침을 오늘을 사는 그리스도인들을 위해 재해석하는 데 일생을 바친 신학자였다. 그에게 있어서 그리스도교의 전통적 가르침은 모두 '상징'symbol 이었다. 그의 주저인 『조직신학』 목차만 보아도 '타락의 상징', '그리스도의 상징', '십자가의 상징', '천국의 상징' 등등의 용어가 등장한다. 타락, 그리스도, 십자가, 천국 등의 개념이 그 자체로 진리가 아니라는 것이다. 그에 의하면 상징은 "그 자체를 넘어서는 다른 무엇을 가리키는" 역할을 하는 것이기 때문에 이런 상징적인 개념들을 대할 때 우리는 그런 것들 자체에 정신을 빼앗기지 말고, 그것들이 가리키는 그 너머에 있는 의미를 찾도록 해야 한다는 것이다. 불교적 용어로 하면 이런 상징들은 '달을 가리키는 손가락'과 같은 역할을 한다는 뜻이다.

그는 오늘 우리가 처한 '상황'을 무시하고 어느 한때 인간의 필요에 부응하여 주어진 '과거'의 해석 자체를 붙들고 있겠다는 미국의 근본주의적 태도나 유럽의 정통주의적 자세는 '과거의 정황'에서 형성된 특수 해석 자체를 절대화하려 한다는 의미에서 '악마적 특성'을 가지고 있다고 했다. 그리스도교의 메시지를 각 세대를 위해 그때그때 새롭게 해석하는 이른바 '응답하는 신학'으로서의 신학적 소임을 망각한 신학은 신학의 역할을 방기한 것이라는 뜻이다. 틸리히의 경우 그리스도교 상징을 해석하는 틀은 주로 하이데거의 실존철학이었다.

그는 성경이나 그리스도교의 메시지에 나오는 이런 상징들을 무조건 문자적으로 받아들이려는 것은 무의미하고 무모한 일이라고 말했다. 그는 "성경을 심각하게 읽으려면 문자적으로 읽을 수 없고, 문자적으로 읽으면 심각하게 받아들일 수가 없다"고 하였다. 틸리히가 영향을 받은 루돌프 불트만이 '비신화화'라는 용어로 신화의 재해석을 강조했다면 틸리히는 그 용어가 신화를 없애야 한다는 말로 오해될 소지가 있으므로 그 대신 '비문자화' deliteralization라는 용어를 사용한 셈이다. 신화나 상징은 호두가 깨어져야 그 속살을 얻을 수 있는 것처럼 '깨어져야' 그 깊은 의미를 얻을 수 있다고 보았다. 이른바 "깨어진 신화" broken myths여야 신화로서의 역할을 충실히 한 셈이라는 뜻이다.

틸리히에 의하면, 종교란 인간이 가지고 있는 '궁극 관심' ultimate concern이다. 그 궁극 관심의 대상은 결국 궁극적인 것, 곧 신이다. 그러나 우리가 일상적으로 사용하는 '신'이라는 말도 상징이라는 사실을 잊으면 안 된다고 한다. 우리는 우리가 쓰는 '신'이라는 말 너머에 있는 궁극 실재로서의 신을 경험해야 한다는 것이다. 그러기에 그는 '신의 상징으로서의 신' God as the symbol of God이라든가 '신 너머에 있는 신' the God beyond God · the God above God이라는 말을 즐겨 사용한다. 그는 궁극 실재로서의 신은 '상징적으로' 표현하지 않고는 표현할 수 없다고 못박았다. 틸리히는 물론 이런 상징들을 두고 '겨우 상징일 뿐인가?' 하는 말을 하면 안 된다고 한다. 종교적 상징은 우리를 궁극 실재로 이끌어주는 필수 불가결의 신성한 수단이기 때문이다.

그러면 궁극 실재로서의 신은 구체적으로 어떻게 이해해야 할까? 틸리히는 신God과 신성Godhead을 구별해야 한다고 강조한다. 신은 우리의 구체적인 일상 경험에서 이해된 대로의 신이고 신성은 언어나 상징 체계 너머에서 직접적으로 경험되는 궁극 실재라고 보았다. 이런 궁극 실재는 '하나의 존재'a being일 수가 없다. 궁극 실재가 '하나의 존재'라면 우리가 아무리 '위대하다', '전능하다', '전지하다' 등의 현란한 수식어를 붙인다 하더라도 그것은 '다른 존재들 중의 하나'a being among others로서 여전히 존재의 차원에 머물 수밖에 없고, 그런 의미에서 다른 존재와 특별하게 다르다고 할 수도 없다.

절대적이고 '조건 지워지지 않는' 궁극 실재로서의 신은, '존재 자체'Being-itself라 하든가 '존재의 힘'the Power of Being 혹은 '존재의 근거' the Ground of Being라 보아야 한다고 했다. 존재 자체 혹은 존재의 바탕으로서의 신은 '존재와 비존재', '본질과 실존' 등의 분별을 넘어서기 때문에 '신은 존재하지 않는다'고 할 수밖에 없다고 했다. 따라서 일반인들이 상식적으로 믿고 있는 신은 결국 우상숭배나 미신에 지나지 않는다고 본 셈이다. '존재의 근거'라는 용어는 가히 화엄 불교에서 말하는 '법계'法界 · dharmadhātu를 연상하게 하는 말이다.

틸리히는 스스로를 '경계인'a man on the boundary이라 하였다. 1960년 일본을 방문해서는 불교 사찰을 방문하고 선불교 스님들과 대화하면서 깊은 인상을 받았다. 그때 받은 감명을 1961년 컬럼비아 대학교에서 행한 「그리스도교와 세계 종교들과의 만남」Christianity and the Encounter of the World Religions이라는 강연을 통해 발표하고 그 후 작은 책자로 출판했다. 여기서 그는 그리스도교에서 말하는 '하느님의 나라'와 불교에서 가르치는 니르바나를 비교하고, 종교 간의 관계는 '개종'conversion이 아니라 '대화'dialogue이어야만 한다는 것을 역설했다. 그리고 마지막으로 다음과 같은 명언으로 끝을 맺었다.

> 모든 종교의 심층에는 종교 자체의 중요성을 잃어버리게 하는 경
> 지가 있다. 그 경지는 종교의 특수성을 관통한 영적 자유로, 그리
> 고 그와 더불어 인간 실존의 궁극 의미를 표현한 다른 표현들 속에
> 나타난 영적 현존을 감지할 수 있도록 한다.

그는 시카고에서 한 마지막 강연에서도 비슷한 말을 되풀이했다. 틸리
히는 신학자였지만, 이처럼 모든 종교의 심층을 꿰뚫어 보고 우리를
그리로 인도한다는 의미에서 생각하는 모든 종교인들을 위한 스승이
라 하여도 지나칠 것이 없으리라.

토머스 머튼
Thomas Merton

평화와 정의의 수도자

"종교는 '설명'이 아니라 '체험'이다"

'잠잠하라'

20세기 미국의 사상가 중에 가장 사랑받고 존경받는 사람은 누구일까? 많은 사람이 거리낌 없이 호방한 시인이자 깊은 영성의 종교인이었으며, 반전 평화 운동과 사회정의 구현에 적극적이었던 사회 활동가 토머스 머튼(1915~1968)을 꼽을 것이다. 그가 33세에 쓴 자전적인 책 『칠층산』*The Seven Storey Mountain*은 1948년 출판 당시 베스트셀러였음은 물론 현재까지도 여러 판본으로 세계 전역에서 꾸준한 인기를 끌고 있다. 특히 미국에서 가톨릭 수도원 지원을 열망하는 젊은이들이 가장 열독하는 책으로 《내셔널 리뷰》지가 선정한 20세기 최고 비소설류 100권에 선정되기도 했다. 물론 우리말로도 번역되어 나왔다. 필자도 그가 쓴 70여 권의 책 중 *The Way of Chuang Tzu*와 *Zen and the Birds of Appetite*를 교과서로 사용하였고, 그동안 『불교, 이웃종교로 읽다』같이 필자가 쓴 여러 책이나 글에서 동양 사상을 사랑하고 동서 사상의 조화를 강조했던 이 가톨릭 수도사 토머스 머튼을 수없이 인용하고 언급했다.

토머스 머튼은 1915년 1월 31일 프랑스 프라드Prades에서 태어났다. 아버지는 뉴질랜드 출신으로 유럽과 미국에서 활동하던 화가였으며 어머니는 미국인으로 명상을 중시하는 개신교 일파인 퀘이커 신도였다. 머튼은 프랑스에서 태어났지만 제1차 세계대전의 전화를 피해 미국의 뉴욕주 롱아일랜드에 있던 외가로 이주했다가 1917년 뉴욕 근교 플러싱에 정착했다. 그 후 동생 존 폴이 출생했으나 머튼이 여섯 살 되던 해인 1921년 10월 어머니가 위암으로 사망하는 슬픔을 맛보았다. 또 화가인 아버지가 프랑스, 이탈리아, 영국, 알제리 등지에서 예술 활동에 전념하면서 머튼은 동생과 함께 어린 시절을 외가에서 보내야 했다.

청소년기를 프랑스와 영국의 기숙사 학교에서 보낸 머튼은 18세가 되던 해인 1932년 캠브리지 대학에 합격하면서 성년으로서의 자유를 만끽하려고 유럽 전역을 주유하기 시작했다. 그러다가 가톨릭의 산실인 이탈리아 로마의 어느 성당에서 본 예수의 모자이크 그림에 깊은 감명을 받게 되었다. 그 후 그는 여러 성당을 찾아 참배하며 틈틈이 라틴어로 된 신약성경을 통독하기 시작했다.

그러던 어느 날 밤, 머튼은 죽은 아버지가 자신과 함께 있는 듯한 묘한 신비감을 체험했다. 그 일로 오랫동안 자기를 따라다니던 공허감의 실체와 직면하게 되었다. 그는 생전 처음으로 신에게 마음으로부터 우러나오는 깊은 기도를 드리며 어두움에서 자신을 구해줄 것을 간절히 간구했다. 그리고 로마에 있는 트라피스트 수도원을 방문해 트라피스트 수도사가 되었으면 하는 바람을 강력히 간직하게 됐다.

그 후 이탈리아에서 배를 타고 미국으로 건너가 외조부모와 함께 여름을 보냈다. 로마에서의 신비스러운 경험이 계속되면서 그는 라틴어 성경을 읽고 가톨릭 성당, 성공회 성당, 퀘이커 모임에 열의 있게 참석했다. 그러나 어느 곳에서도 마음에 꼭 맞는 교회를 찾지 못했다. 조직과 규율로 움직이는 박제화된 종교에 대한 실망감 때문이었다.

1933년 10월에 시작된 영국 캠브리지 대학에서의 생활은 그리 즐겁지만은 않았던 것 같다. 자서전에서 그때의 삶을 부정적으로 그리고 있기 때문이다. 그의 절친했던 친구들에 따르면 머튼은 떠돌이처럼 다니면서 공부보다는 술집에서 시간을 더 보내고 성(性)적으로도 자유분방했다고 한다. 정확하게 무슨 이유인지는 모르지만 머튼은 미국으로 돌아가지 않을 수 없는 형편이 되어, 다음 해 5월 기말시험을 끝내고 캠브리지를 떠났다.

1935년 1월, 머튼은 미국 뉴욕에 있는 컬럼비아 대학으로 옮겼다. 컬럼비아에 다니면서 본격적으로 종교와 문학에 관심을 가지게 되었는데 교내 신문 기자로 일하면서 남긴 그때의 글과 그림을 보면 그가 얼마나 걸림 없는 자유정신의 소유자였는지 짐작할 수 있다. 그는 당시 활발했던 반전 평화 운동에도 열성적으로 참여했다.

그는 에띠엔느 질송Étienne Gilson의 『중세철학의 정신』이라는 책을 읽고 가톨릭 사상의 정수를 맛보게 됐고 특히 올더스 헉슬리의 『목적과 수단』이라는 책을 통해 종교의 심층인 신비주의적 차원에 큰 관심을 가지게 되었다.

머튼은 1938년 1월 컬럼비아 대학에서 영문학 학사 학위를 끝내고 다시 대학원에 진학했다. 그해 6월, 그는 그의 삶에 가장 큰 전환점을 제시한 인물을 만나게 되는데, 바로 힌두교 승려인 마하남브라타 브라흐만차리와의 만남이었다. 이 특이한 힌두 승려는 그를 방문한 서양 학생들에게 각자 자기들의 정신적 뿌리를 찾아 들어갈 것을 권유하고, 머튼에게는 특별히 아우구스티누스의 『고백록』과 토머스 아 켐피스의 『그리스도를 본받아』를 읽어보라고 권했다. 힌두교 승려가 가톨릭 책을 추천하는 것이 너무 신기했던 머튼은 그 책들을 열심히 통독하기 시작했다. 그러면서 대학원 논문 주제가 된 윌리엄 블레이크에 대해서도 열심히 연구했다.

그는 제라드 홉킨스가 어떻게 가톨릭으로 개종하여 신부가 되었는가에 대한 책을 읽고 불현듯 자신도 가톨릭 신도가 되겠다는 강렬한 열망에 휩싸였다. 그는 당장 근처 성당으로 가서 신부를 만나 가톨릭 신자가 되겠다는 결심을 밝혔고 이내 교리문답 공부를 거쳐 영세를 받았다. 그는 영문학 석사 학위를 받고, 박사 학위 과정을 계속할 생각이었으나 이를 과감하게 포기하고 인생의 행로를 수정해 성직자의 길을 가기로 결심했다.

어느 수도원으로 들어갈까 고민하던 그는 로마에서 산 라틴어 성경을 들고 아무 데나 펴서 손가락 짚이는 곳을 읽어보았다. 그리고 두 번째의 시도에서 신약 『누가복음』의 "잠잠하라" 하는 구절이 우연히 눈에 들어왔다. 그는 이것이 하늘이 주는 계시라 생각하고, 묵언정진을 강조하는 시토Cistercians 수도회에 들어가기로 결심했다. 오랜 우여곡절을 겪은 후에 1941년 12월 10일 마침내 켄터키주 루이빌 부근 겟세마네 봉쇄 수도원에 도착했다. 그는 자기의 진정성을 보여주기 위해 추운 날씨에도 불구하고 3일간 손님방에서 머물며 창문을 모두 열어놓기도 했다. 수도원에 들어간 이후로는 겨울옷 한 벌, 여름옷 한 벌만 입고 살았고, 병이 나도 약을 쓰는 것이 신의 뜻을 어기는 것이 아닌가 하는 의문을 가질 정도로 수행에만 전념했다. 차례대로 수도자의 단계를 거쳐 1947년 평생 수도원을 떠나지 않겠다는 '종신서원'solemn vows을 했으며 1949년에는 신부 안수도 받았다.

동서양 사상의 조화

수도원의 엄격한 규율 속에 살았지만, 머튼의 재능을 인정한 수도원장의 특별 배려로 머튼은 저술 활동을 계속할 수 있었다. 종교 서적을 번역하고 성인들의 전기를 쓰는 일, 그리고 자기의 삶을 되돌아보는 자서전 쓰는 일에 정성을 쏟았다. 1965년부터는 수도원 내에 암자에 칩거하면서 오로지 저술 활동에만 전념했다. 머튼의 전기 *The Man in the Sycamore Tree*를 쓴 그의 친구 에드워드 라이스에 의하면 머튼의 마지막 몇 년은 "날이 새고 날이 질 때까지 머튼은 평화와 동양에 대해서만 생각하고 쓰고 설교했다"고 한다. 그의 저서 중 특히 동양 사상과 관계되는 책은 앞에서 필자가 교과서로 사용했다는 책들 외에 『신비주의와 선의 대가들』, 『아시아 여행기』, 『비폭력과 간디』 같은 책들이 있다.

저자로서의 위상과 영향력으로 인해 머튼은 1968년 태국에서 열리는 가톨릭과 비가톨릭 수도 생활에 관한 학회에 참석하고, 가는 김에 아시아 몇 나라를 방문해도 좋다는 허락을 받았다. 『칠층산』의 판매로 엄청난 수익금을 올렸지만 한 푼도 만져보질 못한 머튼은 아시아 여행을 위해 스스로 경비를 마련해야만 했다. 결국 그는 출판사에 여행기를 써서 넘기겠다는 조건으로, 말하자면 입도선매立稻先賣식으로 여행비를 마련해서 인도 담살라에 있던 달라이 라마를 비롯하여 티베트 스님들을 만났다. 실로 의기투합이었다. 스님들은 머튼을 보고 생불임에 틀림이 없다고 했다. 그는 스리랑카 폴론나루와의 붓다 석상들에 깊은 감명을 받기도 했다.

1968년 12월 10일, 54세 생일을 40일 정도 남겨둔 머튼은 수도원에 들어온 지 꼭 27년 되는 날 태국 방콕의 숙소 목욕탕에서 허술한 전기 선풍기 줄에 걸려 감전 사고로 죽었다. 일설에는 반전 평화 운동을 하던 그의 행적을 눈엣가시처럼 여기던 반대 세력에 의해 암살되었을 가능성도 배제하지 못한다고 한다. 아이러니하게도 그토록 평화를 위해 애쓰던 머튼의 시신은 미 공군 B-52 폭격기에 실려 미국으로 운송된 후 겟세마네 수도원에 안장되었다.

머튼은 컬럼비아 대학에서 올더스 헉슬리의 책을 읽고, 힌두 승려 바라흐마차리를 만난 이후 이웃종교들에 대한 생각이 확 달라졌다. 그는 여러 종교들 중에서 특히 선불교와 노장사상을 좋아했다. 그가 선불교나 노장사상에 심취한 것은 이들 사상이 그리스도교처럼 신비주의적 차원을 잃어버린 채 '설명'explanation에만 의존하지 않고 '체험'experience을 강조하기 때문이라고 했다. 그리스도교 초기 '사막의 교부들'과 선사들이 체험을 중시 여긴다는 공통점을 발견하고 이 문제를 중심으로 스즈키 다이세쓰와 서신 교환을 하기도 했다. 『장자』를 너무 좋아해 번역서들을 읽으며 5년간 명상한 끝에 장자의 중심 사상을 뽑아 시적 표현으로 재구성하여 『장자의 길』이라는 책을 냈는데, 이 책에서 그는 장자를 두고 '나와 동류의 인물'이라고 했다.

머튼은 예수가 탄생했을 때 동방박사들이 선물을 가져다주어 그리스도교 발생에 도움을 주었다는 이야기처럼 2천 년이 지난 오늘 그리스도교가 새롭게 활기를 되찾으려면 다시 동방으로부터 선물이 와야 하는데, 그것이 선불교와 노장사상 같은 동양의 정신적 유산이라고 역설했다. 그리스도교뿐 아니라 "인간과 그 문명 자체를 위협하는 비극을 촉진시키는" 일을 늦추기 위해서라도 동양의 정신적 유산을 심각하게 받아들여야 할 것이라고 경고했다. 그 스스로도 틱낫한 스님 등 세계 종교 지도자들과도 교류하면서 그들로부터 배우려 했다. 물론 머튼이 여기서 말하는 동양의 정신적 유산이란 역사적 불교나 역사적 도교를 의미하는 것이 아니라 그런 역사적 종교를 배출하게 된 인류 보편의 영적 바탕, "명상의 침묵과 신비적 체험 속에서 만나는 '신 너머의 신'에 대한 체험" 같은 종교의 심층을 의미한다는 사실에 주목할 필요가 있다.

　이렇게 동양의 종교 심층에 깔린 정신적 유산을 귀히 여기고 거기서 배워야 할 것이 많다고 강조한 토머스 머튼의 글을 읽을 때마다, 지금은 많이 달라지긴 했지만, 지금껏 우리 자신의 전통 깊은 곳에서 찾을 수 있는 정신적 유산을 등한시하던 우리 자신이 한없이 부끄러워진다. 등잔 밑은 본래 어두운 법이라는 말로 위로를 삼아야 할까?

테레사 수녀
Mother Teresa of Calcutta

인도주의 종교인

"사랑의 열매는 섬김입니다.
섬김의 열매는 평화입니다"

'부름 속의 부름'

테레사 수녀(1910~1997년)보다 우리에게 더욱 익숙한 이름은 마더 테레사이다. 현대의 가톨릭 수녀들 중 테레사 수녀보다 더 잘 알려진 이는 없을 것이다. 1950년 인도 콜카타에 '사랑의 선교수녀회'Missionaries of Charity를 창설하고 45년 이상 가난하고 병들고 죽어가는 사람들을 희생적으로 돌본 이 시대의 모범적인 인도주의 종교인이었다. 인류애를 실천한 공로로 1973년에는 템플턴상, 1979년에는 노벨 평화상을 수상하고, 1980년에는 인도 최고의 시민훈장 바라트 라트나Bharat Ratna를, 그리고 그 이외에 세계 여러 곳으로부터 무수한 상을 받았다. 사망 후 교황 요한 바오로 2세에 의해 시복되어 '콜카타의 복녀 테레사'Blessed Teresa of Calcutta라는 칭호를 받았다.

테레사 수녀는 1910년 8월 26일 지금의 마케도니아 공화국의 수도 스코페에서 알바니아계 로마가톨릭 가정의 세 자녀 중 막내로 태어났다. 본명은 아그네스 곤자 보야지우Agnes Gonxha Bojaxhiu였다. 아그네스는 '어린 양'이라는 뜻이고 곤자는 알바니아 말로 '장미 봉오리'라는 뜻이었다. 아버지는 건축업자 겸 수입상이었는데, 독립투쟁에 관여하다가 1919년 아그네스가 여덟 살 때 급사했다. 어머니는 어린 자녀들을 양육하기 위해 천을 팔고 자수 놓는 일에 종사했다.

아그네스는 어려서부터 선교사들의 이야기를 좋아하고, 12세 때는 이미 자기도 커서 선교사가 되겠다는 결심을 굳혔다. 18세에 아일

263

랜드로 건너가 인도 선교로 잘 알려진 로레토 수녀원에 들어갔다. 로레토 수녀원으로 간 주된 이유는 인도에 가서 가르칠 때 필요한 영어를 익히기 위해서였다.

1929년 19세에 인도에 도착, 히말라야 산맥 기슭에 있는 다르질링에서 예비 수녀 생활을 시작했다. 1931년 5월 24일 수녀가 되기로 서원하고, 그와 함께 '테레사'라는 이름을 채택했다. 6년이 지난 1937년 5월 14일 종신서원을 하고, 콜카타에 있는 로레토 수녀원 부속학교에서 교사로 일하다가 나중에 교장까지 되었다.

그러던 중 중병을 앓게 되었는데, 일을 하지 못하고 쉬는 동안 깊은 생각을 할 수 있는 시간적 여유를 얻었다. 그는 교사로서 가르치는 것을 좋아했지만, 콜카타 빈민들의 삶을 보면서 인도 중류 가정의 아이들을 가르치는 교사로 일하는 것만으로는 뭔가 부족하다고 느꼈다. 1943년 그 지방에 닥친 가뭄과 흉년으로 사람들은 이루 말할 수 없이 비참한 삶을 살 수밖에 없었고, 거기다가 1946년 8월 힌두교도와 이슬람교도 사이의 유혈 충돌로 도시는 완전히 공포와 실의의 도가니였기 때문이었다.

1946년 9월 10일 테레사 수녀는 연례 피정避靜을 위해 콜카타에서 다르질링에 있는 로레토 수녀원으로 가는 도중 '부름 속의 부름' 혹은 '제2의 부름'을 받게 되었다. 36세 때의 일이다. "수녀원을 떠나 가난한 사람들과 함께 살면서 가난한 사람을 도와야 했다. 그것은 명령이었다. 이렇게 하지 않는 것은 믿음을 버리는 것이었다"는 확신을 갖게 되었다. 1948년 로레토 수녀복을 벗고 인도 전통 의상인 흰 면 사리에다 가장자리를 파란색으로 두른 간단한 옷을 입고, 인도 시민권을 획득한 후, 콜카타 빈민가로 들어갔다.

처음 빈민들을 위해 학교를 시작했지만 얼마 가지 않아 그들에게
필요한 것은 가난한 사람들 중에서도 가장 가난한 사람들, 병들고 죽
어가는 사람들을 직접 돕는 일이라는 것을 깨닫게 되었다. 얼마간은
외부로부터의 자금 지원도 받지 못해 구걸로 연명할 수밖에 없었다.
다시 안락한 수녀원으로 돌아가고 싶은 유혹을 받았지만 끝까지 버티
어나가면서 가난하고 병든 사람들을 희생적으로 돌보아주었다. 이런
노력의 결과로 인도 수상을 포함하여 인도 당국의 인정과 호의를 얻게
되었다.

1950년 10월 7일 바티칸 교황청으로부터 '사랑의 선교수녀회'를
시작할 수 있다는 허가를 받았다. 테레사 수녀는 선교회의 목적이 "배
고픈 사람, 헐벗은 사람, 집 없는 사람, 불구된 사람, 눈먼 사람, 나환
자, 사회에서 남이 자기를 원하지 않는다고, 사랑을 받지 못한다고, 보
살핌을 받지 못한다고 생각하는 모든 사람들, 사회에 짐이 된 사람들,
모두가 상대해주지 않는 사람들"을 돌보는 것이라고 했다.

1950년 사랑의 선교수녀회는 콜카타에서 13명의 회원으로 시작
했지만, 급성장하여 1960년에는 인도 전역에 25개의 지부가 생기고
1963년에는 '사랑의 선교수사회'가 창설되었다. 1970년대와 80년대
를 거치면서 사랑의 선교수녀회는 인도 이외의 나라로 퍼져나가 죽어
가는 사람들을 돌보는 호스피스, 약물중독자, 알코올중독자, 창녀들을
위한 요양소를 포함하는 많은 지부를 설립하고, 에이즈 환자들을 위해
미국과 유럽에도 센터를 세우고, 아동 학대로 희생된 어린이들을 위한
고아원, 나환자, 결핵 환자, 정신병 환자, 홍수나 가뭄이나 전염병에

희생된 사람들, 난민들, 노숙자 등을 위한 시설들도 건립했다.

특히 죽어가는 사람들을 돌보는 일에 힘을 썼는데 "빈민가 시궁창에서 짐승처럼 살던 사람들에게 사랑을 받고 천사처럼 죽을 수 있는 아름다운 죽음"을 선사하려는 것이었다. 죽기 직전에 들어온 사람들은 자기들의 종교적 배경에 따라 마지막 종교 의례를 치르는데, 이슬람교인이면 『꾸란』을 읽어주고, 힌두교인이면 강가Ganges강에서 퍼 온 물을 나누어주고, 가톨릭이면 종부성사終傅聖事를 받게 하는 등 "위엄을 갖추고" 죽을 수 있도록 도와주려는 것이었다.

테레사 수녀는 국제적으로도 난민이나 도움을 필요로 하는 사람들을 돕기 위해 위험을 무릅쓰면서 세계를 누비기도 했다. 이스라엘과 팔레스타인 전쟁에서 베이루트가 포위되었을 때 격전지에 갇혀 있던 어린이 37명을 양측으로부터 휴전 약속을 받고 구하기도 하고, 공산권에도 도움의 손길을 뻗었으며 에티오피아 아사자들, 체르노빌 원전 희생자들, 아르메니아 지진 피해자들을 돕기 위해 여행하기도 했다.

1983년 테레사 수녀가 로마에서 교황 요한 바오로 2세를 알현했을 때 심장마비 증상이 나타났다. 1989년 두 번째 심장마비 이후에는 인공심박조율기pacemaker의 도움을 받았다. 1991년 멕시코 방문에서 폐렴으로 고생한 다음부터 심장병이 재발했다. 은퇴하려 했지만 사랑의 선교수녀회 수녀들의 만류로 책임자직을 계속했다. 1996년 4월 낙상으로 쇄골이 부러지고, 8월에는 말라리아를 앓고 나서 좌심실의 활동이 정지되었다. 심장 수술을 받았으나 건강은 계속 악화되어, 1997년 3월 사랑의 선교수녀회 책임자 자리에서 사임, 그해 9월 5일 사망했다. 1주일 후 거행된 장례식에서 인도 정부는 종교적 차별을 두지 않고 가난하고 불쌍한 사람들이라면 누구라도 섬긴 그녀의 희생적 봉사 정신을 인정하고 국장으로 대우했다.

테레사 수녀 사망 당시 사랑의 선교수녀회에는 4천 명의 수녀와 300명의 형제들이 123개국에 있는 610개의 지부에서 일을 하고 있었다. 세계 가톨릭교회 전체적으로 성직자가 되겠다는 수는 계속 줄어들고 있지만 사랑의 선교수녀회는 계속 성장해왔고, 이 성장은 테레사 수녀가 죽은 이후에도 계속되고 있다. 현재는 5천 명의 수녀들이 봉사하고 있다.

종교적 공허와 더불어

그녀의 전기 *Mother Teresa : Come Be My Light*(2007)에 의하면, 테레사 수녀는 거의 50년 가까이 자기가 가지고 있던 종교적 신념에 대해 의심하면서 살았다고 한다. 그녀는 편지에서 신의 존재에 대한 의심과 믿음 없음으로 인한 고통을 다음과 같이 표현하고 있다.

> 내 믿음이 어디 있는가? 저 깊은 곳에서도 공허와 흑암 이외에 아무것도 없다. 만약 신이 존재한다면 청컨대 나를 용서하시라. 내가 나의 생각들을 하늘에 상달되게 하려 하면 너무나 확실한 공허감 때문에 그런 생각들 자체가 예리한 칼날처럼 되돌아와 나의 영혼에 상처를 준다. 이 알지 못할 고통이 얼마나 고통스러운지. 나에게는 믿음이 없다. 거절당한 느낌, 공허감, 믿음도, 사랑도, 열정도 없다. 나는 도대체 무엇을 위해 애쓰고 있는가? 만약 신이 존재하지 않는다면, 영혼도 있을 수 없다. 영혼이 있을 수 없다면, 예수

여, 당신도 진짜일 수 없다.

이런 고통과 고뇌를 어떻게 이해할 수 있을까? 한 가지 기억해야 할 것은 모든 신비적 사상가가 거쳐야 하는 "영혼의 어두운 밤"을 테레사 수녀도 거칠 수밖에 없었을 것이라는 점이다. 한 사람의 영적 깊이가 어느 경지에 이르면 유신론적 인격신에 대한 전통적 표현을 문자 그대로 받아들일 수 없게 된다. 신은 존재나 비존재의 영역을 넘어서는 '없이 계신 이'쯤으로 이해될 수밖에 없는데, 어찌 아버지 같은 존재가 하늘에서 내려다보고 있다는 표층 종교의 전통적 신관을 그대로 답습할 수 있겠는가?

아무튼 이런 의심과 공허감을 가지고 그렇게 열심히 봉사 활동을 했다고 하는 것은 실로 놀라운 일이 아닐 수 없다. 테레사 수녀에 의하면 그녀를 움직인 것은 '사랑'과 '자비'이다. 그가 말하는 '작은 일', 지금 내 앞에 있는 한 사람을 위해 작은 일을 해주는 것이 사랑이고 자비라는 것이다. 그녀의 삶은 이런 원칙을 끝까지 치열하게 밀고 나가는 것이었고, 그 결과 그렇게 큰일을 이루어낼 수 있었던 것이 아닐까?

지금 테레사 수녀는 지옥에 있을 것이라는 말이 있다. 남의 고통을 차마 볼 수 없는 그런 마음의 소유자라면 자기 혼자 천국에 가서 호강하는 일을 마다하고, 자기의 도움을 필요로 하는 사람들이 사는 지옥행을 자청했으리라는 이야기이다.

빛이 강하면 그늘도 있는 법. 테레사 수녀에 대한 비판도 상당하다. 모금된 자금의 용처가 불투명하다, 인도를 부정적으로 보이게 했다, 피임이나 낙태를 반대했다 등등이다. 이런 비난이 사실일 수도 있

겠지만, 그녀가 이룩한 성과에 비추어볼 때 그런 비난이 힘을 얻지 못
하는 것 또한 사실이다. 우리는 테레사 수녀의 희생적인 섬김의 삶에
서 종교적인 삶의 열매가 어떠한 것이 될 수 있는가 하는 실증을 본다.
그녀의 염원이 담긴 시 하나를 인용한다.

침묵의 열매는 기도입니다.

기도의 열매는 믿음입니다.

믿음의 열매는 사랑입니다.

사랑의 열매는 섬김입니다.

섬김의 열매는 평화입니다.

한스 큉
Hans Küng

범종교적 에큐메니즘 신학자

"종교 간 평화 없이
세계 평화 또한 있을 수 없다"

종교의 공존과 대화

"종교 간 평화 없이 세계 평화 또한 있을 수 없다"는 가톨릭 신학자 한
스 큉(1928년~)이 『글로벌 윤리』라는 책에서 한 유명한 말이다. 돌이
켜보면 1974년에 나온 그의 책 『그리스도인이 된다는 것』*On Being a Christian*
은 30대 초반이었던 필자의 사상 형성에 큰 영향을 미쳤다. 이 책은 여
러 권 사서 관심이 있을 이들에게 선물로 주기도 했다. 필자의 서가에
는 한스 큉의 책이 여러 권 꽂혀 있다.

큉은 1928년 3월 19일 스위스 루체른주 수르세에서 태어났다. 그
는 수없이 많은 그의 저서를 통해 그리스도교의 진리를 오늘을 사는
현대인들에게 새롭게 전달하는 일, 세계의 여러 종교가 서로 의미 있
는 대화를 통해 서로 배우고 돕는 관계를 이루어야 한다고 권장하는
일, 특히 세계 모든 종교인들이 "남에게 대접을 받고자 하는 대로 남을
대접하라"는 세계 종교 공통의 윤리를 기초로 하는 '글로벌 윤리'global
ethic를 실천함으로써 세계 평화에 이바지하자고 독려하는 일 등에 전
념하고 있는 신학자라 할 수 있다. 저서뿐 아니라 우리나라 등 세계 여
러 곳으로 강연을 다니면서도 한결같이 이런 주제로 이야기한다. 필자
가 봉직하던 대학교에 초청되어 왔을 때도 같은 주제로 강연하였다.

그는 로마 교황청 그레고리안 대학교Pontifical Gregorian University에서
1955년까지 신학과 철학을 공부하고, 1957년까지 파리의 소르본 대학
등에서도 공부했다. 박사 학위 논문은 개신교 신정통주의 신학의 대가

271

「칼 바르트의 칭의론稱義論에 대한 가톨릭적 성찰」이었다. 여기서 그는 칭의에 대한 바르트의 주장과 가톨릭의 가르침이 여러 면에서 일치한다는 사실을 발견했다. 가톨릭과 개신교를 비롯해 교파 간의 작은 차이들은 지엽적인 문제들이며 이런 사소한 문제로 원수처럼 갈라져 있는 것은 말이 되지 않는다고 역설했다. 후에 이 논문은 영어로 번역이되었는데 번역본에는 바르트가 큉의 논문을 읽고 자신의 신학을 잘 이해했다며 보내온 편지도 함께 수록돼 있다. 1954년에는 사제로 서품을 받았다.

한스 큉은 1960년 독일 튀빙겐 대학 신학 교수가 되었다. 1966년 그의 제안에 따라 현 교황 베네딕토 16세가 된 요제프 라칭거Joseph Ratzinger가 튀빙겐 대학교 신학 교수로 올 수 있었다. 그러나 라칭거가 학생들의 반발로 튀빙겐에서 물러나 레겐스부르크 대학으로 가면서 둘의 관계는 소원해지게 되었다. 그때부터도 큉이 가톨릭의 진보 진영을 대표한다면 라칭거는 보수주의 진영의 수장이었던 셈이다.

한스 큉은 1962년 교황 요한 23세로부터 제2차 바티칸공의회를 위한 신학 분야 전문 자문단의 한 사람으로 지명되어 1965년 공의회가 끝날 때까지 가톨릭 신학의 대가 칼 라너Karl Rahner와 함께 가톨릭 신학에 새로운 바람을 불어넣는 일에 결정적인 역할을 수행했다.

큉은 1971년에 나온 그의 저서 『무류無謬? 미해결의 탐구』라는 책을 통해 교황 무류설은 인간이 만든 교리일 뿐 절대적일 수 없다는 것, 1974년에 나온 『그리스도인이 된다는 것』을 통해 예수의 동정녀 탄생 이야기는 우리에게 '생물학적 사실'을 말해주려는 것이 아니라 '종교적 의미'를 전해주려는 이야기로 받아들여야 한다는 것, 여성 사제 제도를 금하는 것은 시대착오적인 관행이라는 것 등 전통 가톨릭교회의 가르침을 배격하고 이를 새롭게 해석하고 이해하려고 한 노력 때문에 교황청으로부터 바티칸에 출두하라는 명령을 받았다. 바티칸에 간다 면 16세기 종교개혁자 마르틴 루터가 섰던 자리에 설 수밖에 없다는 것을 아는 이상 이를 거절할 수밖에 없었다. 그 결과 로마가톨릭 신학 자로서 가르칠 수 있는 자격을 박탈당했다. 1979년 12월 18일의 일이 었다. 그러나 교회로부터 파문당하거나 신부직을 박탈당하지는 않았 다. 튀빙겐 대학 내에 있는 에큐메니컬 연구소에서 1996년 명예교수 로 퇴직할 때까지 계속 연구하고 가르치며 세계 여러 대학교의 초청을 받아 강의나 강연을 했다. 필자가 있었던 대학교에 와서 강연할 때도 "바티칸 면허증으로 운전할 때보다 에큐메니컬 면허증으로 운전하니 더 자유롭고 좋다"며 농담 반 진담 반의 말을 한 적이 있었다.

한스 큉은 그리스도교 안에서의 일치를 주장하는 좁은 의미의 에 큐메니즘이 아니라 세계의 모든 종교의 평화로운 공존과 상호 존중을 주장하는 범종교적 에큐메니즘을 주장한다. 그는 그리스도교가 전통 적으로 견지해오던 배타성이나 우월 의식 같은 것은 더 이상 받아들일 수 없게 되었다고 본다. 어느 한 종교가 절대적이고 최종적인 진리를 독점하거나 전매특허를 받았다고 주장할 수 없기 때문이라는 것이다. 세계의 모든 종교는 서로 협력할 뿐 결코 경쟁하는 관계가 되어서는 안 된다고 한다.

그는 특히 선불교와 그리스도교 대화의 중요성을 강조한다. 1986 년에는 미국 인디애나주에 있는 퍼듀Purdue 대학교에서 열린 '제3회 불 교-그리스도교의 신학적 만남'이라는 모임에 직접 참여하기도 했다.

그는 선불교가 그리스도인들로 하여금 "그리스도교가 한쪽으로 너무 치우쳤음을 깨닫게 하고" 그리스도교 전통에서 "망각되고 사장된 요소들을 재발견하게 하는 데" 특히 도움을 줄 수 있다고 했다. 무엇보다 선불교에서 강조하는 '자유'와 '해방'의 메시지를 중요시하고 있다.[19]

지구적 윤리와 책임

2005년 큉은 교황 요한 바오로 2세를 비판하는 글을 발표했다. 그에 의하면 교황 요한 바오로 2세가 제2차 바티칸공의회의 결의에 충실하겠다고 공언하므로 세상이 모두 변화와 쇄신과 대화를 기대하고 있었는데, 그는 이 기대를 저버리고 "회복, 지배, 순종 같은 말로 현대화, 대화, 에큐메니즘 같은 말을 대치"시키면서, 오히려 제2차 바티칸공의회 이전으로의 복귀를 꾀했다는 것이다. 이어서 그는 로마가톨릭의 지도부를 신랄하게 비판했다. "교회 지도부를 지명하는 기준이 전혀 복음의 정신에서 이루어지지 않고 있다. 상부 정치는 교회 지도부의 도덕적이고 지적인 수준을 위험한 수위 이하로 떨어뜨렸다. 진부하고 경직되고 보다 보수적인 지도부가 이 교회의 영속적인 유산이 되고 말 것이다"라고 경고했다.

이런 비판적인 태도에도 불구하고, 2005년 9월 26일에는 현 교황 베네딕토 16세와 만찬을 같이하며 가톨릭 신학에 대해 격의 없는 토론을 하기도 했다. 그러나 이 거장들이 신학적으로 가까워졌다고 하는 말은 결코 아니다. 2008년에 나온 글에서 그는 교황과 자기의 신학은

---

19 필자의 『불교, 이웃종교로 읽다』 333쪽 이하를 참조할 수 있다.

"천동설을 주장했던 프톨레마이오스의 우주관과 지동설을 주장했던 코페르니쿠스의 우주관이 서로 다른 것만큼이나 다르다"고 했다. 2009년에 발표한 글에서 다시 현 교황의 신학을 통절히 비판하면서 그의 신학은 325년에 열렸던 니케아공의회 이후 조금도 바뀐 것이 없다고 했다. 2009년 10월 27일자 영국 《가디언》지에 기고한 글에서 현 교황이 영국 성공회 신부를 가톨릭으로 영입하려는 시도는 로마가톨릭 제국을 복원하겠다는 '권력에의 갈증'으로서 "그리스도교를 분리시키고 가톨릭을 위험에 빠뜨린다"고 역설했다.

1990년 이후부터 한스 큉은 종교인들의 '지구적 책임'global responsibilities이라는 문제에 관심을 쏟고 있다. 그는 글로벌 시대에 '글로벌 윤리'Weltethos가 요구된다고 강조하면서, 무엇보다 세계 모든 종교가 이에 동참할 것을 호소한다. 그는 세계 여러 종교에서 가르치는 최소한의 공통분모를 찾아 이를 토대로 세계인이 누구나 받아들일 수 있는 일종의 윤리 강령을 만들면 좋겠다고 생각했다. 스스로 「글로벌 윤리를 향하여 : 시안적 선언」이라는 문서를 작성해서 이를 1993년 시카고에서 열린 세계 종교의회Parliament of the World's Religions에서 발표하고, 세계 여러 종교 지도자들의 서명을 받아 채택되게 했다. 기본적으로 비폭력, 생명 경외, 정의로운 경제 질서, 관용, 진실성, 남녀평등 등을 골자로 하고 있다. 1995년에는 '글로벌 윤리 재단'을 창설하고 그 회장직을 맡고 있다.

큉은 지구적 책임을 위해 지구적 윤리를 실천하는 일을 위해 모든 종교는 우선 자기 종교를 절대시하는 대신 스스로를 비판적 시각에서 볼 줄 알아야 하고 남의 종교를 무조건 배척하는 배타 정신을 버려야 한다고 주장한다. 우리가 인간인 이상 우리가 가지고 있는 신념을 절대화할 수 없다는 것이다. 그러면서 그는 "세계 어디에서나 종교적 확신을 가지고 있는 사람들은 희망을 잃지 않았다. 폴란드에 있거나 남아프리카, 필리핀 혹은 남미에 있거나 어디에 있든 종교들은 그것이 촉발될 수 있기만 하면 어디서나 지구의 얼굴을 더 좋은 방향으로 변화시킬 수 있는 영적 힘을 가지고 있다"고 확신하고 있다.

한스 큉은 광범위한 주제로 수많은 저술을 남겼다. 몇 가지 예를 들면 위에서 언급한 책 외에 『그리스도교와 세계 종교』, 『신은 존재하는가?』, 『프로이트와 신의 문제』, 『이슬람』, 『유대교』, 『새 천년을 위한 신학』, 자서전인 『자유를 위한 나의 몸부림』, 『나는 왜 아직도 그리스도인인가?』 등이 있고 강연이나 TV 대담의 동영상 등이 있다. 이 중 다수는 우리말로도 번역되어 있다. 이런 훌륭한 스승이 서적이나 대중매체를 통해서뿐 아니라 몸으로 우리 곁에서 함께 숨 쉬고 있다는 사실만으로도 든든함이 느껴진다.

헨리 나우웬
Henri Jozef Machiel Nouwen

상처 받은 자를 위한 치유자

"진정한 순교란 우는 사람들과 함께 울고,
웃는 사람들과 함께 웃는 것"

'상처 입은 치유자'

헨리 나우웬(1932~1996년)은 가톨릭 예수회 사제로서 많은 저술을 통해 가톨릭교인들뿐 아니라 개신교인들, 무종교인들에게 큰 영향을 끼쳤다. 많은 사람들에게 그는 '치유자'였다. 그가 치유자가 된 가장 큰 이유 중 하나는 그 자신이 '상처 입은 치유자'임을 그대로 드러내었기 때문이라 할 수 있다.

그가 쓴 책으로 우리말로 번역되어 나온 것만도 70여 권이 된다. 대표적인 것으로 『상처 입은 치유자』, 『탕자의 귀향』, 『춤추시는 하느님』, 『제네시 일기』, 『모든 것을 새롭게 만들고』, 『새벽으로 가는 길』, 『이는 내 사랑하는 자요』, 『영적 발돋움』, 『영혼의 양식』, 『기도의 사람 토머스 머튼』 등이 있다. 그의 책은 22개국 언어로 번역되고 팔린 책만도 2백만 권 이상이다.

나우웬은 1932년 1월 24일 네덜란드 네이케르크Nijkerk에서 세무공무원과 교수로 일한 아버지와 영어를 비롯하여 여러 언어를 공부하고 신앙심이 깊었던 어머니 사이의 3남 1녀 중 맏이로 태어났다. 어려서부터 종교에 관심이 많아 여섯 살 때 벌써 신부가 되겠다고 공언했다. 다른 친구들이 카우보이나 인디언으로 패를 갈라 놀 때도 그는 미사를 드리는 신부 역을 맡아서 했다. 여덟 살 때는 자기 집 다락방을 간이 성당으로 꾸며 외할머니가 만들어준 조그만 강단과 예복을 갖추어놓고 자기 친구들을 초대하여 미사를 드리기도 했다.

나우웬은 헤이그에 있는 알로이시우스 김나지움이라는 예수회 고등학교에 다녔다. 예수회 신부가 되려면 공부를 아주 많이 해야 한다는 생각에서 예수회 신부가 되지 않겠다는 마음이 들 정도였다. 그러나 고등학교 졸업 후 자기 삼촌이 학장으로 있던 예비 신학교에 들어가 1년간 공부하고 다시 본과에 들어가 6년 동안 신학을 전공한 다음, 1957년 교구 신부로 서품을 받았다.

그는 사목司牧에 관심이 많았는데, 사목을 위해서는 심리학 공부가 필요하다고 생각했다. 그때만 해도 심리학이 믿음을 저해하는 학문이라는 생각이 지배적이었지만, 그는 이런 것에 아랑곳하지 않고 서품 이후 다시 6년간 심리학을 공부하고, 1963년 졸업과 동시에 심리학자 자격을 취득했다.

세계적으로 유명한 하버드 대학교 심리학 교수 고든 올포트의 권고로 1964년 32세에 미국으로 건너가 캔자스주 토페카에 있는 멘닝거 의료원 종교와 신학 프로그램의 연구원으로 들어갔다. 그는 신학과 심리학을 결합한 종교 교육 프로그램을 개발하여 네덜란드에 소개할 생각이었다. 거기에서 2년간 머무는 동안 정치적인 문제에도 관심을 갖기 시작, 마틴 루터 킹 목사가 이끈 시민운동 앨라배마 대장정에도 참여하였다.

1966년 연구 생활이 끝나고 미국 노트르담 대학교에 새로 설립된 심리학과 교수로 초빙되었다. 거기서 그는 대학 사회를 위한 신부로 봉사하면서 이상심리학 등을 가르쳤다. 우울증, 친밀감, 사랑 등을 주제로 하는 그의 강의에는 많은 학생들이 몰려들었고, 가톨릭 언론에 소개되기도 했다. 이를 계기로 『친밀감 : 사목심리학 에세이』라는 책이

나오게 되었다.

1968년 나우웬은 네덜란드로 건너가 사목심리학과 영성을 가르쳤다. 역시 자기의 전공은 신학이어야 한다는 생각에서 신학 박사 과정에 들어가 1971년 신학 박사 학위를 취득했다. 그해 예일 대학교 신학부의 초청을 받고 다시 미국으로 돌아와 교수로 봉직했다. 예일대에서 그가 가르치는 과목들은 캠퍼스에서 가장 인기 있는 과목이 되었다. 예일대에 있으면서 많은 책을 집필했다.

이 기간 동안 그는 뉴욕주 제네시에 있는 트라피스트 수도원에서 수도사로 7개월을 살면서 고독이 무엇인지 실감할 수 있었다. 이 무렵 그가 사랑하던 어머니가 세상을 떠났는데, 어머니의 죽음은 그에게 큰 충격으로 다가왔다. 그는 어머니에 대해 감동적인 글을 쓰기도 했다.

한편, 1970년대 말 나우웬은 중남미에서 일어나고 있는 정치적, 신학적 문제에 관심을 가지게 되었다. 그는 예일대 교수로서 자신이 누리는 풍요로움에 대한 죄책감과 신의 뜻을 더욱 깊이 알고자 하는 생각으로 1981년 강단을 떠나 남미 볼리비아와 페루로 내려가 빈민가에서 6개월간 민중들과 함께 하는 삶을 살기도 했다. 이런 경험을 통해 그는 사회정의에 대해 더욱 깊은 관심을 갖게 되었다. 10년간의 예일 대학에서의 삶을 청산하고 미국 미네소타주 칼리지빌에 있는 에큐메니컬 연구소로 옮겼다. 이때 이웃종교에 대해 깊이 생각하고, 이웃종교인들에게 개방적인 태도를 키울 수 있었다. 그는 또 로마에 있는 북미 대학에서 5개월을 보내기도 했는데, 이때 쓴 책이 『로마의 어릿광대』이다.

그 후 1983년 하버드 대학교 신학부에서 일 년에 한 학기씩만 가르치는 파트타임 교수가 되었다. 가르치지 않는 동안은 중남미를 방문하기도 하고 북미 여러 곳을 종횡으로 다니며 남미의 처참한 참상을 알리는 강연을 했다. 그러나 극히 야심 차고 경쟁적인 하버드의 분위기에서 그는 자기가 '영적 죽음' 같은 상태에 빠져 있다는 사실을 발견했다. 더구나 완전한 교수 생활도 아니고 그렇다고 온전히 남미를 위한 선교사로 일하지도 못하는 어정쩡한 삶이 그에게는 고통이었다. 1985년 그는 하버드 교수직에서 사임하고 말았다.

진정한 순교

그러고는 곧장 프랑스 트로즐리에 본부를 둔 정신박약 장애자 공동체, 라르슈 L'Arche의 창설자가 보낸 초청장을 받고 그곳을 찾아갔다. 이 공동체에서 고향 같은 안온함을 느끼고, 1년간 그곳에 머물면서 집필에 전념했다. 1986년 드디어 세계 130여 개의 지부 중 하나인 캐나다 토론토 북쪽 리치몬드힐에 있던 데이브레이크 Daybreak(여명)라는 지부로부터 원목으로 일해달라는 초청을 받고, 거기에 들어가 죽을 때까지 정신박약 장애자와 함께 살았다. 나우웬에 의하면 그곳에서 그는 참된 '집'과 '식구들'을 찾았다. 그는 거기서 아담 아네트라는 중증 장애자를 맡아 돌보았는데, 『아담 : 하느님이 사랑하신 자』 Adam : God's Beloved라는 책에서 이 장애자가 어떻게 그의 친구이자 스승이자 안내자의 역할을 했는가 하는 것을 소상하게 밝히고 있다. 이들과 함께 살면서 심한 우울증에서 벗어난 나우웬은 신부로서, 친구로서, 저술가로서, 강연자로서 가장 큰 만족감을 느낄 수 있었다. 수없이 많은 강연과 상담과 봉사의 시간을 보내면서도 계속 글을 쓸 수 있었다. 강연하러 갈 때는 언제나 장애자와 동행하였다.

나우웬은 렘브란트가 그린 〈탕자의 귀향〉이라는 그림에 대한 다큐멘터리 영상물을 제작하기 위해 여행하던 도중 네덜란드에서 갑자기 심장마비로 사망했다. 1996년 9월 21일 토요일, 64세의 나이였다. 네덜란드 위트레흐트에서 장례식을 치른 다음 시신은 캐나다 리치몬드힐로 옮겨져 데이브레이크 공동체에서 멀지 않은 성 요한 공동묘지에 안장됐다.

나우웬의 삶과 생각을 꼴 지은 것 중 중요한 하나를 꼽으라면 그의 우울증이라 할 수 있을 것이다. 우울증의 더 깊은 근원은 그의 동성애적 성향이라 볼 수도 있다. 어릴 적부터 드러나기 시작한 동성애적 성향으로 육체적 친밀감이나 접촉을 원했지만 신부로서 금욕 생활을 서약한 이상, 자기의 육체적 요구에 그대로 응할 수 없었다. 어쩔 수 없이 언제나 외롭고 고독했다. 이 글 초두에서도 언급한 것처럼 그는 자신이 이런 고통을 겪었기 때문에 다른 사람들을 이해하고 치유할 수 있었다.

그에 의하면 "진정한 순교란 우는 사람들과 함께 울고, 웃는 사람들과 함께 웃는 것", "나의 고통이나 기쁨의 경험을 다른 사람들이 나누어 가질 수 있도록 하여 그들이 자신들의 상태를 분명히 깨달을 수 있도록 도와주는 것"이라고 했다. 남을 도와주는 길은 그의 고통을 제거하는 것이 아니라 그 고통을 공유하는 것이라 보았다.

이런 고통에서 벗어나는 것은 결국 신의 무조건적인 사랑을 깨닫고 체감하는 것이라고 보았다. 렘브란트의 〈탕자의 귀향〉이라는 그림에서 돌아온 탕자를 끌어안고 있는 아버지, 그 아버지가 바로 인간을 무조건적인 사랑으로 대하는 신이라는 것이다. 작은아들 탕자는 자기가 아버지의 사랑을 받을 자격이 없다고 생각하고, 맏아들은 자기가 아버지의 사랑을 더 받을 자격이 있다고 생각하는데, 나우웬은 두 아들 모두 사랑이 무조건적이라는 것을 깨닫지 못한 상태라고 한다. 아버지만이 사랑과 용서는 무조건적임을 몸으로 보여준 셈이다. 우리는 탕자나 맏아들이 아니라 아버지처럼 무조건적인 사랑을 실천해야 우리가 겪고 있는 고통에서 벗어나 행복해질 수 있다고 보았다.

신에게 나아가는 길은 무엇인가? 그는 『영적 발돋움』에서 이를 구체적으로 가르쳐주고 있다. 우리는 세 가지 발돋움reaching out을 해야 하는데, 첫째는 나 자신을 향해, 둘째는 이웃을 향해, 셋째는 신을 향해 발돋움해야 한다고 보았다. 특히 셋째 발돋움에 도움을 주는 것으로 "주 예수 그리스도 제게 자비를 베푸소서" 하는 기도문을 염불 외우듯 쉬지 않고 되풀이하는 '예수의 기도'[20]를 권장하고 있다.

나우웬은 나아가 이런 무조건적인 신의 사랑 때문에 생명을 보존해야 하고, 이를 위해 평화를 유지해야 한다고 보았다. 자연히 베트남전쟁과 핵전쟁을 단호히 거부했다. 그는 또 신의 무조건적인 사랑을 근거로 신이 그리스도교만 사랑할 수 없다고 보고, 이웃종교에 대해서 깊은 애정과 존경심을 가질 수 있었다. 그는 예수와 성모마리아뿐 아니라 라마크리슈나와 달라이 라마도 함께 숭경의 대상으로 보았다.

토론토 근교 리치몬드힐에는 '헨리 나우웬 신부 가톨릭 초등학교'가 설립되었다. 2003년에 실시한 조사에 의하면 나우웬의 저술이

---

20 이런 형식의 기도에 대해서는 필자가 번역한 『예수의 기도』(대한기독교서회, 2004)를 참조할 수 있다.

가톨릭과 프로테스탄트 양쪽 성직자들이 다 함께 제일 선호하는 책이
라고 한다. 우리는 헨리 나우웬의 삶과 가르침에서 나락에서도 희망을
버리지 않고 아름답게 살며, 효과적인 소통을 통해 그 체험을 다른 사
람들과 공유하며 다른 이들을 위로하고 치유할 수 있었던 한 사람의
증인을 보는 셈이다.

구스타보 구티에레스
Gustavo Gutiérrez

해방신학의 아버지

"가난은 운명이 아니라 조건일 뿐이다.
그것은 불운이 아니라 불의이다"

해방신학의 태동

1970년대 이후 세계 신학계의 화제가 되었던 신학으로 '해방신학'解放
神學·Liberation Theology이라는 것이 있었다. 라틴아메리카에서 시작된 이
해방신학의 아버지로 여겨지는 이가 바로 가톨릭의 도미니크회 신부
이면서 신학자였던 구스타보 구티에레스(1928년~)이다. 그 이전에
'해방신학'이라는 말이 없었던 것은 아니지만 그는 이를 본격적으로,
일관되게 다룬 최초의 신학자라 할 수 있다.

그의 해방신학 제창 이후 '해방'이라는 말은 신학계를 휩쓴 신학
적 키워드 중 하나로 부상했다. 이로 인해 신학계에 새로운 방향이 설
정된 셈이다. 보기에 따라서 이것을 '신학의 코페르니쿠스적 전환'이
라 하기도 한다. 흑인신학, 여성신학, 한국의 민중신학도 직접적으로
나 간접적으로 해방신학의 영향에서 생겨났다고 볼 수 있다.

구티에레스는 1928년 6월 8일 남아메리카 페루 리마에서 케추아
족의 혼혈인으로 태어났다. 사춘기에 골수염 때문에 12세에서 18세까
지 병상에 누워 있거나 휠체어를 타고 다닐 수밖에 없었다. 이때 리마
에 사는 가난한 사람들, 억압받는 사람들과 많은 시간 함께하는 삶을
살았다. 병세가 호전되자 페루에서 의학과 인문학을 공부하고, 한편으
로는 '가톨릭행동'Catholic Action 운동에 참가하여 활동하였다. 이런 활동
을 통해 처음으로 신학적인 문제를 깊이 생각하게 되고, 자기의 조국
이 처한 현실을 고려할 때 신에 대해 더 깊이 연구할 필요가 있음을 절

감하게 되었다. 그는 "나는 친구들과 함께 그리스도교의 가르침을 더 많이 알고 더 잘 알아야 한다는 충동을 느꼈다. '자기가 가지지 않은 것을 남에게 나누어줄 수 없다'는 유명한 원칙에 따라 행동하기 위해 필요한 훈련이었다"고 술회한다.

유럽으로 건너가 벨기에에 있는 루뱅 대학에서 심리학과 철학을, 기타 여러 대학에서 신학을 공부하고, 프랑스 리용에 있는 가톨릭 대학 사목 종교학 연구소에서 박사 학위를 취득했다. 1959년 31세에 사제로 서품되었다. 유럽에서 공부하는 동안 에드워드 쉴레벡스, 칼 라너, 한스 큉 등 1960년대 초에 개최된 제2차 바티칸공의회와 관련된 가톨릭 신학자들의 가르침을 접할 수 있었다. 그 외에도 칼 바르트, 루돌프 불트만, 유르겐 몰트만, 디트리히 본회퍼, 볼프하르트 판넨베르크 등 개신교 신학자들의 사상에도 관심을 기울였다. 물론 구티에레스는 이런 신학자들의 사상을 그대로 답습하는 것은 유럽 신학을 모방하는 모조 신학에 불과할 뿐이라고 보고 라틴아메리카 토양에서 자라나는 토착 신학, 탈식민지 신학의 필요성을 절감하였다.

유럽 신학은 철학을 기본으로 하지만, 라틴아메리카의 현실을 감안할 때 해방신학은 사회과학적 분석, 특히 비정통적이긴 하지만 마르크스주의의 사회과학에서 논의하는 '종속이론'을 기본으로 하였다. 유럽에서 돌아온 구티에레스는 페루에 있는 교황청 소속 가톨릭 대학교 신학 교수, 미국 노트르담 대학교 신학 교수로 있었고, 기타 북미와 유럽 여러 나라에서 초빙교수로 가르쳤다. 그의 해방신학 개념은 1964년 브라질의 페트로폴리스에서 열린 라틴아메리카 교회의 사목 활동에 관한 회의 때 처음 발표되었다. 그는 신도들의 눈을 내세로만 향하

게 하는 과거의 구원관을 비판하고 중남미의 참혹한 현실에 알맞은 새
로운 신학을 제창했는데, 그것이 바로 해방신학의 태동을 알리는 시발
점이었다.

　그는 신학이 현실 사회의 문제에서 유리된 공리공론일 수 없다고
했다. 성서를 읽고 해석하더라도 사회의 쟁점을 염두에 두고 이런 현
실 문제를 해결하는 방향으로 해야 한다고 주장했다. 말하자면 '올바
른 교리'orthodoxy가 아니라 '올바른 실천'orthopraxis이 더 중요하다고 이
해한 것이다. '해방'이 신학의 출발점이어야 한다는 주장이었다.

　처음 그의 사상을 발표했을 때 동조하는 사람들이 늘어나고 1972
년에 출판된 그의 책 『해방신학 : 역사와 정치와 구원』은 신학사에 있
어서 획기적인 사건이라 할 수 있다. 이 책은 1973년에 영어로 번역되
었고, 1977년에는 한국어판(성염 옮김)이 나왔다. 특히 라틴아메리카
와 비슷한 환경에 처한 아시아와 아프리카, 미국 흑인들 사이에서 호
응이 컸다. 일부 극단적인 경우 억압받는 자들을 위해 혁명운동에 적
극 참여해야 한다는 주장으로까지 확대되고, 실제로 쿠바혁명에 참가
한 신부, 콜롬비아의 게릴라전에 참여하는 신부까지 생길 정도였다.

　구티에레스는 국제적인 학술지 《콘실리움》Concilium의 이사로 있으
면서 계속 기고했다. 그 외 많은 저술로 자기의 사상을 발전시켜나갔
다. 페루 언어 학술원의 회원이고, 1993년에는 가난한 사람들을 위한
헌신을 인정받아 프랑스 정부로부터 명예 훈장을 받기도 했다.

경제적 가난과 영적 가난

　구티에레스의 핵심 사상은, 위에서도 언급된 것과 마찬가지로, 그리스

도교의 복음이 내세의 구원만을 추구할 것이 아니라 현세에서 억압받고 가난하게 사는 사람들을 그들의 아픔에서 해방하는 데 초점을 맞추어야 한다는 것이었다. 그는 어려서 페루의 가난한 사람들과 어울려 살았다. 이런 생활을 통해 자기가 보는 라틴아메리카의 현실은 "가난한 사람들을 억압하고 착취하는 불의한 세계"라는 사실을 자각하게 되었다. 구티에레스에 의하면 해방신학은 일주일 중 엿새를 "가난하고 억압받고 비참한 땅의 사람들"과 함께 하는 경험에서 생긴 것이다. "나는 인구의 60퍼센트 이상이 가난에 허덕이고, 그 사람들 중 82퍼센트가 극빈 상태인 그런 대륙에서 온 사람"이라고 하며 자기의 신학적 동기와 입장을 천명하였다.

그는 성경에서 말하는 '가난'을 분석하고 성경에서는 가난을 두 가지로 나눈다고 보았다. 첫째는 불공평한 사회구조에서 파생되는 경제적 가난이고 둘째는 하느님을 사모하는 영적 가난이라고 했다. 말하자면 첫째는 빵에 대한 배고픔이고 둘째는 신에 대한 배고픔인 셈이다. 첫째 가난은 하느님도 싫어하는 가난이요, 둘째 가난은 가치 있는 가난이라 보았다. 그러나 구티에레스는 이 두 가지 가난이 라틴아메리카 그리스도 신도의 경우 서로 분리될 수 없는 동전의 양면과 같이 병존하고 있다고 본 것이다. 빵에 대한 배고픔 때문에 하느님에 대한 배고픔이 없어질 수도 있다는 셈인가? 아무튼 그는 외친다. "하느님에 대한 배고픔은 그대로 남고, 빵에 대한 배고픔은 사라지기를 바란다. 하느님에 대한 배고픔은 Yes! 빵에 대한 배고픔은 No!"

구티에레스의 분석에 의하면 가난한 사람들에게 자신들에 대한 자존감이 결여되고 스스로가 하느님의 아들딸들이라는 사실을 망각할 때 문제가 더욱 심각해질 수밖에 없다는 것이다. 사실 이는 이미 초대교회에도 있었던 문제로서, 야고보도 가난한 신도들을 무시하지 말라고 하고, 바울도 고린도 교회에서 일어나고 있는 빈부 격차에 따른 불공평성을 나무란 적이 있었다. 따라서 구티에레스는 초대교회 사도들의 가르침에 따라 가난한 자들의 존엄성을 저해하거나 스스로 그 존엄성을 잃어버리는 일이 있어서는 안 될 것이라고 충고한다.

특히 해방신학이 이런 초대교회의 가르침과 다른 점은 라틴아메리카에서 만연된 가난은 직접적으로 불의와 죄악으로 변질된 사회구조의 결과라는 것을 강조하는 점이다. 구티에레스에 의하면 "가난은 운명이 아니라 조건일 뿐이다. 그것은 불운이 아니라 불의이다. 그것은 사회구조와 지적, 문화적 범주의 결과이다. 그것은 사회가 형성되는 방법과 그 방법이 여러 가지 형태로 표출되는 것과 직결된" 것이다.

구티에레스는 가난이 경제적 문제만이 아니라고 보았다. "살아가고, 생각하고, 사랑하고, 기도하고, 믿고, 바라고, 자유로운 시간을 보내고 삶을 위해 몸부림치는 방식"의 문제라는 것이다. 이를테면 가난이 삶 전체에 관계되며, 그리스도인의 구원은 경제·정치·사회적 예속에 의한 가난으로부터의 해방 없이는 불가능하다고 본 것이다.

구티에레스는 라틴아메리카 민중들이 처해 있는 가난한 현실은 하느님의 역사적 목표에 역행하는 것으로 사회적 죄악이라 보았다. 하느님은 어디까지나 "가난한 자의 편"이라고 했다. 가난한 자들은 "가난한 자들과의 연대"를 통해 새로운 사회의 건설에 동참해야 한다고 주장한다. 새로운 사회에서 새롭게 된 인간은 연대성과 창의성을 지닌 인간으로, 자본주의 정신에 찌든 인간들과 반대된다.

처음 교황청은 해방신학을 의심의 눈으로 관찰했다. 브라질의 해방신학자 레오나르도 보프 신부는 『교회 : 카리스마와 권력』이란 책으로 권력화된 교회를 비판하여 1984년 교황청의 제재를 받기도 했다. (현재 보프 신부는 신부복을 벗고 평신도 신학자로 활동하고 있다.)

교황청은 1986년 현 교황 베네딕토 16세가 된 그 당시 라칭거 추기경에게 해방신학에 대해 조사할 것을 지시했다. 조사 결과 「그리스도인의 자유와 해방에 관한 훈령」에서 "정의를 추구하고 정의에 관해 말하는 것은 분명 교회의 권한"이라고 지적하는 한편, 조직적 폭력, 계급투쟁 이론, 혁명에 의한 개혁론은 단호히 배격한다고 경고했다.

신학자에 따라서는 이제 해방신학이 역사의 뒤안길에 묻혔다고 보기도 한다. 그러나 라틴아메리카의 가난 문제가 해결되지 않았고, 해방신학의 사회과학적 분석이 아직도 유효하고 민중의 의식이 전보다 깨었다는 이유로 해방신학은 적어도 라틴아메리카에서는 여전히 그 위력을 발휘하고 있다고 보는 것이 일반적 견해이다.

불평등과 불의와 억압과 식민지주의에서 초래된 가난에서의 해방을 그리스도교 신학의 출발점이자 핵심으로 삼은 구티에레스. 우리는 그에게서 해방의 중요성을 배운다. 물론 해방 중에는 인간의 탐욕과 미움과 어리석음으로부터의 해방, 나의 이기적 자아로부터의 해방이 문제를 근본적으로 해결하는 방법이라는 것을 다시 한번 상기하면서.[21]

---

21 해방신학에 대해서는 『홍인식 목사가 쉽게 쓴 해방신학 이야기』(신앙과 지성사, 2016)를 참조할 수 있다.

존 쉘비 스퐁
John Shelby Spong

성경의 문자주의를 넘어

"변하지 않으면 죽는다"

생애

이 개정판을 내면서 한 사람 더 소개해야겠다는 생각이 들었다. 성경을 문자적으로 읽는 것이 아니라 그 본뜻을 찾아 그것이 오늘 우리에게 어떤 의미를 지니는가를 보여주는 존 쉘비 스퐁John Shelby Spong이다.

스퐁 신부는 1931년 6월 16일 미국 노스캐롤라이나주 샬로트에서 출생했다. 성공회 신부가 되겠다는 목적으로 노스캐롤라이나 대학교 철학과에서 철학을 공부하고 버지니아 신학대학원에서 신학을 공부했다. 성공회 신부가 되어 노스캐롤라이나와 버지니아에 있는 몇몇 교회에서 목회를 한 후 1979년부터 2000년까지 뉴저지주 뉴와크의 성공회 주교로 봉사한 후 은퇴했다. 성공회를 미국에서는 에피스코펄 처치Episcopal Church라 부른다. 목회를 하면서도 기회 닿을 때마다 뉴욕의 유니온 신학대학원, 예일, 하버드, 에든버러, 옥스퍼드, 케임브리지 등에서 연구를 계속했다. 은퇴 후 하버드 대학교 초빙 교수로 강의하는 것을 비롯해 세계 곳곳 500개 이상의 대학과 신학교에서 강연하고, 잡지에 기고도 하고, 여러 TV 프로그램에도 출연해 그의 생각을 전했다.

스퐁 신부에게는 영향을 준 멘토가 셋 있었다고 하는데 신학적으로 특히 중요한 이는 둘이라고 할 수 있다. 그중 첫째가 영국 성공회 주교로서 케임브리지 대학에서 신약학을 강의하고 1963년 『신에게 솔직히』Honest to God라는 책을 써서 그리스도교계에 돌풍을 일으킨 존 A. T. 로빈슨John A. T. Robinson으로 1983년 그가 죽을 때까지 그를 멘토와 친구로 모셨다. 1972년에 나온 스퐁 신부의 첫 저작이 *Honest Prayer*라는 것도 로빈슨 주교로부터 받은 영감에 의한 결과물이라 고백할 정도로 스퐁 신부의 신학적 출발도 기본적으로 로빈슨 신부와 같은 노선이라 할 수 있다.

스퐁 신부에게 영향을 준 또 한 사람은 영국 버밍엄 대학 신약학 교수였다가 스스로 무신론자라고 선언한 마이클 더글라스 굴더Michael Douglas Goulder였다. 그에 의해서 마태복음의 기록이 예수의 생애를 연대기적으로 적은 것이 아니라 유대교 달력의 절기 순서에 따라 쓰였다는 사실을 깨닫게 되었다. 이 깨달음은 스퐁 신부가 성경 문자주의로부터 해방될 수 있는 계기가 되었고, 이런 탈문자주의는 스퐁 신부의 저술 전반에 걸친 기본 전제가 되었다. 스퐁에 의하면 굴더는 로빈슨처럼 가까운 친구는 아니지만 그의 삶에 '가장 큰 영향을 끼친 분'이라는 것을 서슴없이 말하고 있다.

스퐁 신부는 많은 책을 썼다. 그가 마지막으로 쓴 책 속표지에 그의 저술 목록이 있는데, 모두 25권이다. 그가 자기 생애에서 이것이 마지막 책이라고 하면서 쓴 책만도 다섯 권이다. 그에 의하면 2018년에 출판된 책은 정말로 마지막 책이라고 한다. 2016년 9월 10일 아침 뇌졸중으로 쓰러져 의식을 잃었기 때문이다. 어느 정도 회복되어 걸을 수도 있고 손으로 글을 쓸 수도 있지만 그 글을 해독할 수 있는 사람이 없다고 한다. 그는 현재 88세이다.

그의 저서 중 많은 책이 한국어로도 번역되어 나왔다. 『기독교 변하지 않으면 죽는다』, 『새 시대를 위한 새 기독교』, 『성경을 해방시켜라』, 『예수를 해방시켜라』, 『성경의 시대착오적인 폭력들』, 『영생에 대한 새로운 전망』, 『만들어진 예수 참 사람 예수』, 『아름다운 합일의 길 요한복음』 등이다.

신학적 입장

그의 신학적 입장을 철저히 알아보기 위해서는 이 책들을 다 섭렵해야 하겠지만 그의 기본 사상을 알기 위해서는 그가 마지막으로 쓴 책 세 권을 들여다보는 것만으로 충분하다고 생각하고 여기서는 이 세 권의 내용을 간단히 소개하려고 한다.

그중 첫째는 *The Fourth Gospel: Tales of a Jewish Mystic*이다. 변영권 목사에 의해서 『아름다운 합일의 길 요한복음 – 어느 유대인 신비주의자의 이야기』로 번역되어 2018년 한국기독교연구소에서 발행했다. 이 책은 「요한복음」 해설서이다. 스퐁 신부가 이 책에서 주장하는 것을 스스로 요약해놓았는데 그것은 다음과 같다.

1. 요한복음은 약 30년에 걸쳐 각기 다른 저자들에 의해 기록된 것을 여러 층으로 모아놓은 기록물이다.
2. 요한복음에는 어떤 의미로든 문자적으로 '하느님의 말씀'이라 여겨질 수 있는 것이 포함되어 있을 수 없다.
3. 요한복음에 예수님의 말씀이라고 한 그 어느 것도 역사적 예수가 직접 한 말이라고 볼 수 없다.
4. 요한복음에 표적signs라고 불리는 기적, 예수님이 행했다는 그 기적은 실제로 일어난 적이 없다.
5. 요한복음에 등장하는 거의 대부분의 인물들은 저자들 문학적이

거나 가상적인 창작으로서 실제로 살았던 인물들이 아니었다.

6. 외계의 신이 인간의 육신을 입었다고 하는 언어, 이것이 대부분
   의 사람들이 그리스도교를 이해하는 방식, 그리고 이 복음서를
   읽는 방식을 꼴 지우고 있지만, 이것은 이 복음서 저자가 의도
   했던 것과는 상관이 없다. (p. 10)

여기서 가장 중요한 것은 6번이다. 일반적으로 그리스도교에서는 신이 인간의 몸을 쓰고 세상에 왔다고 하는 이른바 수육受肉 혹은 성육신成肉身, incarnation 교리가 그리스도교 중심 교리로 받들어지고 있고, 이런 교리의 근거를 요한복음에서 찾는데, 스퐁 신부에 의하면 이런 교리가 요한복음 저자의 본래 의도와는 상관이 없다는 것이다.

그러면 요한복음이 말하려고 하는 진짜 메시지는 무엇인가. 스퐁 신부는 이 책의 부제에 나타난 것처럼 요한복음은 "어느 유대인 신비주의자의 이야기"라고 한다. 기본 메시지는 신비주의, 곧 우리가 이 책에서 말하는 심층 종교를 말해주려고 한다는 것이다. 스퐁 신부는 자신이 신비주의의 중요성을 깨닫게 되자 "갑자기 요한복음이 내 앞에 유대교 신비주의의 작품으로 나타나기 시작하였고, 요한복음의 예수는 외계에서 온 방문자가 아니라 새로운 신 의식God consciousness을 경험한 한 사람으로 보이기 시작했다"라고 하였다.

신비주의의 핵심은 무엇인가? 신과 나와 우리 모두가 하나라는 가르침이다. 스퐁 신부에 의하면 예수는 "그가 제공하는 하느님과의 하나 됨이 인간의 가장 깊은 배고픔을 충족시키고 인간의 가장 깊은 목마름을 풀어준다는 사실"을 말해주는 분이라는 것이다.(p. 60) 요한

복음에는 계속 이런 하나 됨^{oneness}을 강조하는 말이 나온다. "나와 아버지는 하나다."(요10:30) "내가 아버지 안에 거하고 아버지께서 내 안에 계심을 믿으라."(요14:11) "그날에는 내가 아버지 안에, 너희가 내 안에, 내가 너희 안에 있는 것을 너희가 알리라."(요14:20).

둘째 책은 아직 한국어로 번역되지 않았지만 곧 번역되어 나올 예정이라 한다. 영어 제목은 *Biblical Literalism: A Gentile Heresy-A Journey into a New Christianity Through the Doorway of Matthew's Gospel* 이다. '성경 문자주의: 이방인들의 이단-마태복음의 문을 통해 새로운 그리스도교로 들어가는 여정' 정도로 이해할 수 있을 것이다. 기본 요지는 마태복음이 유대인들을 위해 쓰였기에 마태복음에 나오는 이야기들은 기본적으로 '미드라쉬'^{midrash} 기법으로 쓰인 문서라는 것이다.

미드라쉬 기법이란 유대인들에게 잘 알려진 옛이야기를 빗대어 새로운 이야기를 전개해나가는 방법이다. 예를 들면 유대인들이 잘 아는 출애굽기 이야기에 모세가 이집트에서 태어났을 때 이집트의 바로 왕이 히브리인 가정에서 태어난 모든 남자 아이들을 죽이라고 명령했지만 모세는 살아나 '자기 백성들의 구원자'가 되었다는 이야기가 있는데, 마태복음 저자는 예수가 태어났을 때도 헤롯 왕이 예수를 죽이기 위해 베들레헴에서 태어난 아기들을 다 죽이라는 명령을 내렸지만 예수는 이집트로 피난 가서 살아났다는 이야기를 하고 있다.

이것은 예수 탄생 당시 아이들이 죽었느냐 하는 역사적 문제를 이야기하려는 것이 아니라 예수도 모세와 맞먹을 정도로 위대한 인물이었다는 것을 말하려는 유대인 특유의 이야기 방식이었다. 유대인들은 이런 이야기가 문자적 사실이 아니라 예수의 위대함을 돋보이게 하기 위한 것이라는 사실을 잘 알고 있었는데, 2세기 중반부터 예수 공동체에 유대인이 점점 사라지고 이런 사실을 모르는 '무지한 이방인들'이 주를 이루면서 복음서에 나오는 이런 이야기들을 모두 문자 그대로 역사적 사실로 믿는 문자주의적 믿음이 생겨나게 되었다는 것이다. 그리스도교는 지난 2천 년 가까이 이방인들이 저지른 이단설에 '포로'Gentile captivity(p. 41) 되어 있었다는 주장이다. 특히 대속 신앙은 복음서를 문자적으로 읽었을 때 나온 중대한 오류라고 강조한다. 스퐁 신부는 단언한다. "교회에서 성경 문자주의를 분명히 배격하지 않으면 그것은 (중략) 그리스도교 신앙을 죽이고 말 것이다."(p. 4)

셋째 책 영어 제목은 *Unbelievable: Why Neither Ancient Creeds Nor the Reformation Can Produce a Living Faith Today* 이다. '믿을 수 없는 것들: 어찌하여 옛 신조나 종교개혁이 오늘날 산 신앙을 이루어내지 못하는가' 정도로 해석될 수 있다. 스퐁 신부의 마지막 책이 된 이 책은 그가 필생을 거쳐 가르쳐온 것들을 요약한 것이라 볼 수 있다.

스퐁 신부에 의하면 마틴 루터의 종교개혁은 주로 교회의 '권위와 권력'institutional authority and power을 중심으로 하는 개혁이었는데, 이제는 그리스도인이 되기 위해 무엇을 믿을까what a Christian must believe to be a Christian 하는 문제를 중심으로 하는 '근본적으로 새로운 종류의 개혁'이 있어야 한다는 주장이다.

왜 개혁해야 하는가? 근본 이유는 '경험과 설명'이 분리되어야 하기 때문이다. 예를 들어 간질이라는 병을 앓는 사람의 경험은 예나 지금이나 같지만 그것에 대한 설명은 다르다는 것이다. 성경이 쓰인 1세기에는 그것이 '귀신이 들린 것'demon possession이라 설명했지만 21세기에는 '뇌세포의 전기적 화학작용' 문제로 설명한다. 이처럼 같은 경험을 두고도 성경에 나오는 설명들은 고대 사회의 세계관을 반영하는 것이므로 당연히 엄청난 지식을 축적한 21세기 현대인들은 이런 옛 설명 대부분을 그대로 받아들일 수 없는 것이다. "따라서 그리스도교는 점점 더 많은 사람들에게 점점 더 믿을 수 없는 것처럼 보이게 되었다."

스퐁 신부는 그리스도교 교리 중에 근본적으로 고쳐야 할 것 열두 가지를 다음과 같이 열거하고 있다. 1. 신관, 2. 예수 그리스도, 3. 원죄, 4. 동정녀 탄생, 5. 기적, 6. 대속 신학, 7. 부활, 8. 승천, 9. 윤리관, 10. 기도, 11. 사후 생명, 12. 보편주의

여기서 이것들을 하나하나 설명하지는 못하지만 결국 지금 교회에서 정통으로 받들고 있는 이런 교리들을 철저하게 재검토해서 문자적이고 표면적 뜻이 아니라 오늘 우리에게 의미 있는 그리스도교, 심층적 차원의 그리스도교를 찾아야 한다는 뜻으로 새겼으면 한다. 스퐁 신부의 잘 알려진 저서 제목이 말해주듯, "기독교 변하지 않으면 죽는다"라는 메시지를 힘차게 전달하는 그에게 그리스도인 모두 귀 기울일 때가 된 것 아닌가?

이슬람교의
성인들

무함마드
알 가잘리
루미

무함마드
Muhammad

─────────

이슬람교의 창시자

─────────

"사람들은 자고 있다. 죽으면서 깨어난다"

'알라의 사자'

무함마드(570~632년)는 이슬람교의 창시자이다. '이슬람'Islam이라는 말은 '복종'submission이라는 뜻이고, '무슬림'은 '복종하는 사람'이라는 말이다. 유대교, 그리스도교, 이슬람교의 공동의 조상 아브라함이 자기 아들을 신에게 제물로 드리라는 신의 명령을 받고 이에 무조건 복종한 것처럼 알라에게 복종하는 것을 최고 가치로 삼는다는 뜻이 들어 있다.

세계 큰 종교들 중 가장 늦게 생겨났지만, 이슬람교는 현재 약 13억 신도를 가진 종교로서 세계 인구의 약 5분의 1에 해당한다. 수적으로 그리스도교 다음으로 큰 종교일 뿐 아니라 세계 큰 종교들 중에서 가장 빠르게 성장하는 종교이기도 하다.

이슬람교는 중동의 아랍 여러 나라에서 신봉하는 종교로 알고 있는 것이 보통이지만, 실은 아랍 국가 이외에도 이란, 아프리카 여러 나라, 파키스탄, 인도, 방글라데시, 인도네시아, 필리핀, 중국, 러시아 등에서도 중요한 종교이며 심지어는 가장 큰 종교이다. 지금은 미국에서도 아프리카계 미국인들(흑인들) 사이에서 신봉자가 급증하고 있다.

우리나라에도 한국전쟁 당시 유엔 연합군의 일원으로 참가했던 터키 군에 의해 전해졌고, 70년대 이후 중동과 동남아 이주 노동자들의 유입으로 지금은 3만 명 이상의 무슬림이 있다고 한다. 놀랍게도 세계 이슬람교 신도의 절반 이상이 중동 지역 동쪽에 퍼져 있다.

무함마드는 기원후 570년 아라비아 메카에서 유복자遺腹子로 태어났다. 그의 어머니도 그가 여섯 살 때 죽어, 고아가 된 그를 친할아버지가 데려다 키웠는데, 할아버지마저 3년 후에 죽고 결국 큰아버지 집에서 컸다. 무함마드는 쿠라이시Quraysh족族에 속했다.

유대인의 히브리어 성경 경전(그리스도교 구약성경)에도 나오는 이스라엘의 조상 아브라함과 그의 아내 사라가 아들이 없어 사라가 자기의 이집트인 하녀 하갈을 아브라함에게 보내 아들을 낳게 하였는데, 그 아이가 이스마엘이었다. 나중에 사라 자신이 이삭을 낳게 되자 아브라함에게 이스마엘과 하갈을 집에서 쫓아내도록 강요했다. 이슬람 전승에 의하면, 이렇게 하여 아브라함은 이스마엘과 하갈을 지금의 메카 부근 사막 지대의 계곡에 데려다주었다고 한다. 그 후 이스마엘은 이집트 여인과 결혼하여 12명의 아들을 낳았고, 그로부터 무함마드가 속했던 쿠라이시족이 생겨나게 되었다고 한다.

무함마드가 어렸을 때 어떻게 살았는가 하는 것은 거의 알려지지 않았다. 그러나 그 당시 소년들이 다 그랬던 것과 마찬가지로 그도 가난하게 살면서 상인들의 낙타를 몰아주거나 그들의 잡일을 거들었을 것이다. 좀 커서는 대상隊商들과 함께 예멘, 시리아, 팔레스타인 같은 곳을 다니며 유대인들이나 그리스도인들을 비롯하여 여러 종류의 종교인들과 만날 기회가 많았다. 전설에 의하면 그가 큰아버지와 함께 시리아에 갔을 때 한 그리스도교 수도승이 그를 보고 예언자가 될 상이라 했다고 한다.

무함마드가 25세 되었을 때 카디자Khadijah라고 하는 부자 과부에게서 일자리를 얻어 일하다가 15세 연상인 이 과부와 결혼하게 되었다. 무함마드는 일부다처가 허용되는 사회에 살았지만 이 여인이 살아 있을 동안에는 다른 부인을 두지 않았다. 둘 사이에는 아들 둘, 딸 넷이 있었으나 아들 둘은 어려서 죽고 딸들은 결혼할 정도로 자랐지만 셋은 자식들이 없이 죽고 나머지 딸 파티마Fatima와 그 남편 알리 사이에서 하산과 후세인이라는 두 외손자를 얻었다.

결혼을 하고 나서 무함마드는 시간적 여유를 갖고 종교 문제에 더욱 몰두하며 명상과 기도에 전념할 수 있었다. 여러 해 동안 한 번에 며칠씩 메카 북쪽에 있는 히라산 동굴에서 명상을 하며 보냈다. 610년, 그가 40세 되던 해 라마단 달月 어느 밤 동굴에서 기도를 하고 있는데, 꿈인지 생시인지 모르는 상태에서 갑자기 무슨 소리가 들렸다. "읽으라, 하느님께서 사람들에게 계시한 것을!" 하는 소리였다. 무함마드가 "저는 읽지를 못합니다" 하고 거절했는데도, '읽으라' 혹은 '외치라'는 이 명령의 소리는 세 번이나 되풀이되었다. 동굴 밖으로 나왔는데, 같은 목소리로 "그대는 알라의 사자使者로다" 하는 소리가 들렸다. 이 극적인 종교체험은 『꾸란』 96장에 "권능과 영광의 밤"으로 기록되어 있다. 이 목소리의 주인은 나중에 천사 가브리엘로 알려졌지만, 이 음성은 그 후 무함마드가 죽기 전까지 22년간 계속 들려왔다.

무함마드는 자기의 정신이 어떻게 된 것 아닌가 하는 생각에 서둘러 집으로 돌아와 겁에 질린 채 반신반의하면서 부인에게 자기의 체험을 이야기했다. 부인은 "즐거워하소서. 사랑하는 남편이여, 기뻐하소서. 그대는 이 백성을 위한 예언자가 될 것이옵니다"라고 했다. 말하자면 그의 부인이 첫 개종자가 된 셈이다. 둘이서 히브리어 성경과 복음서에 조예가 깊은 부인의 사촌을 찾아가니 그도 무함마드의 이야기를 듣고 나서 "틀림없이 이는 예언의 시작으로, 위대한 법이 모세에게 이르렀던 것과 같이 그대에게도 이르리라"고 했다.

무함마드는 자기가 받은 계시가 신에게서 온 것임을 확신하기에 이르렀다. 처음에는 그의 친척들과 친구들에게만 그의 기별을 전하다가 나중에는 길거리나 신전 뜰에 나가 외치기 시작했다. 그는 자기가 받은 계시에 따라 하느님이 한 분뿐이라는 것, 심판이 임박하다는 것, 평등·박애 등 윤리적 삶을 살아야 된다는 것 등을 가르치고, 우상숭배나 영아 살해를 금하라고 외쳤다. 사람들이 처음에는 웃음거리로 여기고 조롱할 뿐이었는데, 그 후 그를 따르는 사람들의 수가 많아짐에 따라 조롱이 적개심으로 바뀌고, 적개심이 박해로 변했다.

특히 그가 가르치는 유일신 신앙과 윤리적 삶은 메카의 기득권층에게 경제적으로 불리한 가르침이었다. 620년 그의 부인이 죽고, 또 무함마드의 종교를 받아들이지 않았지만 그를 보살펴주던 그의 큰아버지마저 죽어 아무도 보호해줄 이 없는 상태에서 박해가 더욱 심해지자 무함마드는 할 수 없이 다른 도시로 피신할 수밖에 없었다.

『꾸란』의 기적

메카로부터 북쪽으로 약 400킬로미터 떨어진 야트리브라는 도시에서 부족들 간의 분쟁이 있었는데, 6명의 대표자가 무함마드를 찾아와 상담을 구했다. 그들은 그의 정의감과 정직함을 좋게 여기고 돌아갔다. 다음 해에는 12명의 대표자가 그를 찾아와 분쟁을 조정하기 위해 그 도시로 와달라고 요청했다. 그 12명 대표자 중 10명이 유대인이었는데, 이들 중에는 무함마드가 자기들이 기다리던 메시아일지 모른다고 생각한 사람도 있었다. 초청을 받아들이고, 드디어 622년 9월 24일 그리로 피신을 했다.

　그때 이후 이 도시를 '도시'라는 뜻을 가진 말 메디나^{Medina}라고 불렀다. 그리고 이 '피신' 혹은 '도망'을 아랍어로 '히즈라'^{hijra}라 하는데, 나중에 무함마드가 죽은 후 이렇게 피신한 서력 622년을 이슬람 역사의 원년元年으로 삼고 라틴어로 표기하여 A.H.(Anno Hegirae) 1년으로 하였다. C.E. 622년은 A.H. 1년이 되는 셈이다.[22]

　메디나에서 그들은 처음으로 '기도하는 집'인 모스크를 짓고, 매주 금요일에 모여 함께 기도하고 개인적으로는 하루에 다섯 번씩 기도하는 제도를 수립했다. 금요일을 정한 것은 유대인들의 안식일인 토요일이나 그리스도인들의 주일인 일요일처럼 특별히 거룩하다거나 하는 이유 때문이 아니라 모두 함께 모여 기도하기에 편리한 날이기 때문이었다. 처음에는 기도할 때 예루살렘을 향해 하다가 유대인들과의 관계가 악화되면서 메카를 향해 기도하게 되었다. 그러나 이슬람 전통에서 예루살렘은 메카, 메디나와 함께 여전히 3대 성지로 꼽힐 정도로 중요한 곳이다.

　무함마드는 종교적으로뿐만 아니라 군사적으로도 크게 성공하였다. 자기의 종교를 받아들이지 않는 유대인이나 그리스도인 공동체나 대상들을 공격하여 그들의 재산을 몰수했다. 이런 군사적인 성공은 신의 뜻에 의한 것이라고 확신하게 되고, 자기의 종교적 사명을 완수하기 위해서는 나라를 세워야 할 필요를 느끼게 되었다. 메카에서 메디나로

22　지금 서양에서는 A.D.(Anno Domini · 주님의 해)라는 것이 그리스도교 중심의 연대 계산법이라 하여 더 이상 쓰지 않고, 그 대신 C.E.(Common Era · 공력公曆)라 쓰고 있다. 서력 기원전은 BCE(Before CE)라 한다.

이주한 지 10년이 되는 630년, 메카를 점령한 무함마드는 드디어 아라비아 전역에 걸쳐 정치적 권력을 행사하는 실질적 지도자가 되었다.

메카를 점령하고 제일 먼저 한 일은 카바$^{Ka'bah}$라고 하는 성전을 되찾는 일이었다. 경건한 자세로 성전을 일곱 바퀴 돌고 그 성전에 안치되어 있던 '흑석'黑石 앞에서 기도한 다음, 성전에 있던 일체의 우상들과 벽에 붙어 있던 아브라함이나 천사들의 그림들을 철거했다. 그 다음 하갈과 이스마엘이 마셨다고 전해 내려오는 잠잠^{Zamzam} 우물로 가서 그 우물을 성별聖別했다. 마지막으로 메카의 경계를 정하는 경계비들을 세우고 그 경계 안에서는 모든 무슬림들이 마음 놓고 순례 여행을 할 수 있도록 해주었다.

모든 아랍인들이 이전까지는 혈연에 따른 공동체에 충성하였지만, 이제부터 믿음의 공동체인 '움마'^{umma}에 충성하라고 촉구했다. 4개월의 유예기간을 주고 이 움마에 충성하기를 거절하면 공격하겠다고 공표했다. 그러나 유대인들과 그리스도인들은 이른바 '책의 백성들'이기에 특별 세금만 내면 그들의 신앙을 그대로 유지할 수 있도록 했다.

여기서 한 가지 명심할 사항은 이슬람을 두고 '한 손에는 『꾸란』, 한 손에는 칼'이라는 말을 많이 하는데, 이는 중세 시대 서양의 십자군이 지어낸 말로, 이슬람 자체는 위에서 보는 것처럼 유대인이나 그리스도인들에게 자기들의 종교를 강요하지 않았고 종교적 이유로 박해하는 일이 없었다.

메카를 점령하고 2년이 지난 C.E. 632년(A.H. 10년), 무함마드는 쇠약해진 몸으로 죽기 전 마지막으로 메카를 향해 순례의 길을 떠났다. '은혜의 산'에 모인 10만여 명의 순례자들을 향해 무슬림의 결속을 강조하며 마지막으로 한 말은 "여러분, 내가 하는 말을 잘 듣고 명심하도록 하오. 그대들은 알지니, 무슬림 개개인은 다른 무슬림의 형제이며, 따라서 모든 무슬림들은 형제지간이오!"였다. 그는 다시 메디나로 돌아와 3개월간 신열로 고생하다가 갑자기 죽었다. 632년 6월 8일, 62세의 나이였다.

사실 이슬람교에 의하면 무함마드 자신의 가르침이란 없는 셈이다. 그는 하느님의 사자使者로서 하느님으로부터 받은 계시만을 전했을 뿐이라고 믿기 때문이다. 그러나 종교사적으로 볼 때 그가 받았다는 계시도 사실 무함마드의 종교적 고뇌와 성숙에서 나온 결과라 할 수 있기에 그 계시의 내용을 살펴보면서 그의 가르침의 대강을 더듬어보고, 또 그 계시와 가르침에서 유래된 이슬람의 기본 신행 몇 가지를 알아보기로 한다.

이슬람교의 경전은 『꾸란』으로, '읽다', '읊다'의 뜻을 가지고 있다. 가브리엘 천사를 통해서 무함마드에게 온 하느님의 계시를 그대로 읽거나 읊은 것이라는 데서 나온 말이다. 『꾸란』은 비신앙의 눈으로 보면 그야말로 '기적'이라 하지 않을 수 없다. 물론 그가 외운 것을 기록자가 받아서 적고 나중에 편집을 한 것이기는 하지만, 자기 이름도 제대로 쓸 줄 모르던 문맹이 문법적으로 완벽하고 시적으로 비길 데 없이 아름다운 말을 읊었다고 하는 사실 자체가 평범한 일이 아니기 때문이다. 이슬람교인들은 태어나서 처음으로 듣는 것도 『꾸란』 구절이고 죽기 전에 마지막으로 듣는 것도 마찬가지다.

이슬람교도들은 『꾸란』 안에 이 마지막 시대 사람들에게 필요한 하느님의 교훈이 다 들어가 있다고 믿는다. 첫째, 하느님과 그의 통치에 관한 신학적 가르침과 둘째, 성지순례나 단식 등에 관한 의식儀式적인 지시와 셋째, 결혼, 간통, 살인 등과 같은 민·형사적 문제 해결에 관한 지침과 넷째, 기타 예의나 윤리적인 교훈이 들어가 있다. 그중에서 신학적인 것 몇 가지를 살펴보면 다음과 같다.

첫째, '한 분 하느님'이다. 무함마드 이전 아라비아는 잡신들을 섬기는 곳이었다. 『꾸란』은 하느님이 한 분뿐이라는 유일신 사상을 철저하게 강조했다. '알라'라는 말은 아랍어로 '하느님'the God이라는 뜻이다. 이 한 분 하느님 이외의 것을 하느님이라고 여기는 것은 '용서받을 수 없는 죄'shirk로서 이슬람에서 가장 무서워하는 죄이다. 하느님은 창조주요 역사를 다스리시는 분이요 말세에 세상을 심판하실 심판자이시다. 하느님은 '99가지 아름다운 이름'을 가지고 있다. 그중에서 가장 많이 불리는 이름은 '자비로운 분'이라는 것이다. 『꾸란』 각 장은 "자비롭고 은혜로우신 알라의 이름으로"라는 말로 시작된다.

둘째, '예언자들'이다. 하느님은 역사를 통해 그때그때마다 필요한 예언자를 보내셨는데, 지금까지 12만4천 명이라고 한다. 그러나 이름을 거명한 것은 무함마드를 포함하여 28명이다. 아담으로 시작해서 노아, 아브라함, 이스마엘, 이삭, 모세, 다윗, 솔로몬, 엘리야, 요나, 사가랴, 침례 요한, 예수 등 히브리어 성경에 나오는 낯익은 이름들이 18명, 그리스도인들이 3명, 아랍인들이 4명, 알렉산드로스 대왕 등 기타가 2명이다. 이 중에서 가장 중요한 5명은 노아, 아브라함, 모세, 예수, 무함마드이다. 물론 이 중에서도 가장 중요한 한 명은 무함마드이다. 그는 '말세를 위한 예언자' 혹은 '예언자들의 인印'으로서 그 이후에는 다른 예언자도, 다른 계시도 있을 수 없다고 믿는다.

셋째는 '최후의 심판'이다. 세상이 끝나는 날에 하느님이 모든 사람들을 그들의 공과에 따라 심판하신다고 한다. 『꾸란』에 의하면 사람이 죽으면 부활의 날까지 일단 잠자는 상태에 들어가게 된다. 부활의 날이 되어 하느님의 천사가 나팔을 불면, 무덤이 열리고 잠자던 상태에서 깨어난다. 부활하게 된 사람들은 하느님 앞에 나가 자기들의 행위를 기록한 책에 따라 상벌을 받는다. 이런 종말관은 조로아스터교나 유대교, 그리스도교와 비슷하지만 그들이 받는 상이 조금 다르다. 천국은 순금으로 된 거리 같은 것이 아니라 맛있는 음식과 취정이나 숙취가 따르지 않는 술을 즐기고 시종을 거느리며 사는 동산, 물이 흐르고 꽃이 피는 그늘진 정원으로 묘사되어 있다. 열사熱砂를 끼고 사는 사람들에게 가장 필요한 것들이다.

이슬람교의 다섯 기둥

모든 이슬람교도들은 의무적으로 '다섯 기둥'을 준수하여야 한다. 어느 면에서 이슬람교는 이 다섯 기둥 위에 세워진 건물이라 할 수 있다. 이슬람은 교리 중심의 종교orthodoxy라기보다는 실천 중심의 종교ortho-praxis라 할 수 있다. '다섯 기둥'은 다음과 같다.

첫째, 고백이다. "하느님 외에는 신이 없으며 무함마드는 그의 사자"라 하는 것을 고백하고 증언하는 것이다. 아랍어로 "라 일라하 일랄라 무함마드 라술루라"la ilaha illa'llah muhammad rasulu'llah를 반복해서 외우는 것이다. 이슬람교도가 된다고 하는 것은 이 고백을 받아들이고 스스로 고백하는 것을 의미한다.

둘째, 기도이다. 하루에 새벽, 정오, 오후, 일몰, 밤, 이렇게 다섯 번씩 기도해야 한다. 기도하기 전에는 반드시 세정洗淨이라는 정결례를 치르고, 신발을 벗고 기도 깔개를 펴고 메카를 향해 우리나라에서 큰 절할 때와 비슷한 모양으로 엎드려 기도한다. 금요일 정오에는 모스크에 모여 함께 기도한다. 모스크를 우리나라 이슬람에서는 '성원'이라 부른다.

셋째, 희사喜捨이다. 모든 성인은 자기의 재산의 2.5퍼센트를 구제금으로 바친다. 유대교나 그리스도교의 십일조에 비하면 낮은 비율이라고 할 수 있지만 십일조는 자기 수입의 10퍼센트인데 비해 이슬람 헌금은 자기 재산의 2.5퍼센트이기 때문에 사람에 따라서는 십일조보다 더 클 수 있다.

넷째는 단식이다. '라마단'이라는 달 한 달 동안 낮 시간에 한해 먹는 것, 마시는 것, 담배 피우는 것, 성행위 하는 것 등을 완전히 금한다. 손에 검은 실과 흰 실을 들고 둘을 분간할 수 있으면 낮 시간이고 분간할 수 없으면 밤 시간이다. 밤이 되면 단식에서 풀려난다. 병자들이나 여행자들, 아기에게 젖을 먹이는 어머니, 어린아이들은 이 단식에서 제외된다.

다섯째는 순례이다. 모든 이슬람 신도들은 일생에 적어도 한 번 메카로 순례를 하고 와야 한다. 전통에 의하면 메카는 아담과 하와가 죄를 짓고 에덴동산에서 쫓겨난 후 자리 잡아 살던 곳일 뿐 아니라 아브라함과 이스마엘이 한 분 하느님을 위해 성전을 짓고 예배하던 곳이기도 하다.

모든 사람들은 순례를 위한 특별한 달에 메카로 향한다. 순례 중에는 성행위를 하거나 머리나 손톱을 깎으면 안 된다. 메카에 들어가기 전에 모든 교통수단을 놓아두고, 수의壽衣를 상징하는 꿰매지 않은 두 쪽 천의 간소한 베옷 차림으로 갈아입고 맨발로 걸어서 들어간다. 메카에 가면 카바 성전에 있는 흑석을 중심으로 시계 반대 방향으로 일곱 번을 도는데 세 번은 천천히, 네 번은 빠르게 돈다.

이런 성전돌이를 끝내면, 그 바로 옆에 있는 잠잠이라는 우물로 간다. 옛날 이스마엘의 어머니 하갈이 목말라하는 아들을 위해 두 언덕을 일곱 번 오가면서 물을 찾고 있었는데, 목이 말라 발버둥 치던 이스마엘의 발아래에서 물이 솟아나 우물이 되었다는 그곳으로 가, 약 500미터 정도 되는 두 언덕 사이를 빠른 걸음으로 일곱 번 오가며 그때의 고생을 재현하고, 치료에 영험이 있다는 그 우물물을 받아 온다.

본격적인 순례는 메카에서 동쪽으로 약 20킬로미터 떨어진 아라파트 평원을 찾아 그곳에 있는 '자비의 산'에 올라 '하느님 앞에 서는 것'이다. 정오가 되면 최후의 심판 때 하느님 앞에 서는 마음으로 서서 해가 질 때까지 그대로 서 있게 된다. 아담과 하와가 낙원에서 쫓겨나서 서 있던 곳이고, 아브라함과 이스마엘이 함께 서 있던 곳이며, 무함마드가 마지막으로 연설하며 서 있던 곳이기도 하다. 그 밤을 한데서 보낸 후 '미나'라는 곳으로 가서 아브라함이 이스마엘을 죽이는 대신 양을 잡아 제사한 것을 기념하여 동물을 잡아 제사를 지낸다. 이슬람에서는 하느님이 아브라함에게 산제사로 바치라고 한 아들이 이삭이 아니라 이스마엘이라 믿는다. 여기서 사흘 동안 축제로 보내고, 다시 카바 성전의 흑석을 돌고 들어오면서 입었던 옷을 벗는 것으로 순례는 끝난다. 여력이 있는 사람들은 메디나로 가 무함마드의 무덤에 참배하기도 하고 심지어는 예루살렘까지 가기도 한다.

순례를 마친 사람은 새로 태어난 아기처럼 죄가 없어진 상태라고 보고, 그 이름 앞에 '순례자'라는 표시를 한다. 이런 의식을 통해 전 세계 무슬림들이 하느님 앞에는 하나요, 동등하다는 공동체 의식과 유대를 강화하게 된다.

이슬람교 교파에 따라서는 '지하드'를 여섯째 기둥이라 여기기도 한다. 지하드는 '성전'聖戰을 의미지만 성전이 꼭 총칼을 들고 싸우는 것만을 뜻하는 것은 아니다. 본래 '하느님의 길에서 힘씀'이라는 뜻으로, 무엇이나 하느님의 일을 위하는 것이면 지하드가 된다. 최근에 와서 이슬람 국가나 종교가 위협을 받을 때 이를 방어하는 일 등 정치적으로나 군사적으로 힘쓰는 것이 지하드의 주된 일처럼 된 것이 사실이지만, 자기가 사는 곳에 모스크를 짓는 일, 멀리 떠나서 전도하는 일 등 광범위한 종교 활동도 지하드이고, 무엇보다도 큰 지하드는 자신의 이기적인 정욕과 본능을 물리치려고 힘쓰는 것이다. 지금 많은 이슬람교도들은 자유주의나 서양화에 저항하는 것이 지하드라고 보기도 한다.

이상이 무함마드가 받은 계시와 거기에서 유래된 이슬람의 기본 가르침이라 할 수 있다. 이슬람을 무조건 전투적이고 호전적 종교에 불과하다는 생각이 불식되어야 할 것이다.

알 가잘리
al Ghazālī

이슬람 신비주의의 집대성자

"실재하는 이 세계도 크게 깬 상태에서
보면 허구에 불과한 것 아닌가?"

이슬람의 증언자

이슬람교의 창시자 무함마드가 죽은 다음, 이슬람 제국은 곧 아라비아 경계를 넘어 635년 다마스쿠스를 함락시키고, 636년 페르시아(지금의 이란)를 무너뜨리고, 637년 예루살렘을 점령하고, 640년 거사리아를 손에 넣고, 641년 아프리카의 알렉산드리아를 접수하는 등 그야말로 파죽지세破竹之勢로 확대되어갔다. 8세기에 들어오고도 이슬람 제국은 계속 팽창하여 711년 스페인까지 점령하는 등 13세기 몽골군이 나타나 이슬람을 제압할 때까지 승승장구乘勝長驅였다.

이처럼 거대한 세력이 된 이슬람교는 필연적으로 분열될 수밖에 없었다. 이슬람교에는 크게 나누어 세 가지 파가 있다고 볼 수 있다. 첫째가 수니Sunni파로서 '전통주의파'라는 뜻이다. 전 세계 이슬람교도의 85퍼센트 정도가 이 파에 속한다. 이집트, 시리아, 인도, 말레이시아, 인도네시아에 퍼져 있다. 둘째, 시아Shi'a파로서 '분리파'라는 뜻이다. 세계 이슬람교도의 10~15퍼센트가 이에 해당된다. 지금 이란은 시아파를 공식 종교로 받아들이고 있는 나라이고, 사우디아라비아, 이라크, 인도, 파키스탄, 아프리카 동쪽 등에 소수가 산재해 있다.

셋째, 수피Sufi파로서 '수피'라는 말은 '양털 옷을 입은 자'라는 뜻이다. 염색하지 않은 조야粗野한 옷을 입고 다녔기 때문이다. 이슬람 세계에서 수적으로는 미약하지만 그들의 특별한 가르침 때문에 영향력이 크고, 특히 외부 세계에 아주 많이 알려져 있다. 이들은 율법을 잘 지켜 그 보상으로 내세를 바라보는 형식주의적 이슬람교에 반대하고 지금 이 삶에서 얻을 수 있는 내적 체험을 강조하는 신비주의자들이었다. 종교의 심층을 강조하는 신플라톤주의, 그리스도교 신비주의, 힌두교와 불교 신비주의 등에 영향을 많이 받았다. 산업화 등의 이유로 19세기부터 쇠퇴하기 시작하여 현재 주로 페르시아, 인도 부근에 퍼져 있다.

일반적으로 이슬람교는 신과 인간의 질적 차이를 강조하고, 신과 인간을 '연관'시키는 죄를 '용서받을 수 없는 죄'로 인정한다. 따라서 신인합일을 강조하는 신비주의가 들어갈 틈이 별로 없는 것으로 알기 쉽다. 하지만 이들은 『꾸란』에 하느님이 '우리의 핏줄보다도 우리에게 더 가까운' 분으로 묘사되어 있다는 것에 근거하여 신인합일의 체험을 주장한다. 이런 체험을 갖기 위한 여러 가지 방법 중에는 한 자리에 서서 빙글빙글 도는 춤을 추는 것, 또는 신을 깊이 사랑하는 것, 명상에 잠기는 것 등이다. 수피파들 중 훌륭한 스승들이 많지만 그중 이론적 집성자인 알 가잘리와 시인 루미 두 사람만을 거론하기로 한다. 여기서는 우선 알 가잘리(1058~1111년)를 소개한다.

'아부 하미드 무함마드 이븐 무함마드 알 가잘리'라는 긴 이름을 가지고 있지만 보통 간단히 '알 가잘리' 혹은 그냥 '가잘리'라 불린다. 편의상 여기서는 가잘리라 부르기로 한다. 그는 1058년 지금의 이란 북서쪽 투스Tus라는 곳 교외에 있던 가잘레Ghazaleh라는 마을에서 태어나서 1111년 투스에서 53세를 일기로 세상을 떠났다. 그의 학문적 성취나 공헌으로 보아 이슬람교 전통에서 그가 차지하는 위치는 마치 그리스도교 전통에서 토머스 아퀴나스나 유교 전통에서 주자朱子(1130~

1200년)가 차지하는 위치와 맞먹을 정도로 중요하다.

30대 초반에 이미 바그다드 니자미야 대학 이슬람 법학 교수라는 명예로운 지위를 차지할 정도였다. 그러나 36세로 그의 지성이 최고봉에 달했을 때, 일종의 정신적 위기를 경험해야만 했다. 우리가 이성을 통해 알고 있는 것이 정말로 확실한 것인가 확신할 수 없게 된 것이다. 그 이유로 가잘리는 우리의 감각이 제공하는 증거가 확실한 것이 아닌 점을 들었다. 예를 들어 우리의 육안으로 보면 하늘의 별이 아주 작게 보이지만 실제로는 그것이 이 지구보다 훨씬 크다는 사실 같은 것이다. 이와 비슷하게 꿈을 꿀 때는 모든 것이 실재하는 것처럼 느끼지만 꿈을 깨고 나면 그런 것이 실재에 근거하지 않았다는 것을 깨닫는다. 그는 우리가 지금 이성적 사고를 통해 실재하는 것으로 믿고 있는 이 세계도 결국 한 번 더 크게 깬 상태에서 보면 허구에 불과한 것 아닌가 하는 의구심을 떨칠 수 없다고 본 것이다. 마치 『장자』에 나오는 '나비의 꿈'胡蝶夢을 연상하게 하는 대목이다.

가잘리는 수피 신비주의자들이 자기들의 더 높은 의식 상태에서 보면 일상적 이성이라는 것이 무용지물이라고 하던 말을 기억했다. 또 예언자 무함마드가 "사람들은 자고 있다. 죽으면서 깨어난다"고 한 말을 상기했다. 허상의 베일이 벗겨지고 비로소 진리를 보게 되는 것은 오로지 죽을 때나 이성적인 마음을 뒤로 할 때 가능하다는 이야기라 생각한 것이다.

가잘리가 이런 문제들을 놓고 심각하게 고뇌하고 있을 때, 그는 갑자기 일종의 신비적 경험을 하게 된다. 밝은 빛줄기가 자기의 심장으로 꿰뚫고 들어오는 것 같았다. 이처럼 진리를 직접 체험하는 순간,

지금까지 자기가 진리를 확증하기 위해 사용하던 이성적 '논증'들이라는 것이 전혀 무용지물임을 깨달았다. 마치 중세 그리스도교 스콜라 신학의 최고봉이라 할 수 있는 토머스 아퀴나스가 신비체험을 하고 나서 그때까지 자기가 집대성한 방대한 저술이 하나의 지푸라기에 불과한 것처럼 보였다고 하는 말과 비슷하다.

가잘리는 이런 경험 자체만으로 만족할 수가 없었다. 그는 혼신을 다해 독서에 몰두했다. 자기가 체험한 그 진리에 가장 잘 어울릴 수 있는 철학, 종교, 신비주의 등을 찾으려는 것이었다. 이런 연구 결과가 『종교학의 부흥』이라는 기념비적 저술로 나타났다. 여기에서 그는 수피 사상 이외의 모든 철학 체계의 허구를 하나하나 폭로하고, 수피 사상만이 이슬람이 잃어버린 직접적인 신神체험으로 나아가는 길임을 제시했다.

가잘리는 이런 연구와 집필 과정에서 정신적으로나 육체적으로 무리한 결과, 신경쇠약에 걸려 말을 제대로 할 수 없게 되고, 이로 인해 강의를 계속하기 곤란해졌다. 결국 교수직을 사임하고 가족을 남겨둔 채 10년간을 수피들이 입는 조야한 양털 옷을 입고 이집트, 시리아, 메카, 메디나 등으로 순례 여행을 다니며 영적 수행에 전념했다.

그 후 이슬람을 부흥시키려는 가잘리의 노력이 인정을 받아 그는 '하자트 엘 이슬람', 곧 '이슬람의 증언자'라는 특별한 칭호를 얻었다. 수피 신비주의자로서 그가 이슬람 주류 밖에 있었다는 사실을 감안하면 이것은 특별한 영예였다. 그러나 그가 한 가장 중요한 일 중 하나는 『종교학의 부흥』을 요약하여 더 많은 독자들이 쉽게 접할 수 있도록 했다는 것이다. 그 결과물이 바로 그의 책 중 가장 유명한『행복의 연

금술』이다. 이 책은 지난 9백 년 동안 이슬람 전통에서 가장 위대한 영
성 문학 중 하나로 꼽히는 책이다. 이 책의 내용을 통해 가잘리의 사상
을 엿볼 수 있을 것이다.[23]

『행복의 연금술』

가잘리는 평균적인 사람이 '동물로부터 천사로' 탈바꿈하는 데 네 가
지 요소가 필요하다고 한다. 그 네 가지 요소란 첫째, 나 자신을 아는
것, 둘째, 신을 아는 것, 셋째, 이생을 아는 것, 넷째, 내생을 아는 것
이다.

우선, 가잘리는 우리가 우리 자신에 대해 제대로 알지 못하면 인
간으로서 우리가 가진 잠재력을 충분히 발휘할 수 없다고 했다. 이 세
상일과 근심으로 우리의 마음을 잃어버리는 것은 우리의 참된 근원을
잃어버리는 것이다. 한편 우리 자신의 마음을 알면 우리가 누구이고
왜 여기 있는가를 분명히 알 수 있게 된다고 했다. 마치 쇠를 잘 닦으
면 거울이 되듯이, 마음도 훈련을 통해 잘 다스리면 그 속에 있는 지
적, 영적 녹을 없애고 거룩한 빛을 참되게 비출 수 있을 것이라 했다.
마치 북종선北宗禪의 개조開祖 신수神秀의 게송偈頌, "몸은 보리수, 마음
은 거울, 부지런히 털고 닦아 티끌이 없게 하라"는 말을 연상시킨다.

둘째, 가잘리에 의하면 많은 사람들이 자기들을 존재하게 한 참된
원인이 무엇이었을까 찾아보려 하지 않는다고 한다. 현상세계만을 인
정하는 것은 마치 글씨가 쓰인 종이 위를 기어 다니면서 그 글씨가 펜

---

23   필자가 번역한 톰 버틀러 보던의 『내 인생의 탐나는 영혼의 책 50』(흐름출판, 2009)에서 가잘리편을
참조하였다.

하나만으로 쓰인 것이라 믿는 개미와 같다고 했다. 밖으로 드러난 원인 뒤에는 언제나 참된 원인이 있는데, 그 참된 원인이 바로 신이라는 궁극 실재임을 알아야 한다고 주장한다.

셋째, 가잘리는 우리의 몸이란 우리의 영혼이 삶의 여정을 지나가면서 타고 가는 말이나 낙타와 같다고 했다. 영혼은 마치 메카로 가는 순례자가 그가 타고 가는 낙타를 보살피듯 몸을 잘 돌보아야 한다. 그러나 순례자가 낙타를 먹이고 꾸미고 하는 등 낙타 자체를 보살피는 데 너무 시간을 많이 보내면 순례자도 낙타도 목적지에 이르지 못한 채 사막에서 죽고 만다.

넷째, 『꾸란』에 의하면 영혼은 스스로 원하지 않았지만 이 세상에 보내졌는데, 이것은 좀 더 많은 지식과 경험을 얻을 수 있도록 하기 위한 것이라 한다. 영혼은 두려워하거나 놀라지 말고 어떻게 사는 것이 좋은가 신의 지시를 기다리기만 하면 된다고 한다. 이 권고를 받아들이지 않은 영혼은 지상에서의 삶이 일종의 지옥이라 생각할 것이다.

가잘리는 땅에 사는 동물들과 하늘에 있는 천사들은 자기들에게 주어진 계급이나 위치를 바꿀 수 없다고 한다. 인간들만이 자기들의 행동을 통해 동물 수준으로 내려가거나 마찬가지로 천사들의 높이로 올라갈 수 있는 선택권을 가지고 있다는 것이다. 마치 불교에서 인간으로 태어났을 때만 열반에 이를 수 있는 기회가 있다고 하는 말과 같다. 인간으로서 가질 수 있는 이런 선택권은 일종의 짐이기도 하다. 아무 생각 없이 살아가는 대로 살아가는 것이 아니라 어떻게 살 것인가를 심각하게 생각해야 하기 때문이다.

버틀러 보던이 지적한 것처럼 가잘리의 『행복의 연금술』은 사실 어느 종교에도 보편적으로 적용될 수 있는 진리를 설파하고 있다. 이슬람교도이든 아니든 현재의 '나'가 궁극적인 것이 아니라는 것, 따라서 현재의 물질적 삶 자체가 최종 목적이 될 수 없다는 것, 평화와 쉼은 결국 모든 것의 근원이 되는 영원한 비물질적 경지를 깨닫는 데서 진정한 행복이 온다는 것은 종교의 심층을 추구하는 모든 종교인들이 쉽게 납득할 수 있는 메시지가 아닌가.

루미
Jalāl ud-dīn Muhammad Rūmī

춤추는 수피 성자

"신과 영원히 연합된 영은
모든 장애로부터 자유케 되리"

수피 전통

이슬람 신비주의적 전통인 수피 사상을 집대성한 가잘리에 이어 이제 수피 전통에 속하는 유명한 시인 루미(1207~1273년)에 대해 알아보기로 한다. 이슬람교가 많은 지역을 정복하면서 부를 축적하게 되자, 세속적인 부와 사치를 즐기는 삶이 그만큼 증가하지 않을 수 없었다. 수피 운동은 이런 외형적이고 형식적인 이슬람에 대한 일종의 반응으로 생겨난 신비주의 운동이었다. 수피들은 특별한 조직이 없이 청빈과 극기의 삶을 살고, 모든 것을 신의 섭리에 맡긴 채 명상과 기도에 전념했다. 그들은 인간과 신을 분리시키는 장벽을 무너뜨리고 신과 하나 됨을 자기들의 종교적 목표로 삼았다. 정통 이슬람은 수피들을 위험한 이단으로 취급했지만 수피 자신들은 자기들이 이슬람교의 기본 가르침에서 이탈하지 않았다고 주장한다.

이슬람은 신의 초월성을 다른 어느 종교보다 강조하는 유일신론의 종교로서, 이런 이슬람에서 신과 인간의 합일을 강조하는 신비주의 전통이 발생했다는 자체가 놀라운 일일 수 있다.

그러나 어느 종교든 그 심층 깊이에 들어가면 신비주의적 요소를 발견하게 되는 것이 일반적 현상이라는 점에서, 이것도 그렇게 크게 놀랄 일은 아니다. 이슬람의 신비주의도 다른 종교의 신비주의적 심층과 여러 가지 공통적인 요소들을 공유하고 있다. 물론 모든 수피들이 다 같은 생각을 가지고 있는 것은 아니다. 그러나 기본적인 공통성으로 다음 네 가지를 들 수 있다.

첫째, 신의 초월과 동시에 내재를 강조하고 있다. 이른바 '범재신론'적 신관이라 할 수 있다. 신은 하늘 저 멀리에 홀로 떠 있는 초월적 존재만이 아니다. 우리가 우리 스스로를 동떨어진 개별적인 존재라고 생각하는 의식을 버릴 때 우리는 우리 속에서 살아 움직이는 신의 삶을 체험할 수 있다는 것이다. 둘째, 비록 인간이 현재로서는 불완전하지만 인간 안에는 거룩한 신의 빛이 비추고 있다는 것을 믿는다. 셋째, 인간과 신을 가로막고 있는 장막을 걷어내는 것이 삶의 목적이라 받아들인다. 넷째, 궁극적으로 '지금 여기서' 신과 하나 되는 경험을 할 수 있다고 믿는다.

사실 이와 같은 것은, 처음 서문에서 언급한 것과 마찬가지로, 거의 모든 종교의 신비주의 전통들이 공통으로 가지고 있는 요소라 할 수 있다. 하지만 수피의 신비적 전통은 이와 함께 그 역사적, 사회적 특수 조건 때문에 나름대로 몇 가지 다른 특색을 함께 가지고 있다.

신비주의 연구가 햅폴드F. C. Happold에 의하면 첫째, 수피 전통은 '버림'을 강조한다. 이 버림은 세상을 등지는 것과 같이 세상과 무관하게 산다는 것이 아니라, 오히려 세상과 완전히 하나가 되기 위해 '나 스스로를 버리는 것'self-renunciation을 의미한다. 이렇게 이기적이고 자기중심주의적인 나를 버릴 때 세상을 있는 그대로 볼 수 있게 된다고 주장한다. 이렇게 자기가 세상과 완전히 일체될 때, 보편적 생명, 신, 영, 참나와 하나가 됨을 체험하고 세상을 달리 보게 된다.

둘째, 자신을 버리고 세상, 신과 하나 됨을 경험한 수피 신비주의자들은 이런 경험을 시적으로 표현하기를 좋아했다. 수피 전통에는 이

처럼 세상의 아름다움과 사랑을 통해 신의 절대적 아름다움과 절대적
사랑을 발견하고 노래한 시인들이 수없이 많았다.

셋째, 나를 세계나 신과 합일시킨다고 하는 것은 좋지만, 이럴 경
우 자칫 지금의 헛된 나를 신과 동일시하고 지금의 나를 올려 세우는
위험이 따른다. 개별적인 이기적 자아 자체를 신격화시키는 우를 범할
수 있다는 뜻이다. 신비주의 전통들에서 발견되는 공통적인 위험이지
만, 수피 전통에서는 가잘리 같은 학자가 등장해서 이런 위험을 계속
경고하는 것이 하나의 특징이라 할 수 있다.

초기 수피들 중 가장 잘 알려진 이는 최근 이라크전쟁으로 유명해
진 도시, 바즈라 출신의 성녀 라비아Rabi'a(?~801년)였다. 그녀는 이른
바 '이해관계가 없는 사랑'disinterested love을 노래한 것으로 유명하다. 그
의 시들 중 다음과 같이 아름다운 시가 있다.

> 오, 주님, 제가 주님을 섬김이 지옥의 두려움 때문이라면
>
> 저를 지옥에서 불살라주옵시고,
>
> 낙원의 소망 때문이라면
>
> 저를 낙원에서 쫓아내주옵소서.
>
> 그러나 그것이 주님만을 위한 것이라면
>
> 주님의 영원한 아름다움을 제게서 거두지 마옵소서.

춤추는 수도사

이제 이런 배경지식과 관점에서 페르시아의 수피 시인 루미에 귀 기울
여보도록 하자. 루미는 1207년 오늘날의 아프가니스탄 중앙 지대 북

쪽 가장자리에 있는 발흐에서 태어났다. 어린 시절에는 훌륭한 수피 신학자이자 법률가였던 아버지와 함께 바그다드, 메카 등지를 다니며 그의 가르침을 받았고, 청년 시절에는 아버지의 친구로부터 '예언자들과 성자들의 학문'을 배웠다.

루미는 위대한 종교학 교수로서의 삶을 살다가, 37세에 샴스라는 어느 나이 많은 야인野人을 만나 학생들 가르치는 일을 그만두고 그와 함께 황홀경 속을 거닐며 신과의 사랑이 가져다주는 기쁨을 노래하는 시를 쏟아냈다. 루미는 특히 소용돌이처럼 빙글빙글 도는 춤whirling dance을 추고 다른 사람들에게도 이를 권했다. 이 춤을 통해 신과의 합일이라는 신비경을 얻을 수 있다고 믿었다. 이 때문에 그와 그의 수도사들을 춤추는 수도사dancing dervish라 하기도 한다.

루미는 두 권의 시집과 한 권의 산문집을 남겼다. 시집 중 하나는 『일리아드』와 『오디세이』를 합친 것보다도 더 방대한 분량의 대서사시 『마트나위』이다. 이 책은 이슬람 신비주의 사상과 시문학에 지대한 영향을 끼친 역작일 뿐만 아니라, 역사적으로도 인류의 가장 위대한 정신적 유산으로 꼽힌다. 이슬람 문학 작품 가운데 가장 많은 영역본을 가지고 있는 책이기도 하다. 우리말로는 이현주 목사가 그중 144편을 가려 뽑고 해설을 붙여 『사랑 안에서 길을 잃어라』(샨티, 2005)라는 제목의 책으로 엮어냈다. 티모시 프리케가 엮고 이현주 목사가 옮긴 『루미의 지혜』(드림, 2007)도 참고할 수 있다. 루미는 1273년 12월 66세로 터키의 코냐에서 '신과의 완전한 합일'을 이루고 죽음을 맞이했다.

루미는 다른 수피 신비주의자들과 마찬가지로 "내가 곧 신"人乃天이라고 하는 진리를 강조했다. 이런 신인합일의 체험은 갑자기 찾아오

는 것이 아니다. 점진적인 수행 과정이나 단계를 거치는 것이다. 무엇
보다 신과의 합일에서 오는 '기쁨'에 이르기 전에 신으로부터 떨어져
있음에서 오는 '아픔'을 경험하라고 가르친다. 인간은 물론 본질적으
로 신이지만, 현실적으로 어쩔 수 없이 신과 분리된 삶을 사는 인간이
라는 역설逆說을 인정하라는 것이다. 일종의 참회와 고백인 셈이다.

> 그대의 죄를 부끄러워하고 그 죄를 하느님 앞에 겸허히 고백하여
> 그의 용서를 구하라. 그리고 그대의 마음을 바꾸어 그대가 행한 것
> 들을 미워하고 완전히 버리도록 하라.

신과의 합일에 이르는 과정으로 가장 중요한 것은 신과 떨어져 있는 개
별적 존재로서의 나를 '이슬람'이라는 말이 의미하듯 신에게 완전히
'굴복'시키는 것이라 보았다. 버림, 청빈, 신에 대한 신뢰 등이 뒤따른
다. 이런 수행의 근본 목적은 자기의 뜻을 없애고 신의 사랑에 녹아드
는 것이다. "소금이 바다에서 녹듯, 나도 과거의 믿음, 과거의 불신, 과
거의 의심, 과거의 확신과 함께 신의 바다에 삼킴을 당했다"고 할 정도
로 나를 신과 그의 사랑에 몰입하는 경험을 해야 한다는 것이다.

그 외에 여러 가지 수행을 거쳐 결국 신을 지극히 사랑하는 경지
에 이르면 그 사랑 안에서 더 이상 '그대'와 '나'라는 이분법적 구별이
존재하지 않는다. 자아가 사랑의 대상에서 녹아 없어졌기 때문이다.
그렇게 무아無我의 경지에 이르렀을 때 참된 '깨침'을 얻고, 진실로 자
기와 신이 하나라는 것, 그리하여 자기가 결국 신이라는 것을 체감할
수 있다고 했다.

그에 의하면 "나는 신"이라고 하는 사람이 "나는 신의 종"이라고
하는 사람보다 더 겸손한 사람이라 주장했다. 내가 신이라고 하는 사
람은 자기 스스로를 방기하고 스스로를 완전히 비웠지만, 나는 신의
종이라고 하는 사람은 아직도 신과 떨어져 별개로 존재하는 자기 자신
을 그대로 유지하고 있는 셈이기 때문이다. "내가 신"이라고 하는 사
람은 결국 "나는 아무것도 아니다"라고 선언하는 것이다. 신 이외에는
아무것도 없다는 것을 고백하는 것이기 때문이다.

결론적으로 여기서 다시 한번 수피 전통을 아우르는 세 가지 기본
개념을 소개한다. 첫째는 '일치'tawhid라는 개념이다. 인간이 신의 속성
을 취해서 그것들을 자신의 속성과 일치시키는 것이다. 루미에 의하면
"인간의 속성은 신의 속성에서 소멸되고 만다. 나의 에고ego는 없어지
고 신만이 남는 것이다." 이렇게 되면 인간이 스스로 말하고 행동하는
것처럼 보일지라도 사실은 인간을 통해 신이 말하고 행동하는 셈이다.
가히 내가 하는 것이 내가 하는 것이 아니라 도道의 작용이라 보는 노
장의 무위자연無爲自然을 연상시키는 생각이다.

둘째, '없어짐'fana이다. 앞에서 소개한 가잘리가 이를 가장 명쾌하
게 설명하고 있다. "경배하는 사람이 더 이상 자기의 경배나 자기 스스
로를 생각하지 않고, 전적으로 자기가 경배하는 분에 몰입되고 마는
데, 이런 상태를 '없어짐'이라 한다. 이때 사람은 자기로부터 완전히
떠났기 때문에 자기의 신체 부분이나, 외부에서 지나가는 것이나, 자
기 마음에서 지나가는 것을 전혀 의식하지 못한다."

셋째, '신 안에 거함'baqa이다. '없어짐'으로 자기가 없어졌다고 하
여 나의 존재 자체가 흔적도 없이 무의미하게 소멸된다는 뜻이 아니다.

나와 신이 분리되었다는 그릇된 생각이 없어질 뿐, 사실은 내가 신 안에서 새 생명을 얻고 영원히 그 속에 거한다고 본다. 루미는 인간이 도달할 수 있는 경지를 다음과 같이 읊었다.

> 세상을 떠난 사람들은 없어지는 것이 아니다.
> 그들은 신의 속성에 동참하는 것 (……)
> 신과 영원히 연합된 영은 모든 장애로부터 자유케 되리.

동아시아의
사상가들

노자

老子

무위자연의 도교 창시자

"'도'라고 할 수 있는 '도'는
영원한 '도'가 아닙니다"

『도덕경』 읽기

노자(기원전 6세기경)를 흔히 도교의 창시자라고 하지만, 사실 '도교'道教·Taoism라고 하는 것은 엄격하게 따져서 두 가지를 의미하는 것이다. 하나는 도가道家 사상이요, 다른 하나는 도교道教 신앙이다. 도가 사상은 인간이 정신적으로 누릴 수 있는 절대 자유와 초월을 추구하고, 도교 신앙은 이와 대조적으로 인간이 육체적으로 불로장생不老長生하는 것을 기본 목적으로 한다. 도가 사상은 노자老子와 장자莊子의 사상을 중심으로 하는 사상 체계이기 때문에 한대漢代 말에 와서는 '노장사상'이라 한데 묶여 불리기도 했다. 도교 신앙은 노자의 이름을 걸고 2세기 동한東漢 사람 장도릉張道陵이 세운 종교 집단을 일컫는다.

노자는 전통적으로 기원전 570년에 태어났다고 생각한다. 어머니가 별똥이 떨어지는 것을 보고 임신, 임신한 후 82년이 지나 태어났다고 한다. 뱃속에서 그렇게 오래 있었기에 아기의 머리는 이미 늙은이처럼 하얗게 되어 태어났고 이 때문에 노자, 곧 '늙은 아이'라는 이름이 붙었다는 전설이 있다. 물론 노자라는 말은 '존경스러운 스승'이라는 뜻의 존칭이기도 하다. 한漢의 역사가 사마천司馬遷의 『사기』史記에서는 노자가 누구였을까 하는 여러 가지 이설異說들을 제시하고, 결국 주周나라에서 도서를 관장하던 이이李耳라고 하였다.

『사기』에 노자가 나이가 들어 사회에 환멸을 느끼고 "서쪽으로 갔다"는 기록이 있다. 후대에 이 기록에 따라 그가 인도로 가 붓다로 나타났다고 주장하는 『화호경』化胡經이라는 문서까지 등장했다. 아무튼 『사기』의 이야기에 의하면, 서쪽으로 가다가 함곡관函谷關이라는 재를 넘게 되었다. 재를 지키던 윤회尹喜라는 사람은 전날 밤 꿈에 한 성인이 물소를 타고 재로 오는 것을 보았는데, 노자가 오는 것을 보고 분명 꿈에 점지된 성인임에 틀림없다고 생각했다. 왜 세상을 등지려 하느냐고 말렸지만 소용없음을 깨닫고, 그러면 후세를 위해 글이나 좀 남기고 가시라고 간청했다. 노자는 이 간청에 따라 3일간 머물면서 간단한 글을 남겼는데, 그것이 바로 지금 우리가 가지고 있는 『도덕경』道德經 '5천 자'라는 것이다.

물론 현대 학자들은 이런 말을 곧이곧대로 믿지 않는다. 글의 성격이나 구성, 나타난 사상 등으로 보아 어느 한 사람이 한 자리에 앉아서 쓴 글일 수가 없기 때문이다. 학자들 중에는 이런저런 이유로 노자의 『도덕경』이 『장자』보다 오히려 더 늦게 나타났을 것이라고 보는 사람들까지 있다. 그러나 이런 문헌사적 문제가 지금 우리에게 그렇게 중요한 것은 아니다. 중요한 것은 그 책이 동아시아 사상사에 끼친 영향력과 그 책에서 찾을 수 있는 깊고 아름다운 사상이다.

1940년대 동양 사상을 서양에 소개하는 데 크게 기여한 린위탕林語堂은 "전체 동양 문헌 가운데 어느 책보다 먼저 읽어야 할 책이 있다면 그것은 바로 노자의 『도덕경』이라 생각한다"라는 말을 했다. 이 책이 쓰이지 않았다면 중국 문명이나 중국인들의 성격이 완전히 달라졌을 것이라고 단정하는 사람도 있다. 우리가 의식하든 못 하든 『도덕경』에 나타난 사상은 중국, 한국, 일본 동양 3국인들의 심저를 움직여왔고, 또 종교, 철학, 예술, 정치의 밑바탕을 이루었다.

사실 『도덕경』은 근래 서양 사람들에게도 널리 읽히고 있는 책이다. 지난 10년 사이에 나온 영어 번역만 해도 100종이 훨씬 넘을 것이다. 서양에서 1788년 라틴말로 번역된 이후 여러 언어의 번역본을 헤겔, 하이데거, 톨스토이 등 철학자나 사상가들이 읽고 거기에서 영향을 받았다는 것은 널리 알려진 사실이다. 현재 서양 대학에서도 도가 사상에 매료되는 학생들이 많을 뿐 아니라, 환경 문제나 여성 문제 등에 관련된 사람들도 『도덕경』에 나타난 세계관이나 자연관, 여성관에 많은 관심을 보이고 있다.

도와 덕

『도덕경』은 '도덕'이라는 글자 때문에 우리가 상식적으로 생각하는 식의 '도덕'이나 '윤리'를 가르치는 책이라고 오해하기 쉽지만 사실은 '도와 덕에 관한 경'이다. 그러면 '도'는 무엇이고 '덕'은 무엇인가?

『도덕경』 제1장 첫 문장은 "'도'라고 할 수 있는 '도'는 영원한 '도'가 아닙니다"道可道 非常道이다. 도는 정의되거나 논의될 성질의 것이 아니라는 뜻이다. 불교식 용어로 하면 '언어도단'이요 '언설을 이離하는' 경지이다. 그러나 영어로 "The Way things are"라고 할 때 그 'The Way'와 비슷한 것이라고 하면 어렴풋이나마 이해가 되는 것 같기도 하다. 우주와 그 안의 모든 것이 그러하도록 하는 근원 혹은 기본 원리 같은 것을 말한다 할 수 있을 것이다. 제1장은 그것이 "신비 중의 신비요, 모든 신비의 문"이라는 말로 끝낸다.

물론 『도덕경』 여기저기에는 도에 대한 언급이 거듭된다. 예를 들어 제25장에 보면 "분화되지 않은 완전한 무엇, 하늘과 땅보다 먼저 있었습니다. 소리도 없고, 형체도 없고, 무엇에 의존하지도 않고 변하지도 않고, 두루 편만하여 계속 움직이나 (없어질) 위험이 없습니다. 가히 세상의 어머니라 하겠습니다"고 했다.

또 제42장에 보면, "도가 '하나'를 낳고, '하나'가 '둘'을 낳고, '둘'이 '셋'을 낳고, '셋'이 만물을 낳습니다"라고도 했다. 이럴 경우 도는 만물의 근원, 존재의 근거라는 뜻이다. 『도덕경』의 용어를 따르면 모든 '유'有와는 너무도 다르기 때문에 '무'無라고밖에 할 수 없고, 요즘 말로 고치면 보통 '존재'being와는 너무나 다르기 때문에 '비존재' non-being라고밖에 할 수 없다는 것이다. 요즘 쓰는 보통 말로 하면 '궁극 실재'라 할 것이다. 그러나 궁극적으로 도의 본질에 관한 추상적 논의는 불가능하다고 한다. 제56장에 언명한 대로 도에 대해 진정으로 "아는 사람은 말하지 않고, 말하는 사람은 알지 못한다."知者不言 言者不知

『도덕경』에서는 '도'에 대해 왈가왈부하는 대신 그 작용을 살피고 거기에 맞추어 살면서 '덕'德을 보라고 가르친다. '덕'은 이런 의미에서 '힘'이다. 또 '덕'은 '득'得과 같은 뜻으로서 도와 더불어 살면 우리에게 '득'이 된다는 의미이기도 하다. 『도덕경』에서는 도가 이렇게 저렇게 작용하니까 우리도 그 원리에 맞추어 사는 것이 득이라고 말해준다. 인간에 있어서 이상적인 삶이란 결국 도에 맞추어, 도와 함께 살아가는 것, 도와 함께 흐르고, 도와 함께 춤추는 것이라는 뜻이다. 이렇게 살기 위해 어떻게 하여야 하는가? 도의 작용이나 원리를 체득하고 그대로 따르라고 한다. 『도덕경』에서 말하는 원리 몇 가지만 예로 든다.

첫째, 도는 '되돌아감'反·還·復이다. 제40장에 "되돌아감이 도의 움직임"反者道之動이라고 했다. 만물을 보라. 달도 차면 기울고, 밀물도 어느 때 썰물이 되고, 낮이 밤이 되고 밤이 낮이 된다. 이 모든 것은 어느 한쪽으로 가다가 극에 도달하면 다른 쪽으로 가는 도의 원리에 따르는 운동이라는 것이다. 인간사도 새옹지마塞翁之馬이니 삶의 오르막길 내리막길에서 느긋한 마음, 의연한 태도로 대하는 것이 득이요 덕이다.

둘째, 도는 '함이 없음'無爲이다. '함이 없다'고 하여 아무 하는 일도 없이 가만히 있다는 뜻이 아니라, 그 함이 너무나 자연스럽고 자발적이고 은은하여 보통의 '함'과 너무도 다른 '함'이다. 그래서 '함'이라고 할 수도 없는 '함'이다. 도가 이렇게 '함이 아닌 함'無爲之爲의 원리에 따라 움직이므로 우리 인간들도 "인위적 행위, 과장된 행위, 계산된 행위, 쓸데없는 행위, 남을 의식하고 남 보라고 하는 행위, 자기중심적 행위, 부산하게 설치는 행위, 억지로 하는 행위, 남의 일에 간섭하는 행위, 함부로 하는 행위 등 일체의 부자연스럽고 인위적인 행위"를 버리고 자연스럽게 물 흐르듯 살아가는 것이 득이요 덕이다.

셋째, 도는 '다듬지 않은 통나무樸'이다. 도가 아무런 꾸밈이나 장식이 없는 자연 그대로의 '통나무'인 것처럼 우리도 "물들이지 않은 명주의 순박함을 드러내고, 다듬지 않은 통나무의 질박함을 품는 것, '나' 중심의 생각을 적게 하고 욕심을 줄이는 것"(제19장), '완전한 비움에 이르고 참된 고요를 지키는 것'致虛極 守靜篤(제16장)이 덕을 보는 삶, 득 되는 길이라는 것이다. 행복은 욕망을 충족시키는 것과 비례해서 증대하는 것 같지만, 욕망을 충족시켜봐야 욕망이 더 커질 뿐, 오히려 욕망 자체를 줄이는 것이 효과적인 길이라는 것이다.

넷째 도는 '하루하루 없앰'日損이다. 어떻게 도의 길을 갈 수 있는

가? 『도덕경』에 의하면 "학문의 길은 하루하루 쌓아가는 것, 도의 길은 하루하루 없애가는 것. 없애고 또 없애, 함이 없는 지경에 이르십시오. 함이 없는 지경에 이르면 되지 않는 일이 없습니다"(제48장)라고 한다. 우리가 사물에 대해 가지고 있는 잘못된 선입견이나 지식을 버리면 도와 하나 됨의 경지에 이르고, 이렇게 될 때 모든 인위적 속박에서 벗어나 자유를 누리게 된다고 한다.

『도덕경』은 도의 상징으로 물, 여인(여인 중에서도 어머니), 통나무, 계곡, 갓난아기 등을 들고, 이들이 도의 그러함을 가장 잘 보여주고 있다고 한다. 예를 들어 물은 구태여 무슨 일을 하겠다고 설치는 것이 아니라 그대로 자연스럽게 흐르면서 모든 것의 필요에 응하고, 그러면서도 자기의 공로를 인정받겠다거나 하는 과시적이고 인위적인 일을 하지 않는다. 그 '부드러움'을 가지고 강한 것을 이기는 것도 도의 모습과 닮았다는 것이다. 노자의 가르침은 "온유한 자는 복이 있나니"라고 한 예수의 가르침을 연상시키는 점이 흥미롭다. 『도덕경』은 본래 나라를 다스리는 지도자를 위한 지침서였지만, 그 가르침의 보편성과 깊이 때문에 많은 사람들의 사랑을 받았다.[24]

24 여기 나오는 『도덕경』 번역은 필자가 풀이한 『도덕경』(현암사, 2010 개정)에서 인용했다. 원문에 대한 좀 더 자세한 해설은 그 책을 참조할 수 있다.

장자

莊子

절대 자유의 도가 스승

"자기를 비우고 인생의 강을 흘러간다면
누가 능히 우리를 해하겠습니까?"

『장자』의 가르침

필자가 얼마 전에 현암사를 통해 펴낸『장자』풀이 첫머리에 이런 말을 썼다.

> 캐나다에 와 살면서 얼큰한 김치찌개를 먹을 때마다 이렇게 맛있는 음식을 먹어보지 못하고 한평생을 마치는 이곳 서양 사람들은 참으로 불쌍하다는 생각을 하였습니다. 그런데 처음『장자』를 접한 이후 지금껏 이곳 캐나다 대학생들과『장자』를 읽을 때마다, 이렇게 신나는 책을 읽어보지 못하고 일생을 마치는 사람은 김치찌개의 맛을 모르고 한평생을 마치는 사람보다 훨씬 더 불쌍한 사람이 아닌가 하는 생각을 떨칠 수 없게 되었습니다. 김치찌개가 가장 맛있는 음식이듯이 한마디로『장자』는 저에게 가장 신나는 책입니다. 이것이 제게는 더할 수 없이 행복한 '운명적 해후'인 듯합니다.

사실『장자』를 좋아하는 사람은 무수히 많다. 중국 고전 번역가로 유명한 웨일리Arthur Waley는『장자』를 두고, '세계에서 가장 심오하고 가장 재미있는 책'이라고 하고, 선불교를 서양에 소개한 일본인 선사 스즈키 다이세쓰도 장자(기원전 369~기원전 289년경)가 중국 철학자 중 가장 위대한 사람이라 했다. 그 외에도 20세기 미국의 가장 위대한 사상가 중 하나로 알려진 토머스 머튼, 유대인으로 세계적 철학자로 꼽히는 마르틴 부버, 독일 실존주의 철학의 대가 마르틴 하이데거Martin Heidegger, 노벨 문학상 수상자 헤르만 헤세Hermann Hesse, 하버드 대학교 세계 종교 연구소 소장 윌프레드 캔트웰 스미스Wilfred Cantwell Smith 등 많은 사람들이 장자에 매료되었다고 한목소리로 고백한다.

장자의 사상은, 불교인들이라면 어느 정도 알고 있는 바와 같이, 나중에 중국 당대唐代에 와서 선불교禪佛敎를 꽃피우는 데 직접적인 계기가 되었다. 특히 9세기 유명한 선승 임제臨濟야말로 장자의 참된 계승자라 일컬어질 정도이다. 선불교는 사실 인도 불교를 아버지로 하고, 중국 도가 사상을 어머니로 하여 태어난 후예라 해도 무관할 정도로 도가 사상, 특히 장자의 가르침에 크게 영향을 받았다. 여기서는 장자와 그와 그의 후학들이 남긴 『장자』에 나타난 가르침을 알아보자.

장자의 생존 연대를 보통 기원전 369~289년경으로 본다. 이 연대를 받아들인다면 맹자孟子(기원전 372~기원전 289년경)와 같은 때의 사람이다. 그러나 장자도 맹자를 몰랐던 것 같고, 맹자도 장자를 몰랐던 것 같다. 그들의 책에는 상대방에 대한 언급이 전혀 없기 때문이다. 장자는 전국戰國시대 송宋나라 옻나무밭에서 일했다고 한다.

'장자'는 그가 남긴 책을 의미하기도 한다. 기원후 4세기 곽상郭象이라는 사람이 그때까지 떠돌아다니던 사본을 모아 33편으로 정리했다. 이것이 현재 우리가 보고 있는 『장자』라는 책으로서 내편 7편, 외편 15편, 잡편 11편, 모두 33편으로 구성되어 있다. 일반적으로 내편 7편만 장자의 글이고 나머지는 장자의 후학들이 장자의 이름으로 덧붙인 것이라고 본다. 내편마저도 모두가 장자 자신의 저작인가 하는 것도 모를 일이고, 심지어 그것이 『도덕경』보다 미리 기록된 것이 아닌가 보는 설까지 있다. 그러나 이런 역사적인 배경과 상관없이 거기 실린 사상이 '우주와 인생의 깊은 뜻'을 일깨워주고 있다고 하는 사실에 더욱 주목해야 할 것이다.

『장자』는 이래라저래라 하는 교훈적인 가르침이 거의 없다. 『도덕경』이 주로 간략한 어록이나 시적 표현으로 이루어진 데 비하여 『장자』는 거의 전부가 이야기로 되어 있어 읽는 이가 거기서 자기 나름대로 자기에게 필요한 깨우침을 얻도록 되어 있다. 사실 장자는 무엇을 가르치기보다 우리가 가지고 있는 상식적이고 통속적인 고정관념, 이분법적 사고방식, 거기에 기초한 인습적 세계관이나 종교관의 내적 모순을 우리 스스로 살펴보고 스스로 타파하여 자유로운 삶을 살도록 도와줄 뿐이다. 그러나 『장자』에서 일관되게 흐르는 몇 가지 주제를 잡아보라면 대략 다음과 같은 것을 들 수 있을 것이다.

해방과 자유

장자의 도는 『도덕경』에 나오는 도의 개념과 기본적으로 같다고 볼 수 있다. 도는 우주의 초월적인 궁극 실재이기도 하지만 동시에 만물 속에 내재하는 존재의 근원이기도 하다. 도는 땅강아지나 개미에게도 있고, 심지어 배설물 속에도 있어 그야말로 "없는 데가 없다"고 했다. 이런 사상을 요즘 말로 고치면 궁극 실재의 초월과 내재를 동시에 강조하는 '범재신론'panentheism이라 할 수 있다.

「자유롭게 노닐다」逍遙遊라는 제목이 붙은 제1편 첫머리는 북쪽 깊은 바다에 살던 곤鯤이라는 물고기 한 마리가 변해 그 등 길이가 몇 천 리인지 알 수 없을 정도로 큰 붕鵬이라는 새가 되고, 그 붕새가 구만 리나 되는 하늘 길에 올랐다鵬程는 이야기로 시작한다. 이것은 인간이 생래적으로 지닐 수밖에 없는 실존의 한계에서 벗어나 자유로운 존재로 초월할 수 있다는 가능성과 그 가능성을 실현한 사례를 말해주는 상징으로 장자의 전체 사상을 집약한 것이라 볼 수 있다. 장자는 어느 면에서 인간 해방과 거기에 따르는 자유를 선언한 책이라 할 수 있다.

장자에게 있어서 행복은 우리에게 주어진 천성을 그대로 따르는 것이다. 학의 다리가 길면 거기 맞추어 긴 대로 살고, 오리의 다리가 짧으면 거기 맞추어 짧은 대로 사는 것이 행복이다. 학의 다리를 짧게 하려 하거나 오리의 다리를 길게 하려고 무리한 일을 하면 불행이 따른다는 것이다. 바닷새를 좋아하는 사람이 그 새를 종묘 안으로 데리고 와 그 새를 위해 술과 음악과 소고기 등으로 대접했지만 그 새는 사흘 만에 죽어버리고 말았다. 새는 새 나름대로의 천성을 따를 때만 행복해질 수가 있다는 것이다. 장자는 모든 정치 제도나 법률, 윤리 같은 것도 기본적으로 인위적이기 때문에 인간에게 행복을 가져다줄 수 없는 것이라고 여기고 배격했다.

장자는 우리가 어느 면에서 모두 '우물 안 개구리'라고 한다. 실재를 있는 그대로 보지 못하고 우리가 가진 조그만 구멍을 통해서 왜곡되게 인식하고 있을 뿐이라는 뜻이다. 이것을 다른 표현으로 하면 '원숭이' 같다는 것이다. 원숭이를 기르는 사람이 원숭이에게 도토리인가 뭔가를 주면서 아침에 세 개, 저녁에 네 개를 주겠다고 하자 원숭이들이 모두 화를 내고, 아침에 네 개, 저녁에 세 개를 주겠다고 하자 모두 기뻐했다. 이른바 '조삼모사'朝三暮四라는 것이다. 원숭이들이 이처럼 별것 아닌 것으로 화를 냈다 기뻐했다 하는 것은 사물을 양쪽으로 볼 수 있는 '양행'兩行의 길을 터득하지 못했기 때문이다.

결국 우리 인간들도 마찬가지이다. 사물의 양면, 사물을 여러 가지 시각으로 혹은 전체적으로 보지 못하고 인습적 시각에서 일면만을 보고 그것을 절대화하므로 쓸데없는 것을 가지고 희비하거나 거기에 목숨을 건다고 하는 것이다. 세상은 '나비의 꿈'이라는 장자의 이야기에서처럼 나비와 장자 사이에 거침이 없이 넘나드는 유동적 변화의 장이라는 것이다. 다각적 시각에서 봄으로 가늠할 수 있는 사물의 진실을 더욱 깊이 볼 때 그만큼 더욱 자유로워진다는 이야기이다.

그러면 어떻게 하여야 사물을 더욱 깊이, 있는 그대로 볼 수 있는가? 결국은 내가 지금 가지고 있는 상식적이고 인습적인 이분법적 의식意識을 바꿔야 한다는 것이다. 의식을 바꾸는 방법의 한 가지 예가 바로 '술'術이 아니라 '도'道로 소의 각을 뜨기에 눈을 감고 '신이 나는 대로' 해도 완벽하게 할 수 있는 경지에 이른 포정庖丁이라는 사람의 이야기이다. 이런 의식의 변화가 생기면 '아침 햇살 같은 밝음'朝撤을 얻어 '하나를 보는'見獨 체험이 가능하다는 것이다. 장자가 되풀이하여 강조하는 '마음 굶김'心齋, '나를 여읨'吾喪我, '앉아서 잊어버림'坐忘 등은 이렇게 우리의 일상적인 이분법적 의식을 바꾸는 것이 얼마나 중요한가를 지적하는 이야기들인 셈이다. 이 점에서 장자와 선불교가 맞닿아 있다고 볼 수 있다.

이렇게 '의식의 변화'가 있게 되면 죽음과 삶마저도 초월하게 된다. 장자 스스로 자기 부인이 죽었을 때 장단에 맞추어 춤을 춘 것과 같다. 이를 보고 놀라는 친구에게 자기도 물론 슬펐지만 곰곰이 생각해본 결과 죽음은 사계절의 바뀜과 같아 철이 바뀐다고 울어봐야 공연한 일, 사물의 실재를 직관함으로 죽음과 삶이 두 가지 개별적인 것이 아니라 동일한 사물의 두 면일 뿐임을 알게 됐기에 슬픔을 극복하게 된다고 말한다. 죽음을 받아들임으로 죽음을 극복한 셈이다. 안명安命의 태도로, 철학자 니체가 말하는 '운명을 사랑함'을 연상하게 한다.

그러나 장자가 사회나 정치에 상관없이 살 것을 강요하는 것은 아니다. 무조건 사회를 등지라는 것이 아니라 '의식의 변화'가 있기 전에 사회를 위해 일한다고 설치지 말라는 것이다. 장자에 의하면 공자의 제자 안회가 위나라 백성들이 독재자의 폭정에 시달린다는 소식을 듣고 거기 가서 그들을 도울 마음이 있으니 그곳에 가도록 허락해달라고 부탁했다.

공자는 안 된다고 했다. 학식과 예의와 용기 등 모든 것을 갖춘 안회지만 아직 준비가 덜 되었다는 것이다. 안회는 도대체 무엇을 더 갖추어야 하는가 물었는데 공자는 '마음을 굶겨야 한다'고 일러준다. 마음을 굶기는 것은 '자신이 더 이상 존재하지 않는 상태'가 되는 것이라고 한다. 소아小我가 사라지고 대아大我가 등장하는 것이다. 옛날의 내가 죽고 새로운 내가 태어나는 것이다. 이런 마음가짐이 갖추어진 사람이야말로 사회를 위해 일을 하더라도 진정으로 효과적으로 할 수 있다고 하였다.

『장자』에 나오는 '빈 배' 이야기를 인용하고 끝맺는다.

누가 배로 강을 건너는데, 빈 배 하나가 떠내려오다가 그 배에 부딪쳤습니다. 그 사람 성질이 급하지만 화를 내지 않았습니다. 그런데 떠내려오던 배에 사람이 타고 있는 것을 보면 당장 소리치며 비켜 가지 못하겠느냐고 합니다. 한 번 소리쳐서 듣지 못하면 다시 소리치고, 그래도 듣지 못하면 결국 욕설이 따르게 마련. 처음에는 화를 내지 않다가 지금 와서 화를 내는 것은 무슨 까닭입니까? 처음에는 배가 비어 있었고 지금은 배가 채워져 있기 때문입니다. 우리 모두 자기를 비우고 인생의 강을 흘러간다면 누가 능히 우리를 해하겠습니까?[25]

---

25   『장자』의 우리말 번역과 자세한 해설을 위해 필자의 『장자 : 우주와 인생의 깊은 뜻』(현암사, 1999) 을 참조할 수 있다.

공자
孔子

동아시아의 위대한 유교 스승

"군자는 의에 밝고 소인은 이에 밝다"

창조적 전수자

유교는 일반적으로 공자(기원전 551~기원전 479년)가 창시했다고 알려져 있지만, 유교 전통은 공자 시대에 갑자기 나타난 것이 아니다. 공자 자신도 겸손하게 '술이부작'述而不作이라 하여 옛날부터 내려오던 것을 그대로 전수할 뿐 새롭게 창작한 것은 없다고 했다. 요堯와 순舜 임금들로부터 문왕文王과 주공周公을 통해 내려오는 가르침을 전수했을 뿐이라는 뜻이다. 그러나 분명 공자는 '창조적 전수자'creative transmitter였다. 그때까지 내려오던 전통이 공자에 의해 집대성되어 완전히 새로운 모습으로 태어난 것이다. 그런 의미에서 공자를 유교의 창시자로 보는 것이다.

'공자'를 영어로 Confucius라고 하는데, '공부자'孔夫子의 라틴어식 표기이다. 이 이름을 따서 서양에서는 유교를 'Confucianism'이라고 한다. 초대 중국에 온 예수회 선교사들이 중국 사상가의 이름을 모두 라틴어식으로 옮겼는데, 그 후 모두 중국 발음으로 다시 바꾸었지만 공자와 맹자Mencius만은 라틴어식의 이름을 그대로 가지고 있다. 공자의 본래 이름은 구丘이다. '구'는 언덕이라는 뜻인데, 이마가 언덕처럼 튀어나왔기 때문이라고 한다. '공자'라는 이름에 들어간 '자'子는 공자, 노자, 맹자의 경우와 마찬가지로 위대한 스승을 일컫는 말이다. 공자의 자字는 중니仲尼이다.

『논어』에 보면 "내가 열다섯에 학문에 뜻을 두고, 삼십에 일어서고, 사십에 흔들림이 없어지고, 오십에 하늘의 뜻을 알게 되고, 육십에 하늘의 뜻을 쉽게 따를 수 있게 되고, 칠십에 내가 하고 싶은 바를 해도 올바름에서 벗어나지 않게 되었다"吾十有五而志于學 三十而立 四十而不惑 五十而知天命 六十而耳順 七十而從心所欲不踰矩라는 구절이 나오는데 이것은 그의 삶을 집약하는 말인 셈이다. 한대漢代 사마천이 기록한 『사기』 47장과 기타 문헌에 따르면 공자는 춘추전국시대 노魯나라, 지금의 산둥성山東省 취부曲阜에서 태어났다. 세 살쯤에 아버지는 죽고 어머니가 아들을 가난한 중에 홀로 키웠다. 19세 때 결혼해서 아들 하나와 딸 하나를 얻었다. 딸은 공자보다 먼저 죽고, 아들은 대를 이어 지금 77대가 대만에 산다고 한다. 공자의 직계 손녀 중 하나가 2007년 유대인계 미국 영화 감독과 결혼해서 공자도 서양 사위를 얻은 것인가 화제가 되었다. 현재 공자의 후손이 2백여만 명 되는데, 한국에도 3만4천 명 정도 산다고 한다. 필자가 한국에서 만난 공씨 성의 어느 택시 기사는 자기가 공자의 80대손이라고 했다.

공자는 19세쯤 관리로 일했는데, 23세에 어머니가 죽어 3년 동안 곡을 하느라 관리직에서 물러났다. 26세쯤 다시 공직을 잡았지만 무엇이었는지 분명하지 않다. 아마 선생님으로 일하지 않았을까 짐작된다. 일설에 따르면 37세에 당시 주周나라 수도에 가서 주나라 문화에 깊은 감명을 받았다. 거기서 도서를 관장하던 노자老子를 만났는데, 노자가 공자를 보고 "그대의 건방진 태도와 욕망을 버리고, 겉치레와 감각적 취미를 멀리하시오. 그대에게 도움이 되지 않는 것이오"라 하였다. 공자는 밖으로 나와 제자들에게 "새는 날다가 화살을 맞고, 고기는 헤엄치다 낚시에 걸리고, 짐승은 달리다가 덫에 걸리지만 용은 바람과 구름을 타고 하늘에 오른다. 오늘 나는 노자를 만났는데, 얼마나 위대한 용인가!"라고 했다 한다. 노자의 꾸지람을 듣고도 그를 용으로 본 공자의 대인다운 풍모風貌가 드러나는 이야기가 아닐까?

50세쯤에는 노나라에서 지금의 법무 장관이나 수상 비슷한 벼슬에 올라 2~3년 성공적으로 임무를 수행했지만, 임금이 이웃 나라에서 보낸 미인계에 넘어가 공자의 간언을 듣지 않고 정사를 게을리하므로 할 수 없이 그 자리에서 물러났다. 그 후 14년 동안 제자들과 함께 여러 나라를 다니며 생각을 펴다가 68세쯤 다시 노나라로 와서 가르치는 일과 글쓰기에 전념하다가 72세에 죽어 고향 땅 곡부의 공림孔林에 묻혔다. 필자가 1983년에 방문했을 때 무덤에 잔디가 벗겨져 쓸쓸한 마음을 금할 수 없었는데, 지금은 잘 손질되었으리라 생각한다. 여기서 한 가지 기억해야 할 것은 이런 고대 성현의 전기傳記가 거의 그렇듯, 이런 공자의 삶도 철저한 역사학적·과학적 고증을 거친 '사실'史實 그대로라 믿을 필요는 없다는 점이다.

인과 의

공자의 사후 그의 말, 그가 제자들과 나눈 대화, 제자들의 말을 모아서 엮은 책이 『논어』論語이다. 공자와 제자들의 사상을 가장 잘 말해주는 자료로서, 동아시아에서 노자의 『도덕경』과 함께 가장 중요한 책으로 인정받는다. 이제 『논어』를 중심으로 하여 그의 기본 가르침 중 가장 중요하다고 생각되는 것 몇 가지만 택해서 살펴본다.

첫째가 '정명'正名 사상이다. 공자는 주나라의 중앙집권 세력이 약해지면서 여러 개의 작은 나라로 갈라져서 서로 싸우던 이른바 춘추전국시대 사람이다. 공자뿐 아니라 당시 의식 있던 사람이라면 누구나 그처럼 혼란한 사회질서를 바로잡을 방법을 생각했고, 또 제각기 나름대로의 해결책을 들고 나왔다. 공자도 이렇게 해결책을 제시한 이른바 '제자백가'諸子百家 중 하나였다.

　공자가 들고 나온 해결책에서 가장 두드러진 것이 바로 '정명'이다. 정명이란 '이름을 바르게 함'을 뜻한다. 당시 사회·정치적 혼란은 군주가 군주 노릇을 못하고, 신하가 신하 노릇을 못하고, 아버지가 아버지 노릇을 못하고, 아들이 아들 노릇을 못하기 때문이라는 것이다. 신하가 신하 노릇을 하지 않고 임금이 되려는 것이 대표적인 예이다. 따라서 누구나 자기에게 주어진 이름에 걸맞도록 바르게 행동하면 문제가 해결될 것이라고 보았다. "임금은 임금이 되고, 신하는 신하가 되고, 아버지는 아버지가 되고, 아들은 아들이 되라"君君 臣臣 父父 子子고 했다.

　'인'仁은 『논어』에서 가장 많이(105번) 나오는 글자이다. 우리말로 '어질' 인이라고 하므로 '어짊'이라 번역해야겠지만, '어짊'이 구체적으로 무엇을 말하는가? '어지러움'은 아닐 것이고 그 뜻이 명백하지 않다. 영어로도 'human heartedness, benevolence, goodness, love, humanity' 등 여러 가지로 번역한다. 한자로 보면, 人과 二를 더한 것이다. '두 사람이 관계를 맺을 때 있어야 할 도덕적 특성' 혹은 '한 사람이 다른 사람을 고려하는 마음'이라 풀이할 수도 있다. 아무튼 사람에게 '인'이 없으면 사람이라 할 수 없을 정도로 사람을 사람답게 해주는 요소이다. 그런 의미에서 '사람됨'이라 번역할 수 없을까?

　'인'은 한마디로 정의할 수 없다. 제자가 공자에게 인이 무엇이냐고 물으면 그때마다 공자의 대답이 달랐다. 인을 '직'直과 '예'禮로 설명하는 경우를 보자. 인에는 두 가지 요소가 있는데, 하나는 '솔직함'直

이고 다른 하나는 '예의 바름'禮이다. 솔직함이란 자신이나 남을 속이지 않고 자기의 마음을 거짓 없이 그대로 표현하는 것이다. 그러나 솔직하더라도 남에게 무례하거나 실례가 되어서는 안 되므로 예를 지켜야 한다. 그렇다고 너무 예만 떠받들어서도 곤란하다. 솔직함이 지나치면 조야野하고 예가 지나치면 좀생이史처럼 되므로 둘을 균형 있게 유지해야 인이라 할 수 있다. 따라서 '인'이 무엇이냐고 물어보면 솔직함이 지나친 사람에게는 예가 인이라고 할 것이고, 예가 지나친 사람에게는 솔직함이 인이라 할 것이다. 이처럼 인이란 그때그때 정황에 따라 내용이 달라질 수밖에 없지만, 사람이 참으로 사람답기 위해 갖추어야 할 필수 덕목이라는 점에는 틀림이 없다.

'의'義는 '이'利와 대조를 이루는 덕목이다. 소인배는 무슨 일을 할 때 그것이 나에게 이익이 되는지를 따지는데, 군자君子는 그것이 "옳은 일인가?" 물어보고 옳은 일이라고 생각되면 이익이 될지 말지 결과와 상관없이 그대로 추진한다. 이것이 바로 '의'를 추구하는 태도이다. 공자는 "군자는 의에 밝고 소인은 이에 밝다"君子喩於義 小人喩於利고 했고, 공자 자신도 옳은 일이라면 "성공할 수 없는 것을 알면서도 계속하려는 사람"知其不可而爲之者이라는 평가를 받았다. 의에 대한 이런 태도는 독일 철학자 칸트(1724~1804년)의 '단언명령'斷言命令 · categorical imperative이라는 개념을 연상케 한다. 칸트는 '공부를 열심히 하라. 그러면 성공할 것이다'와 같이 결과를 가정한 명령을 '가언명령'假言命令 · hypothetical imperative이라 하고, 이와 대조적으로 결과와 상관없이 인간으로서 반드시 지켜야 할 명령을 '단언명령'이라고 했다. '사람의 인격을 언제나 목적으로 대하고 수단으로 대하지 말라'처럼 보편적 원칙에 따르는 절대적인 명령을 말한다. 공자도 칸트도 어느 의미에서는 '무언가를 바라고 하지 말라'Do for nothing의 원리를 이야기하고 있는지도 모른다.

인이나 의가 구체적인 인간관계에서 나타날 때 충忠과 서恕가 된다. '충'은 적극적으로 다른 사람을 생각하는 마음이다. 이에 반해 '서'는 다른 사람에게 폐를 끼치지 않겠다는 마음, 곧 "자신이 바라지 않는 것을 남에게 하지 말라"己所不欲 勿施於人는 것이다. 이것은 "남에게 대접받고자 하는 대로 너희도 남을 대접하라"는 예수의 말, 이른바 황금률과 비교할 수 있다.

이 밖에도 '하늘'天이라든가 '귀신'鬼神 같은 종교적인 것에 대한 언급을 『논어』 여기저기에서 발견할 수 있다. 그러나 이런 것에 대한 공자의 기본 태도는 "사람도 잘 섬기지 못하는데 어찌 귀신 섬기는 일을 이야기하겠는가?"未能事人 焉能事鬼, "생도 알지 못하는데 어찌 죽음을 알 수 있겠는가?"未知生 焉知死와 같은 구절에 잘 나타나 있다. 이런 태도는 회의주의나 불가지론으로 여겨질 수도 있겠지만, 그보다는 우리 삶에서 무엇보다 먼저 '지금 여기'를 중요하게 생각하라는 뜻으로 받아들일 수 있다. 말하자면 실존주의에서 주장하듯, "실존實存이 본질本質에 우선한다"는 말과 비슷하다고 할까. '지금 여기'에서 삶의 의미와 보람을 찾는 것이 더욱 중요하다는 뜻이리라.

'공자가 죽어야 나라가 산다'는 말도 있지만, 공자의 참된 가르침을 오늘에 맞게 되살리는 것이 나라를 살리는 일에 일조할 수 있다는 것 또한 틀림없는 사실이다.

맹자
孟子

호연지기의 철인

"모든 것이 우리 속에 완전히 갖추어져 있다"

성선설

공자가 죽고 백 년쯤 지나 그의 가르침에 반대하고 나온 사람들이 있었다. 모든 사람을 똑같이 사랑해야 한다는 겸애설兼愛說을 들고 나온 묵자墨子와 무슨 일이 있어도 나의 즐거움을 희생할 수 없다는 쾌락설快樂說을 강조한 양주楊朱(기원전 440~기원전 360년경)였다. 이럴 때 나타나 이들의 사상을 논박하고 공자의 사상을 널리 펴고 계승하는 데 크게 공헌한 이가 바로 맹자(기원전 372~기원전 289년경)였다. 맹자는 공자가 죽은 지 백 년 후에 태어났으므로 직접 배운 제자는 아니었다. 공자의 손자 자사子思에게서 배웠지만, 자신의 사명이 공자의 가르침을 펴는 일이라고 생각했다. 그렇다고 물론 맹자가 공자의 가르침을 그대로 되풀이한 것만은 아니다.

맹자 자신도 훌륭한 가르침을 남겼는데, 그것은 그의 책『맹자』에 실려 있다.『맹자』는 맹자가 여러 사람을 만나 자기의 생각을 펴는 이야기를 담은 것이다. 그 첫 장에 보면 그가 양혜왕梁惠王을 찾아가 나눈 이야기가 나온다. 왕은 맹자가 찾아오는 것을 반기며, "이렇게 불원천리하고 찾아오셨으니 우리나라에 이로움利을 주시겠지요?"라고 했다. 맹자는 이에 대해 "왕께서는 어찌하여 이로움을 이야기하십니까? 제가 말씀드리려는 것은 인의仁義밖에 없습니다. 왕께서 어떻게 내 나라를 이롭게 할까 하시면 대부들은 어떻게 내 집을 이롭게 할까 하고 서민들은 어찌 내 한 몸을 이롭게 할까 하여 나라는 아래위 온통 이利를 빼앗는 것으로 위태로워질 것입니다. 그러니 왕께서는 인의만을 말씀하실 일이지 어찌 이로움을 이야기하십니까?"라고 대답했다.

맹자는 왕이 천명天命을 잃고 백성에게 강권을 행사하면 왕이 아니라 패覇로서 이런 '패권'을 잡은 이를 죽이는 것은 왕을 죽이는 것이 아니라 잡배를 죽이는 것과 같다는 식으로 '혁명'을 옹호하는 듯한 이론을 비롯하여 여러 사회·정치적 가르침을 남겼다. 여기서는 종교 사상을 중심으로 핵심적인 것 두어 가지만 살펴본다.

많은 사람들에게 '맹자'하면 떠오르는 것이 '맹모삼천지교'孟母三遷之敎와 그의 '성선설'性善說일 것이다. 맹모삼천지교란 맹자의 어머니가 아들에게 좋은 환경을 마련해주기 위해 공동묘지 옆, 시장 옆, 학교 옆으로 세 번 이사를 갔다는 이야기이다.

성선설은 인간의 본성이 본래 착하다는 주장이다. 그 근거로 맹자는 우물에 빠지려는 아이 이야기를 꺼낸다. 갑자기 어린아이가 우물에 빠지려 하면 누구나, 심지어 도둑질을 하고 도망가던 도둑이라도, 놀라며 뛰어가서 아이를 구하려 한다. 이는 아이의 부모로부터 무슨 대가를 얻어내려는 것도 아니고, 친구들의 칭찬을 받으려는 것도 아니고, 구하러 가지 않았을 경우 남의 비난이 무서워서도 아니다. 이것은 모든 사람에게 남의 고통을 보고 '견딜 수 없는 마음'不忍之心이 있기 때문이고, 이로 미루어 인간의 본성은 본래 선하다는 것이다.

성선설을 좀 더 부연한 것이 이른바 '사단'四端이라는 것이다. 인간은 누구나 '사지四肢를 가지고' 태어나는 것과 마찬가지로 '사단', 곧 네 가지 끝 혹은 단초를 가지고 태어난다. 그 네 가지 끝이란 첫째, 측은히 여기는 마음惻隱之心, 둘째, 실수를 싫어하고 부끄러워하는 마음羞

惡之心, 셋째, 사양하는 마음辭讓之心, 넷째, 옳고 그른 것을 가리는 마음분非之心이다. 인간이 천부적으로 가지고 있는 '가능성'을 이야기하고 있다고 할 수 있다. 이런 네 가지 가능성을 계발하면 각각 인의예지仁義禮智의 네 가지 덕성이 형성되고 이를 극대화할 경우 인간은 '성인'聖人의 경지에 이를 수 있다고 보았다.

소크라테스의 '산파술'이 생각난다. 학생들을 가르칠 때 지식을 주입하는 것이 아니고 산파가 아기를 받아내는 것처럼 "학생 속에 이미 가능성으로 있는 무엇을 의식하게 하는 것"을 말한다. 아이 속에 이미 있는 것을 계발하는 것이 교육이란 뜻인가? 마치 대리석을 가지고 '절차탁마'切磋琢磨하여 그 속에 있는 아름다운 상像을 끄집어내는 것과 같다. 그런 의미에서 교육은 절차탁마가 아닌가.

맹자와 순자

맹자는 인성 계발을 극대화하면 하늘을 알 수 있게 될 뿐 아니라, 하늘과 하나가 될 수 있다고 했다. "모든 것이 우리 속에 완전히 갖추어져 있다"고 했다. 어떻게 하면 하늘과 하나가 될 수 있는가? 우리가 가지고 있는 이기심을 줄여가라고 한다. 이기심을 줄이고 줄여 나와 다른 사람과의 구별이 없어지고, 드디어 나와 우주와의 구별마저 없어지는 경지에 이르면 결국 나는 우주와 하나가 된 상태라는 것이다. 이런 사람은 인간의 가능성이 도달할 수 있는 최고의 경지에 이른다. 이렇게 탁 트이고 자유스런 경지에 이른 사람이 바로 '호연지기'浩然之氣를 가진 사람이다. 완전한 자유인이다. 맹자는 인간이란 근본적으로 누구나 이런 경지에 도달할 가능성이 있다고 믿었다. 따라서 그는 길거리에 있는 사람들이 모두 요임금, 순임금이라고 보았다.

맹자를 논할 때 순자를 빼놓을 수가 없다. 공자의 정신을 이은 사람들 중 성선설을 주장한 맹자가 이상주의理想主義 쪽에 가깝다면 그 반대로 '성악설'性惡說을 주장하여 사실주의寫實主義 쪽으로 기운 이가 순자荀子(기원전 298∼기원전 238년경)였기 때문이다. 순자는 인간의 본성이란 본래 악한 것으로, 인간이 선한 성품을 갖기 위해서는 크면서 엄격한 훈련을 통해 배양하고 획득해야 한다고 주장한다.

순자에 의하면, 인간의 본성이 악하기는 하지만 그래도 인간은 무엇이 선하고 바른 것인가를 알 수 있는 지적 능력을 가지고 있다고 한다. 이 능력을 발휘해서 선한 일을 하도록 계속 노력하면 이렇게 축적된 노력이 습관처럼 되고, 그것이 다시 자연스런 선행으로 이어질 수 있다고 보았다. 따라서 길거리를 가고 있는 모든 사람이 결국 성왕인 우禹왕이 될 수 있다고 보았다. 이런 가능성을 실현하는 데 필요한 수단으로 가장 중요한 것은 첫째, 개인의 욕망을 통제할 수 있는 사회적 조직과 둘째, 스스로 그런 욕망을 제한하기 위해 필요한 예禮라고 보았다.

순자의 생각은 진秦시황 정권의 정치 이념으로 채택되었지만 단명한 진나라의 멸망과 함께 더 이상 영향력을 발휘하지 못하다가 2천몇백 년이 지나 마오쩌둥이 좋아하는 사상으로 다시 각광을 받기도 했다.

맹자의 성선설과 순자의 성악설 중에 어느 것이 옳은 것일까? 물론 앞에서도 지적한 것처럼 중국 역사에서 순자의 설을 채택한 것은 극히 짧은 시기 동안이었고 대부분 맹자의 설을 정설로 받아들였다.

우리는 어느 쪽 손을 들어야 할까? 우선 알아야 할 것은 요즘 많은 심리학자들이 인간의 '본성'이라는 것이 단일하거나 균질적인 것이 아니라고 한다는 사실이다. 이런 심리학자들의 말을 받아들인다면 맹자는 인간의 '본성' 중 밝은 쪽을 본성이라 했을 것이고, 순자는 그중 어두운 쪽을 본성이라 했다고 풀이할 수도 있을 것이다.

　문제는 그들이 왜 이런 주장을 했는가 하는 것이다. 둘 모두 인간이 소인배의 상태에서 군자나 성인으로 '변화'되기를 바라서였다. 단 그렇게 되도록 하는 방법이 상이한 것이 아닌가 여겨진다. 아이에게 피아노 연주자가 되도록 할 때, 맹자는 너는 피아노에 소질이 있으니 그 소질을 최대한 살려 훌륭한 피아니스트가 되라고 타이르고, 순자는 우리 모두와 마찬가지로 너는 천성이 게으르니 정신 차리고 열심히 연습해서 위대한 피아니스트가 되라고 경고하는 셈이 아닐까. 물론 현대 교육자들은 맹자의 방법을 선호하고 있다.

묵자

墨子

박애주의 사상가

"남의 집을 자기 집처럼 보며
남의 몸을 자기 몸처럼 보라"

최초의 공자 비판

묵자墨子(기원전 480~기원전 390년경, 중국어 발음으로 '모쯔')의 본명은 묵적墨翟(중국어 발음으로 '모티')이었다. 그의 생애에 대해서는 알려진 것이 거의 없다. 사마천의 『사기』에도 묵자 자신에 대한 항목은 없고 맹자와 순자를 소개하는 곳에 "묵적은 송나라의 사대부로서, 방어전에 능숙했고, 근검절약을 실천하였다. 어떤 이는 공자와 동시대의 인물이라고도 하고 어떤 이는 그 이후에 살았다고도 한다"라는 한자 24자의 언급이 있을 뿐이다. 출생지도 『사기』의 기록과 달리 공자와 같은 노魯나라일 것이라 보기도 하고, 생존 연대도 어림잡아 대략 기원전 480~기원전 390년경으로 보고 있다.

또 그의 이름에서 '묵'墨이 성이라기보다 노예 출신을 나타내는 말이 아닌가 짐작하기도 한다. 옛날에는 형벌의 하나로 이마에 먹물을 새겨 넣고 노예로 삼던 제도가 있었기 때문이다. 그가 실제 노예였는지는 모르지만 방어무기 제조에 재능이 있었다고 하고 근검절약이 몸에 밴 것을 보면 천민 출신이었던 것만은 분명하다. 중국철학의 대가 펑유란은, 묵자와 그의 제자들은 어느 나라가 공격을 당하면 그때마다 임시로 고용되어 그 나라를 방어해주던 협객俠客 · knight-errant 집단이었을 것이라 추정하기도 한다.

우리가 분명히 아는 것은 그가 공자 이래 공자의 사상을 체계적으로 공격한 최초의 사상가라 할 수 있다는 것이다. 공자의 후계자 맹자는 자기의 사명이 세상을 뒤덮고 있는 양자楊子와 묵자의 사상을 비판하는 것이라고 할 정도였다. 묵자의 이름은 전국시대 이후 한대에 이르기까지 언제나 공자와 함께 등장할 만큼 영향력이 컸다. 그러나 그후 2천 년 이상 묵자의 사상은 실질적으로 거의 잊혀졌다가 청대淸代말 몇몇 관심 있는 학자들의 노력으로 다시 주목을 받기 시작했다.

묵자의 사상은 그의 이름을 제목으로 한 책『묵자』에서 찾아볼 수있다. 물론 거기 있는 모든 생각들이 묵자 자신만의 생각이었다고는볼 수 없다. 묵자와 그를 따르던 후학들의 생각을 집성하여『묵자』라는 이름의 책으로 남긴 것이다.『노자』,『맹자』,『장자』의 경우와도 같다. 모두 한 사람의 단독 저작일 수 없는 책들이다.

묵자의 사상은 그가 말하는 '십론'十論으로 요약될 수 있다. 두루사랑함, 공격하지 않음, 어진 이를 높임, 지도자를 따름, 검소한 장례식, 검약, 음악 반대, 하늘의 뜻, 귀신 존경, 반운명론 등이다. 그런데이 열 가지 주장은 모두 '이'利라고 하는 한 가지 기본 원칙을 전제로깔고 있다. 물론 이때의 이는 개인의 이기적인 사욕에 따른 이익 추구와 다른 것이다. 묵자에 의하면 "세상에 이익을 증진시키고, 해를 제거함"興天下之利 除天下之害이 모든 행동의 목표요, "국가, 인민, 백성의 이익"國家人民百姓之利을 가져다주는가 하는 것이 모든 가치판단의 기준이 되어야 한다고 했다.

묵자는 남을 사랑하는 것마저도 그것이 멀리 보아 모두에게 이롭기 때문이라고 한다. 유교가 '이'利와 '의'義를 대립시키고 이익과 상관없이 의에 입각해서 행동하라고 한 것과 달리, 묵자는 나라와 백성에게 최대 이익을 가져다주는 것 자체가 곧 의라고 보았다. '최대 다수에 최대 행복'을 확보하는 것이 모든 윤리와 법의 목적이라 주장한 영국 철학자 벤담Jeremy Bentham의 철저한 '공리주의'Utilitarianism 원칙을 연상하게 하는 대목이다.

겸애의 가르침

이제 이런 것을 염두에 두고 십론을 중심으로 간략하게 묵자의 가르침을 살펴보기로 한다.

첫째, '겸애'兼愛는 묵자의 대표적 가르침이라 할 수 있다. 그는 나라가 어지러운 것이 '서로 사랑하지 않기 때문'이라 보았다. 따라서 "모두가 서로 사랑하고 서로 이롭게 함"兼相愛, 交相利을 통해 세상에 평화가 올 수 있다고 했다. 요즘 말로 하면 상생이나 윈윈win-win 관계를 맺으라는 이야기이다. 겸애란 구체적으로 모두를 '차등 없이' 한결같은 사랑으로 사랑하라는 것이다. "남의 나라를 자기 나라처럼 보고, 남의 집을 자기 집처럼 보며 남의 몸을 자기 몸처럼 보라"고 했다. 내 부모를 사랑하듯 내 친구의 부모, 나아가 알지 못하는 사람의 부모도 똑같은 사랑으로 대하라는 것이다. 심지어 남의 부모를 먼저 사랑하므로 남이 나의 부모를 사랑하도록 하라고까지 했다. 뿐만 아니라 사람이라면 남녀나 장유長幼나 귀천 등의 차이를 두지 말고 모두 평등하게 사랑할 것을 강조하기도 했다. 이는 유가에서 내 부모를 친구의 부모처럼 사랑하는 것은 인간으로서는 불가능하므로 우선 내 부모를 사랑하고 그 사랑을 확대해서 친구의 부모, 남의 부모 등을 사랑하는 방향으로 나아가야 한다는 '애유차등'愛有差等의 주장과 대조를 이루는 것이다.

겸애설은 어느 면에서 그리스도교에서 말하는 절대적 사랑, 나를 내어주는 사랑, 이른바 '아가페' 사랑에 해당되는 것이 아닌가 볼 수도 있다. 고 문익환 목사는 "예수와 묵자는 한 그루에서 나온 두 가지"라고 말하기도 했다. 물론 앞에서 말한 것처럼 묵자가 겸애를 주장하는 것은 그것이 우리 모두에게 이롭기 때문이라고 하는 데 비해 아가페 사랑은 그런 것마저도 생각지 않는 무조건적 사랑이라 할 수 있다. 그러나 아가페 사랑도 눈앞의 이해관계를 따지는 것은 아니지만 궁극적으로 그것이 모두에게 좋기에 실천하는 것이라 본다면 둘이 그렇게 다르다고만 할 수 없을지도 모른다.[26]

둘째는 '비공'非攻이다. 겸애의 원칙에서 자연적으로 나오는 것이 바로 남의 나라를 공격하지 않는다는 비공설이다. 공격을 하여 전쟁이 일어나면 인명과 재산상의 피해가 말로 할 수 없이 크다. 패전국의 입장에서야 더 말할 것도 없지만 승전국의 입장에서 보아도 이보다는 해가 더 크므로 남의 나라를 공격하는 일은 어리석기 그지없는 일이라는 것이다. 맹자도 전쟁을 반대했지만, 맹자는 그것이 의롭지 않기 때문이라고 한 데 비하여 묵자는 그것이 이롭지 못하기 때문이라는 데 차이가 있다. 한 가지 분명히 할 것은 묵자가 공격은 반대했지만 공격해 오는 적을 막는 방어전까지 반대한 것은 아니라는 것이다. 또 무죄한 나라를 공격하는 호전국의 포악한 임금에 대해 일종의 물리적 제재를 가하는 것도 필요한 일이라 보았다.

셋째는 '상현'尙賢이다. 국가와 국민들에게 이를 가져다주기 위해서는 나라의 일자리를 귀족이나 기득권자들끼리만 나누어 가질 것이

26 이런 문제는 문익환 지음, 『예수와 묵자』(바이북스, 2009)를 참조할 수 있다.

아니라 "농민이나 공인이나 상인들 중에서도 능력이 있으면 들여서 써야 한다"고 했다. 이와 함께 어진 사람을 존경하는 상현을 주장하기도 했다. 또 국가가 일정한 법칙에 따라 다스려지려면 이를 주관할 현인이 지도자가 되고, 백성들은 모두 그의 판단을 믿고 따르다가 결국은 그 지도자와 같이 되어야 한다는 상동尚同설도 주장했다.

넷째는 '절장'節葬과 '절용'節用이다. 묵자는 유가에서 강조하는 장례 절차를 허례허식에 치우친 것으로 보았다. 호화로운 관을 사용하는 것도 낭비이고 부모상을 당해 3년간 곡을 하는 것도 무리라고 보았다. 돈을 쓰는 것 자체를 반대한 것은 아니지만 이익이 되지 않는 곳에 쓸데없이 쓰는 것을 반대한 것이다. 이런 식으로 낭비를 하면서도 나라가 부강해지기를 바라는 것은 마치 "농사를 짓지도 않고 추수를 하려는 것 같이" 무모한 짓이라고 보았다.

다섯째는 '비악'非樂이다. 음악을 배격한다는 것이다. 악기가 배나 마차처럼 유용하다면 자기는 악기에 반대하지 않겠지만, 악기나 음악은 나라에 이를 가져다주는 데 아무 쓸데가 없다고 보았다. 사람들에게 배고픔, 추위, 피로 등을 피하려 하면서 악기나 만지고 있어서야 언제 음식, 옷, 쉼터가 마련되겠는가 했다. 이것도 음악이 좋아 밥 먹기도 잊어버렸다는 공자에 대한 비판인 셈이다.

여섯째는 '천지'天志와 '명귀'明鬼와 '비명'非命이다. 묵자는 상제上帝의 존재를 믿고, 상제의 뜻을 '천지'라고 하였다. 성왕들은 하늘의 뜻에 따라 사람들을 두루 사랑하고 그들에게 이익을 주어 크게 보상을 받은 사람들이다. 이들은 어떻게 하늘의 뜻을 알 수 있었던가? 위로 하늘을 경외하고 중간에 귀신을 섬기고 아래로 사람들을 사랑하는 사람들이다. 따라서 귀신을 멀리할 수 없다. 유가에서는 귀신을 경이원지敬而遠之하라고 했는데, 묵자에 의하면 "귀신이 없다고 하면서 제사 지내기를 배우라는 것은 손님도 없는데 대접하기를 배우는 것이나 고기도 없는데 그물을 만드는 것과 같다"고 비판했다. 묵자는 또 운명은 하늘이 정해주는 것이라 믿고 운명론에 빠진 유가를 비판하고 생사화복을 결정하는 힘이 하늘에 있는 것은 사실이지만, 하늘도 인간의 노력 여하에 따라 그들에게 상벌을 주는 것이므로 운명론을 배격해야 한다고 하며 비명非命론을 펼쳤다.

이상에서 우리는 묵자의 사상이 지극히 실질적이고 실용적이라는 사실을 알았다. 그런 면에서 현대사상과 많은 면에서 공통성이 있다고 볼 수 있다. 그러나 왜 그의 사상이 그동안 동아시아 역사에서 크게 영향력을 발휘하지 못했을까? 여러 가지 이유가 있겠지만, 그가 인간의 감정을 전혀 고려하지 못했다는 것이다. 장례식을 간소하게 치르라는 것, 음악으로 시간과 금전을 낭비하지 말라는 것 등은 모두 좋은 말이지만, 이런 것은 눈앞의 손익계산으로만 따질 수 없는 것 아니겠는가?

『장자』 마지막 장에 중국 고대 사상가들의 교설을 비판하는 부분이 나오는데, 거기서 장자는 묵자가 주장하는 대로 사는 삶이 "인간의 본성에 부합하는가?"라고 했다. 묵자의 공리주의적 사고는 당장 쓸모 없는 것 같지만 다른 관점에서 보면 더 큰 쓸모가 있을 수 있다고 하는

27 이 글은 일찍이 한국방송통신대학 교수로 재직하다가 요절한 후배 이동삼 교수가 필자에게 준 「墨子의 社會改革思想」, 『한국방송통신대학 논문집 제5집』(한국방송통신대학교, 1986. 6.) 63~110쪽을 많이 참조했음을 밝히면서 다시 한번 고인의 학문적 업적을 기린다.

장자의 "쓸모없는 것의 큰 쓸모"無用之大用를 간과한 셈인가? 그러나 지금처럼 온통 사치와 낭비로 지구 자체가 위기에 처해 있고, 욕심 때문에 하루도 평화스러운 날이 없는 세상에서 묵자의 이런 현실감 넘치는 사상은 여러 가지로 시사하는 바가 크다고 하지 않을 수 없다.[27]

정호 · 정이
程顥 · 程頤

신유학의 집성자

"인의 사람은 만물과 혼연동체이다"

신유학의 부흥

유교의 역사를 이야기할 때 공자, 맹자, 순자 등의 유교를 '원시 유교' 혹은 '선진先秦 유교'라 하는 것이 보통이다. 이런 초기 유교는 한대에서 당대唐代에 이르기까지 불교와 도교가 성행하면서 그 영향력이 크게 축소되었다. 그러다가 송대에 들어오면서 다시 흥왕하기 시작하는데, 이때에 새로 등장하는 유교를 근래 학자들은 '신유학'新儒學 · Neo-Confucianism 이라 부른다. 신유학은 단순히 고전 유교의 부흥만이 아니라 그동안 성행했던 불교와 도가 사상을 포함하여 그 당시까지 중국에 내려오던 모든 사상을 아우르며 나름대로 새로운 사상으로 체계화한 일종의 거대한 사상적 종합이라 할 수 있다.

신유학을 '성학'聖學이라고 부르는데, 성인들의 가르침이라는 뜻도 있지만 더욱 중요한 것은 '성인이 되게 하는 학문'이라는 뜻이기도 하다. 성인은 윤리적으로 완전한 사람이 아니라 '의식의 변화'를 통해 '특수인식능력의 활성화'를 이룬 사람이다. 성학이란 이런 특수한 경험을 통해 '성인의 경지'sagehood에 이르는 것을 목표로 하는 학문 · 종교적 자세라 볼 수 있다.

신유학에서는 성인이 되는 길을 가르쳐주는 문헌으로 『대학』大學을 중요시했는데, 여기에는 성인이 되기 위한 수단으로 여덟 가지 단계를 밝혀주고 있다. 그 여덟 가지 단계란 격물格物(사물을 궁구함), 치지致知(앎을 극대화함), 성의誠意(뜻을 성실히 함), 정심正心(마음을 바르게 함), 수신修身(인격을 도야함), 제가齊家(집안을 꾸림), 치국治國(사회를 지도함), 평천하平天下(세상에 평화를 가져옴)이다.

신유학은 크게 두 파로 나누어지는데, 하나를 이학理學이라 하고, 다른 하나를 심학心學이라 한다. 이렇게 두 파로 갈라진 것은 성인이 되기 위해 밟아야 하는 처음 단계인 '격물'에 대한 해석이 서로 달랐기 때문이다. 사물을 궁구한다는 것을 두고 이학파는 여러 사물 속에 일관되게 흐르고 있는 이理를 찾아내는 것이라 생각했고, 심학파는 '내 마음이 곧 이'心卽理이므로 내 마음을 살피는 것이 곧 사물을 궁구하는 것이라고 주장했다. 두 학파는 사물이든 마음이든 그것을 오랜 기간 깊이 궁구하면 결국에는 어느 순간 '밝음'明이나 '깨침'에 이르게 되고 이렇게 된 경지에 이른 사람이 궁극적으로는 세계에 평화를 가져다줄 수 있다고 보았다.

이들은 이런 배움이 농사나 공업 같은 기술적인 배움인 소학小學과 달리 바로 '대학' 곧 '큰 배움'Great Learning이라 여겼다. 신유학이 이처럼 일종의 깨침을 강조한다는 점에서, 중국철학사의 대가 펑유란은 "신유학은 사실 선불교의 연장이라" 할 수 있다고 하였다.

이학을 정주학程朱學이라고도 하는데 그것은 정이(1033~1107년)와 주자朱子의 가르침을 근간으로 하고 있기 때문이다. 또 심학을 육왕학陸王學이라고도 하는데, 이는 정이의 형 정호(1032~1085년)가 시작하고 후에 육상산陸象山과 왕양명王陽明의 가르침이 그 학파의 주종을 이룬다는 뜻이다. 육왕학은 보통 양명학陽明學이라 하기도 한다. 우리나라 조선조에는 주자학이 대세를 이룬 반면 양명학은 거의 빛을 보지 못했다.

이학과 심학

여기서는 이들 중에서 정이와 정호 두 형제의 사상을 간단히 살펴보기로 한다. 물론 신유학이 생기기까지 그 이전에 있었던 학자들, 특히 태극도太極圖를 완성한 주돈이周敦頤(1017~1073년), 모든 것을 수리數理적으로 설명하려 한 소옹邵雍(1011~1077년), 기氣에 대한 이론을 구축한 장재張載(1020~1077년) 등의 공헌이 지대하지만, 신유학이 하나의 체계적인 학파로 발전한 데에는 정호, 정이 두 형제의 활약이 절대적이었다 할 수 있다. 이 두 형제의 공로로 유학은 지금까지의 우주론이나 본체론적 논의에만 머물지 않고 인간 자신의 문제, 도덕의 완성과 목표 등에 관한 문제에 본격적인 관심을 쏟게 되었다.

이 두 형제는 지금의 허난성河南省에서 출생했다. 이들의 아버지는 주돈이의 사람됨을 보고 아들들의 교육을 부탁했다. 형제는 어려서 주돈이로부터 배우고 나중에는 5촌 아저씨 되는 장재와 토론도 하고, 또 집에서 별로 멀리 떨어져 있지 않은 소옹과도 학문적 교류를 자주했다. 장재에 의하면 이 두 형제는 14~15세에 성인의 학문에 뜻을 두었다고 한다. 과거나 출세 같은 데 뜻을 두지 않고 오로지 인격 도야와 수양에 마음을 썼다는 뜻이다.

두 형제는 서로 같은 스승에게 배우고 같은 사람들과 사귀었기에 자연히 많은 면에서 생각이 서로 비슷하였다. 그러기에 전통적으로는 이 두 형제를 묶어 '정자'程子라 칭하기도 한다. 그러나 둘의 사상이 모든 면에서 똑같은 것은 아니었다. 앞에서도 지적한 것처럼 형 정호는 심학의 선구자가 되었고, 동생 정이는 이학의 선구자가 되었다는 것이 이를 가장 극명하게 보여주는 예라 할 수 있다.

형 정호는 장재가 쓴 『서명』西銘이라는 책을 좋아했다. 그 책의 주제가 '만물은 하나'라는 것인데, 사실 이것은 정호의 주관심사이기도 했기 때문이다. 정호에 의하면 인간은 본래 우주 만물과 일체를 이루고 있었는데, 인간의 욕심 때문에 이런 상태를 잃어버리고 분리의 세계에 살고 있다는 것이다.

그러나 인간은 다시 수양을 통해 나와 만물이 하나라는 사실을 자각해야 한다고 했다. 맹자가 다른 사람의 고통을 보고 참을 수 없는 '불인'不忍의 마음이나 '측은지심'惻隱之心을 이야기했는데, 정호는 그런 것도 결국 나와 만물이 하나라는 생각에서 자연스럽게 나오는 것이라 보았다. 그는 만물과 하나 됨이 바로 인仁의 기본 성격이라 규정했다. 정호의 말을 직접 들어보자.

> 배우려는 사람은 먼저 인에 대해 인식할 필요가 있다學者須先識仁. 인의 사람은 만물과 혼연동체渾然同體이다. 의義, 예禮, 지智, 신信이 결국 모두 인이다. 이 진리를 깨닫고 이를 성誠과 경敬을 다해 실천하는 것, 이것이 우리가 해야 할 일의 전부이다.

이렇게 만물과 하나라는 진리를 깨닫는 것이야말로 무한한 기쁨의 원천이라고도 했다. 가히 화엄의 이사무애나 사사무애, 상즉相卽·상입相入을 연상시키는 생각이다. 이런 생각이 나중에 육상산과 왕양명에 의해 더욱 자세히 논의된 것이다.

동생 정이는 이理라는 사상을 본격적으로 다룬 사상가라 칭해질 수 있다. 정이에 앞서 장재는 사물이 생겨나고 없어지는 것이 기氣가

뭉치느냐 흩어지느냐 하는 기의 취산聚散에 따라 이루어지는 것이라고 했다. 기가 뭉치면 사물이 생기고 기가 흩어지면 사물이 사라지는 것이라는 이론이었다. 그러나 이 이론으로는 왜 여러 가지 다른 종류의 사물이 생겨나는가 하는 것을 설명할 수 없었다. 똑같이 기가 뭉치는데 왜 꽃이 생기고 잎이 생기는지 알 수 없는 노릇이었다.

정이는 이 문제를 해결하기 위해 주역에 나오는 '도' 사상에 주목했다. 도가에서 말하는 도는 만물의 근원으로서의 궁극 실재 같은 것이지만, 『주역』에서 말하는 도는 여러 가지 각이한 종류의 사물을 하나하나 관장하는 개별적 원리 같은 것이었다. 정이는 이런 주역의 도 개념에서 이理라는 개념을 도출하여 발전시켰다.

이제 장재의 이론대로 기가 응축하여 사물이 생겨나는데, 그것이 각각 다른 사물로 나타나는 것은 그 속에 있는 각각 다른 이理가 작용했기 때문이라 설명했다. 꽃과 잎 둘 다 기가 뭉쳐서 생긴 결과이지만 꽃이 꽃이 되고 잎이 잎이 된 것은 꽃에는 꽃의 이가, 잎에는 잎의 이가 각각 다르게 작용했기 때문이라는 것이다. 기는 재료와 같고 이는 그 재료가 어떤 형태로 나타날까를 결정해주는 원리 같은 것인 셈이다.

정이는 또 모양 위의 것, 형이상形而上과 모양 아래의 것, 형이하形而下를 구별하였다. 이런 용어는 주역에 나오는 것인데 형이상은 추상적인 것, 형이하는 구체적인 것을 의미한다. 정이는 형이상에 속하는 것으로 이理와 도道를 들고, 형이하에 속하는 것들은 구체적인 사물들이라고 보았다.

정이에 의하면 이理는 영원한 것으로 가감할 수도 없어질 수도 없

다. 모든 사물에 있는 각각의 이는 그 자체로 완전하다는 것이다. 우리
인간이 그것을 인식하든 못 하든 모든 사물에는 이가 스며들어 있다.
정이는 특히 "성즉리"性卽理라고 하여 인성이 곧 이라고 하였다. 인성인
이는 요순부터 일반인에 이르기까지 모두 같다고 하였다. "성은 선하
지 않을 수 없다. 그런데 선하지 않은 경우가 있는 것은 재才(잔재주) 때
문이다. 성은 이이고 이것은 요임금, 순임금부터 어리석은 사람에 이
르기까지 모두 동일하다"고 하였다. 또 "성은 하늘에서 온 것이요 재
는 기氣에서 오는 것이다. 기가 맑으면 재도 맑아지고 기가 탁하면 재
도 탁해지기 때문에" 선악의 구별이 생긴다고 했다. 따라서 기를 맑게
하려는 노력이나 수양 여하에 따라 지혜로운 사람과 어리석은 사람이
구분된다는 뜻이다.

정이는 수양 방법으로 무엇보다 경敬을 강조했다. '경'敬을 우리말
로 '공경 경'으로 알고 있지만 더욱 중요한 의미는 '주의를 집중함'
attentiveness이다. 정성을 다해 최대한 마음을 모으는 것이다. 지금껏 초
기 신유학에서 사용하던 정靜(고요함)이라는 말 대신에 이 말을 쓰기
시작했는데, 정이 이후 가장 중요한 신유학 특유의 용어가 되었다.

이와 함께 '궁리'도 권했다. 사물의 이理를 궁구하라는 것이다. 마
음을 모으고 계속해서 이理를 구하다 보면 언젠가는 활연대오豁然大悟의
순간이 온다고 했다. 이런 면에서 신유학도 깨침을 목표로 하는 심층
종교적 색채가 짙은 사상 체계라 볼 수 있을 것이다.

주자
朱子

이학의 완성자

"오랫동안 노력하다 보면 결국
어느 날 아침 완전한 깨달음이 열릴 것이다"

주자학의 영향력

우리에게 익숙한 이름 주자朱子(1130~1200년)의 본명은 주희朱熹였다. 여러 가지 호가 있었지만 주로 회암晦庵이라 불렸다. 앞에서 말한 것처럼 신유학이 정호, 정이 형제에 의해 본궤도에 올랐다고 하면 주자는 이를 실질적으로 완성한 사람이라 할 수 있다. 그는 지금까지의 모든 이론을 섭렵하고 이를 거대한 체계로 집대성한 대학자였다. 이런 의미에서 그가 완성한 이학理學 계통의 신유학을 정주학程朱學 혹은 주자학朱子學이라고까지 한다. 1313년 원나라 때부터 1905년 청대 말까지 중국에서 과거 시험을 보는 모든 사람은 『논어』, 『맹자』, 『중용』, 『대학』을 주석한 주자의 『사서집주』四書集注를 공식적인 교과서로 삼고 공부하였다.

　　주자의 학문적 영향력은 중국이 근세에 서양철학을 받아들이기까지 중국에서 가장 큰 위력을 발휘한 사상 체계였다. 우리나라에서도 조선조는 '주자학'을 공식적인 통치 이념으로 받아들일 정도로 주자의 영향력은 거의 절대적이라 할 수 있었다. 『주자가훈』朱子家訓은 지금까지도 한국인의 삶에 알게 모르게 영향을 끼치고 있다. 일본에서도 주자학은 도쿠가와德川막부 시대의 공식적 지배 이념이 되었다. 실로 동아시아에서 그의 위치가 어떠하였는지를 알게 하는 대목이다. 그의 저작은 방대하여 70여 가지, 460권의 분량이었다. 주희는 흔히 기독교 스콜라 신학의 최고봉을 이룬 토머스 아퀴나스나 이슬람 수피의 대가 알 가잘리에 대비되기도 한다.

주자는 정이가 죽은 지 23년 후, 송나라가 금나라에 의해 남북으로 갈라진 뒤 3년 후인 1130년, 지금의 푸젠성福建省에서 태어나 70세를 일기로 1200년께 세상을 떠났다. 어린 주희는 아홉 살에 『맹자』를 읽고, 병상에 계신 아버지로부터 『논어』를 배웠다. 아버지가 병으로 죽은 후 유언에 따라 세 분의 스승을 모시고 본격적으로 학문에 전념했다. 19세 때 과거를 보았는데, 합격자 330명 중 278등이었다. 그 당시 남송 정권은 금나라와의 강화를 원하고 있었는데 과거 시험에서도 이에 반대하는 쪽으로 기운 답안은 불이익을 당했던 것으로 전해진다.

21세에 관직을 얻어 임관 도중에 아버지의 친구 이연평李延平을 만나 그의 가르침을 받았다. 그때까지 주희는 유학과 선불교를 함께 배우고 있었지만, 이연평의 영향으로 선불교 공부를 버리고 오로지 유학에만 전념하게 되었다. 그러나 선불교의 가르침이 그의 사상 체계 전반에 걸쳐 크게 영향을 끼쳤음은 주지의 사실이다. 26세부터 이연평의 문하에 들어가 도학의 진수를 전수받기 시작하였다.

그러나 학문에 전념하면서도 여러 관직을 맡아 복지 사업이나 교육 사업에 심혈을 기울였다. 그가 남강군 지사로 복무하고 있을 때 백록동白鹿洞 서원書院을 부흥시켜 직접 학생들을 가르친 것이 그 한 가지 예라 할 수 있다. 그러나 50세께에 정적의 모략으로 관직에서 완전히 떠나 오로지 연구와 저술에만 전념하였다.

주자는 앞에서 언급한 것과 같이 중국 사상의 대통합을 이룬 사상가였다. 정통 유학 사상은 물론 불교의 논리 체계, 도교의 무극 사상, 선불교에서 채용한 정좌靜坐 등을 모두 유기적으로 종합하였다. 이런 방대한 사상을 이 짧은 글에서 다룬다는 것이 무리일 수밖에 없지만, 그의 주요 사상을 종교적 관점에서 간략하게 훑어보기로 한다.

격물궁리

주자는 정이가 이理에 대해 세운 이론을 더욱 명쾌하게 설명하였다. 그에 의하면 "이理는 형이상, 기氣는 형이하. 이 둘은 분명 별개의 것이지만, 홀로 존재할 수 없는 것, 이 둘은 불리부잡不離不雜의 관계를 가지고 있다"고 하였다.

물론 논리적으로는 이가 기보다 먼저이므로 이가 없이 기가 있을 수 없지만, 실제적으로는 기가 없이는 이도 없음을 분명히 했다. 그는 형이하로서의 기에 형이상으로서의 이가 합쳐질 때 구체적인 사물이 가능해진다고 보았다. 또 "기가 운동성을 가지고 있고, 이는 그 규범이나 법칙으로서, 기의 운동에 질서를 준다"고도 했다. 이 세상에 있는 사물은 각각 그 특성을 가지고 있는데, 그 특성이 바로 그 사물의 이理라는 것이다. 계단의 벽돌은 벽돌의 이를, 의자의 대나무는 대나무의 이를 가지고 있다는 이야기이다.

각 사람에게도 사람의 이理 혹은 인성人性이 모든 사람에게 공통적으로 있다고 보았다. 그러나 각각의 사람이 다른 것은 기氣가 다르기 때문이라고 했다. 맑은 기를 가진 사람은 맑고 시원한 물에 들어 있는 진주와 같아 성인이 되고, 탁한 기를 가진 사람은 흙탕물에 들어 있는 진주와 같아 어리석은 사람이 된다고 했다.

주자는 또 이런 각각의 이理를 극極이라고도 하고, 이런 각각의 이나 극을 아우르는 우주의 궁극 원리로서의 '태극'太極을 강조했다. 태극은 '가장 높고, 가장 신비스럽고, 가장 심원하고, 모든 것을 넘어서는 무엇'으로서 개물個物에 내재해 있지만 동시에 우주 전체로서 가지고 있는 이의 총합이라 보았다. "모든 개물은 극을 가지고 있는데, 이것이 곧 이理이다. 하늘과 땅과 만물의 이를 연합하고 포용하는 것은 태극이다"라고 했다. 마치 많은 강이나 호수에 비치는 달들이 결국 하늘에 있는 하나의 달을 반사하는 것과 같이 태극은 각각의 사물들에 올곧게 들어 있으면서 동시에 그 사물들에 있는 모든 이의 통합이라는 것이다. 말하자면 태극은 모든 이理의 이理, 최고의 이理, 일리一理이다. 이것이 요즘 말로 해서 '궁극원리'窮極原理인 셈이다.

주자는 또 심心 자체를 성性으로 보지 않았다. 심을 성이라고 보면 '성즉리'性卽理의 원칙에 따라 심은 이로만 되어야만 하지만, 심도 다른 모든 것과 마찬가지로 이理와 기氣로 구성되어 있기 때문에 심을 성이나 이 자체로 볼 수 없다는 것이다. 심은 구체적이고 성은 추상적이다. 심에는 생각이나 감정 등의 활동이 있을 수 있지만, 성에는 그런 것이 있을 수 없다고 했다. 이 구별은 매우 중요하다. 육상산과 왕양명으로 대표되는 심학파에서는 '심이 곧 성'이라고 하여 심을 궁구하는 것이 이를 궁구하는 것과 같다고 보았기 때문이다.

주자 사상을 이야기할 때 빼놓을 수 없는 것이 수양론이다. 여기에서 우리는 그의 종교적 경향성을 엿볼 수 있고, 이것으로 우리는 신유학이 단순한 철학 체계 이상이라는 것을 알 수 있기 때문이다.

주자는, 정이와 마찬가지로, 『대학』에 나오는 '격물'格物을 각각의 사물에 있는 이를 찾는 것이라 보았다. 단, 정이가 '궁'窮라고 한 것에 비해 주자는 '궁진'窮盡라고 했다. 어느 쪽이든 형이하를 통해 형이상을 찾으라는 것이다. 이것이 이른바 '격물궁리'格物窮理라는 것이다. 자기 주위에 가까이 있는 것, 그리고 자기에게 특별히 중요한 사물부터 시작하여 그 속에 있는 개별적 이理를 궁구하다가 보면 결국에는 홀연히 우주의 궁극적인 이와 내 심성 깊이에 있는 이까지를 알아내게 된다. 이른바 '활연관통'豁然貫通이다.

> 『대학』에 앎을 극대화함이 사물을 궁구함에 있다고 했는데, 앎을 극대화하기 위해서는 사물의 이를 궁구해야 한다는 뜻이다. 인간의 지성에 앎이 없지 않고, 천하 사물에 이가 없는 것이 아니지만, 아직 이를 끝까지 궁구하지 않았기 때문에 앎을 극대화하지 못하고 있다. 우리가 오랫동안 노력하다가 보면 결국 어느 날 아침 우리 앞에 완전한 깨달음이 열리게 될 것이다. 그럴 때 우리에게는 모든 사물의 표면과 이면, 정교함과 거침에 이르기까지를 완전히 이해하게 되고, 마음 전체와 그 큰 쓰임이 그대로 완전한 밝음에 이르게 된다. 이것을 일컬어 사물을 궁구함格物이라 하고, 이것을 일컬어 앎의 지극함知之至이라 한다. (『대학장구』大學章句 5장)

그러나 격물만으로는 부족하다고 한다. 격물과 함께, 정이가 지적했듯이, 거경居敬, 곧 마음을 모으고 챙기는 일을 실천하는 것이 필수적이다. 주자는 이를 구체적으로 "몸과 마음을 수렴하고 정제순일整齊純一하여 방종放縱하지 않는 것이 곧 경이다"라고 하였다. 그가 경을 선가에서 쓰는 용어인 '성성법'惺惺法, 곧 마음을 초롱초롱하게 유지하는 법이라고 한 것은 시사하는 바가 크다. 아무튼 이렇게 경을 함께 실천할 때

비로소 목적하던 바 완전한 깨침에 이르게 된다고 보았다. 이렇게 보편적 원리로서의 이理를 깨쳐서 거기에 따라 '무리'無理하지 않고 '순리'順理대로 살아가는 것이 이상적인 삶이고, 이런 사람들이 이룩한 사회가 이상적인 사회가 아니겠는가? 올바른 격물에서 시작하여 평천하平天下가 이룩된다는 이야기이다.

주자학이 공리공론이나 형식에 치우쳐 현실성이 모자란다는 비판을 받기도 하고, 주자학이 근래까지 동양 사회가 보인 후진성이나 병폐의 근본 원인 중 하나라는 비난을 받기도 했다. 그러나 그의 학문적, 종교적 진수를 재검토해서 긍정적 요소를 발굴하고 이를 오늘 우리의 삶을 풍요롭게 하는 데 활용할 수 있다는 사실을 간과해서는 안 된다고 믿는다.

한 가지 덧붙이면 주자가 지은 것으로 많이 알려진 "젊음은 늙기 쉽고 배움은 이루기 어려우니, 아주 짧은 시간도 가볍게 여길 수 없네, 연못의 봄풀이 꿈에서 깨기도 전에 이미 계단 앞 오동나무 잎이 가을 소리를 내는구나"少年易老學難成 一寸光陰不可輕 未覺池塘春草夢 階前梧葉已秋聲 하는 시는 주자의 시문집에서는 찾아볼 수 없는 것으로 후대에 누가 지어 주자의 말이라 했을 가능성이 크다.

육상산 · 왕양명
陸象山 · 王陽明

심학의 대가들

"우주가 곧 내 마음이고 내 마음이 곧 우주이다"

마음이 곧 이理

앞에서 언급한 것과 같이 11세기 전후해서 융성하기 시작한 신유학에
는 두 갈래 큰 흐름이 있었다. 그 하나는 정이와 주희의 가르침을 근간
으로 하는 정주학 혹은 이학이고, 다른 하나는 정호가 시작하고 육상산
(1139~1193년)이 터를 닦고 왕양명(1472~1529년)이 완성한 육왕학, 양
명학 혹은 심학이었다. 역사적으로 정주학이 대세를 이룬 반면 양명학
은 거기에 비해 크게 빛을 보지 못했던 것이 사실이지만, 그 사상 체계
가 가지고 있는 아름다운 가르침은 오늘날에도 깨우쳐주는 바가 크기
에 육상산, 왕양명 두 스승의 가르침을 다시 한번 음미해보기로 한다.

육상산은 중국 남송의 사상가로서 지금의 장시성江西省에서 태어났
다. 본명은 육구연陸九淵이지만 여기서는 우리 귀에 더욱 익숙한 육상산
이라는 그의 호를 쓰기로 한다. 육상산은 6형제 중의 막내로 형인 육
구소陸九韶, 육구령陸九齡과 함께 당대에 학문으로 이름을 날렸다. 33세
에 진사 시험에 합격하여 관리직을 수행하며 학문과 교육에 힘썼다.

육상산의 사상은 어릴 때의 경험에 크게 영향을 받았다. 그가 13세
때 하루는 책을 읽고 있다가 책에서 '우'宇라는 글자와 '주'宙라는 두
글자를 보게 되었는데, 그때 갑작스러운 깨달음을 경험하게 되었다고
한다. 이런 경험을 바탕으로 그는 "우주가 곧 내 마음이고 내 마음이
곧 우주이다. 동쪽 바다에 성인이 나타난다면 똑같은 마음心, 똑같은
이理를 가지고 있을 것이다"라고 했다. 내 속에 있는 심心은 이理와 마

찬가지로 분화되지 않은 보편적 원리라는 뜻이기도 하다.

　육상산은 9년 연상인 주자와 서신으로 뜨거운 논쟁을 하며 서로를 비판했지만, 기본적으로 서로에 대해 존경의 염念을 품고 있었다. 그는 형 육구소와 함께 주돈이의 태극도설太極圖說에 나오는 무극無極의 문제를 놓고 주자와 의견을 달리했다. 주자는 무극을 무형상無形象, 무형적無形迹의 절대적 초월성으로 이해한 반면, 육상산 형제는 무극이 노자老子의 말일 뿐 『주역』에는 없는 개념이라는 이유로 이를 거부했다.

　육상산이 37세 되던 해에는 아호사鵝湖寺라는 곳에서 주자를 직접 만나 토론을 했는데, 이것이 중국 사상사에서 유명한 '아호지회'鵝湖之會라는 것이다. 여기서 토의 주제는 수련법이었다. 주자는 격물궁리格物窮理가 여러 가지 사물을 하나하나 널리 연구하고 그 결과를 바탕으로 기본 원리를 찾아내는 것이라고 주장한 데 반하여, 육상산은 그 많은 사물을 다 섭렵한다는 것은 '지리'支離한 일이라 했다. 그는 '마음이 곧 이'心卽理라고 하는 기본 원리를 근거로, 마음이 여럿 있는 것이 아니라 심일심心一心이며, 이理가 여럿 있는 것이 아니라 이일리理一理이므로 결국 내 마음을 밝혀 아는 것이 바로 사물과 우주를 관통하는 원리를 깨닫는 것이라 보았다.

　주자가 '성즉리'性卽理라고 한 데 비하여 육상산이 '심즉리'心卽理라 했다고 하는 것은 비록 글자 한 자 차이에 불과하지만 바로 이학과 심학을 나누는 기본 핵심이었다. 주자는 앞에서 본 것처럼 마음도 다른 사물들과 마찬가지로 이理와 기氣로 구성된 하나의 구체적 사물이기 때문에 마음이 이理 자체일 수는 없다고 보았다. 그는 심心을 성性과 정情으로 나누고 성은 하늘에서 준 순수한 선성善性이고, 정은 우리가 가진 감정으로서 인욕人慾이라 주장하며, 마음속에 있는 성性만이 이理라고 하였다. 그러나 육상산은 성과 정을 아우르는 마음이 곧 성性이고 그 마음이 곧 이理와 다를 바가 없다고 주장하며 마음과 성, 마음과 이理를 구별하는 것은 오로지 말장난에 불과하다고 했다. 그러기에 앞에서 본 것처럼 그는 주자와 달리 마음을 밝히기만 하면 거기서 전체를 관통하는 이理를 볼 수 있다고 주장했던 것이다.

육상산은 수행법으로 세 가지를 권한다. 자신을 알라, 배운 것을 실제적인 윤리 생활에 적용하라, 정좌靜坐하라는 것이다. 얼른 보아 순서는 다르지만 부처님이 가르쳤다는 팔정도八正道의 세 가지 요소인 계정혜戒定慧 삼학三學에 해당한다고 생각할 수 있다.

육상산은 49세에 사숙을 열어 제자들을 가르쳤는데, 그 후 몇 년 있다가 폐결핵으로 사망했다. 육상산의 사상은 명대明代의 진백사陳白沙(1428~1500년)를 거쳐 왕양명에게 영향을 주고 있다. 왕양명의 본명은 왕수인王守仁으로 지금의 저장성浙江省 출신이다. 어려서 진사에 급제한 이후 학자, 정치가, 군인으로 크게 공헌하였다. 불교, 무예, 시학 등 여러 가지 면에서 빼어난 재능을 지니고 있었다.

치양지격물

왕양명도 처음에는 그 당시 지배 이데올로기로 군림하던 주자학에 심취했다. 21세 때 모든 사물에 있는 이理를 찾으라는 주자의 격물궁리의 가르침에 따라 뜰에 있는 대나무 앞에서 일주일을 밤낮으로 앉아 대나무의 이理를 찾으려고 할 정도였다. 이렇게 해도 대나무의 이가 무엇인지는 찾아내지 못하고 오히려 병만 얻었다. 이런 경험에서 그는 주자가 말하듯 "나무 한 그루 풀 한 포기"一木一草를 포함하여 그 많은 사물에 들어 있는 각각의 이를 다 찾는다고 하는 것이 불가능함을 발견하고 좌절할 수밖에 없었다.

그 후 산중에서 귀양살이를 하는 도중, 어느 날 밤 갑자기 깨침에 이르렀다. 『대학』의 기본 가르침이 무엇인지 깨달은 것이다. 이런 와중에 육상산의 '심즉리'心卽理라는 가르침에 접하게 되면서, 심心을 중심으로 하는 육상산의 학문이야말로 '맹자의 학'을 계승하고 있다고 믿고, 57세에 죽을 때까지 심학을 발전시키고 완성시키는 일에 최선을 다했다. 이런 면에서 육상산의 학문은 사실 왕양명에 의해 다시 발굴되고 새롭게 빛을 보게 된 셈이다.

왕양명의 주된 관심은 수행 방법과 이를 바탕으로 하는 윤리적 실천이었다. 왕양명도 육상산과 마찬가지로 심心이야말로 이理 자체와 다를 것이 없으므로, 이를 알기 위해서 우리 속에 있는 심을 궁구하면 된다고 했다. 가장 기본적이고 중요한 것에 성誠과 경敬을 다할 뿐이지, 구태여 외부 사물의 이를 섭렵할 필요가 없다고 했다.

이런 태도는 경서經書라든가 정치적 권위나 질서 등 외부적인 것에 의존할 필요가 없다는 파격적 생각일 수도 있다. 어느 면에서 선불교에서 말하는 불립문자不立文字라든가 교외별전敎外別傳과 일맥상통하는 것이 아닌가 싶다.

왕양명의 사상 중 가장 독창적이면서 중요한 것을 들라면 아무래도 '치양지'致良知 혹은 '양지'良知라 할 수 있다. 『대학』에 나오는 '격물치지'에서 '치지'를 '치양지'로 바꾸었다. '양지'란 『맹자』의 '양지양능'良知良能에서 나온 말이다. 왕양명은 양지를 나름대로 '어리석은 남자나 어리석은 여자나 성인이나 똑같이' 모든 사람의 마음속에 있는 생래적 도덕지道德知, 직관 같은 것으로서 인간 생명력의 근원이라 풀었다. '천리'天理나 '성'性이 하늘로부터 주어진 것이라면, 양지는 인간이 본래부터 타고나는 본마음임을 강조하는 셈이다. 따라서 '치양지'란 이런 생래적 본마음을 최대로 활성화한다는 말과 같다. 누구나 이렇게 활성화한 순수하고 선한 마음을 따르는 한 그 행동은 자연히 선하고 바르고 의연할 수밖에 없다고 했다.

왕양명은 자기의 이런 생각을 사구교四句教로 요약했다. "선도 없고 악도 없는 것을 마음의 본체라 하고, 선은 있고 악이 없는 것을 의지의 움직임이라고 하고, 선을 알고 악을 아는 것을 양지라 하고, 선을 행하고 악을 버리는 것을 격물이라 한다." 이理 자체인 심은 선악의 구별을 초월하는 원초적 본질인데, 거기에 의意가 움직이면 선과 악의 구별이 생기고, 이때 선과 악을 구별할 줄 아는 것이 양지요, 양지에 따라 선을 행하고 악을 버리는 것이 격물이라는 뜻이다. 주목할 것은 '격물'을 '사물을 궁구함'으로 푸는 대신 '선을 행하고 악을 버리는 것'이라는 실천 윤리적 차원에서 파악하고 있다는 점이다. 이것은 격물치지가 아니라 치양지를 통해 격물할 수 있다는 '치양지격물'致良知格物을 주장하고 있다는 말이기도 하다.

여기서 중요시되는 것은 양지를 통해 내적 깨달음이 있으면 거기에는 반드시 행동이 따른다는 것이다. 이것이 왕양명이 강조하는 '지행합일'知行合一이다. 그는 『대학』에 나오는 "좋은 색을 좋아하고 나쁜 냄새를 싫어한다"는 말을 가지고 이를 설명한다. '좋은 색이다' 하는 지적 판단에는 이미 그것을 '좋아함'이라는 행동이 들어가 있다는 뜻이다. 따라서 지知와 행行은 서로 떨어질 수 없이 하나라는 것이다. 구태여 구별하자면 "지는 행의 시작이고 행은 지의 완성"이라는 것이다.

　여기에 더해 왕양명은 심학을 처음 시작한 정호의 '만물일체'萬物一體론을 수용해서 양지와 조화시킨다. 정호가 말한 것처럼, 천지 만물은 인간과 원래 일체라는 것이다. 왕양명은 우리가 사사로운 뜻이나 욕심만 일으키지 않으면 양지에 의해 만물과의 일체성을 깨닫고 타자와 아픔을 같이할 뿐만 아니라 자연히 고통을 줄이려 노력하게 될 것이라고 했다. 이런 일이 가능할 때 인간 세상은 물론 우주가 지선체至善體라는 최고의 상태를 유지할 수 있다고 내다보았다.

　왕양명은 또 수련 방법으로 독서나 정좌靜坐 같은 것만이 아니라 우리의 하루하루 삶의 현장에서 보통의 사물을 접하면서 얻어지는 경험을 통해 양지를 연마할 필요가 있음을 강조한다. 이것이 이른바 '사상마련'事上磨鍊이라는 것이다.

　우리나라에는 16세기에 양명학이 들어왔다. 허균許筠과 실학파에 속했던 몇몇 유학자들이 양명학에 관심을 가지고 있었지만, 체제 유지에 유리한 주자학에 비해 개인의 체험을 중요시하는 양명학을 위험시하여 결국 우리나라는 중국이나 일본에 비해 양명학의 영향이 더욱 미미했다고 볼 수 있다. 그러나 선불교가 현대인에게 어필하는 것을 볼 때 실천적이고 체험적인 면을 강조한 양명학도 오늘 우리에게 줄 수 있는 것이 많다고 여겨진다.

인도의
영성가들

상카라
라마누자
라빈드라나트 타고르
마하트마 간디
지두 크리슈나무르티
마하비라
구루 나나크

샹카라
Śankara

힌두교 불이론 베단타의 창시자

"어두움이 태양의 광채 속에서 녹아 없어지듯
만물도 영원한 실재 속에서 녹아 없어진다"

브라흐만의 진리

샹카라(788~820년)가 인도철학사에서 가장 위대한 사상가라고 하는
데 이의를 제기할 사람은 거의 없다. 그는 위대하고 심오한 사상가일
뿐 아니라, 자기의 사상을 전파하기 위해 널리 주유천하하기도 하고,
불교를 논박하는 데 앞장서기도 하고, 승단을 창설하거나 승원을 건설
하기도 했다. 말하자면 그는 실천적 신비주의자라 할 수 있다. 그러나
그가 이룩한 최대의 공헌은 이른바 '아드바이타 베단타'Advaita Vedanta라
는 학파를 공고한 터전 위에 세운 것이라 할 수 있다. '아드바이타'란
'불이'不二라는 뜻으로 영어로 'non-dual'이라 번역한다.

그는 인도 남쪽 케랄라Kerala에서 태어났다. 생몰 연대에 대해서는
몇 가지 설이 있지만 일반적으로 8~9세기에 살았던 사람으로 보고 있
다. 샹카라의 부모는 아이가 없어 애를 태우다가 오랜 기도 끝에 그를
낳았다고 한다. 샹카라는 5세에 '학생의 삶'을 시작, 8세에 베다경에 통
달했다.

어릴 때부터 출가 수행자가 되려는 성향을 보였지만 어머니의 허
락이 날 때까지 기다렸다가 구루를 찾기 위해 북쪽으로 떠났다. 나르
마다강 기슭에서 고빈다 바가밧파다를 만났다. 그가 샹카라에게 어디
에서 온 누구냐고 묻자 즉석에서 아드바이타 베단타 철학에 기초한 대
답을 거침없이 할 수 있었다. 이에 깊이 감명받은 바가밧파다는 그를
제자로 삼았다. 그의 학문적 깊이는 날로 더해갔다.

바가밧파다는 샹카라에게 『브라흐마 수트라』*Brahma Sutras*에 대한 주석서를 써서 아드바이타 베단타를 널리 전하라고 지시했다. 샹카라는 『브라흐만 수트라』뿐 아니라 열 편의 『우파니샤드』*Upanishad* 및 『바가바드 기타』*Bhagavad Gita*에 대한 주석서도 썼는데, 이것이 아드바이타 베단타 학파에서 가장 중요시하는 '삼론'三論이 되었다.

샹카라는 또 아드바이타 베단타 사상을 전파하기 위해 인도 전역을 종횡으로 누비면서, 불교를 위시하여 자기 생각에 이설이라고 여겨지는 모든 사상을 가진 사람들을 만나 논박하였다. 아드바이타 베단타 사상의 뼈대는 샹카라 이전 가우다파다에 의해 제시된 것이지만, 샹카라가 이를 체계화하고 널리 전파하였기에 그를 실질적인 창시자라 여긴다.

아드바이타 베단타는 기원전 9~기원전 7세기에 나타난 『우파니샤드』라는 문헌에 기초하고 있다. 기원전 15세기경 지금의 이란에서 인도로 들어온 아리아족에서 유래된 인도 최초의 경전인 베다경이 인드라 신을 비롯하여 여러 신들을 섬기며 그들에게 복을 비는 '기도'를 중요시하고, 기원전 10세기경에 나타난 『브라흐마나』라는 문헌이 신들에게 드리는 '제사'를 강조한 데 반하여 『우파니샤드』는 '깨달음'을 강조하는 것이 특징이라 할 수 있다.

무엇을 깨달으라는 것인가? 『우파니샤드』에서는 우주의 궁극 실재인 '브라흐만'을 깨달으라고 한다. 브라흐만은 '네티 네티'라고 한다. '이것이라 할 수도 없고 저것이라 할 수도 없다'는 뜻이다. 절대적인 실재이므로 '이것'이나 '저것'으로 한정 지을 수 없고, 우리의 제약된 생각으로는 도저히 생각할 수도, 표현할 수도 없다는 이야기이다. 세계 종교들의 심층 차원에서 일반적으로 주장하는 이론이다.

　한편, 이 절대적인 실재로서의 브라흐만은 단순히 추상적인 원리만이 아니라 각 사람 속에 내재하고 있는 본질적이며 참된 '자아' 自我(아트만)이기도 하다. '참나'는 브라흐만의 구체화된 상태로서, 이런 의미에서 "나는 곧 브라흐만이다"라는 진리가 성립된다고 한다. 이를 산스크리트어로 '타트트밤아시' tat tvam asi · That art thou라고 하는데, '그대는 바로 그것(브라흐만)'이라는 뜻이다. 한문으로 '범아일여' 梵我一如라고 한다. 이렇게 내가 바로 브라흐만라는 사실을 모르는 것이 곧 무명無明이요, 이를 몸소 체득하여 깨닫는 것이 바로 해탈解脫이라고 하였다.

　샹카라의 아드바이타 베단타 사상은 이와 같은 『우파니샤드』의 기본 가르침에 따라 성립된 것이다. '베단타'라는 말 자체가 '베다의 끝'이라는 뜻으로 그 기본 사상이 베다의 끝인 『우파니샤드』에서 나왔다는 사실을 말해주고 있다. 물론 '아드바이타'라는 말도 『우파니샤드』의 범아일여 사상에 따른 것이다. 샹카라에 따르면 "브라흐만만이 참 실재요, 시공의 세계는 허상에 불과하다. 궁극적으로 브라흐만과 개인적 자아 사이에는 아무런 차이가 없다"는 것이다.

　그런데 궁극 실재로서의 브라흐만은 결국 아무런 특성이 없다고 한다. 이런 관점에서 본 브라흐만을 '니르구나 브라흐만' nirguna Brahman이라 한다. 너무나 절대적이기 때문에 인간이 생각할 수 있는 어떤 특성도 브라흐만에는 해당될 수 없다는 뜻이다. 굳이 표현해야 한다면 그것은 '삿, 칫, 아난다' sat, cit, ananda 곧 '순수 존재, 순수 의식, 순수 기쁨'이라고 할 수 있다. 마치 불교에서 궁극 실재는 언설을 이離한다는 뜻에서 공空이라 하지만 그 공마저도 공하다는 것과 비슷하다.

　그러나 브라흐만을 이렇게만 생각한다면 그것은 너무나 추상적이라 한정된 인간의 머리로는 도저히 상상할 수도, 어떤 관계를 맺을 수도 없다. 그러므로 일종의 차선책이라 할까, 양보라고 할까, 브라흐만에 모든 아름다운 특성을 다 붙여서 생각해도 좋다고 한다. 이런 면의 브라흐만을 '사구나 브라흐만'saguna Brahman이라 한다.

그런데 아름다움, 위대함, 능력 있음 등의 특성을 부여할 수도 있지만, 그 모든 특성 중에 가장 중요한 것은 '인격적 특성'이다. 따라서 아직도 이 허상의 세계를 완전히 벗어나지 못한 사람들은 브라흐만을 '이슈바라'Ishvara(주님)라고 부르고 인격신으로 경배해도 좋다고 한다. 샹카라 자신도 시바나 비슈누 신을 위한 찬송시를 지었다. 스스로도 시바 신을 경배하였다. 그러나 샹카라에 의하면 이렇게 인격신으로 섬긴다고 하는 것은 어디까지나 허상의 세계에서만 허용되는 일종의 방편에 불과한 것일 뿐, 우리가 취해야 할 궁극 목표는 아니라는 것이다. 궁극 목표는 물론 니르구나 브라흐만을 체득해서 그로 인해 해탈을 얻는 것이다.

해탈의 경험, 지반묵티

브라흐만이 '유일무이'한 절대적 궁극 실재라고 하는 주장은 동시에 브라흐만만이 참 실재이고 다른 모든 것은 궁극적으로 '마야'illusion에 의해 나타난 허상일 뿐이라는 이야기이다. 여기서 주의해야 할 것은 '허상'이라고 해서 무조건 나쁜 것만은 아니라는 사실이다. 허상도 브라흐만에서 나온 것이므로 브라흐만은 허상의 하나를 만들어내는 일종의 마술사라고도 할 수 있다. 더욱이 우리가 영적 눈을 뜰 수 있다면 마야의 허상을 통해 브라흐만을 볼 수도 있다.

어두움이 태양의 광채 속에서 녹아 없어지듯 만물도 영원한 실재
속에서 녹아 없어진다.

여기에서 샹카라의 생각이 '모든 것이 신'이라는 범신론과 다르다는
사실이 확연히 드러난다. 샹카라에게 있어서 현상세계는 브라흐만을
떠나서는 생각할 수 없는 것이다. 샹카라에 의하면 우리가 그 영원한
실재와 하나가 되면 신기루 같은 이 현상세계도 사라진다. 그는 이런
사상을 확대해서 삶과 죽음과 다시 태어남, 몸부림과 고통, 선과 악,
속박과 해방 등도 결국은 허상이라고 했다.

묶임도 그 묶임에서 벗어남도 모두 신기루 같은 것 (……) 제한도,
놓음도, 묶임도, 성공도 없고 자유를 찾는 이도, 자유로운 이도 없
으니 이것이야말로 궁극 진리이다.

이 세상의 모든 일은 모두 마야의 세계에 속한 허상일 뿐이라고 한다.
깨친 이들만이 자기의 참자아를 '보고 듣고 말하고 행동하고 즐기는'
자기의 개인적 자아에서 자기의 참자아를 찾아낼 수 있다고 한다. 『반
야심경』을 연상하게 하는 대목이다.

샹카라에 의하면 절대적인 궁극 실재는 꿈이 없는 수면dreamless sleep
상태에서 체득될 수 있다고 한다. 꿈이 없는 수면 상태란 편안한 즐거
움의 상태를 말하는데, 이런 상태에서 궁극 실재에 대한 계시가 올 수
있다고 본다. 그러나 샹카라에 있어서 더욱 중요한 것은 '아누바바'
anubhava, 곧 궁극 실재에 대한 직관이다. 이것이야말로 '완전한 앎',

'완전한 깨달음'이라는 것이다. 이런 직관을 통해 우리는 우리가 우주적 정신과 하나라는 것을 터득하게 된다. 우리의 개별적 자아 인식은 사라지고 모든 것을 포괄하는 우주 의식을 경험하게 된다.

샹카라는 우리가 살아 있을 동안에도 해탈의 경험을 할 수 있다고 보았다. 살아서 정신적 해방을 경험하는 것을 '지반묵티'jivanmukti라고 하고, 이렇게 해방된 사람을 지반묵타 jivanmukta 혹은 마하트마 mahatma 라 한다. 이런 사람들은 '이 세상에 살되 꿈에서 본 땅에 사는 것처럼' 살고, '이 몸이 계속되는 동안 그것을 그림자처럼' 여긴다. 이렇게 살다가 이 몸이 끝나는 날 개별적 존재로서의 제약에서 완전히 벗어나 찬연한 영원의 광채를 경험하게 된다는 것이다.

샹카라는 힌두교의 이름으로 불교의 공空사상을 가르친 '숨은 불교인'crypto-Buddhist이라는 비난을 받기도 했다. 일리 있는 관찰이기도 하지만 그의 추종자들에 의하면 불교가 기본적으로 인간 경험에 대한 관찰에서 공사상을 전개해나간 데 비하여 샹카라는 처음부터 유일무이한 브라흐만이라는 절대적 실재를 전제로 하고 모든 것이 허상이라는 그의 사상을 구성했다고 하는 점이 다르다고 한다. 그 출발점이 어떠하든, 또 긍정적이든 부정적이든, 여러 면에서 중관론의 창시자 나가르주나의 영향이 컸던 것만큼은 확실한 사실이라 볼 수 있다.

샹카라는 힌두교를 중흥시키는 데 절대적으로 공헌한 인물이다. 서양에서 힌두교나 인도철학에 관심을 가지는 많은 사람들은 거의 대부분 『우파니샤드』와 샹카라의 사상에 관심을 쏟는 사람들이라 해도 과언이 아니다. 그에게서 세계 종교의 심층에 흐르는 기본적 가르침의 전형을 볼 수 있기 때문이라 생각해본다.

라마누자
Rāmānuja

힌두교 한정불이론 베단타의 지도자

"아름다운 특성을 모두 갖춘 인격신을
모시는 것이 더욱 현실적인 종교의 길이다"

참된 해탈

힌두교 베단타 학파에는 크게 '불이론'不二論 · Advaita 베단타를 대표하는 샹카라와 샹카라보다 2, 3백 년 후에 나타나 '한정불이론'限定不二論 · Viśistādvaita 베단타를 주장한 라마누자(1055~1137년), 다시 2백 년 지나 완전한 이원론二元論 · Dvaita을 역설한 마드바Madhva가 있다.

이 중 라마누자는 비슈누 신을 섬기는 사람들 사이에서 가장 위대한 세 명의 지도자 중 한 명으로 추앙받고 있다. 전통적으로 그의 생몰 연대를 1017~1137년으로 잡지만 이렇게 되면 120년을 산 셈이라, 1055~1137년, 1077~1157년 등 다른 연대를 제시하는 학자들도 있다.

라마누자는 인도 남부 타밀나두에서 비슈누 신을 섬기는 브라흐만 부모에게서 태어났다. 그는 어려서 총기가 뛰어나고, 다른 카스트 계급 사람들에게 관용적인 태도를 보였다. 십대에 결혼을 하고 아버지가 죽은 다음, 이웃 도시로 이사했다. 거기서 야다바프라카샤Yadavaprakasa라는 스승을 만나 샹카라의 불이론 베단타를 공부했다. 총명하기 그지없던 그는 불이론 베단타를 쉽게 이해하였다. 그러나 이미 비슈누 신 숭배를 좋게 여기던 그로서는 불이론 베단타를 그대로 받아들일 수가 없었다. 스승과 작별하고 한정불이론을 가르치는 스승 야무나차리아Yamunacharya를 찾아 길을 떠났다.

전설에 의하면 그 스승은 라마누자가 도착하기 직전에 죽었다고 한다. 죽은 스승은 손가락 세 개를 꼬부리고 있었는데, 라마누자가 신을 섬기는 것을 해탈에 이르는 길이라 가르치고, 『브라흐마 수트라』 등을 주석하고, 몇몇 스승들의 이름을 널리 알리겠다는 서원을 하자 세 손가락이 다시 펴졌다고 한다. 그는 여기서 6개월 정도 있다가 부인과도 이별하고 '출가 수행자'sanyasin의 길로 들어서서 천하를 주유하며 여러 사람들을 만나 생각을 더욱 깊이 하고, 『브라흐마 수트라』, 『바가바드 기타』, 『우파니샤드』 등에 대한 주석서를 비롯하여 여러 가지 저술에도 힘썼다.

이처럼 라마누자의 사상은 근본적으로 불이론에 근거한 것이라 볼 수 있지만, 결국 샹카라의 불이론 베단타에 머무르지 않고, '한정된' 불이론 베단타를 채택하게 된 셈이다. 둘 사이의 가장 중요한 차이점은 샹카라가 초인격적인 절대자를 깨닫는 것을 최고의 목표라고 주장한 것에 비해 라마누자는 절대자의 인격적 모습을 더욱 중요시한 것이다.

샹카라의 경우 궁극 실재로서의 브라흐만은 결국 어떤 특성도 가지고 있지 않다는 의미에서 '니르구나 브라흐만'이었다. 그러나 보통 인간으로서는 이런 추상적인 브라흐만을 상상조차 할 수 없다. 샹카라는 오로지 인간 지성에 내재한 한계성을 감안해서 브라흐만에 모든 아름다운 특성을 다 붙여서 생각해도 좋다고 하고, 이런 면의 브라흐만을 '사구나 브라흐만'이라 하였다.

그중 가장 중요한 특성이 '인격'이므로 브라흐만을 '이슈바라', 주님 같은 인격적 존재로 모셔도 좋다고 했다. 그러나 샹카라는 이렇게 브라흐만을 인격신으로 경배하는 것이 어디까지나 일종의 잠정 조치나 차선책에 불과한 것임을 강조했다. 궁극적으로는 모두가 영적 통찰을 통해 인격신의 단계를 넘어 니르구나 브라흐만을 깨닫는 경지에 이르러 참된 해탈(목샤moksha)을 이룩해야 한다고 주장했다.

힌두교에서는 해탈에 이르는 길을 크게 세 가지로 보는데, 첫째가 깨달음의 길jnana marga, 둘째가 신애信愛의 길bhakti marga, 셋째가 행동의 길karma marga이다. 샹카라는 철두철미하게 깨달음의 길을 강조했다. 말하자면 어느 신에 헌신하고 그 신을 인격적으로 경배하고 싶어 하는 일반 대중의 심성 깊이 뿌리박힌 보편적 종교성을 경시한 셈이다. 일반 대중에게는 어느 인격신을 '주님'으로 받들고 그 신에 마음과 뜻과 정성을 다 바치는 신애의 길이 훨씬 더 쉽고 실감 나는 종교적 길이었다.

'신애의 길'은 기원전 2세기에서 기원후 3세기에 걸쳐 이루어진 『바가바드 기타』라는 경전에서 다른 어느 길보다 더욱 훌륭한 길로 꼽히는 길이었다. 이 경전에 보면 크리슈나의 모양으로 나타난 비슈누 신이 누구나, 심지어 천민 계급의 수드라도, 여자도, 크리슈나를 진심으로 경배하고 사랑하기만 하면 구원을 받는다고 가르친다.

라마누자는 샹카라가 주장하는 깨달음의 길로서도 구원과 영복을 받을 수 있지만, 신애의 길에 의해 얻어진 최고 형태의 구원에는 미치지 못한다고 주장했다. 라마누자도 샹카라처럼 브라흐만과 순수히 비인격적 관계를 가질 수 있고, 오로지 깨달음이나 직관을 통해서도 브라흐만을 체득할 수 있다고 보았지만, 그런 체험은 『바가바드 기타』에서 가르치는 것처럼 브라흐만을 인간에게 사랑과 은총을 부어주시는 인격신으로 보고 그를 경배하는 신애의 길을 통해 얻는 구원과 축복에 비하면 열등한 것이라 주장했다.

비슈누의 임재

이 일이 어떻게 가능했을까? 라마누자의 이론에 의하면 궁극 실재 브라흐만에게는 두 가지 '존재 양식'prakaras이 있는데, 그것이 곧 물질세계와 개인의 영혼이라는 것이다. 따라서 물질세계와 개인의 영혼, 그리고 궁극 실재가 다 같이 실재라고 보았다. 물질세계나 개인적 영혼도 궁극적으로 궁극 실재를 떠나서 존재하는 독립된 실재일 수 없기 때문에 궁극 실재와 마찬가지로 실재이어야만 한다는 것이다. 세계나 영혼은 궁극 실재의 '몸'으로서 궁극 실재는 이것들을 통해 스스로를 나타내는 것이라고 하였다. 어느 한쪽은 비실재이고 다른 쪽은 실재라고 할 수 없을 정도로 이 둘은 불가분의 관계를 가진 '하나'로 본 것이다.

따라서 인격적 특성을 가지고 나타나는 비슈누도 궁극 실재로서의 브라흐만과 다를 바가 없다고 역설했다. 말하자면 비슈누가 곧 브라흐만이요, 브라흐만이 곧 비슈누라는 이야기이다. 따라서 인격신으로서의 비슈누를 섬기는 것은 결코 하나의 차선책이나 방편 같은 준비 단계일 수 없고, 오히려 모든 아름다운 특성을 갖춘 인격신을 모시는 것이 추상적이고 메마를 수 있는 초인격적 브라흐만을 깨닫는 것보다 더욱 현실적이고 실현 가능한 종교적 길이라고 주장했다.

라마누자의 신은 기본적으로 은총과 사랑이 가득한 인격신이었다. 이런 신은 심지어 업의 원리마저 조절할 수 있는 능력을 가지고 있다. 누구나 비슈누 같은 인격신에게 절대적으로 헌신하게 될 때 자기는 신의 일부일 뿐임을 자각하고 오로지 그에게만 의존하게 된다는 것이다. 이렇게 하여 구원을 받게 되는 개별적인 영혼은 신에게 몰입되어 소멸되는 것이 아니라 언제나 그 개별성을 그대로 유지하며 신과 완전한 교제에 들어가게 된다고 했다. 신과 하나이면서도 신과 별개로 존재한다는 의미에서 '한정된 불이론'이라 한 것이다. 라마누자의 이런 가르침은 그 당시 많은 사람들이 따르던 '신애의 길'을 옹호하고, 특히 비슈누 신을 섬기는 사람들을 위해 강력한 이론적 근거를 제공한 셈이다.

라마누자는 좀더 구체적으로 비슈누 신이 그를 섬기는 사람들에게 다섯 가지 모양으로 나타난다고 했다. 첫째, 하늘 도성에 거하는 영혼들을 위해 우주 뱀 쉐사Shesha 위에 앉아 라크슈미와 다른 아내들의 시중을 받고 있는 모습으로 나타난다. 둘째, 지식의 축적, 창조, 보존, 유지, 통치력, 반대를 극복하는 능력 등에 스스로를 나타낸다. 셋째, 인간들을 돕기 위해 난쟁이, 라마 왕, 크리슈나, 물고기, 거북, 돼지, 사자, 전사, 붓다, 그리고 앞으로 올 다른 한 가지를 합해 열 가지 다른 형태의 아바타avatars · 化身로 나타난다. 넷째, 사람들의 마음에 거하면서 그를 섬기는 사람들이 어디를 가든 함께 가기도 하고 때로는 비전으로 나타나기도 한다. 다섯째, 사람들이 그를 위해 만드는 형상 속에도 나타난다. 인간이 가질 수 있는 최고의 목표는 하늘에 가서 완전한 의식으로 비슈누의 현존을 즐기는 것이다.

라마누자가 죽은 다음, 신의 은총이라는 개념이 더욱 확대되고, 신의 은총을 어떻게 이해할 것인가 하는 문제를 둘러싸고 북종과 남종 두 학파가 등장했다. 북종은 '원숭이 학파'Vadgalai라고 하고 남종은 '고양이 학파'Tengelai라고도 한다. 원숭이 학파는 어미 원숭이가 그 새끼들을 안전한 곳으로 옮기듯 신이 그의 은총으로 인간을 구원하지만 원숭이 새끼가 그 어미 원숭이에게 매달리듯 인간도 자기가 할 수 있는 몫을 해야 한다고 주장했다. 그와 대조적으로 고양이 학파는 어미 고양이가 입으로 새끼 고양이를 옮길 때 새끼 고양이가 아무 일도 하지 않고 전적으로 어미 고양이에게만 의존하듯 인간도 오로지 신의 은총을 믿고 기다리기만 하면 된다고 가르쳤다.

라마누자의 영향을 받고 그의 가르침을 더욱 철저하게 밀고 나가 완전한 이원론을 주장하게 된 사람이 등장했다. 13세기의 마드바였다. 마드바는 『우파니샤드』의 가르침과 완전히 결별하고 신과 인간의 영혼은 완전 별개의 실재라 주장했다. 그는 비슈누의 아들이자 바람의 신인 바유Vāyu가 신의 은총을 가지고 내려와 인간들에게 생명을 주는 기운을 불어넣으면 인간은 구원을 받게 된다고 하였다. 구원받은 영혼은 지고의 영혼인 비슈누의 임재하에 영복을 누리고, 여기서 제외된 영혼들은 영원히 지옥에서 살거나 끊임없는 윤회를 계속한다고 보았다. 이런 생각은 그 당시 인도에서도 잘 알려진 그리스도교와 이슬람교의 종말관에 영향을 받지 않았나 보는 학자들도 있다.

라마누자는 샹카라처럼 철저하고 심오한 사상가라 할 수는 없겠지만, 일반 대중의 종교적 헌신에 이론적 근거를 제공했다는 점에서 인도 종교사에 더욱 광범위한 영향력을 발휘했다고 볼 수 있다.

라빈드라나트 타고르
Rabindranath Tagore

심층 종교의 영성을 그린 인도의 시성

"나의 종교는 본질적으로 시인의 종교이다"

비전의 체험

인도의 시성이라 불리는 라빈드라나트 타고르(1861~1941년)는 1861년 벵골의 콜카타(옛 이름은 캘커타)에서 열세 자녀 중 막내로 태어났다. 그의 아버지 데벤드라나트 타고르(1817~1905년)는 그 당시 '근대 인도의 아버지'라 불리는 람모한 라이Rammohan Roy(1772~1833년)가 인도 사회의 개혁을 목표로 창설한 브라마사마지Brahmo Samaj 운동의 제2대 지도자였다. 어머니는 일찍 죽고 아버지는 여행에 많은 시간을 보냈기 때문에 어린 타고르는 주로 하인들의 손에서 자랐다.

정식 학교 교육보다 저택 주위를 배회하거나 아름다운 자연 속을 거니는 것을 통해 많은 것을 배웠다. 12세 때 아버지를 따라 여러 달 동안 인도를 여행하면서 여러 가지 전기도 읽고, 역사, 천문, 과학, 산스크리트어를 공부하고, 고전 시도 살펴보았다.

16세 때 첫 시집『들꽃』을 썼고, 다음 해인 1878년 변호사 공부를 하기 위해 영국으로 유학을 떠났다. 런던에서 법 공부보다는 셰익스피어와 기타 문인들의 글에 더 크게 매료되었다. 1880년 학위를 끝내지 않고 인도로 돌아왔는데, 영국에서의 경험은 인도의 자연과 가난한 사람들을 더욱 사랑하게 해주었다. 특히 갠지스강은 평생을 통해 그의 정신적 젖줄과 같은 역할을 했다.

1883년 결혼을 하고 다섯 자녀를 얻었다. 1890년 타고르는 지금의 방글라데시에 있던 광대한 가족 농지를 맡아 돌보기 시작했다. 여기서 몇 년간을 보내면서 타고르는 가장 많은 글을 쓸 수 있었다.

아버지의 개혁 정신을 물려받은 타고르는 1901년 자기의 개혁적인 이상을 실천하기 위해 산티니케탄Santiniketan으로 옮겨가 아쉬람을 세웠다. 여기에 기도하는 집, 도서관, 정원과 함께 실험적이고 자유로운 학교까지 설립하여 새로운 교육을 실천하기도 했다. 여기서 그의 부인과 두 자녀가 죽었다. 1921년에는 가까운 곳에 '농촌 재건 기구'를 설립하고 문맹과 가난을 퇴치하는 일에도 앞장섰다. 그는 인도의 카스트 제도와 불가촉천민 차별제를 비판하는 등 한때 정치에도 참여하였다. 또 자연과학에도 큰 관심을 가지고 연구했다. 그러나 그는 무엇보다 시인으로 가장 잘 알려졌다.

1913년 스스로 벵골어에서 영어로 번역한 103편의 연작시 『기탄잘리』*Gītāñjali*(신에게 바치는 송가)로 동양인으로서는 처음으로 노벨 문학상을 수상했다. 죽기 전 몇 년 동안 건강이 극도로 악화되었는데, 그때 지은 시들이 가장 아름다운 것들로 여겨지고 있다. 1941년, 80세로 세상을 떠나기 전까지 2천여 편의 시를 쓰고, 3천여 점의 그림을 그리고, 2천여 곡을 작곡했다. 주요 작품으로는 시집 『황금 조각배』*The Golden Boat*, 『초승달』*The Crescent Moon*, 『정원사』*The Gardener* 등이 있다.

예이츠, 앙드레 지드, 로맹 롤랑, 에즈라 파운드 등으로부터 극찬을 받기도 한 그의 시는 인도 문학을 세계에 널리 알리는 일을 했을 뿐 아니라, 주로 종교적 신비체험을 바탕으로 하고 있기 때문에 많은 사람들에게 심층적 종교 영성의 중요성을 인지시키는 일에도 크게 기여했다.

흥미로운 것은 그가 힌두 전통에 기반을 둔 것은 틀림없는 일이지만 특별히 전통적인 기성 종교에 속하지 않았다고 하는 것이다. 타고르는 아버지가 이끌던 브라마사마지 정신의 큰 영향을 받았다. 이 운동 단체는 힌두교의 형식적이고 기복적인 면을 배격하고 정신적이고 '순수한' 면을 강조하였다.

그는 또 『우파니샤드』와 베단타 전통에 크게 영향을 받았다. 베단타 전통 중에서 그는 샹카라와 라마누자를 조화시킨 '중도 코스'를 따랐다. 타고르는 특히 제도화된 종교의 형식적인 면을 배격하고 단순하면서도 깊은 예배 방식을 실천하던 벵골의 신비주의적 시인들로부터 깊은 인상을 받았다. 그는 붓다의 가르침도 공부했다. 그러나 타고르는 그의 깨달음이 근본적으로 책을 통해서 오는 것이 아니라 그의 영적 '비전'에서 얻어지는 것이라 여겼다. 타고르가 처음 비전을 본 것은 18세 때였다. 그의 회고록 내용이다.

해가 잎이 무성한 나무 꼭대기 위로 막 떠오르고 있었다. 내가 그것을 보고 있는데, 갑자기 내 눈에서 눈꺼풀이 떨어지는 것 같았다. 그러고는 온 세상이 온통 아름다움과 기쁨의 물결과 함께 찬연한 빛으로 목욕한 것처럼 보였다.

그 빛줄기가 내 심장에 겹겹이 쌓여 있던 슬픔과 실의의 장벽을 꿰뚫고 들어와 우주적인 빛으로 넘쳐나게 했다. 어릴 때부터 나는 내 눈으로만 보았다. 그러나 이제 나는 나의 의식 전체를 가지고 보기 시작했다. 나는 헤아릴 수 없이 깊은 영원한 기쁨의 샘을 감지할 수 있었다. 거기서부터 셀 수 없이 많은 웃음의 물안개가 온 세상으로 날아가 흩어졌다.

타고르는 살아가면서 이런 경험을 몇 번 더 했는데, 이런 경험들은 무엇보다 신과 자연과 인간이 하나라는 만물동체의 느낌을 가져다주었다고 했다. 그는 이런 경험을 갖기 위해서 어떤 종교의 특수한 수행을 실천하지 않았다. 그의 유명한 시 「폭포의 일깨움」에서 표현한 것처럼 그런 경험은 자연적으로 그에게 이르렀다.

"그날 아침 햇살이 내 영혼의 뿌리를 건드렸다. 아, 어떻게? 아침 새의 노래가 이 어두운 동굴 안으로 들어왔다. 아, 어떻게? 나는 그것이 어떻게 일어났는지 알지 못한다. 그러나 나의 삶은 잠에서 깨어났다"고 했다. 그리고 "나는 내가 느낀 것을 표현할 수 있는 능력이 없었다"고 하면서 이런 엄청난 체험이 언설을 넘어서는 것이라 했다. 그러면서도 이런 체험에서 그는 참된 깨달음을 얻었음을 확신한다고 했다. 사실 타고르가 가졌던 이런 경험은 세계 여러 신비주의자들이 가지는 공통적 체험인 셈이다.

미국의 종교 심리학자 윌리엄 제임스William James(1842~1910년)는 신비적 체험이 갖는 네 가지 특성으로, 말로 표현할 수 없음ineffability, 일시적임transiency, 피동적으로 얻게 되었다는 느낌passivity, 깨달음noetic quality이라고 했는데, 타고르의 체험은 이런 특성들을 두루 갖춘 체험이었다.

시인의 종교

이런 체험을 말로 표현할 수는 없지만, 타고르는 시인으로서 이를 시적으로 표현하려고 했다. 일반적인 언어로 표현할 수 없는 것을 미술이나 음악이나 시와 같은 예술을 통해 부분적으로나마 표현할 수 있다고 믿었기 때문이다. 그는 인간에게 가장 중요한 것이 표현 불가능하다고 그냥 버려둘 것이 아니라, 그것을 인간을 위해 어떻게라도 표현해보는 것이라고 했다. "나의 종교는 본질적으로 시인의 종교이다"라고 선언하고, "나의 종교적 삶은 나의 시적 삶과 동일한 신비적인 성장 라인을 따랐다"고 하면서 그의 시가 신비체험과 직결된 것이라 했다.

타고르는 신과 하나 됨, 그러면서도 동시에 개별성을 강조하고 이를 성취하기 위한 수단으로 사랑과 자연의 중요성을 부각시켰다. 그는 특히 자연의 아름다움이 이런 신비적 체험을 촉발하는 수단이라 주장했다. 그는 신비체험을 갖기 위해 세상으로부터 분리되어 금욕주의적 생활을 해야 하는 것은 아니라고 보았다. 그는 또 제도로서의 종교는 너무나 피상적이어서 사람들에게 참된 내적 자아를 발견하도록 할 수 없다고 보고 이를 배격했다. 타고르는 제도권에 구애되지 않고 자유를 구가한 행동하는 신비주의자였던 셈이다.

타고르와 관련하여 우리나라 사람들에게 한 가지 재미있는 사실이 있다. 타고르는 영국을 비롯하여 유럽 여러 나라, 중동, 미국, 캐나다, 멕시코, 일본 등 많은 나라를 방문해서 강연도 하고, 앙리 베르그송, 알베르트 아인슈타인, 로버트 프로스트, 토머스 만, 조지 버나드 쇼, H. G. 웰즈 등 문화계 지도자들이나 지식인을 만나보았다.

1929년 타고르가 일본을 방문하던 중《동아일보》도쿄 지국장 이태로 기자가 찾아가 우리나라 방문을 요청했지만, 다음 날 캐나다로 떠나고, 인도로 돌아갈 때도 일본을 거치지 않기 때문에 요청에 응할 수 없음을 안타깝게 여기고, 다음 날 그를 배웅하러 나간 기자에게 짧은 시를 써주었다고 한다. 그 당시의 철자법과 한자를 섞어 번역한 시는 다음과 같다.

> 일즉이 아세아亞細亞의 황금시기黃金時期에
>
> 빗나든 등불燈燭의 하나인 조선朝鮮
>
> 그 등燈불 한번 다시 켜지는 날에
>
> 너는 동방東方의 밝은 비치 되리라.

타고르가 써준 원문은 없고, 그 원문이라 생각되는 영어 시는 다음과
같다.

> In the golden age of Asia
>
> Korea was one of its lamp-bearers
>
> And that lamp is waiting to be lighted once again
>
> For the illumination in the East.

원래는 이처럼 4행시인데, 어떻게 된 영문인지 《동아일보》 1929년 4월
2일자에 주요한 번역으로 실린 시에는 1912년에 영역된 타고르의 『기
탄잘리』 35편의 일부와 "나의 마음의 조국 코리아여 깨어나소서" 하는
한 줄이 여기에 덧붙여진 형태로 변형돼 나타났다. 덧붙여진 부분은
다음과 같다.

> 마음에 두려움이 없고 / 머리는 높이 쳐들린 곳 / 지식은 자유롭고
> / 좁다란 담벽으로 세계가 조각조각 갈라지지 않은 곳 / 진실의 깊

은 속에서 / 말씀이 솟아나는 곳 / 끊임없는 노력이 완성을 향해

팔을 벌리는 곳 / 지성의 맑은 흐름이 굳어진 습관의 모래벌판에

길 / 무한히 퍼져나가는 생각과 행동으로 우리들의 마음이 인도되

는 곳 / 그러한 자유의 천국으로 / 나의 마음의 조국 코리아여 깨

어나소서

물론 이 덧붙여진 부분이 우리나라를 위해 쓴 것이라고 볼 수는 없다.
그러나 그 시의 배경이 어떠했든지 간에, 이 시가 일제 강점기 암울한
환경에 처했던 우리나라 사람들에게 큰 용기와 희망을 주었던 것만은
확실하다. 이런 인연 때문인지 인류의 스승 타고르는 우리에게 더욱
친숙하게 여겨진다.

마하트마 간디
Mohandas Karamchand Gandhi

비폭력 저항운동의 실천

"눈에는 눈이라면 온 세상이 다
눈이 멀게 되고 말 것이다"

위대한 영혼의 삶

20세기 가장 위대한 인류의 지도자 중 하나인 간디(1869~1948년)를 보통 '마하트마 간디'Mahatma Gandhi라고 하지만 본명은 모한다스 카람 찬드 간디였다. '마하트마'는 '위대한'maha '영혼'atman이라는 뜻을 가진 존칭으로서, 일반적으로 타고르가 처음으로 간디에게 사용한 칭호라고 한다. 간디 스스로는 자기가 이 칭호를 받을 자격이 없다고 생각하고 이를 거북하게 여겼다.

간디의 초기 생애는 그의 『자서전 : 진리에 대한 나의 실험』에 잘 나와 있다. 간디는 1869년 10월 2일 현재 구자라트주의 해안 도시 포르반다르에서 출생했다. 그의 아버지는 그 지방 정치 지도자였다. 부인들이 난산으로 잇달아 죽어가, 네 번째로 얻은 부인의 넷째이자 막내 아이가 간디였다. 어린 간디는 정식 교육을 받지 않았지만 원칙에 엄격했던 아버지와 시바 신을 섬기는 경건한 어머니와 그 지방 주 종교로 불살생不殺生을 최고로 여기던 자이나교의 영향을 받으면서 자라났다. 그가 나중에 주장하고 실천한 아힘사ahiṃsā, 채식, 단식, 관용의 정신 등은 이런 영향 아래서 형성된 것이라 볼 수 있다.

간디가 어릴 때 한 친구가 인도가 영국의 지배를 받는 것은 인도인들이 고기를 먹지 않아 허약해졌기 때문이라고 하면서 같이 고기를 먹자고 권해 둘이서 강가로 가서 염소를 잡아먹었다. 집에 돌아가 어머니가 저녁을 먹으라고 하였지만 배가 고프지 않다고 하고는 방으로 들어가 잤다. 그런데 밤새도록 염소의 울음소리가 들렸고 그는 자기 어머니에게 거짓말한 것에 죄책감을 느끼면서, 앞으로 결코 고기를 먹지 않기로 작정하였다고 한다.

어릴 때 읽은 인도의 고전 『마하라즈 하리쉬찬드라』에 나오는 영웅담도 그의 어린 마음을 사로잡았다. 그의 자서전에서 "그 이야기가 내 머리에서 떠나지 않아, 나는 셀 수 없이 여러 번 내 스스로 하리쉬찬드라의 역을 해보았다"고 했다. 이 이야기에 나오는 인물들을 통해 진리와 사랑을 최고의 가치로 여기는 마음이 굳어졌으리라 볼 수 있다.

간디는 그 당시 풍속대로 13세에 14세 된 신부를 맞았다. 그는 부인을 사랑했다. 그가 14세 때 아버지가 병으로 몸져 누웠는데, 밤마다 아버지의 다리를 주물러드렸다. 하루는 주물러드리는 일을 마치고 부인하고 자고 싶어 쏜살같이 부인 방에 찾아갔는데, 조금 있다가 하인으로부터 아버지가 돌아가셨다는 전갈을 받았다. 간디는 그의 자서전에서 "정욕이 나를 눈멀게 하지 않았다면, 아버지의 임종을 보지 못하는 괴로움에서 건져졌을 것"이라고 했다. 간디가 15세 때 첫 아기가 태어났지만 며칠 못 가서 죽었다. 그 후 네 명의 아들을 얻었다.

간디의 학교 성적은 보통이었다. 지방 대학에 들어갔다가 유학을 위해 중도에 그만두었다. 1888년 9월 4일 19세 생일 한 달 전, 영국으로 법학을 공부하러 떠났다. 본래 간디의 집안 어른들은 간디가 서양식 풍속에 오염되는 것을 염려하여 그의 런던행을 허락하지 않았다. 그러나 어머니는 아들이 자이나교 승려 앞에서 고기와 술과 여자, 세 가지를 금하겠다는 서약을 하는 조건으로 아들의 유학을 허락했다.

런던에서는 영국 신사가 되기 위해 양복도 입고, 실크 모자도 쓰고, 가죽 장갑도 끼고, 지팡이도 가지고 다니고, 댄스 교습도 받고, 바이올린, 웅변술 레슨도 받았다. 여러 번의 시행착오 끝에 '원숭이처럼' 영국 신사 흉내 내기를 그만두고 인도인으로 살아가야 하겠다는 자각에 이르게 되고, 그 이후 더욱 더 인도적으로 되었다.

런던에 살 때 채식 식당을 찾아 먼 길을 오갔는데, 그때 다리운동으로 다리가 튼튼해졌다고 한다. 런던에서 사귄 채식가들 중에는 힌두교와 불교 연구에 전념하던 신지학회Theosophical Society 사람들이 있었다. 간디는 그때까지만 해도 종교에는 별로 관심이 없었지만 신지학회 사람들의 권유로 그들과 힌두교 경전 『바가바드 기타』를 함께 읽으며 종교에 관심을 가지게 되고, 힌두교와 그리스도교 경전들을 읽기 시작했다.

1891년 6월 변호사 자격증을 취득, 2년 8개월의 영국 생활을 접고 인도로 돌아왔다. 돌아온 뒤에야 자기가 런던에 있을 때 어머니가 이미 별세했다는 것을 알게 되었다. 학업에 지장을 줄까 통지를 하지 않았던 것이다. 고향과 뭄바이에서 변호사로 개업했지만 성공하지 못했다. 몇 가지 다른 것도 시도해보다가 1893년 남아프리카에 있던 인도 상사에 일자리가 있다고 하여 1년 계약직으로 남아프리카에 가기로 했다.

남아프리카로 가는 기차에서 일등실 표를 사 가지고 있었지만, 삼등실로 옮겨가라는 요구를 받고 거절했다가 어느 역에서 밖으로 내동댕이쳐진 사건은 영화 〈간디〉를 통해서도 잘 알려져 있다. 그는 목적지로 가는 도중, 그리고 거기에서 살면서 받은 인종차별의 경험을 통해 불의에 항거하는 사회운동의 중요성에 눈뜨기 시작했다.

간디는 인도인들의 투표권 박탈을 입법화하려는 데 반대하는 운동에 참가하기 위해 남아프리카에서의 계약 기간을 연장시켰다. 그리고 비록 법안을 저지하지는 못했지만 인도인들의 단결된 힘을 보여주는 데는 성공했다. 그는 1894년 나탈 인도인 의회를 창설하고 인도인들의 정치적 힘을 집결하였다. 그 후 남아공의 여러 가지 인종차별 정책에 저항하는 운동을 이끄는 일을 성공적으로 수행했다.

남아공에서의 인권운동으로 유명해진 간디는 1915년 인도로 돌아와 인도와 인도의 독립을 위한 지도자가 된다. 영국 식민지 지배하에서 고통받고 있는 인도인들과 황폐된 농촌을 위해 자원봉사자들을 규합하여 마을을 깨끗이 하고, 학교와 병원을 세우는 일에 스스로 앞장설 뿐 아니라, 마을 지도자들을 일깨워 이런 병폐와 질곡에서 벗어나는 데 힘쓰라고 촉구하기도 했다. 이런 운동을 전개하는 중, 그가 사회 소란죄로 추방당하게 되었는데, 이때 수많은 군중들이 감옥 앞에 모여 그의 석방을 요구하고, 그 결과 그는 감옥에서 풀려났다.

많은 사람들의 지원을 얻게 된 간디는 농민들을 착취하는 지주들과 영국 식민지 정부를 향한 저항운동을 지도했다. 1930년의 그 유명한 '소금 행진' 등 긴 비폭력 저항 운동을 통해 1947년 8월 15일 드디어 인도의 독립을 가져오게 했다.

독립은 했지만, 인도는 결국 이슬람교인이 압도적인 파키스탄과 힌두교인이 주를 이루는 인도로 갈라지게 되었다. 이런 과정에서 힌두교와 이슬람교의 평화적 공존을 주장하던 간디는 그의 지도력에 불만을 품은 힌두교 과격파 인물에 의해 암살당했다. 1948년 1월 30일 오후 5시 5분이었다. 죽으면서 최후로 한 말은 "헤 람(오, 신이여)"이었다. 네루는 라디오 방송으로 그의 죽음을 알리면서 "빛이 우리의 삶에서 사라지고 어디에나 어둠이 있을 뿐"이라고 했다.

진리와 사랑

간디의 행동을 움직인 사상과 원칙을 크게 두 가지로 요약하라면 아힘사와 사티아그라하satyagraha였다. 아힘사는 보통 '비폭력'이라고 번역되지만 일체의 생명에 해를 주지 않는 것, 생명을 '살림', 생명을 경외하는 것을 의미한다. 그는 "눈에는 눈이라면 온 세상이 다 눈이 멀게 되고 말 것"이라고 하며, 진리와 사랑이 결국에는 승리한다는 것을 명심하라고 했다. 사티아그라하는 진리파지眞理把持라고 번역하는데, 우리의 행동이 감정이나 이해관계에 따라 좌우되는 것이 아니라, '참된 현실을 진정으로 꿰뚫어 본' 결과에서 나와야 한다는 주장이다. 예를 들어 영국이 인도를 식민지화함으로 인도 사람들만 비인간화되는 것이 아니라, 남을 비인간화하는 영국 사람들도 똑같이 비인간화되는 것이니 인도의 독립은 감정이나 이해의 문제가 아니라 인도 사람들이나 영국 사람들 다 같이 인간화의 길을 가는 데 불가결한 일이므로 이를 성취해야 한다는 식이다.

간디는 이 외에도 브라흐마차리아의 실천자였다. 36세에 부인의 동의를 얻어 금욕적인 삶을 산 것이다. 다석 유영모 선생님의 표현을 빌면 해혼解婚한 셈이다. 그의 성생활에 관해서는 여러 가지 이설이 많은 것도 사실이다. 그는 또 '아파리그라하', 곧 무소유의 단순한 삶을 원칙으로 하였다. 채식뿐 아니라 나중에는 과일만 먹는 과식주의자果食主義者·fruitarian였다. 머리도 스스로 깎고, 빨래도 손수 했다. 그의 아슈람이 설립되었을 때 불가촉천민만이 할 수 있는 뒷간 청소도 마다하지 않았다. 그는 일주일 중 하루는 묵언默言으로 보냈다.

간디는 모든 종교 전통이 한 분 신의 각기 다른 표현이라 믿고 모든 종교에 대해 관대하였다. 모든 종교의 핵심은 자비, 불살생, 황금률 같은 진리와 사랑으로 요약된다고 보았다. 그는 스스로 힌두교인이면서도 동시에 "그리스도인, 이슬람교인, 불교인, 유대교인이기도 하다"고 했다. 그는 특히 예수의 산상수훈을 좋아하고, 그중에 악을 대적하지 말라든가 오른뺨을 치거든 다른 뺨마저 돌려 대라고 하는 대목에 크게 감명을 받았다.

그러나 그는 "나는 당신들의 그리스도Christ는 좋아하지만 당신들 그리스도인들Christians은 좋아하지 않는다"고도 했다. 간디의 사상은 많은 사람들에게 영향을 끼쳤는데, 가장 대표적인 예가 1960년대 미국 인권운동을 지도한 마틴 루터 킹 목사, 미얀마 민주화를 위한 여성 지도자로 1991년 노벨 평화상을 받은 아웅 산 수치 여사, 남아공에서 흑백 차별 반대 운동을 지도하다가 1984년 노벨 평화상을 받은 데스몬드 투투 주교, 남아공 전 대통령으로 1993년 노벨 평화상을 받은 넬슨 만델라 같은 사람이다.

그 외에도 히틀러 정권에 저항하다가 사형당한 신학자 디트리히 본회퍼, 영국의 가수 존 레논, 환경 운동으로 2007년 노벨 평화상을 받은 미국 전 부통령 앨 고어, 한국의 유영모, 함석헌 같은 이들이 간디로부터 영감을 받았다고 공언했다. 오바마 미국 대통령도 상원의원 시절 "나의 전 생애를 통해 나는 언제나 마하트마 간디를 하나의 영감으로 우러러보았다"고 하고, 대통령이 된 후에도 어느 고등학교에서 연

강연에서 누구와 밥을 같이 먹고 싶냐는 질문을 받고, 서슴없이 "간디!"라고 대답하면서 "그는 내게 가장 큰 영감을 준 분"이라 했다.

간디는 1930년 《타임》지 올해의 인물로 선정되었고, 1999년에는 '세기의 인물' 중 아인슈타인 다음으로 지목되었다. 간디의 생일 10월 2일은 인도의 국경일임은 물론, 2007년 유엔 총회에서는 '국제 비폭력일'International Day of Non-Violence로 선포하기도 했다. 이런 인물이 출현하였다고 하는 것은 인류를 위해 실로 다행스러운 일이라 하지 않을 수 없다. 그의 삶과 가르침 앞에 다시 한번 경건한 마음으로 옷깃을 여미게 된다.

지두 크리슈나무르티
Jiddu Krishnamurti

─────────

세계의 스승이 된 신비주의 명상가

─────────

"나는 기쁨과 영원한 아름다움의 샘물을
마신 것이다. 나는 신에 취한 사람이 되었다"

신에 취한 사람

크리슈나무르티(1895~1986년)는 우리가 지금껏 가치 있고 필요하다고 받아들였던 모든 것에 의문을 품어보아야 한다고 가르쳤다. 크리슈나무르티는 그의 책 중 40여 권이 우리말로 번역되어 나와 있을 정도로 한국에서도 비교적 잘 알려져 있다. 우리나라뿐 아니라 세계적으로 명성을 얻은 인도 출신의 이 사상가·저술가·연사에 대해 잠깐 살펴보기로 한다.

크리슈나무르티는 1895년 5월 12일 인도 마드라스에서 브라흐만 계급에 속하는 부모 밑에서 여덟 째 아이로 태어났다. 아버지는 그 당시 영국 식민지 정부에서 관리로 일했다. 그가 무척 따르던 그의 어머니는 그가 10세 때 죽었다. 집안은 계란도 먹지 않는 엄격한 채식주의를 실천했고, 영국인의 그림자라도 스쳐간 음식은 버렸다고 한다. 크리슈나무르티의 아버지는 1907년 정부 관리 자리에서 물러나고, 생활이 궁핍해지자 그 당시 마드라스 신지학회 책임자였던 애니 베산트에게 일자리를 부탁하는 편지를 보냈다. 드디어 일자리를 얻고 1909년 1월 가족들과 함께 신지학회 본부 근처에 있던 작은 집으로 이사했다.

그해 4월 크리슈나무르티가 14세 때 신지학회 부근 강가에서 놀고 있다가 우연히 신지학회의 지도자 중 하나인 리드비터와 만나게 되었다. 리드비터는 크리슈나무르티에게서 티끌만큼의 이기심도 보이지 않는 특별한 '후광'aura을 보았다. 그는 크리슈나무르티의 초라한 외모에도 불구하고 그가 앞으로 위대한 스승이 되리라 확신하게 되었다.

그 이후 크리슈나무르티는 신지학회의 특별 배려 아래 여러 분야에 걸친 특수교육을 받았다. 6개월 내에 영어로 말하고 쓰는 데도 불편함이 없게 되었다. 동시에 그는 신지학회 최고 책임자 비산트의 양아들로 입양되었다. 1911년 신지학회 지도자들은 장차 올 '세계의 스승'을 위한 조직으로 '동방의 별 교단'the Order of the Star in the East을 결성하고 크리슈나무르티를 수장으로 추대했다.

크리슈나무르티 스스로도 자기가 특별히 훈련을 받으면 '세계의 스승'이 될 수 있으리라 믿은 적이 있었다. 그러나 그는 학문적인 것에 별다른 적성이나 취미가 없었다. 대학도 여러 군데 입학만 하고 마치지 못했다. 그러나 그런 훈련을 통해 프랑스어, 이탈리아어도 배우고 기독교 성서나 니체, 도스토예프스키, 셸리 등 서양 고전도 접할 수 있었다.

1911년 크리슈나무르티는 자기 동생 니탸Nitya와 함께 영국 유학길에 올랐다. 1914년 제1차 세계대전이 일어나기 전까지 유럽 여러 나라를 여행하고, 전쟁이 끝난 다음에는 동방의 별 교단의 수장 자격으로 세계 여러 나라를 순방하며 강연을 했다.

1922년 시드니에서 스위스로 가는 길에 미국 캘리포니아에 들러, 로스앤젤레스 북쪽 산타바바라 부근 한적한 마을 오하이Ojai 벨리에 있는 어느 별장에서 얼마를 보냈다. 이곳이 마음에 들어 그 별장과 주위 땅을 사들이고 그 이후 죽을 때까지 이곳이 그의 공식적인 주거지가 되었다. 그해 8월 17일 그는 이곳 오하이에서 특별한 신비적 경험을 하고 '무한한 평화'를 체험하게 되었는데, 이런 경험은 그때 이후 죽을 때까지 계속적으로 나타났다. 이 경험으로 그의 삶은 일대 변혁을 겪게 되었는데, 그는 그때의 경험을 이렇게 묘사했다.

> 나는 맑고 순수한 물을 마시고, 나의 목마름은 만족을 얻었다. 나는 빛을 보았다. 나는 모든 슬픔과 아픔을 고쳐주는 자비에 접할 수 있었다. 그 자비는 나만을 위한 것이 아니라 세상 모두를 위한 것이었다. 사랑은 그 모든 영광으로 나의 가슴을 취하게 하고, 나의 가슴은 결코 닫힐 수 없었다. 나는 기쁨과 영원한 아름다움의 샘물을 마신 것이다. 나는 신에 취한 사람이 되었다.

이 사건으로 크리슈나무르티는 신지학회에서 그에게 요구하는 대로 말하고 행동하던 데서 어느 정도 해방되어 한 사람의 개인으로서 자기의 독자적인 생각과 행동을 하기 시작했다. 그러다가 1925년 11월 그와 언제나 같이 다니던 동생이 폐결핵으로 죽게 되자 큰 충격을 받고 신지학회와 그 가르침에 대한 그의 믿음이 결정적으로 흔들리기 시작했다. 그 후 몇 년간 그의 영적 안목은 더욱 깊어졌다.

드디어 1929년 8월 3일 네덜란드 옴만에서 열린 동방의 별 교단 전체 모임에서 크리슈나무르티는 자기가 메시아도 아니고 구루도 아니라고 선언했다. 자기의 근본 관심은 '사람을 자유롭게 하는 것'이라고 했다. 이런 선언과 함께 그는 그를 키워준 신지학회와 결별하고 동방의 별 교단도 해체했다. 독지가들이 교단에 보낸 돈이나 성채나 토지 등을 모두 되돌려주었다.

이제 완전히 독립적인 개인으로서 독자적인 사상 체계를 구축하기 시작했다. 1930년 이후 크리슈나무르티는 오하이에 있는 아랴 비하라Arya Vihara라는 집에 본부를 두고 세계 여러 곳을 다니며 강연을 했다. 잡무는 그의 동료들에게 맡기고 그는 명상과 강연과 저술에만 집중했다. 1930년대에는 주로 유럽, 남미, 인도, 호주, 미국 등지를 다니며 강연하였다.

1937년에는 영국에서 온 유명한 사상가 올더스 헉슬리를 만나 오랫동안 친구로 사귀면서 민족주의의 위험과 이로 인해 유럽에서 일어날 분쟁에 대해 함께 염려했다. 제2차 세계대전 중에는 그의 평화주의적 입지 때문에 FBI의 요주의 인물이 되기도 했다. 전쟁 중에는 주로 오하이 농장에서 지낼 뿐 대중 강연을 거의 하지 않았다.

1947년 가을부터 인도로 가서 강연하기 시작했는데, 젊은 지식층에게 인기가 많았다. 이때 메타라는 두 인도 자매를 만났고, 이후 이들은 그의 뒷바라지에 헌신하게 되었다. 인도 여행 중, 젊은 달라이 라마, 네루 수상 등을 만나기도 했다.

크리슈나무르티는 1960년경 유명한 물리학자 데이비드 봄David Bohm을 만나 물리학 분야에서뿐 아니라, 철학이나 심리학, 사회학 등 여러 가지 면에서 자기와 생각이 같음을 발견하게 되었다. 1970년대에는 당시 인도 수상 인드라 간디 여사를 만나기도 했다. 1984년과 1985년에는 유엔 산하 평화 단체의 초청으로 유엔에서 연설하기도 했다.

1985년 11월 인도로 초청되어 가서 1986년 1월까지 여러 곳에서 강연을 했다. 1986년 1월 4일에 마드라스에서 실질적으로 '고별' 강연을 하고, 오하이로 돌아와 2월 17일 췌장암으로 세상을 떠났다. 화장하여 재는 미국, 영국, 인도 세 나라에 뿌려졌다.

명상의 예술

크리슈나무르티의 가르침은 다양하지만 몇 가지 기본 가르침을 거론하면 다음과 같다. 첫째, 그의 진리관이다. 진리는 '길 없는 땅'a pathless land으로서 조직이나 교리나 신조나 예식 혹은 철학적 지식이나 심리적 기술이나 이성적 분석 같은 것으로 얻을 수 있는 것이 아니라고 한다. 단지 자신의 마음을 관찰하고 깨달음을 얻을 때만이 찾을 수 있다고 주장한다. 인간은 안정감이라는 신화에 현혹되어 종교적, 정치적, 개인적 특수 이미지를 구축하고, 이것이 개별적인 상징이나 관념이나 신앙 체계로 나타났다고 보았다. 그런데 이런 것은 인간관계에서 사람들을 분리시키는 일을 하기 때문에 문제를 불러일으키고 꼬이게 하는 원인이 될 뿐이라는 것이다.

둘째, 그의 교육관도 특이하다. 그는 여러 곳에 학교를 설립하였는데, 참된 교육은 직업을 얻는 데 필요한 지식이나 기술을 익히는 것이 아니라 우리가 참으로 하고 싶은 일이 무엇인가 알아내고 우리의 가능성을 최대한으로 계발하는 창조적 인간이 되는 것이다. 이렇게 될 때 진정한 만족감과 열성을 가지게 되는데, 이것이 바로 참된 '성공'이라고 보았다. 그는 그의 저서 『이런 일을 생각하라』에서 명예, 돈, 성공이 구원을 가져다준다고 생각할지 모르지만, 사실 이런 것을 바라는 욕심이 우리를 괴로움과 슬픔으로 내몬다고 역설한다. 누구나 '뭔가 특별한 사람'이 되고 싶은 욕심이 있지만 바로 이런 욕심이 역설적으로 우리를 별 볼일 없는 사람으로 만들 뿐이라는 것이다. 교육은 궁극적으로 학생들에게 사물을 선입견이나 종파주의적 안목에서 벗어나 통전적인 관점에서 보게 하는 것, 자연과 환경을 사랑하고 보호하도록 하는 것, 이웃이나 자연과 교감할 수 있는 종교적 심성을 키워주는 것이라고 했다.

셋째, 크리슈나무르티는 명상meditation이야말로 삶에서 얻을 수 있는 최고의 예술이라고 했다. 그에 의하면 명상은 어떤 목적을 성취하기 위해 몸이나 마음을 조절하는 것이 아니라, 단순히 마음이 작용하는 것을 관조하고 그 작용을 이해하는 것이다. 예를 들어 우리 스스로 우리 마음속에 있는 욕망이나 질투심을 없애는 것이 아니라 가만히 우리 마음 전체를 조망하면 그 속에 욕망이나 질투심이 가득하다는 것을 보게 되고, 그 결과 자연히 이런 것과 구별되어 존재할 수 있는 공간을 창조할 수 있게 된다. 그렇게 될 때 욕망이나 질투심은 자연히 없어지게 된다는 것이다. 선에서 말하는 묵조선默照禪을 연상시킨다.

넷째, 그는 현 세계가 당면한 많은 문제가 우리의 사고방식과 직결된다고 보았다. 우리 각자는 개인적 이해관계에 입각한 고정관념을 가지고 그것을 고집한다. 이런 것 때문에 세계는 갈라져 서로 싸우게 된다. 따라서 모든 정치적, 종교적 아집에서 해방되어 우리 스스로를 올바로 이해할 필요가 있다고 보았다. 이렇게 될 때 우리는 개인의 구원만이 아니라 전 세계의 안녕을 위해 힘쓰게 된다고 했다.

그는 스스로도 어느 국가, 어느 계급, 어느 철학, 어느 종교에도 예속되지 않는다고 했을 뿐 아니라, 그의 강연을 듣는 모두에게 그들 자신이 자신의 스승이 되고 그들 자신의 제자가 되어야 한다고 강조했다. 우리가 지금껏 가치 있고 필요하다고 받아들였던 모든 것에 의문을 품어보아야 한다고도 했다. 자기는 '함께 길을 가는 두 친구'처럼 이런 사람들과 함께 삶의 여러 가지 문제를 의논할 뿐이라고 했다.

크리슈나무르티는 공식적인 후계자를 지정하지 않았다. 따라서 그의 사상을 대표한다고 주장할 수 있는 공식 기구도 없다. 그러나 그의 사상을 좋아하는 사람들이 몇 개의 재단을 만들어 지금도 계속해서 그의 저술을 배포하고, 미국, 영국, 인도 등지에서 그의 사상에 기초한 교육을 목적으로 하는 학교들을 운영하고 있다. 그 열매로 세상이 더 좋아지게 되기 빌 뿐이다.[28]

---

28 『이런 일을 생각하라』에 대한 해설은 톰 버틀러-보던 지음, 오강남 옮김, 『내 인생의 탐나는 영혼의 책 50』(흐름출판, 2009) 87~96쪽을 기초로 작성했다.

마하비라
Mahāvīra

자이나교의 창시자

"나는 내 몸을 돌보지 않겠다.
나는 어떤 생명도 해치지 않겠다"

마하비라의 '벗어남'

인도의 주요 종교는 인도인 절대다수가 받들고 있는 힌두교 Hinduism 와 교도 수는 적지만 영향력이 큰 자이나교 Jainism, 힌두교와 이슬람교를 화해시킬 목적으로 생긴 시크교 Sikhism 가 있다. 마하비라(기원전 599~기원전 527년경)는 자이나교의 창시자였다.

거의 모든 종교의 창시자와 마찬가지로 마하비라의 삶에 대해서도 정확한 역사적 사실을 그대로 밝혀낼 수는 없다. 마하비라의 생몰 연대를 두고 기원전 599~기원전 527년까지라 하지만, 학자들 중에는 기원전 549~기원전 477년이라 보는 이도 있다. 붓다의 생몰 연대를 기원전 563~기원전 483년으로 본다면 둘은 적어도 몇십 년을 같은 기간에 살았던 동시대의 인물들이라 볼 수 있다. 사실 이 두 스승의 삶은 여러 면에서 비슷한 점이 많다. 비슷한 시대뿐 아니라, 비슷한 가문, 비슷한 지역에서 비슷한 삶을 살았다.

'붓다'가 '깨달은 이'라는 뜻의 호칭인 것처럼, '마하비라'라는 말도 호칭으로서 '위대한 영웅'大雄이라는 뜻이다. 그의 본명은 바르다마나 Vardhamāna 로서 '불어남'이란 뜻이다. 자이나교의 전통에 따르면 그는 제24대이자 마지막 티르탄카라 Tirthankara 였다. 티르탄카라란 '개울을 건넌 사람'이라는 뜻으로 깨침을 이룬 위대한 스승을 의미한다. 불교 팔리어 경전에는 그를 '니간타 나타풋타' Nigantha Nātaputta 라는 이름으로 언급되어 있다.

마하비라는 불교의 제2결집이 있었던 바이샬리, 현재 인도의 비하르Bihar에서 싯다르타 왕과 트리샤리 왕비 사이에서 태어났다. 어머니의 태중에 있으면서 벌써 그 나라에 번영을 가져다주었다고 한다. 그러기에 그에게 '불어남'을 뜻하는 이름이 주어졌다.

왕비는 여러 가지 길조의 태몽을 꾸고 아기를 낳았다. 태어난 아기는 인드라 신이 직접 천상의 우유로 목욕을 시켰다. 앞으로 티르탄카라가 될 인물에게 주어지는 예식이었다. 어린 마하비라는 '기저귀 갈아주는 유모, 목욕시키는 유모, 옷 입히는 유모, 놀아주는 유모, 외출할 때 함께 가는 유모' 등 다섯 명의 유모를 두고 모든 것을 누리며 자랐다. 어린 왕자로 살면서도 명상이나 선정禪定에 잠기는 일이 많았다.

자라서 결혼을 하고 딸도 얻었지만 왕자로서의 삶에 만족하지 못했다. 왕궁 밖에는 '속박에서 벗어남'이라는 이름의 금욕주의적 수행 공동체가 있었는데, 마하비라는 이들의 생활 방식을 동경했다. 그러나 부모님의 기대를 저버릴 수가 없어서 "부모님이 살아 계실 동안에는 출가하지 않으리라" 결심하며 기다렸다. 마하비라가 30세가 되는 해 부모가 돌아가셨다. 그는 왕궁을 떠날 준비가 되었지만, 형님의 허락을 받기 위해 1년을 더 기다렸는데, 기다리는 동안 '금과 은과 군대와 전차' 등을 모두 다른 사람들에게 나누어주었다.

왕궁을 떠나 처음에는 궁 밖에 있던 일단의 수도자들에 합류했다. 규정에 따라 손으로 머리 양쪽에 있는 머리카락 '다섯 줌'을 뽑았다. 그러고는 "나는 내 몸을 돌보지 않겠다. 나는 신의 힘이나 인간이나 동물들로부터 오는 어떤 어려움이든 평상심을 가지고 참고 견디겠다" 하는 서원을 했다.

이들 수도승들과 몇 달을 지낸 다음 마하비라는 자기 혼자 수행하기로 했다. 한 벌 걸쳤던 옷을 던져버리고 완전 나체가 된 상태에서 걸식도 하고, 참선도 하고, 극심한 고행을 실천하며, 윤회에서 벗어날 길을 찾아 천하를 주유했다. 4개월간의 우기를 제외하면 한 마을에서 하룻밤 이상 머물지 않았고, 한 도시에서 5일을 넘기지 않았다. 집착하지 않기 위해서였다.

아무리 비바람이 몰아치는 추운 날씨라도 옷을 입거나 피할 곳으로 들어가지 않았고, 더운 여름날에도 땡볕을 피하지 않았다. 잠도 최소한으로 자고 몸에 기름을 바른다거나 머리를 감는다거나 이를 닦는 일도 하지 않았다. 정드는 것을 피하기 위해서 다른 사람들과 이야기하지도 않았다.

그는 또 모든 것에 생명이 깃들어 있다는 것을 알고 그것들을 해치지 않겠다는 불살생不殺生(아힘사)의 원칙에 철저했다. 길을 걸으면서도 자기 앞 사방으로 사람 키 높이 정도의 땅을 찬찬히 살피고, 자기 옆으로도, 뒤로도 살피면서 생명체를 밟지 않도록 했다.

몸에 이 같은 것이 들끓어도 이를 잡거나 몸을 긁지 않았다. 빗자루를 들고 다니면서 길에 있는 벌레들을 쫓고, 땅에 앉아 쉬거나 잘 때도 벌레들이 깔리는 일이 없도록 조심하였다. 샘에서 물을 마실 때도 벌레를 마시는 일이 없도록 얇은 천으로 물을 걸러서 마시고, 숨 쉴 때도 벌레를 들이마실 위험을 없애기 위해 마스크를 썼다.

드디어 고행의 삶을 시작한 지 13년 되던 해 어느 날, 해가 기우는 저녁 무렵 깊은 선정에 들어가 완전한 깨침에 이르렀다. 이제 문자 그대로 '이긴 이'Jina가 되었다. 많은 사람들이 그를 따르기 위해 모여들었다. 이후 30년간 붓다를 후원하고 있던 왕들의 후원을 받으면서 사람들에게 그가 깨달은 진리를 가르쳤다. 그를 따르던 사람들을 '자이나'라 부르고 그가 전파한 종교가 바로 자이나교였다. 자이나교에서는 마하비라를 창시자라 하지 않고, 오로지 그가 물려받은 자이나교의 가르침을 체계화하고 널리 가르친 분이라 믿는다.

그는 72세가 되던 해 마가다 왕국의 수도 라자그리하王舍城 부근 파바라는 곳에서 자의적으로 식음을 전폐하는 의식sallakhana를 통해 입멸하였다. 자이나교에서는 이 날을 그가 목샤(해탈)를 얻은 날로 기념하고 있다.

카르마의 결과

마하비라의 가르침은 세 가지 형이상학적 가르침과 다섯 가지 윤리 강령으로 요약될 수 있다. 세 가지 형이상학적 가르침은 첫째, 진리를 찾는 데 한 가지 절대적인 길은 없다는 것anekantavada, 둘째, 모든 견해는 보는 시각에 따라 이루어지므로 상대적이라는 것syadvada(여기에서 '장님 코끼리 만지기'群盲撫象라는 우화가 나왔다), 셋째, 인간은 영원부터 축적된 카르마karma(업)의 결과에 따라 살아간다는 것이다. 특히 카르마에 대한 가르침을 강조하는데, 인간은 이런 업장이 가져다주는 미망 때문에 이 물질세계에서 기쁨을 찾으려고 하고, 이로 인해 탐貪 · 진瞋 · 치癡나 기타 악행에서 벗어날 수가 없다고 했다. 이렇게 계속 악업을 쌓게 되므로 끝없는 악순환이 있을 수밖에 없다.

마하비라는 이런 악순환에서 벗어나기 위해서 인간 스스로가 고행을 통해 선업을 쌓아야 하는데, 그것은 '바른 견해', '바른 지혜', '바른 행동'을 통해 가능하다고 했다. 그런데 이때 바른 행동은 다시 모든 생명체에 해를 주지 않겠다ahiṃsā, 진실만을 말하겠다satya, 훔치지 않겠다asteya, 성적 쾌락을 추구하지 않겠다brahmacharya, 사람이나 장소나 소유에 집착하지 않겠다aparigraha고 하는 '다섯 가지 서원'panchavrats을 하고 이를 성실히 실행하는 것이라고 가르쳤다.

마하비라는 붓다와 마찬가지로 신들의 존재를 부정하지 않았지만, 신들도 인간과 마찬가지로 자기들의 구원을 위해 힘쓰고 있기에 인간의 노력을 대신하거나 도와줄 수는 없다고 보았다. 다른 사람이나 다른 사람들의 말, 심지어 베다경에 의지할 수도 없다. 누구나 스스로 자신의 해방을 위해 힘써야 한다고 했다. 인간 구원에 관한 한 마하비라는 무신론자였다고 보아도 무방할 정도였다.

마하비라는 우주 자체는 영원하지만 그 우주가 끊임없이 진화와 괴멸의 주기적 순환 운동을 계속한다고 보았다. 각 주기 동안에는 24명의 티르탄카라, 12명의 전륜왕, 63명의 대인들이 나타난다고 했다. 주기 중 최고 시기에는 사람들의 몸집도 크고 수명도 길었다고 한다. 소유도 필요 없었는데, 소원을 들어주는 나무가 있어서 무엇이나 소원을 말하기만 하면 얻을 수 있었기 때문이었다.

그러나 지금 이 시대는 괴멸의 시기로 이 주기의 마지막 티르탄카라인 마하비라가 입멸한 후 급속히 기울어지고 있고, 결국은 정법正法도 소멸되고 말 것이라고 했다. 이 괴멸의 과정이 4만 년 동안 계속될 터인데, 나중에 가면 사람들이 모두 난쟁이처럼 되고 수명도 20년 정도로 줄며, 불을 사용하는 법도 잊은 채 동굴에서 살게 될 것이라고 했다. 그런 후 다시 진화의 과정이 시작된다고 보았다.

마하비라의 입멸 이후 조금 지나 승단sangha은 나체로 지낼 것인가, 옷을 입을 것인가 하는 사소한 문제로 파가 갈라졌다. 남쪽 출신들은 하늘이 옷인데 왜 또 옷을 입는가 하며 나체로 지낼 것을 주장하고, 북쪽 지방에서는 흰 옷을 입어도 좋다고 했다. 나체를 주장하는 파를 디감바라天衣派라 하고, 옷을 입어도 좋다는 파를 스베탐바라白衣派라 한다.

자이나교는 불교와 달리 그 발상지 인도에서 몇천 년의 전통을 이어가고 있다. 마하비라와 자이나교에서 강조하는 아힘사의 가르침은 힌두교 등에 크게 영향을 주었고, 슈바이처 박사의 '생명 경외' 사상도 연원을 따지면 자이나교에서 시작된 것이라 할 수 있다. 자이나교가 성행하는 구자라트 지방 출신인 간디는 '다섯 가지 서원' 등 자이나교의 가르침에서 많은 것을 받아 실천에 옮겼다. 간디의 어머니가 자이나교도였다고 주장하는 이도 있으나, 그 지방에서는 실제로 자이나교도와 시바 신을 따르는 힌두교도들 사이에 많은 가르침을 공유하고 있었다.

지금 마하비라의 가르침을 따르는 자이나교도들은 모두 520만 명 정도로, 주로 뭄바이와 콜카타 등 인도 주요 도시에 살고 있다. 그들은 불살생의 원칙 때문에 땅속의 벌레를 죽이지 않으려고 농사짓기를 그만두고 주로 상업에 종사하는데, 그 덕택으로 인도에서 가장 부유한 층을 이루고 있다. 현재 인도 인구의 0.42퍼센트에 불과한 자이나교도들이 인도 세금의 24퍼센트를 내고 있다. 이들은 반전운동과 동물 보호 운동에 앞장서고 있다. 가끔씩 부자 자이나교인이 시장에 나가 양이나 닭을 모두 사서 방생하는 일도 있다.

필자가 살고 있는 밴쿠버에서 'Jain'이라는 이름의 심장 전문의 부부를 만난 적이 있는데, 부부 다 자이나교인이지만, 각각 다른 파에 속한다고 했다. 둘 다 옷을 입고 있었다. 디감바라도 다른 사람들과 같이 있을 때는 옷을 입는다고 한다. 더구나 캐나다같이 추운 지방에서는 도저히 실행할 수 없는 일이 아닌가. 마하비라에 대해 한참 이야기를 나누었다. 2천5백 년 전 마하비라의 가르침이 이들 속에서 살아 움직이는 듯했다.

구루 나나크
Nānak

시크교의 창시자

"힌두교도가 따로 있는 것도 아니고
이슬람교도가 따로 있는 것도 아니다"

숲에서 나온 나나크

구루^{Guru} 나나크(1469~1539년)는 시크교의 창시자이다. 시크교는 16세기 인도 서북부 펀자브 지역에서 생긴 종교로서, 현재 펀자브 지방을 비롯하여 세계 여러 곳에 약 2천5백만 신도를 두고 있다. 나나크는 1469년 4월 15일 지금의 파키스탄 라호르 부근의 한 마을 힌두교 가정에서 태어났다. 그의 아버지는 그 지역 이슬람교도 지주의 소작물을 관리하던 회계사였다. 남편과 아들을 위해 헌신한 어머니와 누나가 있었다.

그가 태어났을 때 한 점성술가가 찾아와 그를 보고 나서 아기에게 합장을 하며 "내가 이 어린 구루 나나크가 어른이 되는 것을 볼 수 있을 때까지 살지 못하는 것이 한이로다"는 말을 했다고 한다. 붓다가 태어났을 때 아시타가 와서 한 말을 연상시키는 대목이다.

구루 나나크는 자라면서 힌두교 친구들뿐 아니라 이슬람교 친구들과도 사귀었다. 그는 어릴 때부터 삶과 종교적인 문제에 깊은 관심을 가지고 있었다. 6세에 마을 훈장으로부터 힌디어와 수학을 배우고 그 후 학교에 들어가 이슬람 문헌, 페르시아어, 아랍어 등을 공부했다. 그의 총기와 깊은 종교적 안목에 선생님과 학생들은 놀랐다고 한다. 한번은 그가 밖에서 자고 있는데, 코브라가 와서 그의 머리에 비치는 햇볕을 가려주기도 했다고 한다.

나나크는 집에서 기르는 가축을 돌보면서도 계속 명상에 골똘하고, 또 마을 주위의 숲에 있던 이슬람이나 힌두 종교인들과 종교 문제로 토의하는 데 시간을 보내느라 가축 돌보기를 제대로 하지 못했다. 결혼을 하면 좀 더 실질적인 문제에 관심을 가질 수 있을까 하여 부모는 16세의 아들에게 어느 상인의 딸을 신붓감으로 구해주었다. 결혼을 하고 아들 둘을 얻었다. 아버지의 생각대로 정부 기관에서 일자리를 얻어 낮 동안은 열심히 일을 했다. 그러나 그는 밤늦도록, 또는 아침 일찍, 그의 이슬람교 친구 마르다나^{Mardana}와 함께 현악기의 일종인 라밥에 맞추어 종교적인 노래를 부르는 데 시간을 보냈다.

나나크가 30세 되었을 때, 어느 날 이른 아침 그는 친구 마르다나와 함께 강으로 목욕을 하러 갔다. 물속으로 뛰어든 둘은 다시 물 위로 나오지 않았다. 마을 사람들이 찾아 나섰지만 찾을 수가 없어, 물에 빠져 죽은 것으로 여기고 포기했다. 그런데 3일 후에 그가 숲에서 나왔다. 숲 속으로 들어가 신을 만났던 것이다. 그에 의하면, 신은 그에게 꿀 한 컵을 주고, 그는 그것을 감사한 마음으로 받아 마셨다. 이어서 신이 그에게 말했다. "내가 너와 함께하리라. 내가 너를, 그리고 너의 이름을 받들 모든 사람들을 기쁘게 하였다. 가서 내 이름을 전하고, 그 사람들도 그렇게 하도록 하라. 세상에 물들지 말지어다. 내 이름을 외우는 일, 자선, 정결례, 경배, 명상을 실천하라."

숲에서 나온 나나크는 완전히 딴사람이었다. 눈에서는 거룩한 빛이 비치고 얼굴은 환하게 빛났다. 하루 종일 깊은 선정 속에서 말이 없다가 다음 날 그는 중대한 선언을 했다. "힌두교도가 따로 있는 것도 아니고 이슬람교도가 따로 있는 것도 아니다." 이 선언과 함께 시크교가 시작되었다고 볼 수 있다. 힌두교와 이슬람교의 일치가 구루 나나크의 기본 가르침이 되었기 때문이다.

나나크는 직업을 포기하고 자기의 소유물을 가난한 사람들에게
다 나누어준 후 그의 친구 마르다나와 함께 인도 대륙의 동서남북을
멀다 하지 않고 두루 찾아다니며 그야말로 '천하주유'의 삶을 살았다.
시장이나 공터, 길모퉁이, 어디서나 사람들만 보면 노래를 부르고 그
의 메시지를 전했다. 힌두교 복장과 이슬람교 복장을 결합한 자기대
로의 옷을 입고 다니며 힌두교와 이슬람교가 하나임을 몸으로 증언했
다. 이렇게 씨를 뿌려놓으면 언젠가는 신이 싹을 틔워주실 것이라는
확신이 있었다. 드디어 펀자브에 이르러 그의 수고가 결실을 맺기 시
작했다. 그를 따르는 사람들이 많아졌기 때문이다. 이때 그를 따르는
사람들을 '시크'Sikh라고 불렀는데, 펀자브 말로 '제자'란 뜻이었다.

전설에 의하면 나나크는 메카에도 갔다고 한다. 밤에 잠을 자는
데, 그는 발을 이슬람교도들이 모두 엎드려 절하는 카바 흑석의 방향
으로 놓았다. 이슬람 지도자 한 사람이 나나크를 발로 차며 "오, 죄인
이여, 당신은 왜 당신 발을 신을 향하게 하고 있소?" 하고 질책했다.
나나크는 "신이 없는 방향이 있다면 내 발이 그쪽을 향하도록 해주시
오"라고 답했다. 결국 신이 없는 곳은 없다는 메시지를 듣고 그 이슬람
지도자는 구루 나나크를 다시 보게 되었다.

구루 나나크가 69세가 되었을 때 그와 평생을 함께해온 친구 마르
다나가 병들어 죽었다. 나나크도 자기에게 마지막이 가까웠음을 깨닫
고, 그의 아들들과 제자들을 여러 가지로 시험한 결과 구루 나나크에
대한 믿음에 조금도 흔들림이 없었던 레나를 후계자로 임명하고 앙가
드Angad라는 새로운 이름을 주었다. 1539년 9월 22일 70세의 나나크가
죽으려 할 때 제자들은 그의 시신을 힌두교식으로 화장火葬해야 하는

가 이슬람교식으로 매장埋葬해야 하는가 하는 문제로 토론을 했다. 나
나크는 자기 오른쪽에 힌두교 출신 교인들이, 왼쪽에 이슬람교 출신
교인들이 꽃을 놓게 하고, 다음 날 꽃이 시들지 않고 싱싱하게 남아 있
는 쪽의 방식대로 장례를 치르라고 했다. 제자들이 양옆으로 꽃을 놓
자, 나나크는 담요를 뒤집어쓴 다음 숨을 거두었다. 다음 날 담요를 벗
겨보니 양쪽 꽃은 모두 싱싱한데, 나나크의 시신은 사라지고 없었다.
힌두교 출신들은 자기들 꽃을 가져다가 화장하고, 이슬람 출신들은 자
기네 꽃을 가져다가 매장했다. 죽으면서도 힌두교와 이슬람교의 평화
와 화합을 염원한 나나크의 삶을 나타내는 이야기라 할 수 있다.

참이름

나나크의 가르침은 힌두교와 이슬람교를 조화시키는 것이었다. 예를
들어 궁극적인 신은 힌두교인들이 말하는 것처럼 여러 곳에서 여러 형
태로 나타나지만 결국 이슬람교인들이 말하는 것처럼 궁극적으로는
하나라고 가르치는 식이었다. 이런 궁극적 신을 그는 '참이름'The True
Name이라고 했다. 궁극적 신을 이렇게 '참이름'이라 부르는 것은 알라,
시바, 비슈누, 라마 등의 이름은 궁극적 신을 제약하는 이름으로서 참
신의 참된 이름일 수가 없기 때문이라고 했다. 궁극적인 신은 초월이
면서 동시에 내재하는 신이며, 창조자이면서 동시에 파괴자라고 했다.

다른 한 가지 특이한 가르침은 신이 창조한 것들 중에서 인간은
최고의 창조물이기 때문에 인간은 다른 동물들을 잡아먹어도 좋다는
것이었다. 인도 전통에서 그렇게 강조되는 아힘사의 원칙을 따를 필요
가 없다고 했다. 물론 이런 가르침에서 그에게 끼친 이슬람교의 영향

력을 감지할 수 있다.

구루 나나크에 의하면 이 물질세계는 마야로서, 경험적으로는 실재하지만 궁극적으로는 비실재적이다. 참된 실재는 오로지 창조자인 신뿐이기 때문이다. 세상도 인생도 모두 덧없으므로 이 세상에 계속 태어나는 일이 없도록 하라고 가르친다. 그러기 위해서는 악업惡業을 피해야 하는데, 가장 큰 악업은 '이기주의'haumai에서 오는 것이라고 하였다. 이기주의를 지양하고, 항상 신을 생각하고, 쉬지 않고 그의 이름을 부르고, 결국은 신에게 흡수absorption되는 경험을 가져야 한다고 했다. 나나크에 의하면 구원은 개별적인 내가 심판에 합격하여 낙원에 들어가는 것이 아니라, 그 '나'가 '참이름'에 흡입되어 신과 합일되는 데서 오는 니르바나를 체험하는 것이다.

구루 나나크는 신이 이 세상에, 우리 마음속에 내재하고 있다는 사실을 강조한다. 나무나 돌로 된 형상을 향해 절하는 것, 메카를 향해 절하는 것, 순례, 금욕 등 힌두교나 이슬람교의 형식적 예배를 멀리하고, 언제나 신을 깊이 생각하고 신에게 전적으로 헌신하라고 한다. 이런 외형적이고 형식적인 예배는 우리의 생각을 신에게서 멀어지게 하는 역효과를 낳는다고 보았다. 참이름을 진정한 마음으로 외우는 것이 성지 68곳을 찾아 몸을 씻는 것과 같다고 했다. "왜 신을 찾아 숲으로 가는가? 나는 그를 집에서 찾았다"고 했다. 나나크는 사회를 등지고 오로지 도만 닦겠다는 사람들을 못마땅하게 생각했다. 종교는 모든 계급에 속한 모든 사람들의 삶을 개선시킬 의무가 있다고 보았다.

나나크는 힌두교 환생 사상을 받아들였다. 이에 따라 나나크가 죽은 후 다음 구루로 다시 태어난다고 믿었다. 나나크 이후 열 명의 구루가 있었다. 제4대 구루 람 다스^{Rām Dāss}(1534~1581년)는 암리차르^{Amritsar}에 황금사원을 지어 본사로 삼았다. 제10대 구루인 고빈드 싱(1666~1708년)을 마지막 지도자로 하고 그 이후부터는 경전 『아디그란트』^{Adi Granth}를 구루로 삼았다. 고빈드 싱은 정당방위를 위해 군대를 조직하고 이를 '싱'^{Singhs}이라고 했는데, '사자'^{獅子}라는 뜻이다. (인도 사람들 중 마지막 성이 '싱'인 사람들은 시크교 출신이라 볼 수 있다. 싱가폴은 '사자의 도시'라는 뜻이다.) 이들은 머리와 수염을 기르고, 머리에 터번을 쓰고, 짧은 바지를 입고, 쇠로 된 팔찌를 끼고, 단검을 차고 다녔는데, 이 전통은 지금까지, 심지어 캐나다에서까지, 계속되고 있다(캐나다 경찰이 된 시크교도는 모자 대신 터번을 써도 된다는 허락을 받았다).

  역사의 아이러니라고 할까. 힌두교와 이슬람교의 일치를 목적으로 하여 출발한 운동이 이 두 종교의 일치는 이루지 못하고 시크교라는 또 하나의 종교를 탄생시키는 결과를 가져왔다. 시크교도들은 인도 내에서 힌두교인도 이슬람교인도 아니기 때문에 종교적으로뿐만 아니라 정치적으로도 언제나 소수에 속했다. 이런 불리한 입장에서 벗어나려고 현재 편자브를 인도로부터 독립시키려는 움직임이 계속되고 있어 인도 정부와 무력 충돌을 빚기도 한다. 이럴 경우 나나크의 가르침을 어떻게 보아야 할까? 한 가지 분명한 것은 그가 힌두교나 이슬람교 등 어느 하나의 종교를 화석화된 절대 불변의 종교로 받아들이지 않았다는 사실이다. 이 점이 우리가 배워야 할 중요한 가르침이 아닐까?

불교의
선지식들

붓다
나가르주나
달마

붓다
Buddha

불교의 창시자

"모든 것은 덧없다.
 게을리하지 말고 부지런히 정진하여라"

천상천하 유아독존

누구나 아는 것처럼 붓다(기원전 563~기원전 483년경)는 불교의 창시자이다. 한 가지 놀라운 사실은 붓다가 태어난 기원전 6세기를 전후하여 인도뿐 아니라 세계 여러 곳에서 새로운 사상가들이나 종교 지도자들이 대거 출현했다는 것이다. 중국의 노자와 공자, 그리스의 탈레스, 피타고라스, 소크라테스, 유대교의 이사야나 예레미야, 자이나교의 마하비라, 페르시아의 조로아스터 등이 모두 이 시기를 전후해서 태어나거나 활동하거나 죽은 사람들이다. 실존주의 철학자 칼 야스퍼스는 이런 현상을 감안해서, 기원전 800년에서부터 200년까지를 '차축 시대'axial age라 불렀다.

붓다의 생애에 대한 이야기는 여러 가지 상이한 자료가 있어서 한 가지로 통일하기가 힘들다. 성서 4복음서가 예수의 생애에 대해 각각 다른 이야기를 하고 있듯이, 붓다의 생애를 서술한 문헌들도 붓다에 대해 각각 다르거나 심지어 상충하는 이야기들을 하고 있기 때문이다.

여기서는 번거로운 문헌학적 고증 작업 같은 것을 떠나, 붓다의 생애에 대해 서사시처럼 아름답게 서술한 아슈바고샤Aśvaghoṣa · 馬鳴의 『불소행찬』佛所行讚 · Buddhacarita 29을 중심으로 엮어보려 한다. 따라서 역사적이라기보다 오히려 신화적이고 전설적인 표현에서 찾을 수 있는

---

29 영어로는 Edward Conze, *The Buddhist Scriptures* 34~66쪽에 잘 정리 · 번역되어 있다.

붓다의 삶과 가르침을 살피고, 그렇게 묘사된 그의 삶과 가르침이 우리에게 주려는 종교적 의미가 무엇인가에 초점을 맞추어보려 한다.

일반적 불교 전통에 의하면 기원전 6세기경 히말라야 산맥 밑자락, 지금 네팔과 인도 변경 부근에 카필라 성이 있었는데, 거기에 샤캬Śākya·釋迦족에 속하는 슈도다나Suddhodana·淨飯王라는 왕과 그의 아름다운 왕비 마야Māyā·摩耶 부인이 살고 있었다. 사실 후대 문헌에서 '왕'이라고 나왔지만, 그 당시 수많은 부족들의 지도자였던 '라자'rāja들 중 하나로, 동서 80킬로미터, 남북 60킬로미터 되는 조그마한 지역의 족장이나 추장chieftain 정도라 보는 것이 더 정확하다. 이들에게는 결혼 후 여러 해가 지나도록 아이가 없었다. 그러다가 마야 부인이 45세쯤 되는 어느 날 꿈을 꾸었는데, 하늘에서 큰 코끼리가 코에 흰 연꽃을 가지고 나타나 부인 주위를 몇 바퀴 돈 다음 부인의 오른쪽 옆구리로 들어갔다. 이렇게 하여 마야 부인은 임신을 하게 되고, 출산일이 되자 그 당시의 관습대로 아이를 낳기 위해 친정으로 가게 되었다.

가마를 타고 친정으로 가는 도중 룸비니 동산에 이르러 무우수無憂樹 나뭇가지를 잡으려고 오른손을 드는 순간 아기가 왼쪽 옆구리를 통해 나오고, 나오자마자 북쪽을 향해 길게 일곱 발자국을 걸어가, 오른손으로 하늘을, 왼손으로 땅을 가리키며 사자와 같이 우렁찬 목소리로 "하늘 위와 땅 아래에 나밖에 존귀한 것이 없다"天上天下唯我獨尊(팔리어로 Aggo' ham asmi lokassa)라고 선언했다. 이 아기가 바로 고타마Gautama 혹은 싯다르타Siddhārtha(목적을 이룬 이)로서 장차 붓다가 될 아기였다.[30]

---

30 독일의 문필가 헤르만 헤세의 소설 『싯다르타』에 나오는 주인공 '싯다르타'는 동명이인으로 붓다와 동시대에 산 것으로 묘사되는 가상의 인물이다.

　　여기서 '천상천하 유아독존'에 대해 언급하고 지나가자. 일반인도 이런 말을 들으면, "그야말로 교만이 극에 달했구나. 어찌 세상 천지에 자기만 존귀한 존재라 하는가?" 할 수도 있을 것이다. 그러나 여기서 '나'我라는 것이 무엇일까? 여러 각도에서 풀이할 수 있지만 여기서 '나'는 역사적으로 태어난 개인적인 이 한 몸으로의 '나'를 의미하는 것이 아니라고 볼 수 있다. 구태여 말한다면 일단 '우주적인 나' 혹은 '큰나'大我, '참나'眞我, '얼나'라 이해하고 있으면 좋을 것 같다. 어린 붓다뿐만 아니라 우리 모두의 속에 있는 '초개인적 자아'transpersonal Self, '불성'佛性, '신성'神性 같은 것이라 할 수 있고, 이렇게 역사나 개인을 초월하여 보편적인 실재로서의 '나'가 이 우주에서 그 어느 것보다 존귀하다는 뜻이라 이해하는 것이다.

　　비슷한 경우를 예로 들면, 예수도 스스로 "나는 길이요 진리요 생명이다. 나를 거치지 않고서는, 아무도 아버지께로 갈 사람이 없다"(『요한복음』14장 6절)라고 했다. 그리스도인들 중에는 이 성경절 때문에 예수 이외에는 다른 길, 다른 진리, 다른 생명이 있을 수 없다고 생각하고는 그리스도교 이외에는 참된 종교가 있을 수 없다고 주장하는 사람들이 더러 있다. 그러나 예수도 "아브라함이 태어나기 전부터 내가 있다"(『요한복음』8장 58절)고 한 것을 보면 이때 '나'라고 하는 것도 역사적인 한 개인으로서의 예수를 지칭하는 것 이상이라는 사실을 감지하게 된다.

　　붓다의 이름으로는 고타마, 싯다르타 외에 나중에 붙은 샤캬무니 Śākyamuni · 釋迦牟尼(샤캬족의 성자), 세존世尊 등등이 있다. 중국이나 우리나라 불교에서 스님이 되면 속성을 버리고 예를 들어 '석광옥'같이 '석'釋을 성으로 하는 것은 이제 '석가' 가문의 일원이 되었다는 뜻이다. 우리가 가장 많이 쓰는 '부처'라는 말의 본래 말인 산스크리트어 '붓다' Buddha는 고유명사가 아니라 보통명사이며 존칭으로서 '깨친 이'라는 뜻이다. 이것이 음역되어 '부처', '불타'佛陀 혹은 '불'佛이라 하고, 뜻을 따라 '각자'覺者라 한다. 영어로는 'the Awakened' 혹은 'the Enlightened'라 번역된다. 엄격하게 말하면, 깨침을 이루기 전, 곧 성불하기 전의 '부처'는 문자적 의미로서의 '부처'는 아니다. 그러나 현재 '부처'Buddha라는 이름을 고유명사처럼 쓰고 있다. 보통 학술 서적에서는 본래의 발음 그대로 '붓다'라 하는 것이 관례여서, 여기서는 '붓다'라는 말을 쓰기로 한다.

참고로 히브리어 '메시아'나 그리스어 '그리스도'는 고유명사가 아니라 일종의 보통명사로서 '기름 부음을 받은 이', 곧 '왕' 같은 정치적 지도자를 의미하는 호칭이다. 영어로 'the Anointed'라 한다. 불교에서는 '깨달은 이들'은 모두 붓다이다. 그리스도교에서는 어떤가? 예수만 그리스도인가? 많은 그리스도교 신비주의자들이나 유영모, 함석헌, 최근에 작고한 라이몬 파니카Raimon Panikkar(1918~2010년) 같은 분들은 "예수만이 그리스도가 아니다"라고 주장한다.

출가 이야기

붓다가 태어났을 때 히말라야산 아래 아시타Asita라는 한 선인仙人·ṛṣi이 있었는데, 하늘에서 기뻐하는 신들로부터 카필라 성에 장차 진리를 널리 펼 아기가 태어났다는 소식을 듣고, 자기도 아기를 보기 위해 직접 카필라 성을 향해 '공중으로 날아'갔다. 그는 어린 싯다르타를 보고 크게 기뻐하였다. 아기에게서 이른바 32가지 중요한 성인의 상好相

과 80가지 부차적 상들을 발견하고 아이가 보통이 아니라는 것을 알게 되었다. 그러고 나서 아시타 선인은 아기에 대해 중요한 예언을 했다. 아기가 집에서 나가지 않고 세속의 삶을 살면 위대한 성왕이 될 것이고, 반면 인생사의 비참한 현실이나 출가 구도자의 평온한 모습을 보게 되면 출가하여 위대한 스승, 붓다가 되리라는 예언이었다.

어머니 마야 부인은 아기를 낳은 지 7일 만에 세상을 떠나 도솔천으로 옮겼다. 많은 영웅의 이야기에서 어머니는 영웅들을 이 세상에 나게 하는 것만으로도 큰 임무를 수행한 것이라 여기고 이렇게 출산 후 편히 쉬도록 하는 일이 보통이다. 어린 싯다르타는 아버지의 후실이 된 이모의 손에서 자랐다.

정치적 인물이었던 아버지로서는 당연히 어린 왕자가 집을 나가지 않고 세속에 머물러 있으면서 위대한 성왕이 되기를 바랐다. 싯다르타에게 7세부터 학문에 전념하게 했는데, 후세 자료에 의하면 한문까지 알았다고 했다. 아들이 16세 되었을 때에는 그를 위해 인도의 세 계절에 따라 세 개의 궁을 짓고, 거기다 4천 명 혹은 4만 명의 무희들을 두는 등 모든 수단을 동원해서 아들을 기쁘게 하여 아들이 세속에서 떠나는 일이 없도록 하려고 애썼다. 왕자가 16세(혹은 19세) 되었을 때에는 아름다운 공주 야쇼다라Yaśodharā를 배필로 정해주기도 했다.

붓다의 출생 이야기 같은 이런 '신화적' 이야기를 접하게 될 때 이런 이야기들이 사람들에게 정보information를 주기 위한 것이 아니라 변화transformation를 주기 위한 것이라는 사실을 명심해야 한다. 이런 이야기에서 우리는 생물학적, 역사적 정보를 얻으려 해서는 안 된다. 이런 이야기의 문자적 뜻이 아니라 이런 이야기가 의도하는 종교적 의미에주의를 집중해야 하는 것이다.

싯다르타는 화려한 궁중에서 생활했지만 거기에서 궁극적인 만족을 얻지 못하고 홀로 인생의 의미에 대해 곰곰 생각하는 일이 많았다. 그가 서른 살 가까이 되던 어느 날 궁중 밖 세상을 한번 돌아보고 싶은 생각이 들어, 아버지에게 허락을 구했다. 아버지도 어른이 된 아들의 청을 거부할 수는 없었을 것이다. 아버지는 잠깐 기다리라고 하고, 아들이 궁중 밖을 돌아보기 전에, 아들의 마음을 산란하게 할 여러 가지 것들을 모두 깨끗이 정리했다. 드디어 아들은 마차에 타고 마부 찬타가와 함께 궁궐 밖으로 나가게 되었다.

이렇게 싯다르타가 궁궐 밖으로 나갔다가 본 것을 전통적으로 '사문유관'四門遊觀이라 한다. 처음 본 것은 말할 수 없이 늙은 노파, 두 번째 본 것은 병든 사람, 세 번째 본 것은 죽은 사람, 네 번째 본 것은 출가 수행자였다. 싯다르타는 이런 광경에 심한 충격을 받고 서둘러 왕궁으로 돌아왔다고 한다.

싯다르타는 왜 이렇게 큰 '충격'을 받았을까? 그의 마차에 충격흡수장치shock absorbers가 없었기 때문이었을까? 요즘처럼 고급 승용차를 타고 나갔으면 그렇게 충격을 받지 않아도 되었을까? 물론 정통적 답은 그가 그때까지 그런 것들을 미처 보지 못하다가 '처음' 보았기 때문이라는 것이다.

그러나 가만히 생각해보라. 30세에 가까운 사람이 늙는다는 것, 병든다는 것, 죽는다는 것을 그때까지 모르고 있었다는 것이 말이 되는 소리일까? 그러면 정말로 왜 그렇게 큰 충격을 받았을까? 그의 '나이'와 관계 있는 것이 아닌가 생각해본다. 나이가 어렸을 때는 비록 그런 것들을 보았어도 '실감'이 나지 않는다. 그야말로 "보아도 보지 못하고"의 상태였다. 생로병사 같은 인생의 중대사가 정말로 실감 나려면 어느 정도 나이가 되어야 한다는 것이다. 영어의 'realize'는 그전까지 진짜 real 같이 보이지 않던 것이 진짜처럼 보이게 된다는 뜻이다. 그러면 왜 그때에 가서 생로병사가 진짜처럼 보이게 된 것인가?

심리학자 융 Carl G. Jung (1875~1961년)에 의하면 30대 초반이 되어야 인생사에서 참나는 누구인가를 물어보게 되는 '개인화 과정' individuation process이 생기기 시작한다고 한다. 캐나다의 정신과 의사이면서 심리학자 겸 문필가였던 벅 Richard M. Bucke (1837~1902년)은 사람이 살아가다가 어느 단계에서 '비보통적 의식'에 접하게 되는 경험을 갖는데, 이런 의식을 그는 '조명' illumination 혹은 '우주 의식' cosmic consciousness이라고 하고, 이런 의식이 대략 30대 전후해서 생긴다고 한다. 30세에 침례를 받으면서 하늘이 열리는 것을 본 예수의 경우나, '30세에 입ㅍ했다'고 하는 공자나 그 외에 루터, 웨슬리의 경우 모두 30세 무렵 특별한 종교적 체험을 하게 되었다.

'사문유관'의 경험을 한 29세의 왕자는 자기도 출가 수행자와 마찬가지로 인간의 조건, 삶의 근본 문제에 스스로 해답을 찾기 위해 출가하기로 결심하였다. 바로 그 순간 그의 아내가 아들을 낳았다는 소식을 들었다. 그 소식을 들으면서 "걸림이 생겨났구나!" 하는 말을 했다. '걸림'이라는 말의 산스크리트어가 '라훌라' Rāhula였으므로 '라훌라'가 그대로 새로 태어난 아기의 이름이 되었다.

출가를 결심한 그날은 보름달이 비치는 밤이었다. 붓다는 자기 부인과 새로 태어난 아들을 보기 위해 부인의 처소로 갔다. 환한 달빛을 받으며 엄마 품에 자고 있는 아들을 바라보면서 한번 안아보고 싶었지만 그렇게 되면 부인이 깨고, 울고불고……. 이런 일을 피하기 위해 그는 조용히 나오면서 속으로 말한다. "성불하고 돌아오리라." 그러고는 말에 타고 마부를 앞장세워 잠자고 있는 성을 뒤로했다.

'깨친 이'

이렇게 시작한 구도의 삶이 6년간 계속되었다. 처음에는 스승의 가르침을 받기로 했다. 칼라마 Kālama와 라마푸트라 Rāmaputra를 차례로 찾았는데, 둘 다 그 당시 유행하던 일종의 명상법을 가르치던 수행자들이었다. 그들의 명상법을 다 배웠지만 이런 것으로는 구경의 경지에 이를 수 없다고 생각하고 그들을 떠났다.

그 후 네란자라 강변 아름다운 곳에 자리를 잡고 고행을 시작했다. 이때 다른 고행자 다섯 명도 도반으로 합류했다. 고행을 얼마나 열심히 했는지 땀이 비 오듯 하고 귀에서는 광풍이 부는 듯한 소리가 났다. "내가 배를 쓰다듬으려고 하면 등뼈가 잡히고, 다리를 쓰다듬으면 털이 저절로 떨어져 내렸다"고 할 정도였다. 그리고 맑고 곱던 안색은 흑갈색으로 변했다. 이런 식의 고행이 이어지면서 더 이상 도저히 육체적으로 견딜 수가 없었다. 어릴 때 건강한 몸으로 시원한 나무 밑에 앉아 있다가 황홀한 의식 상태를 체험했던 일을 회상한 후, 이런 극도의 고행으로는 뜻을 이룰 수 없다고 믿고, 이른바 중도中道를 택하기로 했다. 고행 후 49일 만에 가까운 마을에서 온 '수자타'라는 여인이 가져온 죽을 받아먹고 기운을 차릴 수 있었다.

함께 고행하던 다섯 도반들은 싯다르타가 이렇게 음식을 먹는 것을 보고, 이제 그가 고행을 포기하고 사치스런 생활로 타락했다고 여기면서 그를 떠나갔다. 홀로 남은 싯다르타는 저녁이 되어 숲 속 깊이에 있는 '보리수'菩提樹 밑으로 자리를 옮겼다. 그 밑에서 동쪽을 향해 앉아 성불하기 전에는 그 자리에서 일어나지 않겠다는 결의를 굳혔다.

이때 마라Mara라고 하는 죽음의 신이 싯다르타에게 접근해서 마지막 득도의 길을 포기하도록 그를 세 가지로 유혹했다. 유혹을 물리친 싯다르타는 보름달이 밝은 밤, 보리수 밑에 다시 홀로 남았다. 그날 밤 이른바 '네 단계의 선정禪定'을 거치고 '세 가지 앎'을 얻게 되었다. 이제 강 저 너머로 먼동이 트기 시작했다. 고타마 싯다르타에게 이제 "무지는 사라지고 앎이 떠오르고, 어두움은 사라지고 빛이 떠올랐다." 6년의 고행 끝에 35세의 나이로 최고의 진리를 터득하는 완전한 깨달음, 확연한 깨침에 이른 것이다. 그야말로 고타마 싯다르타가 문자 그대로 '붓다', '깨친 이'가 된 것이다. 이것이 불교적 용어로 성불成佛이요, 성도成道요, 대각大覺이요, 활연대오豁然大悟 혹은 확철대오廓徹大悟요, 산스크리트어로 아뇩다라삼먁삼보리無上正等正覺의 체험이다.

실로 위대한 영웅, 곧 '대웅'大雄이 된 것이다. 절에서 '대웅전'이라 하는 건물은 이렇게 '위대한 영웅'이 되신 석가모니불을 모신 곳이라는 뜻이다. 이런 우주적 사건을 경축하기 위해서 땅은 술 취한 여인처럼 흔들리고, 마른하늘에서 천둥소리가 나고, 철도 되지 않았는데 나무에 꽃잎과 과일이 열리고 하늘에서는 온갖 꽃들이 쏟아져 내렸다. 붓다는 성불 후 7일간(혹은 28일간, 혹은 49일간) 보리수 아래에 그대로 앉아 있었다. 자기의 깨침을 다른 사람들에게 가서 가르칠까 말까 망설이다가 결국은 사람들에게 가서 가르치기로 했다.

누구에게 가서 가르칠까? 우선 자기가 처음에 모시던 두 스승들을 생각했다. 그러나 그의 불안佛眼을 통해 처음 스승은 이레 전, 둘째 스승은 바로 전날 밤에 죽어 둘 다 천상에 가 있는 것을 보게 되었다. 다음으로 생각한 것이 그와 함께 고행하던 다섯 친구들이었다. 그들이 자기를 떠나 베나레스Benares(지금의 바라나시Varanasi) 외각 사르나트Sarnath에 있는 녹야원鹿野苑이라는 공원에서 고행을 계속하고 있다는 것을 알게 되었다. 붓다는 이들에게 가르침을 주려고 이들을 향해 발길을 옮겼다. 약 200킬로미터 정도의 거리였다.

녹야원에 이르렀을 때, 다섯 친구들은 멀리서 붓다가 자기들에게 오는 것을 보았다. 그들은 고행을 견디지 못하고 타락했던 고타마가 자기들에게 오더라도 모두 모른 척하자고 했다. 그러나 그가 가까이 올수록 그에게서 저항할 수 없는 어떤 힘이 발산되는 것을 느끼지 않을 수 없었다. 자기들도 모르게 모두 일어나 공손히 인사를 하고, 발을 씻으러 물을 떠 오는 등, 그를 따뜻이 맞아 가장 윗자리에 모셨다. 영적으로 어느 경지에 도달한 사람들은 어느 정도 영적으로 눈이 뜨인 사람들이 알아볼 수 있는 에너지를 발산하는지도 모른다.

팔정도의 길

이렇게 따뜻한 영접을 받은 붓다는 그들에게 자기를 더 이상 '고타마'나 친구라 부르지 말라고 하면서, 자기는 이제 '여래'如來·Tathāgata요, 참으로 '깨친 자'라고 했다. '여래'란 '이렇게 온 이' 혹은 '이렇게 간 이'라는 뜻을 가지고 있는데, 산스크리트어로 'gam'에 '깨닫다'라는 뜻이 있기 때문에 '이렇게 깨달으신 이'로 해석할 수도 있다.

　이렇게 따뜻한 만남이 이루어진 다음, 붓다는 다섯 수도승을 위해 처음으로 설법을 했는데, 이를 두고 '제1차 진리의 바퀴를 굴리심'初轉 法輪·dharmacakrapravarta이라고 한다. 팔리어 경전에 따라 그 가르침을 요 약하면 대략 다음과 같다. 그는 다섯 수도승들에게 우선 지나친 쾌락 과 지나친 고행이라는 두 가지 극단을 피하고 '중도'의 길을 걸어야 한 다고 일러주었다. 그 중도의 내용이 바로 우리가 잘 아는 '팔정도'八正 道, 곧 '여덟 겹의 바른 길'이라는 것이다. 그리고 이 팔정도의 중요성 을 강조하기 위해 그 바탕이 되는 '사제'四諦 혹은 '사성제'四聖諦, 곧 '네 가지 성스러운 진리'라는 것을 가르쳤다. '사성제'를 간단히 '고집 멸도'苦集滅道라 줄여서 부르기도 한다.

　첫째는 고제苦諦로 '괴로움'duḥkha에 관한 진리諦이다. 삶이 그대로 괴로움이라는 진리를 터득하라는 것이다. 나고, 늙고, 병들고, 죽는 일 生老病死이 괴로움이요, 싫어하는 사람이나 사물을 대해야 하는 괴로움 怨憎會苦, 사랑하는 사람이나 사물과 헤어지는 괴로움愛別離苦, 원하는 것 을 얻지 못하는 괴로움求不得苦, 존재 자체의 괴로움五蘊盛苦이라는 것이 다. 이른바 '사고'四苦, '팔고'八苦이다. 결국 이런 괴로움은 개별적으로 겪는 육체적이나 심리적 고통뿐 아니라 인간으로서 누구나 겪지 않을 수 없는 불완전함, 불안정함, 제한됨, 모자람, 불만족스러움 같은 '인 간의 조건' 자체를 두고 하는 말이라고도 볼 수 있다.

　'고'에 해당하는 산스크리트어 '두카'duḥkha라는 낱말은 수레바퀴 축에 기름이 쳐져서 부드럽게 돌아가야 할 곳에 모래가 들어가 삐걱거 린다는 뜻이다. 이를 현대어로 어떻게 번역하면 좋을까? 학자들 중에 는 이 말을 '괴로움', '아픔', '스트레스', '근심', '불만' 등으로 옮기기도 하고, 심지어는 좀 거창한 말을 써서 '비극적 얽힘'tragic entanglement, '끊임없는 좌절'perpetual frustration, '인간으로서의 곤혹'human predicament 등 으로 풀어보기도 한다.

'네 가지 성스러운 진리'四聖諦의 둘째는 집제集諦로서, 괴로움이 어 떻게 일어나는가 하는 '일어남'samudaya의 원인에 대한 진리이다. 괴로 움이 생기는 것은 근본적으로 우리의 '목마름'(산스크리트어 tṛṣṇā, 팔 리어 tanha) 때문이라고 한다. 보통 '갈애'渴愛라 번역되는 이 목마름이 란 집착, 정욕, 애욕, 욕심, 욕정으로서의 목마름을 뜻한다. 우리에게 이런 타는 목마름이 있기에 괴로움이 따르는 것이라는 진리를 깨달아 야 한다는 뜻이다. 집착이란 결국 절대적이 아닌 것을 절대적인 것으 로 잘못 알고 거기에 목숨을 거는 것이다. 이를 종교적 용어로 '우상숭 배'라 할 수 있다. 재물이나 쾌락이나 명예에 집착하는 것도 문제지만, 더욱 큰 문제는 자기의 고정관념에 집착하는 것이고, 더욱 더 크고 근 원적인 문제는 우리 자신에게 집착하는 것이다.

'네 가지 성스러운 진리'의 셋째는 멸제滅諦, 곧 괴로움을 '없앨 수 있음'nirodha에 관한 진리이다. 이것은 인간의 가능성에 대한 위대한 선 언인 셈이다. 우리가 지금은 고통을 당하고 있지만 이제 그것에서 해 방될 수 있다는 가능성과 희망을 선포하는 것이다. 불교적 용어로 하 면 이 고해의 세상에서 열반涅槃 혹은 니르바나를 얻을 수 있다는 기쁘 고 복된 소식이다. '니르바나'nirvāṇa(열반이라 음역)는 어원적으로 '불 어서 끈' 상태라는 뜻이다.

불교에서 말하는 '열반'이 그리스도인들이 생각하는 '천국'처럼 우리가 죽어서 들어가는 무슨 특별한 '장소'쯤으로 생각하기 쉽다. 그러나 열반은 장소가 아니라 우리 속에 타고 있는 욕심과 정욕의 불길을 '훅' 하고 불어서 끈 상태, 그리하여 괴로움 대신에 시원함과 평화로움과 안온함과 놓임과 트임을 느끼는 상태, 바로 이런 '마음 상태'를 말하는 것이다. 무거운 짐을 지고 산을 올라 정상에서 그 짐을 벗어놓을 때처럼 홀가분해지는 기분을 맛보는 것이다.

이런 상태에 들어가면 어떤 기분일까? 붓다는 여기에 대해 분명한 대답을 하지 않는다. 불교든 어느 종교든 이런 지고의 경지에 대해서는 '말할 수 없음'이라는 표현 이외에 달리 표현할 길이 없다고 가르친다. 오직 경험해본 사람만이 알 수 있는 것이지 말로 표현한다고 알아들을 수 있는 것이 아니기 때문이다. 마치 물고기에게 마른 땅을 걷는 것에 대해, 개구리에게 바다에 대해, 모기에게 얼음에 대해, 음치에게 교향곡의 아름다움에 대해 이야기한들 알아들을 수가 없는 것과 같다. 열반이라는 구경의 경지는 말이나 사변의 대상이 아니라 직관과 체험의 대상이라는 것이다. 붓다는 우리가 직접 이런 경지에 이르는 '길'을 가르친 것이고 이것이 바로 다음에 말하는 넷째 진리이다.

넷째, 도제道諦란 괴로움을 없애는 '길'margа을 말하는 진리이다. 이 길의 구체적 내용을 말하는 것이 바로 '팔정도'로서 '여덟 겹의 바른 길'이라는 뜻이다. 길이 여덟이라는 뜻이 아니라 여덟 가지 요소로 구성된 '하나'의 길이다. 그 여덟 가지 구성 요소는 바른 견해正見, 바른 생각正思, 바른 말正語, 바른 행동正業, 바른 직업正命, 바른 정진正精進, 바른 마음 다함正念, 바른 집중正定이다.[31]

---

31 상좌불교(上座佛敎)의 입장에서 '사제 팔정도'를 가장 잘 다루고 있는 책으로, 월폴라 라훌라 지음, 전재성 옮김, 『붓다의 가르침과 팔정도』(한국빠알리성전협회, 2005)를 참조할 수 있다.

무아의 자유

이렇게 붓다가 다섯 수도승에게 '사제 팔정도'를 가르치자 그중 하나
가 먼저 깨달음을 얻었다. 깨달은 본인뿐 아니라 붓다의 기쁨도 이루
말할 수 없었다. 붓다 스스로 "콘단냐는 깨달았다. 콘단냐는 깨달았
다!"고 외친 것으로 미루어보아 가히 짐작할 수 있는 일이다. 이제 콘
단냐는 이른바 아라한阿羅漢(산스크리트어 arhat, 팔리어 arahant) 혹은 줄
여서 나한羅漢이 된 것이다.

사제 팔정도를 가르치신 후 붓다는 계속해서 '무아'無我 · anātman의
가르침을 설파했다. 말하자면 우리가 일반적으로 떠받들고 있는 그런
자아自我는 없다고 공언한 셈이다. 그 당시 힌두교에서는 영원히 변치
않는 실체로서의 '나'我 · atman가 결국 궁극 실재인 브라흐만梵 · Brahman
과 동일하다는 '범아일여'를 가장 중요한 가르침으로 여기고 있었는
데, 붓다는 이처럼 오해되기 쉬운 힌두교 이론에 반해, 우리가 일반적
으로 생각하는 '그런 나'란 결국 실체가 없다는 '무아' 혹은 그런 것은
진정한 나일 수 없다는 '비아'非我를 가르친 것이다.

우리의 '일상적 자아'란 이처럼 실체가 없기에 우리가 거기에 집
착할 가치가 없는 것, 거기서 해방되어야 한다는 것이다. 자아에 대한
집착과 자아중심주의가 모든 말썽과 사고의 근원임을 자각한 윤리적
판단을 형이상학적 이론으로 뒷받침해준 셈이다. 우리의 자아가 이처
럼 허구라는 것을 통찰하게 되면 우리는 그만큼 자유로워지는 것이고,
세상은 그만큼 더 아름다워지는 것이다. 나아가 개인의 자아뿐 아니라
세상에 있는 모든 사물도 이와 마찬가지로 그 자체로 독립적 실체가
아니라고 본다. '무아'를 영어로 'no-self'라고만 하지 않고 'no-sub-

stance'라고도 번역하는 이유가 여기에 있다.

'무아'에 대한 가르침이 끝나자 다섯 명의 수도승 모두가 깨달음을 얻었다. 이렇게 아라한이 된 다섯 명의 제자와 붓다까지 여섯 명이 '상가'Saṇgha라는 이름으로 불리는 불교 공동체의 창립 멤버가 되었다. 이 '상가'라는 말에서 한문의 승가僧伽나 승僧이라는 말이 나왔고, 승단僧團이라는 말도 생겼다. 우리말의 '스님'이나 '스승'이라는 말도 같은 어근에서 나왔다고 한다. 불교 초기 경전에 의하면, 승가에 들어오기 위해서는 "나는 부처님께 귀의합니다. 나는 진리에 귀의합니다. 나는 승가에 귀의합니다"라는 불법승佛法僧 삼보三寶에 귀의하는 삼귀의三歸依을 세 번 외우도록 했다고 한다.

지금 동남아시아에 가면 "Buddham saranam gacchāmi, Dhammam saranam gacchnāmi, Sangham saranam gacchāmi"를 낭랑하게 외우는 어린아이들을 볼 수 있다. 우리나라에서는 최근 이를 "거룩한 부처님께 귀의합니다. 거룩한 가르침에 귀의합니다. 거룩한 스님들께 귀의합니다"라는 노래로 부르고 있다. 물론 '상가'가 '스님들'만이 아니라 진리를 추구하는 모든 이들의 공동체를 뜻한다고 보아야 한다.

이같이 시작한 불교 공동체는 놀라울 정도로 성장했다. 붓다는 45년간 사람들을 가르쳤다. 이제 80세가 되었을 때였다. 그때 그는 베살리 지역에서 걸식을 하며 가르치고 있었는데, 석 달 후면 자신이 열반에 들 것이라고 스스로의 죽음을 예고했다. 어느 날 가까이에서 금세공을 하는 춘다Cunda라는 이로부터 음식을 받아먹고 심한 통증을 느끼기 시작했다. 이 음식이 무엇이었을까?

경전에 나오는 음식 이름의 문자적 뜻 그대로 돼지고기였을 것이라고 하는 사람도 있고, 돼지가 밟고 다니던 밭에서 나온 채소나 버섯 종류라는 사람도 있다. 초기 불교에서는 물론 채식을 주로 하되 완전 채식을 의무화하지 않고, 걸식 도중 주어지는 대로 다 먹었다고 한다. 따라서 돼지고기를 먹었을 수도 있다. 아무튼 통증을 느끼면서도 여행을 계속해 쿠시나가라Kuśinagara라고 하는 곳에 이르렀다.

성 밖에 이르러 큰 나무 사이에 자리를 정했다. 머리는 북쪽을 향하고 오른쪽 옆으로 누웠다. 나무에 갑자기 꽃이 피고 꽃잎이 붓다 위에 떨어졌다. 하늘에서부터는 아름다운 음악과 노랫소리가 들려왔다. 하늘의 신들도 이 순간이 슬퍼서 울었다. 그는 이런 것도 좋지만 제자들이 진리를 올바로 실천하는 것보다 그를 더 기쁘게 하는 것은 없다고 했다.

붓다는 제자들에게 승단의 장래, 장례식 절차, 제자들의 계속적인 수행 등에 관한 지시와 위로의 말을 했다. 아난다는 너무나 슬퍼 잠시 자리를 떠나 울음을 터뜨렸다. 붓다는 아난다를 불러 "모든 것은 변하고 후폐朽廢할 수밖에 없느니라. 아난다야, 어찌 무엇이든 없어지지 않을 수 있다고 생각하느냐?"고 위로했다. 그에게 더욱 열심히 정진하여 완전한 자유를 얻으라고 용기를 주고, 그동안 아난다가 자기에게 보여준 사랑스럽고 진심 어린 보살핌에 대해 칭찬하는 말을 했다.

> 너는 '스승의 가르침이 끝났구나. 이제 우리에겐 스승이 없다'고
> 생각할지 모르나, 아난다야, 그렇게 생각하면 안 된다. 내가 너희
> 에게 가르치고 설명한 것, 진리와 계율이, 내가 가고 난 후, 바로
> 너희의 스승이 되리라.

그러고 나서 제자들에게 불·법·승 어느 것에든 의심되는 것이나 불확실한 것이 있으면 물어보라고 세 번씩이나 말했다. 무엇을 숨기려 '주먹 쥐는 일'을 하지 않았다는 뜻이다. 아무도 물어보는 이가 없자, 그는 드디어, "모든 것은 덧없다. 게을리하지 말고 부지런히 정진하여라"는 마지막 말을 남기고 성불할 때 들었던 것과 같은 선정에 들었다가 고요히 숨을 거두었다. 그 순간 큰 지진이 나고 엄청난 천둥소리가 들리고 사라쌍수라는 나무에서는 때 아니게 꽃이 피어 붓다의 몸에 쏟아져 내렸다. 이때도 출생, 출가, 성도의 날과 같이 보름이었다.

붓다가 입멸하고 난 다음 날 아난다는 주위 성읍에 있는 사람들에게 기별을 전했다. 사람들이 모여 춤을 추고, 음악을 연주하고, 꽃다발과 향을 바쳤다. 시신을 새 천과 솜으로 겹겹이 싸고 향유통에 모신 채 6일간 애곡한 다음, 7일 되는 날 다비를 하고, 그 유골은 열 군데로 나누었다. 붓다의 지시대로 그것을 봉안하기 위해 '사거리'에 각각 봉분을 만들었는데, 그것을 '스투파'stupa라 하였다. 여기에서 한문의 탑파塔婆라는 말이 나오고, 줄여서 탑塔이 되었다.

붓다의 육신은 이처럼 이 세상에서 사라졌지만 그가 남긴 위대한 가르침은 그 이후 많은 사람들을 이끄는 크나큰 진리의 등대가 되었다. 어찌 인류의 위대한 스승의 전범典範이라 하지 않을 수 있으리오.[32]

---

32 붓다에 관한 것은 『불교, 이웃종교로 읽다』를 참조할 수 있다.

나가르주나
Nāgārjuna

―――――

대승불교를 대표하는 사상가

―――――

"연기 법칙에 따라 생겨나는 모든 것은
 공함을 선언하노라"

공의 사상

인도에서 생긴 대승불교의 대표적인 학파로 중관학파^{中觀學派}·Mādhyami-ka와 유가학파^{瑜伽學派}·Yogācāra를 들 수 있다. 중관학파는 반야경^{般若經} 계통의 경전에 나타나는 공^空·śūnyatā사상을 중심으로 하여, 가히 '제2의 붓다'라고 불릴 정도로 위대한 불교 사상가로서 기원후 150년에서 250년 사이에 살았던 인물 나가르주나^{龍樹}·Nāgārjuna(150~250년경)가 창시한 학파이다. 나가르주나는 '공'을 가장 중요한 가르침으로 하고 이를 체계화하였는데, 그의 사상은 그의 저술 중 가장 유명한 *Mūlyamad-hyamakakārikā*^{中論} 등에 조직적으로 나타나 있다.

『반야심경』에서 삼세의 모든 붓다와 모든 보살이 구경의 깨달음을 얻어 붓다가 되고 보살이 된 것도 모두 '공'의 실상을 꿰뚫어 보는 '반야지'^{般若智}·prajñāpāramitā를 통해서라고 주장할 정도로 이 공사상은 불교의 핵심이자 가장 심오한 가르침에 속한다 할 수 있다. 필자도 1971년 초 캐나다에 처음 유학 와서 그해 가을 학기부터 그 당시 중관론의 세계적 대가로 꼽히던 인도인 무르티^{T. R. V. Murti} 교수로부터 일 년 내내 공사상을 배우면서 가끔씩 일종의 지적 희열 같은 것을 체험했는데, 이것은 지금도 아름다운 추억으로 남아 있다. 나가르주나가 설파한 이 심오하고 난해한 사상을 어떻게 이 짧은 지면에서 일반 독자들이 최대한 이해하기 쉽게 설명할 수 있을까. 난감함을 느끼지 않을 수 없다.

나가르주나에 의하면 우리가 이런 반야지를 터득하지 못하고 생사고해에서 괴로움을 당하며 살아가고 있는 근본 이유는 우리가 가지고 있는 '잘못된 견해'邪見·dṛṣṭi 때문이다. 잘못된 견해는 근본적으로 세상을 일반화하고 개념화하는 형이상학적 '언어의 유희'戲論·prapañca에 의해 생겨나는 것인데, 이런 잘못된 견해 때문에 우리는 사물의 실상을 그대로 보지 못하고, 사물들이 마치 우리가 상식적으로 보듯 각각 독립된 실체로 존재하는 것인 양 착각하고 있다는 것이다. 우리는 이런 잘못된 견해를 벗어버림으로 일체의 사물이 결국 '공하다'는 진리를 깨달아야 한다는 것이다. 그러면 이처럼 '공하다'는 것이 구체적으로 무엇을 의미하는가? 편의상 이를 두 가지 면으로 나누어 생각해 본다. 첫째, 우리가 일반적으로 보는 개개의 사물이 공하다는 것, 둘째, 궁극적으로 실재의 참모습이 공하다는 것이다.

첫째, '공'을 사물의 공함emptiness of everything이라는 입장에서 생각할 수 있다. 나가르주나는 "연기緣起 법칙에 따라 생겨나는 모든 것은 공함을 선언하노라"고 했다. 이 세상에서 연기 법칙을 떠나서 저절로 독립해서 생겨나는 것은 아무것도 없다. 그런 뜻에서 우리가 일상사에서 경험하는 모든 사물은 궁극적으로 독립적 실체성이 없다는 것이다. 이를 전문 불교 용어로 하면 일체 사물에는 '자성自性·svabhāva·own-being이 없다' 혹은 '무자성'無自性이라 한다. 우리가 우리의 일상적 감각을 통해 인식하는 일체의 사물은 서로서로의 관계에서 생기는 것으로 그 자체로 독립적이고 궁극적인 실재가 아닌데도 우리의 오도되고 제한된 인식 능력 때문에 그렇게 독립적인 실체인 것처럼 잘못 받아들이고 있을 뿐이라는 것이다.

예를 들어, 우리 앞에 있는 책상은 나무로 만들어지고, 나무는 비,

구름, 햇빛, 공기 등으로 만들어졌다. 또 책상을 태우면 숯이라는 탄소 덩어리가 되고, 이 탄소 덩어리를 적절히 압축시키면 다이아몬드가 된다. 이처럼 우리가 지금 '책상'이라고 하는 이것은 그 자체로서의 본질 essence이나 실체substance를 가지고 있지 않다. 우리가 알고 있는 대로의 '책상'이라는 것은 책상이 아닌 것으로 이루어지고, 그런 의미에서 '자성'이 없다는 것이다.

둘째, '공'을 궁극 실재의 공함emptiness of Emptiness이라는 관점에서 이야기할 수 있다. 우리가 보는 대로의 사물이 궁극적으로 공하다면, 사물의 진정한 본모습은 어떠하다는 것인가? '사물의 진정한 모습'을 전통적 불교 용어로 법성法性, 실상實相 · dharmatā, 진여眞如 · tathatā 등이라 하는데, 도대체 이런 사물의 참된 모습, 참으로 그러함Suchness은 무엇인가? 나가르주나에 의하면 그 실상은 앞에서 지적한 것과 같이 우리가 가지고 있는 일체의 견해를 버리고 반야지를 가질 때 꿰뚫어 볼 수 있는 무엇이라는 것이다. 우리의 일상적 '견해'는 극히 부분적이고 일방적이고 왜곡되고 부정확하므로, 사물의 실상을 보여주기는커녕 오히려 그것을 체험하는 데 치명적 장애가 되기 때문에 이런 견해들을 말끔히 비워버려야 한다는 것이다. 잘못된 견해를 기초로 해서 우리가 궁극 실재에 대해 형성한 일체의 이론, 교설, 개념, 관념, 범주, 체계, 주의, 주장, 독단 등등은 전혀 타당성이 없을 뿐만 아니라 우리를 완전히 오도하고 제약하는 것이기 때문에 우리가 거기에 붙들려 있는 한 그 궁극 실재의 참모습을 꿰뚫어 볼 수가 없다.

이런 의미에서 모든 견해는 본질적으로 잘못되기 마련이다. 궁극 실재를 두고 A라고 해도 틀리고, 또 B라고 해도 역시 안 된다는 것이다. A이면서 동시에 B라 해도 틀리고, 또 A도 아니고 B도 아니라고 해도 역시 안 된다는 것이다. 소위 '사구부정'四句否定 · catuṣkoṭi이다. 이를 구체적으로 표현하면 궁극 실재는 크다고 해도 틀리고 작다고 해도 역시 안 된다. 크기도 하고 작기도 하다고 해도 틀리고, 또 크지도 않고 작지도 않다고 해도 맞지 않다. 궁극 실재는 인간이 상상할 수 있는 어느 범주에도 들어맞지 않는 무엇이라는 뜻이다. 이른바 '언설言說을 이離하다'라느니 '언어도단'이니 하는 표현은 바로 이런 경지를 두고 하는 말이다. 이처럼 사물의 본성은 우리의 생각이나 말로는 상상할 수도 없을 정도로 초월적이기 때문에, 거기에 우리의 일상적 생각이나 말이 적용될 아무것도 없다는 뜻에서 '빈 것', 공이라고밖에 달리 표현할 수가 없다는 것이다.

초월적 지혜

'반야지'의 산스크리트어 원문인 'prajñāpāramitā'란 문자적으로 '저쪽으로 건너감의 지혜', '초월적 지혜', 곧 눈에 보이는 현상세계를 꿰뚫어서 그 너머에 있는 실상의 세계를 보는 지혜, 우리가 이 괴로운 생사의 세계를 건너 자유를 누릴 수 있는 열반의 세계에 이르게 하는 나룻배와 같은 지혜라는 뜻이다. 그러기에 한문으로 '지도'智度 혹은 '도피안'度彼岸이라 번역하기도 한다. 한 가지 명심해야 할 것은 이런 반야지를 가지면 사물을 있는 그대로 볼 수 있게 되므로, 결국 "생사samsara라고 하는 현상세계와 열반이라고 하는 궁극 모습 사이에 구별이 없음"도 보게 된다. 우리가 상식적으로 생각하는 것과 같이, 생사나 열반도 그 자체로서는 별도의 독립적 실체성을 가지고 있는 무엇이 아니기 때문이다. 무명에 따라 세상을 보면 그것이 생사로 보이고, 깨달은 눈으로 세상을 보면 그것이 바로 열반이다. 나아가 반야지로 세상을 보는 사람은 모든 것이 공이라는 것을 알기 때문에 생사나 열반 어디에도 집착하지 않는 절대 자유를 누린다. 그러기에 물론 열반 자체에도 집착하지 않는다. 아무것도 집착하지 않고 생사와 열반을 자유자재로 오갈 수 있는 것이다.

사실 공사상과 모든 면에서 정확하게 같은 것은 아니지만, 여러 가지 면에서 비슷한 생각은 세계 여러 종교의 심층에서 발견될 수 있는 보편적 사상이라 할 수 있다. 쉽게 노자의 『도덕경』 제1장에도 "말로 할 수 있는 도는 진정한 도가 아니다"라고 했다. 힌두교 『우파니샤드』에서도 궁극 실재는 '네티 네티'라고 했다. '이것이라 할 수도 없고 저것이라 할 수도 없다'는 뜻이다. 물론 그리스도교 전통 중에도 똑같지는 않지만 공사상을 생각하게 하는 사상이 많다. 그중에서 제일 먼저 생각나는 것이, 앞에서도 살펴본, 6세기경 시리아에 살았다는 위僞디오니시우스의 신비 사상이다. 그리스도교 신비 전통에 가장 큰 영향을 끼쳤다고 여겨지는 그의 저술 『신비신학』에 보면 궁극 실재로서의 신은 '존재'가 아니며, 따라서 인간의 모든 견해나 인간이 생각할 수 있는 모든 범주를 초월하기 때문에, 신은 '아무것도 소유한 것이 없다'고 했다. 최고의 범주인 '영혼'이니 '영'이니 '신'이니 하는 것은 물론이고 '본질'이니 '영원'이니 '일자'一者니 '신성'이니 하는 것조차도 신에게는 해당이 되지 않는다고 했다. 그야말로 인간적인 견해가 들어가지 않는 '빔' 그 자체이다. 우리 자신이 이런 초월적이면서도 동시에 내재적인 신에 대해 일체의 인간적 생각이나 범주를 말끔히 씻어버릴 때 비로소 신을 직접적으로 체험할 수 있다고 했다. 이런 신학적 태도를 서양에서는 '부정의 신학'이라고 하는데, 이것은 그리스도교 신비주의 전통에서 가장 중요한 개념 중 하나라 할 수 있다.

더욱이 최근에는 나가르주나의 공사상이란 결국 인간의 이성이나 거기에 근거한 모든 이론들을 '해체'deconstruction하자는 작업에 다름이 아니라 보고, 이를 니체, 하이데거, 데리다Jacques Derrida 등에 의해 대표되는 '해체주의', '포스트모던' 사상과 비교하는 논의도 활발하다. 나가르주나가 최근에 논의되는 그런 식의 해체주의자냐 아니냐 하는 문제보다는, 나가르주나를 해체주의 입장에서도 해석할 수 있다고 보는 견해는 가능하다고 생각한다. 물론 니체, 하이데거, 데리다 모두 불교에 대해 조예가 깊은 사람들이라, 이들이 불교에 의해 영향을 받았다고 하는 주장도 가능하다. 비트겐슈타인L. J. J. Wittgenstein이 한 말, "말할 수 없는 것에 대해서는 아무 말도 하지 말아야 한다"는 것도 이런 궁극 실재의 신비성이라는 맥락에서 이해될 수 있을 것이다. 심오한 사상을 지닌 인류의 스승은 어쩔 수 없이 외롭기는 하겠지만 그래도 뜻을 같이하는 벗이 '자원방래'自遠方來하는 것인가?[33]

---

33 나가르주나에 대한 더욱 자세한 논의는 『불교, 이웃종교로 읽다』 152쪽을 참조할 수 있다.

달마
Bodhidharma

동아시아 선불교의 창시자

"진리는 넓고 텅 빈 것으로
거룩하다고 할 것이 아무것도 없습니다"

선불교의 전통

중국 선종의 창시자로 보디다르마菩提達磨 · Bodhidharma (470~534년경)를 꼽는다. '선'禪이란 '선나'禪那라는 말에서 '나'가 생략된 형태인데, 산스크리트어로 '명상'을 뜻하는 '디야나'dhyāna를 음역한 것이다. 이름이 산스크리트어에서 나오고 그 뿌리도 불교인 것만은 사실이지만 선불교는 엄격한 의미에서 인도 불교를 아버지로 하고 중국 도가道家 사상을 어머니로 하여 새로이 태어난 가장 중국적인 불교라 할 수 있다.

선불교는 이런 의미에서 동아시아 '불교의 꽃'이라 해도 조금도 손색이 없을 정도로 불교와 동양 정신의 정수를 모은 것이라 볼 수 있다. 지금 서양에서도 불교라고 하면 실제적으로 거의 선불교를 의미한다고 볼 수 있을 정도로 불교에서 가장 인기가 있는 종파라 할 수 있다. 물론 최근에 와서는 달라이 라마의 영향으로 티베트 불교가 선불교에 버금갈 정도로 많은 주목을 받는 것이 사실이지만, 아직도 선불교의 영향이 지대하다는 데 의견을 달리할 사람은 별로 없다.

한때 "서양 사람들을 두 부류로 나누는데, 한 부류는 선불교를 서양에 소개한 스즈키 다이세쓰를 읽은 사람, 다른 한 부류는 읽지 않은 사람"이라는 농담이 나올 정도로 선불교가 서양에 알려진 것은 서양 정신사에 하나의 중요한 사건이었다. 독일 실존철학의 거장 하이데거는 스즈키의 책을 보고 "내가 그를 정확하게 이해했다면 그는 내가 지금까지 하려 했던 말을 그대로 하고 있다" 했다고 한다. 어느 역사가는 스즈키가 쓴 선에 관한 책의 출판은 서양 정신사에서 플라톤이나 아리스토텔레스의 저작이 라틴말로 번역되어 나온 것에 버금갈 만큼 중요한 의미를 지닌 사건이라고까지 했다.

우리나라에서도 일반 불자들 사이에서 정토 신앙이 우세한 것을 제외하면 전통적으로 선불교가 불교의 주종을 이루고 있다. 특히 우리나라 불교에서는 고려 이후 여러 종파를 통합하여 선禪과 교敎로 나누고, 이 둘 중에서도, 선주교종禪主敎從이나 사교입선捨敎入禪이라 하여, 어디까지나 선을 교보다 우위에 놓을 뿐 아니라, 결국 교는 선을 위한 준비 단계로 보았다. 우리나라의 일반 대중 불자가 우리나라 불교의 이런 선불교적 기풍을 얼마나 이해하고 실천하는가 하는 것은 별개의 문제라 하지 않을 수 없지만, 기본적으로 우리나라 불교는 선불교라 해도 과언이 아니다. 우리나라 불교의 가장 큰 종단인 조계종이 지눌 스님을 창시자로 모시는데 지눌 스님이 선사禪師였다는 것도 우연이 아니다.

선종에서는 물론 선의 전통이 바로 붓다에게서부터 시작되어 달마를 통해 중국에 전해진 것이라고 주장한다. 전설에 의하면 붓다가 한번은 영취산靈鷲山(독수리산)에서 설법을 하는데 아무 말도 하지 않고 조용히 연꽃 한 송이를 청중에게 들어 보였다. 청중 중에서 아무런 반응이 없다가, 오로지 마하가섭Mahākāśyapa·摩訶迦葉만이 그 뜻을 깨닫고 얼굴에 웃음을 띠었다. 붓다는 그 꽃을 마하가섭에게 주면서 "이것으로 '올바른 진리의 눈'正法眼藏을 그대에게 맡기노라"고 했다. 이것이 이른바 '염화시중'拈華示衆 혹은 '염화미소'拈華微笑라는 고사성어의 근원이다. 이렇게 '말 없는 가르침'으로서의 선이 시작되어 계속 내려오다가 제28대조로 보디다르마라는 사람이 나타났다는 것이다. 그는 인도 남쪽 어느 왕국의 셋째 왕자였는데, 자기 스승의 권유를 받아 인도를 떠나 중국을 향해 동쪽으로 왔다. 중국에서는 그의 이름을 줄여 보통 '달마'라고 불렀다. 여기서 "달마가 서쪽에서 온 까닭은?"如何是祖師西來意이라는 화두가 생겼다.

이 이야기가 역사적 사실이라면, 달마가 중국에 온 것이 대략 520년경이라 추산할 수 있다. 그때는 이미 중국에 불교가 화려한 꽃을 피우고 있었다. 특히 양나라 무제武帝는 불교 발전에 지대한 공헌을 한 임금이었다. 달마는 지금의 난징南京에서 무제를 만났다. 무제는 달마대사에게 물었다. "짐은 왕위에 오른 이후 절도 많이 짓고, 불상도 많이 세우고, 불경도 많이 필사하고, 스님들도 많이 도왔는데, 이런 일에 어떤 공덕이 있겠소?" 달마는 "무공덕!"이라는 말 한마디로 그의 말을 일축하고 말았다. '쓸데없는 짓'이라는 것이다. 몇 번의 문답이 오가다가 무제는 달마를 향해 다시 물었다.

"그러면 거룩한 진리聖諦의 으뜸가는 뜻一義는 무엇인고?"

"그것은 넓고 텅 빈 것으로 그 속에는 거룩하다고 할 것이 아무것도 없습니다廓然無聖."

"그렇다면 지금 짐 앞에 있는 이는 누구인가?"

"저도 모르겠습니다."

여기 마지막 대답은 '불식'不識이다. 스즈키는 이것을 "저도 모르겠습니다"로 풀었지만, 사실 "폐하께서는 알 수 없는 일입니다", "누구도 알 수 없는 문제입니다"로 풀어도 된다. 만약 그렇게 풀 수 있다면, 이런 어려운 형이상학적 문제는 논의의 대상이 될 수 없는 법, 어찌 폐하의 질문에 말로 대답할 수 있으리오 하는 뜻이 내포된 셈이다. 빌라도가 예수를 향해 "진리가 무엇인가?" 하고 물었을 때 예수도 "진리를 어찌 함부로 말로 할 수 있으리오" 하는 식으로 빌라도의 질문을 외면했다. 빌라도의 그 엄청난 질문이 '예수가 외면한 그 한 가지 질문'이었듯이 무제의 이 질문도 '달마가 외면한 그 한 가지 질문'이 아니었던가!

아무튼 이런 만남이 역사적 사실인지 아닌지 모르지만, 이 이야기는 무제의 선행善行중심주의적, 율법주의적 종교관에서 탈피하여 어디까지나 깨달음을 중요시하라는 선불교의 기본 태도를 강조하고 있다고 볼 수 있다. 이런 겉치레나 행사 중심으로서의 종교는 진정한 의미의 종교일 수가 없다는 이야기이다.

면벽 참선

그 길로 달마는 양자강을 건너가, 지금 중국 무술과 관계되어 서양 사람들에게도 잘 알려져 있는 숭산嵩山 소림사少林寺로 들어가 벼랑을 마주 보고 앉아 참선에만 정진했다. 사람들은 그를 두고 '벽관 바라문'壁觀婆羅門이라 부르고, 그가 실행한 참선 방법을 '면벽'面壁 참선이라 했다. 그는 한 번도 눕지를 않았다. 잠이 오는 것을 막기 위해 눈꺼풀을 뜯어 던졌는데, 눈꺼풀이 떨어진 곳에서 풀이 나와 지금의 차茶가 되었다는 전설도 있다. 아마 그때 중국 사람들이 인도 사람 달마의 그 큰 눈을 보고 자기들의 눈과 비교하여 눈꺼풀이 없는 것으로 착각한 데서 이런 이야기가 나오지 않았나 하는 생각도 든다. 달마는 앉아서 참선만 하느라 팔다리가 말라버리고 몸통만 남았다. 달마가 소림사에 머문지 9년이 지나 이제 떠날 때가 되었다고 생각했다. 팔다리도 없어졌다는데 어떻게 떠날 생각을 했는지 모르지만, 아무튼 그는 제자들을 불러 각자 그동안 자기들이 깨달은 바가 무엇인지 말해보라고 했다.

한 제자가 나서서 뭐라고 말했다. 달마는 그를 보고 "너는 나의 살갗을 얻었다"고 했다. 다음 제자가 나와서 또 뭐라고 말했다. 이에 달마는 그를 보고 "너는 나의 살을 얻었구나"라고 했다. 다음 제자가 나와서 또 무슨 말을 했다. 달마는 그를 보고 "너는 나의 뼈를 얻었구나"라고 대답했다. 드디어 혜가가 나왔다. 그는 스승에게 경건하게 절을 올린 다음 가만히 서 있을 뿐 아무 말도 하지 않았다. 이에 달마가 그를 보고 말했다. "너는 나의 골수를 얻었구나!"

『장자』에 보면 설결齧缺이라는 사람이 왕예王倪라는 사람에게 한 질문을 네 번씩 했는데, 왕예는 네 번 다 모른다고 했다. 이에 설결은 껑충껑충 뛰면서 기뻐했다고 한다. 왕예는 정말로 진리를 깨달은 사람은 그것이 말로 표현할 수 없는 것임을 절감하고 침묵을 지킬 뿐이라는 사실을 아무 말도 하지 않은 것으로 몸소 보여준 셈이다. 『도덕경』에도 "아는 사람은 말하지 않고, 말하는 사람은 알지 못한다"知者不言 言者不知(제56장)라고 했다. 『도마복음』 제13절에도 거의 같은 이야기가 나온다. 이 이야기는 선의 전통도 이런 '불언지교'不言之教라고 하는 신비주의 일반의 보편적 특색을 가지고 있음을 말해주는 대목이라 하겠다.

이런 선의 기본 정신은 전통적으로 달마가 가르쳤다고 전해 내려오는 그 유명한 다음 구절들에 잘 드러나 있다. 문자에 얽매이지 않는다는 의미의 '불립문자'不立文字, 경전을 떠나서 별도로 전해진다는 뜻에서 '교외별전'教外別傳, 사람의 마음에 직접 다가간다고 해서 '직지인

심'直指人心, 내 본성을 보고 깨침을 이룬다는 '견성성불'見性成佛 등에는 선불교의 뜻이 잘 설명되어 있다.

문자나 의례 같은 것은 결국 '달을 가리키는 손가락'과 같은 역할을 할 때 그 가치를 인정받을 수 있지만 우리가 달을 보는 일을 방해할 경우 잘라버려야 한다. 비록 붓다나 조사라 하더라도 우리가 달을 본다고 하는 그 한 가지 목적에 걸림이 되면 붓다도 조사도 '죽여야 한다'는 것이다. 이른바 '살불살조'殺佛殺祖하라는 것이다. 종교에서 말하는 모든 것이 그 자체의 속성에 따라 성聖과 속俗으로 구분되어 있는 것이 아니라 우리를 깨침으로 인도하면 그것은 그대로 성이요, 방해하면 속이 되는 것이다. 선의 전통은 이처럼 달마를 초조로 하고 2조 혜가를 거쳐 6조 혜능慧能에서 더욱 발전하여 오늘날 우리나라와 일본 등지에서 실행되고 있다.

여기까지 읽으신 독자 여러분에게 감사드립니다. 독자들 중에는 왜 우리나라의 스승들은 많이 다루지 않았을까 의아해하실 분도 계실 것입니다. 저도 우리나라의 스승들을 두루 다루고 싶었습니다. 원효와 의상, 퇴계와 율곡 같은 분들 말입니다. 그러나 원효와 의상은 불교 사상을 계승·발전시켰고, 퇴계와 율곡은 중국의 신유학을 받아들여 나름대로 창조적인 재해석을 시도한 분들입니다. 지금껏 불교 사상과 신유학 사상은 어느 정도 살펴보았기에 불교와 신유학 전통에 선 이런 분들의 사상은 간접적이긴 하지만 어느 정도 알아본 셈이라 할 수 있을 것입니다. 그러나 한국이 낳은 다석 유영모 선생님과 신천 함석헌 선생님의 사상에는 그분들대로의 독창성이 두드러집니다. 그러면서도 동시에 지금까지의 세계 주요 종교에서 발견되는 심층 차원의 사상을 아우르고 통섭하고 있다는 점에서 특히 주목할 만하다고 생각합니다. 이 두 분들의 사상을 살펴보는 것은 어느 의미에서 세계 종교 심층에 흐르는 신비 사상을 총정리하는 작업일 수 있기에 이 책을 마감하는 부분에서 이 분들의 삶과 가르침을 간단히 살펴보기로 합니다.

한국의
스승들

유영모

함석헌

유영모

柳永模

종교의 심층을 통섭한 참 스승

"예수, 석가는 우리와 똑같다.
 유교, 불교, 예수교가 따로 있는 것이 아니다"

기복 신앙의 허구

함석헌의 스승으로 알려진 다석 유영모(1890~1981년)는 우리나라가 낳은 특출한 종교 사상가이다. 다석학회 회장 정양모 신부에 의하면 인도가 석가를, 중국이 공자를, 그리스가 소크라테스를, 이탈리아가 단테를, 영국이 셰익스피어를, 독일이 괴테를, 각각 그 나라의 걸출한 인물로 내세울 수 있다면, 한겨레가 그에 버금가는 인물로 내세울 수 있는 분은 다석 유영모라고 했다.

서울대 농대 학장을 역임하고 성천문화재단을 설립하여 우리나라에서 인문학 진작에 크게 공헌한 유달영도 지금까지 사상의 수입국이던 우리나라가 20세기 다석의 출현으로 사상의 수출국이 될 수 있을 것이라 예견했다. 다석의 제자로 다석에 관한 책을 여러 권 써낸 박영호는 "유영모는 온고지신溫故知新한 인류의 스승으로 손색이 없다"고 했다. 다석이 우리말이나 한문 글자를 가지고 그 속에 숨어 있는 깊은 종교·정신적 뜻을 찾아내는 것을 보면 가히 누구도 따를 수 없는 독창성이 보이기도 하지만, 앞에서 지적한 것과 마찬가지로, 그의 삶과 가르침을 깊이 들여다보면 구조적으로 우리가 지금껏 살펴본 인류의 스승들의 가르침을 여러 가지 면에서 통합 내지 통섭한 면들이 있음을 발견하게 된다.

유영모는 1890년 3월 13일, 서울 숭례문 수각다리 인근에서 아버지 유명근과 어머니 김완전 사이에서 맏아들로 태어났다. 열세 명의 형제자매들이 있었으나 천수를 누린 사람은 유영모뿐이었다. 유영모는 5살 때 아버지로부터 『천자문』을 배웠는데 『천자문』한 권을 다 외웠다. 6살 때부터 서당에서 『통감』統監을 익혔고, 10세에 수하동 소학교에 입학하여 2년간 신학문을 접한 후, 다시 자하문 밖 부암동 큰집 사랑에 차린 서당에서 3년간 『맹자』를 배웠다. 맹자는 예수, 공자와 함께 그에게 정신적 영양의 원천이었다고 한다.

1905년 15세에 YMCA 한국 초대 총무인 김정식의 인도로 개신교에 입문하여 연동교회에 다녔다. 한편 을사늑약으로 나라의 주권을 빼앗긴 후 일본을 더 알아야 한다는 생각에서 1905년 경성일어학당에 입학하여 2년간 일본어를 공부했다. 1907년에는 서울 경신학교에 입학하여 성경, 기독교사, 한문, 영어, 물리학, 천문학, 한국사 등을 배웠다. 1909년 경기도 양평학교에서 한 학기 동안 교사로 일하고, 1910년부터는 삼일운동의 33인 중 하나가 된 남강 이승훈이 세운 평안북도 정주 오산학교의 초빙을 받아 과학과 수학 등을 가르치기 시작했다. 이때 오산학교에 미리 와 있던 춘원 이광수를 만나 동료 교사로 함께 지냈다.

유영모는 오산학교에서 수업 시작 전에 학생들과 머리 숙여 기도하고, 수업 중에는 학과목보다 그리스도교 정신을 가르치는 데 더 열성적인 정통 그리스도인이었다. 유영모의 영향으로 설립자 이승훈도 학교 건물을 예배 장소로 쓰게 했다. 이렇게 시작된 오산학교의 그리스도교 정신에 힘입어 주기철, 함석헌, 한경직 같은 그리스도교 지도자들이 배출되었다.

그러나 유영모 자신은 오산학교를 떠나면서 자기가 오산학교에서 가르치던 그리스도교 정통신앙을 버렸다. 나중에 이 일을 회고하면서 자기가 그때 그리스도교를 가르친 것은 20세에 철도 들지 않은 상태에서 녹음기처럼 들은 것을 그대로 전한 '멀쩡한 일'이라고 했다. 말하자면 표층 그리스도교에서 심층 그리스도교로 자라난 셈이다. 그리스도교에 입교한 지 7년 만의 일이다.

유영모의 제자로서 유영모 사상을 알리는 데 지대한 공헌을 하고 있는 박영호에 의하면 유영모가 이렇게 표층 그리스도교 교리 신앙을 버린 이유는 크게 세 가지라고 한다. 첫째, 톨스토이를 알게 된 것, 둘째, 노자와 불경을 읽게 된 것, 셋째, 두 살 연하의 동생이 요절한 것이다. 1910년 톨스토이의 객사客死로 톨스토이 붐이 일어났을 때 톨스토이의 심층 신앙을 알게 되고, 노자와 불경에서 이웃종교의 가르침의 깊이를 보고, 쌍둥이처럼 붙어다니던 두 살 연하의 동생이 19세 젊은 나이로 죽는 것을 보면서 잘 믿으면 축복받는다는 기복 신앙의 허구를 꿰뚫어 본 것이다. 모두 오산학교에서 교사로 있을 때의 일이다.

유영모는 1912년 오산학교에서 나와 일본 도쿄 물리학교에 입학하여 1년간 다니다가 대학 진학을 포기하고 귀국해버렸다. 예수처럼 참나, 얼나를 깨닫고 하느님의 아들로서 하느님과 이웃을 섬기며 사는 일을 하며 사는 데 대학 교육이 필요한 것이 아니라는 깨달음에 이른 것이다. 마치 원효가 당나라로 유학 가다가 동굴에서 해골에 담긴 물을 마시고 '일체유심조'라는 진리를 깨친 후 유학을 포기한 것과 같은 맥락이었다.

1915년 중매를 통해 알게 된 김효정과 얼굴 한 번 보는 일 없이 결혼하였다. 결혼 후 2년만에 맏아들 의상宜相을 낳고, 2년 터울로 자상自相

相과 각상覺相을 얻었다. 1917년, 가까이 살던 육당 최남선과 교제하며 잡지《청춘》靑春에 「농우」, 「오늘」 등의 글을 기고하였다. 1919년 삼일 운동 때에는 이승훈이 거사 자금으로 기독교 쪽에서 모금한 거금을 맡아서 아버지가 경영하던 경성피혁 상점 금고에 보관하였다. 후에 이것이 발각되어, 유영모 대신 아버지가 105일간 옥살이를 했다.

1921년 유영모는 오산학교 교장이 되었다. 도쿄 유학 중 김정식의 소개로 만난 적이 있는 고당 조만식이 오산학교 교장으로 봉직하고 있었는데, 그가 일제의 탄압으로 교장직에서 물러나게 되자 서른 살이 갓 지난 유영모가 그 자리를 대신한 것이다. 1910년 과학 교사로 봉직했던 유영모는 이제 교장으로 취임하여 수신修身 과목을 맡아 성경, 『도덕경』 등 동서의 경전은 물론 톨스토이, 우치무라, 칼라일 등의 사상을 가르쳤다. 그러나 일제 당국으로부터 교장 인준을 받지 못해 결국 1년 남짓 머물다가 교장직에서 물러날 수밖에 없었다. 그러나 이때 졸업반 학생이었던 11년 연하의 제자 함석헌을 만나 평생 가장 가까운 사제지간의 연을 맺었다. 오산을 떠나면서 배웅 나온 함석헌에게 유영모는 "내가 이번에 오산에 왔던 것은 함咸 자네 한 사람을 만나기 위해서였던가 봐"라고 했다.

'홀로 됨'

서울로 돌아온 유영모는 아버지의 피혁상을 돕다가 아버지가 차려준 솜 공장을 직접 경영하기도 했다. 1927년 YMCA의 연경반 모임을 지도하던 월남 이상재가 돌아가자 유영모는 그 당시 YMCA 총무로 있던 현동환의 권유로 1928년부터 연경반을 지도하기 시작, 1963년까지 약

35년간 계속하였다.『요한복음』등 그리스도교 경전은 물론『도덕경』등 이웃종교의 경전도 강의했다.

1927년 일본 유학을 마치고 귀국한 김교신金敎臣은 일본에서 무교회주의자 우치무라 간조內村鑑三의 성서 모임에 참석하던 한국 유학생 여섯 명과 함께 고국에서도 무교회 신앙을 전파할 목적으로《성서조선》聖書朝鮮이라는 잡지를 내고 성서연구회도 만들었다. 김교신은 함석헌의 소개로 유영모를 만나 동인으로 참여해 달라고 권유했으나 유영모로서는 아직도 표층 그리스도교 차원에 머물고 있던 김교신이나 그의 동료들의 신앙에 전적으로 동조할 수 없었다. 자기도 "열다섯 살에 입교하여 스물세 살까지 십자가를 부르짖는 십자가 신앙"이었지만 이제 톨스토이 같은 '비정통' 신앙을 갖게 되었기 때문이라고 했다.

1937년 겨울 어느 날《성서조선》사람들의 모임에 참석했다가 간청에 못 이겨『요한복음』3장 16절을 풀이했다. 그날 그 자리에 있던 유달영의 보고에 의하면, 유영모는 "하나님이 세상을 이처럼 사랑하사 독생자를 주셨으니 이는 누구든지 그를 믿는 자마다 멸망하지 않고 영생을 얻게 하려 하심이라"고 하는 말을 하느님이 우리 마음속에 하느님의 씨앗을 넣어주셨다는 뜻이라고 하고, 사람은 제 마음속에 있는 하느님의 씨앗을 키워 하느님과 하나 되는 것을 삶의 궁극적 목표로 삼아야 한다고 했다. 석가가 모든 사람의 마음에 불성佛性이 있다고 한 것이나, 공자가 사람은 누구나 마음속에 인성仁性을 가지고 있다고 했는데, 이런 것이 예수가 말하는 영성과 다를 것이 없다고 했다는 것이다. 그의 신앙이 일반 표층 신앙과 얼마나 달랐는가 하는 것을 보여주는 대목이다.

이런 일이 있고 난 후 이른바 정통 신앙인이었던 김교신은 오히려 유영모에게 《성서조선》에 기고를 부탁, 1942년 폐간될 때까지 열한 번 글을 실었다. 이 일로 이른바 '《성서조선》 사건'에 연루되어 김교신, 함석헌, 송두용, 유달영 등과 함께 구금되었다가 다석은 57일 만에, 유달영은 10개월 만에, 나머지는 1년이 지나 풀려나왔다.

1933년 아버지가 암으로 돌아가고 2년 후 아버지가 남긴 가산을 정리하여 종로구 적선동에서 세검정 자하문 밖, 그 당시 경기도 고양군 은평면 구기리, 지금의 서울 종로구 구기동으로 이사, 그 일대에 임야를 사서 과일과 채소를 재배했다. 땀 흘리지 않고 살아가는 불한당不汗黨의 삶에서 20세 때 톨스토이를 알고부터 이상으로 그리던 농촌의 삶을 살게 된 것이다.

1941년 크게 깨친 바가 있어 2월 17일부터 하루에 저녁 한 끼만 먹는 일일일식一日一食을 실행하기로 하고 다음 날에는 온 가족이 모인 자리에서 해혼解婚을 선언했다. "남녀가 혼인을 맺었으면 혼인을 풀어야 한다"는 것이다. 이혼이 아니라 혼인 관계를 유지하면서 오누이처럼 산다는 뜻이라고 했다. 이처럼 시골 생활을 선택한 것이나 해혼을 실행한 것은 '자연 속'에서 '홀로' 은둔하는 기쁨을 누리려는 것이라 볼 수 있다.

사실 이처럼 '홀로 됨'은 심층 종교를 지향하는 이들의 특징 중 하나이기도 하다. 『도마복음』에 보면 예수가 "홀로이고 택함을 입은 자는 복이 있나니, 이는 나라를 찾을 것임이라" 하고, 계속해서 '홀로 됨' 혹은 '홀로 섬'을 강조하고 있다. 하나 됨, 단독자, 홀로인 자와의 홀로 됨alone with the Alone 등의 중요성을 부각하는 것이다. '홀로'라는 뜻의 그리스어 '모나코스'monachos에서 수도사라는 'monk'나 수도원이라는 'monastery'라는 낱말이 파생되었다. 홀로 됨이 종교적 삶에 중요함을 일깨워주는 말이다.

이런 단독자 됨, 홀로 섬, 고독은 종교사를 통해 볼 때 선각자가 당면할 수밖에 없는 운명인 셈이다. 예수도 사람들에게 자기 멍에는 가볍고, 자기를 따르면 쉼을 주겠다고 했지만, 그런 것을 이해하지 못하는 예루살렘을 내려다보며 "우셨다"고 했다. 노자도 자신의 말은 이해하기도 실행하기도 쉽지만, 사람들이 이해하지도 실행하지도 않는 것을 보고 "나를 이해하는 사람이 이렇게 드문가" 하고 탄식했다. 공자도 "아, 아무도 나를 이해하지 못하는구나 (……) 하늘밖에 없구나" 한탄했다. 위대한 성인들의 실존적 고독을 말하는 대목이다.

한 가지 기억해야 할 것은 이렇게 영적으로 앞서 간 사람들이 홀로일 수밖에 없지만, 그렇다고 그들이 언제나 다른 사람들을 떠나 홀로만 살게 된다고 하는 뜻은 아니라는 것이다. 『도덕경』 4장에 '화광동진'和光同塵이라는 말이 나온다. 빛이 부드러워져 티끌과 하나가 된다는 뜻이다. 성인들, 곧 깨친 사람들은 언제까지 고고하게 홀로 지내는 것이 아니라 결국에는 그 빛을 부드럽게 함으로써 일반 사람들과 섞여 하나가 된다는 뜻이다. 빛이 티끌과 하나 되어 우리와 함께 거한다는 '임마누엘' 혹은 '육화'肉化 · incarnation의 논리와 같다. 선불교에서 말하는 '십우도'十牛圖에도 소년이 홀로 집을 떠나 소를 찾지만, 찾은 다음에는 다시 저잣거리로 나가 사람들과 함께하는 것이 그 마지막 그림이 아니던가. 유영모도 시골 생활을 했지만 정기적으로 연경반을 인도하기도 하고, 찾아오는 손님을 맞기도 하며 사람들과 어울렸다.

'솟남'의 상태

유영모는 1년 후인 1942년 1월 4일 '솟남'의 체험을 했다. 이 경험을 그는 "마침내 아버지의 품에 들어갔다"고 표현했다. 자기 마음속에 깃든 '얼나', '참나'를 깨닫고 오로지 그것을 하느님으로 받들겠다는 것이다.

> 우리 마음에는 깊은 곳에 줄기차게 올라가려는 신격인 나가 있습니다. 우리는 모름지기 이 신격의 나인 얼나를 참나로 깨달아야 합니다. 삼독(탐·진·치)의 제나를 쫓아버리고 얼나를 깨달아야 합니다.

박영호는 이를 두고, "유영모는 쉰한 살에서 쉰두 살 사이에 석가, 예수가 깨달은 최고의 경지인 구경각을 이루었다. 이는 공자가 말한 지천명知天命을 이룬 것이다"라고 했다. 유영모는 이런 체험을 한 이후 잣나무로 만든 칠성판을 안방 윗목에다 놓고 방석 겸 침상으로 삼았다. 40년을 이렇게 살다가 숨진 다음에도 그 널판에 눕혀졌다.

유영모는 1940년경부터 다석多夕이라는 호를 사용했다. 낮보다는 밤을 더 귀중히 여긴다는 뜻이다. "한낮의 밝음은 우주의 신비와 영혼의 속삭임을 방해하는 것"이므로 밤이야말로 '영원의 소리를 빨리 들을 수 있는' 시간이라고 했다. '영혼의 어두운 밤'을 지나야 하느님과 하나된다고 가르치는 중세 그리스도교 신비가들의 말을 연상하게 한다.

1943년 음력 설날 유영모는 일식日蝕을 보려고 서울 북악산에 올라갔다. 안개가 온 장안을 덮고 있고 그 위로 아침 해가 불끈 솟는 것을 보았다. 솟아오른 태양으로 황금빛이 된 하늘, 안개로 황금 바다를 이룬 땅, 그 사이에서 자유자재로 유영하다가 허공 속으로 빠져들고 싶은 자신 – 가히 천지인 삼재三才가 하나 되는 경험이었다. 유영모 사상에는 삼재가 자주 등장한다. 예를 들어 한글의 세 개의 기본 모음인 'ㆍ', 'ㅡ', 'ㅣ'를 두고, 그리스도교 십자가는 곧은 사람(ㅣ)이 땅(ㅡ)을 뚫고 솟아올라 둥글고 원만한 하늘(ㆍ)로 통합을 보여주는 상징(十)이라 풀었다.

유영모는 1961년 11월 외손녀와 함께 옥상에 지어놓은 별 관측용 유리방에 올라갔다가 내려오는 중 외손녀가 떨어지려 하자 외손녀를 껴안은 채 3미터 높이의 현관으로 떨어져 의식을 잃었다. 서울대병원에 입원하고 일주일이 지나서야 의식이 회복되었다. 의식이 들락날락하는 상태에서도 "죽는 것은 아무것도 아니다", "예수와 석가는 참 비슷해요. 매우 가까워요. 죽으면 평안할 거야. 무엇을 믿거나 죽으면 모두 평안할 거야" 하는 말을 하고, 의식이 겨우 회복된 후 함석헌이 방문했을 때 『요한복음』 17장 21절, "아버지께서 내 안에, 내가 아버지 안에 있는 것같이 저희도 다 하나가 되어" 하는 말씀과 13장 31절인 "지금 인자가 영광을 얻었고 하느님도 인자로 인하여 영광을 얻으셨도다" 하는 말씀, "이 두 가지가 같은 말씀이야" 하는 등 성경 말씀을 놓고 이야기하기도 했다. 세계 신비주의 사상의 핵심 요소인 신과 인간의 '하나 됨'을 무의식 상태에서마저 다시 확인한 셈이다.

1977년 6월 21일 아침 해가 뜰 즈음 두루마기까지 입고 "나 어디 좀 간다"는 말을 남기고 집을 나가서 이틀간 연락이 없었다. 다음 날 밤 10시경 경찰에서 연락이 왔는데 의식을 잃은 채 북악산에서 발견되었다고 했다. 집에 온 지 3일이 지나 의식이 돌아왔다. 그 후로도 두 번이나 집을 나갔는데, 가족이 뒤를 따랐다. 박영호는 톨스토이가 객사한 것처럼 유영모도 밖에서 죽을 결심을 하고 집을 나간 것이 분명하다고 했다.

유영모는 죽기 얼마 전부터 정신을 놓은 상태였다. 1978년 함석헌 부인의 장례식에 참석하여 추도사를 하는데, 추도사에 어울리지 않는 말을 했다. 1980년 아내 김효정이 세상을 떠났을 때, 함석헌이 장례를 주재했는데, 유영모는 아내의 죽음을 알지 못한 듯했다. 아내가 죽고 6개월 후인 1981년 2월 3일, 유영모는 육신의 옷을 벗고 '빈탕한데'에 들어갔다. 40년간 하루 한 끼씩 먹고 산 삶을 마감한 것이다. 산 기간은 90년 10개월 21일, 날수로 3만3,200일이었다.

지금껏 유영모의 삶을 살펴보았다. 이제 그의 특별한 가르침 몇 가지를 예로 들면서 그의 가르침이 세계 종교사에서 심층 종교가 갖는 보편적 특징을 보여주고 있다는 사실을 재확인하기로 한다.

종교의 심층 차원

첫째, 하느님은 '없이 계신 이'라는 가르침이다. 유영모는 하느님을 두고 불교에서 말하는 공空 혹은 도가에서 말하는 무無와 마찬가지로 '있음'과 '없음'의 어느 한쪽만의 범주로 제약할 수 없는 궁극 실재라 보았다. 따라서 있다고도 할 수 없고, 없다고도 할 수 없다. 결국 있음과 없음을 함께 아우르는 말로 '없이 계심'이라는 말을 만들었다. 그야말로 진공묘유眞空妙有라는 말보다 더욱 실감 나는 우리말이다. 그러나 물론 이런 생각은 힌두교 베단타 전통의 샹카라나 그리스도교 전통의 마이스터 에크하르트를 비롯하여 우리가 지금껏 보아온 거의 모든 심층의 스승들이 체험적으로 알고 주장하던 바라 할 수 있다. 이른바 사구나 브라흐만, 니르구나 바라흐만이라는 긍정과 부정을 동시에 가리키는 말이다.

둘째, '삶은 놀이'라는 가르침이다. 유영모는 삶을 놀이나 잔치로 보았다. "이 세상의 일 (……) 잠을 자고 일어나고 깨어 활동하는 것을 죄다 놀이로 볼 수 있다.", "이 지구 위의 잔치에 다녀가는 것은 너, 나 다름없이 미련을 갖지 말아야 한다.", "우리는 묶고 묶이는 큰 짐을 크고 넓은 '한데'에다 다 싣고 홀가분한 몸으로 놀며 가야 할 것이다. 그리고 종당에는 이 몸까지도 벗어버려야 한다. (……) 다 벗어버리고 홀가분한 몸이 되어 빈탕한데로 날아가야 한다." 그는 이런 생각을 '빈탕한데 맞춰 놀이'空與配享로 요약한다. 하느님이신 공과 더불어 짝을 지어 놀이를 즐긴다는 뜻이다.

『도마복음』 제21절에 보면 마리아가 예수께 "당신의 제자들은 무엇과 같습니까?" 하고 물어보니 예수는 "그들은 자기 땅이 아닌 땅에서 노는 어린아이들과 같습니다. 땅 주인들이 와서 말하기를 '우리 땅을 되돌려달라' 하니, 그 어린아이들은 땅 주인 있는 데서 자기들의 옷을 벗고 땅을 주인에게 되돌려줍니다"라고 했다.

심층 종교인들은 지금의 나, 사사로운 나, 이기적인 나로 살아가는 삶이 궁극적 삶이 아니라는 것을 강조한다. 전통적인 표현으로 "세상에 살고는 있지만 세상에 속하지는 않는다"고 한다. 영어로 'in the world but not of the world'이다. 시인 천상병의 시 「귀천」歸天의 마지막 구절, "나 하늘로 돌아가리라 / 아름다운 이 세상 / 소풍 끝내는 날 / 가서 아름다웠다고 말하리라"를 연상하게 한다.

셋째, 유영모는 '가온 찍기'라는 말을 사용했다. 글자로 'ㄹ'이라 쓴다. 여기서 'ㄱ'은 하늘, 'ㄴ'은 땅, 그 가운데 찍힌 점 'ㆍ'은 사람이다. 하늘과 땅 사이에 있는 한 점, 순수한 주체로서의 나를 가리킨다. 이 순수한 본연의 얼나는 과거나 미래라는 시간에서도 벗어나고 여기 저기라는 공간의 제약에서도 자유로운 존재 자체이다. 말하자면 '영원한 현재'eternal now에 머무는 때 묻지 않은 참나를 가리킨다. 유영모는 "과거는 과장하지 말라. 지나간 일은 허물이다. 나도 조상보다 낫다. 순舜은 누구요 나는 누구냐? (……) 죽은 이들은 가만 묻어두어라. 족보를 들추고 과거를 들추는 것은 무력한 증거다"라고 했다. '과過'라는 글자가 '과거'라는 뜻과 '허물'이라는 뜻을 동시에 가지고 있다는 것은 우연이 아니라고 본다. 그에게는 '오늘'만 있을 뿐인데, '오늘'은 '오+늘', '오~영원!'이다.

넷째, '죽어서 다시 살다'라는 가르침이다. 유영모는 1955년 YMCA 연경반에서 1년 후인 1956년 4월 26일이면 자기가 죽을 것이라고 했다. 물론 이렇게 자신의 사망 일자를 선언한 것은 정말로 그날 죽게 될 것을 예언한 것이라기보다 현재의 몸나와 제나가 죽어야 영원한 얼나로 솟난다고 하는 진리를 확인하는 연습이었다고 보아야 할 것이다. 그는 죽음 공부야말로 인생에서 가장 중요한 마지막 공부라고 하면서, "종교의 핵심은 죽음이다. 죽는 연습이 철학이요 죽음을 없이 하자는 것이 종교다. 죽음의 연습은 생명을 기르기 위해서다"라고 했다. 중세 그리스도교 신비주의자들이 무덤에서 죽음을 두고 명상하던 "죽음을 생각하라"memento mori 수행법을 연상시키는 대목이다.

거의 모든 심층 종교에서는 우리의 '이기적 자아ego, 몸나, 제나'를 없애야 한다고 강조한다. 불교에서 말하는 무아無我나 유교에서 말하는 무사無私, 이슬람의 수피 전통에서 말하는 파나Fana, 자기 죽음이라는 것도 이런 이기적 자아를 없애라는 가르침이다. 예수도 "누구든지 자기 목숨을 구하고자 하는 사람은 잃을 것이요, 나 때문에 자기 목숨을 잃는 사람은 찾을 것이다."(『마태복음』16장 25절)라고 했다. 작은 목숨 – 'life', 'self'를 구하겠다고 안간힘을 쓰고 있는 이상 큰 목숨 – 'Life', 'Self'를 잃어버리게 된다는 것이다. 나의 작은 목숨, 작은 자아를 내어놓을 때 비로소 큰 목숨, 큰 자아와 하나가 되어 그것을 찾게 된다. 작은 자아, 소아小我를 죽이고 대아大我, 진아眞我로 부활하는 죽음과 부활의 역설적 진리를 체득하라는 것이다. 내 안의 의식적이고 자기중심적인 나를 쫓아냄, 『장자』에서 말하는 '오상아'吾喪我 하는 체험도 마찬가지이다. 유영모의 가르침 중 가장 중요한 것 하나가 바로 몸나, 제나에서 죽고 얼나로 '솟남'에 대한 것이다.

다섯째, '하나'라는 가르침이다. 다석 유영모는 "(모든 것이) 하나로 시작해서 종당에는 하나로 돌아간다歸一. 대종교가나 대사상가가 믿는다는 것이나 말한다는 것은 다 '하나'를 구하고 믿고 말한다는 것이다. 신선이고 붓다고 도道를 얻어 안다는 것은 다 이 '하나'이다"라고 했다.

예수는 어린아이와 같지 않으면 하느님의 나라에 들어갈 수 없다고 했는데, 『도마복음』에 보면 예수는 자기가 '나누는 사람'이 아니라고 하고, 아직 할례를 받지 않아 남녀로 나누어지지 않은 상태의 갓난아기처럼 '하나'를 지켜야 비로소 하느님의 나라에 합당한 사람이라고 했다. 『도덕경』 28장 마지막에도 "정말로 훌륭한 지도자는 나누는 일을 하지 않는다"大制不割라고 했다. 분석적이고 이분법적인 세계관에서 해방되어 근원으로서의 하나로 돌아감으로써 양면을 동시에 보는 통전적·초이분법적 의식 구조를 유지한다는 이야기이다.

여섯째, '예수에 대한 믿음'과 대조되는 '예수의 믿음'에 대한 가르침이다.

> 예수는 믿은 이, 압·아들, 얼김, 믿은 이,
> 예수는 믿은 이, 높·낮, 잘·못, 삼·죽-가온대로-숫아오를 길 있음 믿은 이(……)
> 예수는 믿은 이, 없이 계심 믿은 이, 예수는 믿은 이.

이처럼 유영모는 예수를 아버지와 아들이 하나임을 믿은 이, 높고 낮음, 선과 악, 삶과 죽음을 이항대립으로 보는 대신 이를 통합하여 하나로 지양止揚 내지 승화昇華하는 길이 있음을 믿은 철두철미한 '믿은 이'로 이해한다. 여기서 '믿은 이'란 전통적으로 내려오던 어떤 교리 체계나 사상을 무조건 받아들여 답습한다는 뜻이 아니라 스스로 사물의 진실을 깨치고 그 확신으로 산 분이라는 뜻이다. 요즘 말로 고치면 유영모는 예수에 대한 교리를 받아들이는 '예수에 대한 믿음'faith in Jesus이 아니라 예수가 가지고 있던 그런 믿음, '예수의 믿음'faith of Jesus을 강조한 셈이다. 예수가 우리를 위해 십자가에 달리셨다는 것을 믿는 것이 중요한 것이 아니라 "예수는 우리의 대표", "예수의 혈육도 다른 사람과 똑같은 혈육"이므로 예수를 본받음, 그리하여 우리도 십자가에 달림이 중요한 것이라 보았다.

예수가 세상에 태어났다고 하는 "성탄이란 내가 얼의 나로 거듭나는 나의 일이지 남의 일이 아니다. 내 가슴속에 순간순간 그리스도가 탄생해야 한다. 끊임없이 성불해야 한다"고 했다. '참선 기도'를 통해 그의 마음에 '그리스도가 태어남'을 체험한다는 것이다. 유영모는 말로 무엇을 비는 탄원 기도를 하지 않고 조용히 생각을 일으키는 '참선 기도'를 했다. 함석헌이 투옥되었을 때만 예외적으로 '소리 내서 하는 기도'를 드렸다고 한다.

유영모는 또 그리스도인들이 예수의 승천과 재림을 문자 그대로 믿는 것을 못마땅하게 여겼다. 예수가 하늘로 올랐으면 우리도 예수처럼 하늘로 솟아올라야 마땅하거늘 땅에 주저앉아 그의 다시 오심만을 기다리는 것은 부질없는 일이라는 것이다. "예수가 하늘로 올라가신 뒤 신자들은 각자 욕망의 주로 다시 오시기를 바란다.", "그리운 님 따라 오르는 것이 옳은 일인데도 오리라 생각하며 그리워하고만 있는 것은 옳지 않다"는 이야기이다.

일곱째, 생각과 '바탈퇴움'의 가르침이다. 유영모에게 있어서 '생각'은 '각을 낳는 행위', '깨침을 얻는 행위', '이기적인 제나에서 참나와 하나 되는 솟남의 행위'를 뜻한다. 이것은 내 속에 불이 붙어 옛날의 내가 타고 새로운 내가 탄생함을 의미하는 것이기도 하다. 유영모는 "내가 생각하니까 내가 나온다. 생각의 불이 붙어 내가 나온다", "생각은 하느님의 말씀이 '내' 속에서 불타는 것이다", "사람은 말씀이 타는 화로다", "생각하는 것은 기쁜 것이다. 생각하는 것이 올라가는 거야. 생각이 기도야", "머리를 위로 우러러 들게 하는 거룩한 생각은 사람을 영원히 살리는 불꽃이다", "좋은 생각의 불이 타고 있으면 생명에 해로운 것은 나올 수 없다", '바탈퇴움', "나무의 불을 사르듯이 자기의 정신이 활활 타올라야 한다. 바탈은 타지 못하면 정신을 잃고 실성失性한 사람이 된다"라고 역설하였다.

우리가 타고난 작은 바탈을 태우고 새로운 바탈로 솟나야 한다는 것이다. 예수가 "나는 세상에 불을 지폈습니다. 보십시오. 나는 불이 붙어 타오르기까지 잘 지킬 것입니다" 하는 말을 연상시킨다. 물로 받는 세례로는 불충분하고 성령(바람)과 불로 세례를 받아야 함을 뜻하는지도 모르겠다.

여덟째는 '유불도 기독 회통會通'이라는 가르침이다. 다석 유영모는 "예수, 석가는 우리와 똑같다 (……) 유교, 불교, 예수교가 따로 있는 것 아니다. 오직 정신을 '하나'로 고동鼓動시키는 것뿐이다. 이 고동은 우리를 하느님께로 올려 보낸다"고 했다. 유교, 불교, 그리스도교 하는 종교 전통별 차이가 아니라 우리가 지금껏 보아온 대로 표층 종교냐 심층 종교냐를 따지고, 심층일 경우 그것이 어느 전통이든 모두 우리를 참하나와 하나 되게 도와주는 힘을 가지고 있다고 본 것이다.

다석 사상을 널리 퍼트리는 일에 힘쓰는 박재순 교수에 의하면, 다석 유영모의 회통 사상을 가장 잘 드러내는 말이, 앞에서 지적한 '빈탕한데 맞춰 놀이'라는 말이다. '하느님을 모시고 늘 제사 드리는 자세로 살며 즐기자'고 하는 이 말에서 "하느님을 모시는 일은 기독교적이고, 제사 지내듯 정성을 다하는 자세는 유교적이고, 빈탕은 불교적이고, 한데에서 놀자는 것은 도교적"이라는 분석이다. 50여 년 전 배타적인 기독교 일색이던 우리나라의 종교적 분위기에서 그가 이런 종교 다원주의적 태도를 가지고 있었다고 하는 것은 놀라운 일이다.

마지막으로 한마디 덧붙인다. 이 책이 다석 유영모만을 소개하는 책이 아니기에 아쉽지만 그의 가르침 일부만을 소개할 수밖에 없다. 현재 『다석일지』, 『다석강의』 등 다석이 쓰거나 말한 것을 모은 책, 다석이나 다석의 가르침에 대해 쓴 책이 20여 권 된다. 더욱 알고자 하는 분들은 이를 참조하기를 바랄 뿐이다. 아무튼 다석 유영모는 세계 심층 종교들이 가르치는 가르침 중 중요한 것을 모두 독자적으로 받아들여 창의적이고도 독특한 방법으로 표현했다. 그러나 그 가르침의 진수는 동서양 신비주의 전통 밑바닥에 거의 공통적으로 흐르는 생각과 궤를 같이한다. 그의 가르침을 우리 나름대로 우리가 쓰는 일반적 표현으로 고치면 대략 다음과 같다고 볼 수 있다.

첫째, 우리가 깨침이라고 하는 의식의 변화를 통해 지금의 이기적 자아에서 해방되어 나의 참된 나를 발견하게 되면 그것이 곧 내 속에 있는 신, 불성, 혹은 도라고 하는 초월적 요소라는 사실을 알게 된다는 것, 둘째, 이런 요소가 내 안에만 있는 것이 아니라 내 이웃의 속에도 있으므로 신과 나와 이웃이 결국 하나라는 것을 깨닫게 되고, 셋째, 이 깨달음이 이루어질 때 자연스럽게 이웃을 내 몸처럼 사랑하고 섬기게 된다고 하는 것이다. 유영모는 참으로 우리에게 표층적 종교에서 심층 종교의 가르침으로 발돋움하라고 일러주시는 우리의 참된 스승이시다.

함석헌

咸錫憲

심층 종교를 실천한 '한국의 간디'

"신앙에서 신앙으로 자라나 마침내
완전한 데 이르는 것이 산 신앙이다"

유영모의 제자

다석 유영모 선생이 가장 아끼던 제자가 함석헌(1901~1989년) 선생이었고, 함석헌 선생이 가장 존경하던 스승이 유영모 선생이었다. 함석헌 선생은 다석의 1주기에 제자들이 다석 선생의 집에 모였을 때 "내가 부족하지만 이만큼 된 것도 선생님이 계셨기 때문이라는 것을 잘 안다"고 했다. 두 분은 여러 면에서 비슷하면서도 대조적이었다. 우선 11살의 차이였지만 생몰 일자가 거의 같다. 똑같이 3월 13일에 출생하고 돌아가신 날도 유영모 선생님은 2월 3일 저녁, 함석헌 선생님은 2월 4일 새벽으로 몇 시간 차이일 뿐이다. 그야말로 '의미 있는 우연'이라고 할까? 두 분 모두 흰 두루마기를 즐겨 입으셨고, 수염을 기르셨다.

그러나 무엇보다 중요한 것은 두 분의 근본 사상이 여러 면에서 같았다는 사실이다. 두 분 모두 2008년 서울에서 열린 세계 철학자 대회에서 한국을 대표하는 사상가로 소개되었다. 필자로서는 유영모 선생을 뵙지 못한 것이 '천추의 한'이다. 대신 함석헌 선생은 여러 번 뵙고, 1979년 캐나다 에드먼튼에 살 때 필자의 집에 유하시면서 필자가 근무하던 앨버타 대학교에서 교민을 대상으로 강연도 하시고 종교학과 교수들과 대담도 하실 수 있도록 주선한 것은 더없는 영광이라 생각된다.

대조적인 점은 유영모 선생에 비해 함석헌 선생은 키도 크고 외모도 출중하셨다. 그러나 무엇보다 중요한 것은 유영모 선생이 생의 후반에서 비교적 은둔적이고 금욕적인 면이 강했던 데 비해 함석헌 선생은 여러 사람과 함께 어울려 한국 민주화에 직접 참여하시는 등 사회 개혁에도 힘을 많이 쓰셨던 점이라고 볼 수 있다. 신비주의 전통에서 즐겨 쓰는 용어를 빌리면 함석헌 선생은 '행동하는 신비주의자'라 할 수 있다.[34]

마침 함석헌 선생이 「나는 왜 퀘이커교도가 되었는가」 하는 제목의 자서전적인 글을 쓰셨는데, 그것을 토대로 그의 삶을 재구성해본다. 신천 함석헌은 평안북도 황해 바닷가 용천에서 아버지 함형택과 어머니 김형도 사이의 3남 2녀 중 누님 아래 둘째로 태어났다. 5세경 누님이 배우는 『천자문』을 옆에서 듣고 모두 외었다. 6세에 기독교 계통의 사립 덕일소학교에 입학하고 긴 댕기머리를 잘랐다. 함석헌에 의하면 전통 종교가 창조적인 생명력을 잃은 형식적 전통에 불과할 때 '바닷가 상놈'의 고장으로 알려진 자기 마을에 새로 들어온 기독교는 사람들에게 희망과 의욕을 넣어주었다고 한다. 그는 기독교 계통 사립 초등학교에서 '하느님과 민족'을 배울 수 있었던 것을 다행으로 여겼다. "아홉 살 때 나라가 일본한테 아주 망하고 어른들이 예배당에서 통곡하는 것을 보았을 때 어린 마음에 크게 충격을 받았"으나 믿음으로 인해 아주 낙담하지는 않았다고 한다. 후일 함석헌은 자신이 "열세 살까지 지금 생각하기에도 순진한 기독 소년이었다"고 고백한다. 14세에 양시공립보통학교에 입학하고, 16세에 졸업한 다음, 평양고등보통학교에 입학했다. 나중에 의사가 될 목적 때문이었다. 공립학교에 다

34 두 분의 비교는 박영호 지음, 『다석 유영모』(두레, 2009) 137쪽 이하, 박재순 지음, 『다석 유영모』(현암사, 2008) 381쪽 이하를 참조할 수 있다.

니면서 순진성이 많이 없어지고 과학을 배우면서 성경에 대한 의심이 생기기 시작했다고 한다.

평양고보 2학년 17세에 한 살 아래의 황득순과 결혼했다. 3학년 때인 1919년 삼일운동에 참가했다가 학업을 중단하고 수리조합 사무원, 소학교 선생으로 일하기도 했다. 그해 11월 장남 국용이 출생하고 2년 후 장녀 은수가 태어났다. 그는 모두 2남 5녀를 두었다. 그는 이때를 회고하며 "집에서 2년 동안을 있노라니 운동 이후 폭풍처럼 일어나는 자유의 물결과 교육열 속에서 젊은 놈의 가슴이 타올라 날마다 빈둥빈둥 놀면서 썩고만 있을 수가 없었다"고 했다.

1921년 21세에 다시 학업을 계속하려고 서울로 올라왔지만 입학 시기가 지난 4월이라 어디에서도 받아주지 않았다. 그러다가 우연히 길가에서 집안 형 되는 함석규 목사를 만나, 그가 써주는 편지를 가지고 정주 오산학교에 가서 3학년에 편입하였다. 그해 여름이 지나고 유영모가 교장으로 부임하고, 9월 개학식 때 함석헌은 처음으로 유영모를 만나게 되었다. 함석헌에 의하면 그는 유영모의 영향으로 의사가 되겠다는 꿈을 접고, 처음으로 우리나라의 무언가를 찾기 시작했으며 노자도 처음으로 알게 되었다고 한다. 그 결과 "남을 따라 마련된 종교를 믿기보다는 좀 더 참된 믿음을 요구하는 마음이" 생기기 시작했다. 그러나 그는 교회에서 이런 요구를 충족시키지 못한다는 것을 깨닫게 되었다. 더욱이 교회가 '점점 현실에서 먼 신조주의信條主義', 교리중심주의로 굳어지게 되자 교회에 대해 비판적으로 바뀌기 시작했다. 오산학교와 유영모의 영향을 보여주는 대목이다.

'고난의 역사관'

함석헌은 1923년 일본 도쿄로 유학을 갔다. 그해 9월에 난 대지진으로 도쿄의 3분의 2가 타버렸다. 일본 정치가들은 민심수습책으로 조선인들이 폭동을 계획한다는 유언비어를 퍼트려 조선인 수천 명이 학살되었다. 이를 본 함석헌은 "기독교를 가지고 내 민족을 건질 수 있을까?" 번민하기 시작했다. 현실적으로는 사회주의 혁명밖에 다른 길이 없다고 생각되었지만 그렇다고 도덕을 무시하는 사회주의 운동에 가담할 수도 없었다. 오랫동안 기독교와 사회주의 사이에서 고민하게 되었다.

우리나라 형편으로는 교육이 무엇보다 시급하다는 생각에서 일본 유학을 결심한 그 본래의 의도대로 1924년 지금의 교육대학에 해당하는 도쿄 고등사범학교에 들어갔다. 새로 입학한 기쁨에 교회를 찾아가다가 동갑내기이자 학교 1년 선배인 김교신을 만나고, 김교신이 우치무라의 성경 연구회에 나간다는 것을 알게 되었다. 우치무라는 오산학교에서 유영모 선생에게서 이미 들어 알고 있던 인물이었다. 우치무라가 생존 인물인지도 몰랐다가 김교신을 통해 그가 도쿄에 살면서 성경을 가르친다는 사실을 알고 '놀라움과 반가움'을 금할 수 없었다. 함석헌은 존경하는 스승 유영모가 언급한 인물이라는 사실 한 가지만으로 우치무라의 무교회 모임에 참석하기 시작했다.

모임은 별도의 예배 형식이 없이 성경을 읽고 십자가에 의한 속죄를 강조하며 해석하는 것으로 진행되었다. 여기서 함석헌은 "성경이란 이렇게 읽어나가는 것이다" 하는 확신이 들었다. 그러면서 사회주의와 기독교 사이에서 머뭇거리던 번민에서 벗어나 '크리스천으로 나아갈 것'을 결심하게 되었다.

1928년 교육대학을 졸업하고 귀국, 오산학교로 돌아와 역사 선생으로 일했다. 그러나 역사 선생이 된 것을 후회하게 되었다. 역사란 것이 '온통 거짓말투성이'일 뿐 아니라 우리나라 역사가 '비참함과 부끄러움의 연속'이어서, 학생들에게 그대로 가르치자니 어린 마음에 '자멸감과 낙심만' 심어줄 것 같고, 다른 사람들처럼 과장하고 꾸미려니 양심이 허락하지 않았기 때문이었다. 고민에 고민을 한 끝에, 결국 자기에게는 세 가지 버릴 수 없는 것이 있음을 확인했다. 첫째 한민족으로서 민족적 전통을 버릴 수 없고, 둘째 하느님을 믿는 신앙을 버릴 수 없고, 셋째 영국 역사가 웰스H. G. Wells의 *The Outline of History*를 읽고, 그 영향으로 받아들인 과학과 세계국가주의를 버릴 수 없었다. 이 셋을 어떻게 조화시킬 수 있을까? 이 셋을 다 살리면서 역사 교육을 할 수는 없을까?

그러던 어느 날 어떻게 된 것인지 문득 한 생각이 떠올랐다. "고난의 메시아가 영광의 메시아라면, 고난의 역사는 영광의 역사가 될 수 없느냐?" 하는 것이었다. 생각이 여기에 미치자 다시 용기가 나 역사를 계속 가르칠 수 있었다. 말하자면 우리나라 역사의 기조基調 · keynote를 '고난'suffering으로 보는 역사관이 확립되고 이런 역사관에 입각해서 한국 역사를 재해석하기로 한 것이다.

그때 앞에서 언급한 우치무라의 성서 연구 모임에 참석했던 유학생들 여섯 명이 귀국하여 성서 연구 모임을 만들고 《성서조선》이라는 동인지를 발간했는데, 함석헌은 '고난'의 견지에서 한국 역사를 새로 조명하는 글을 연재했다. 이것이 『성서적 입장에서 본 조선 역사』라는 명작이 되어 나왔다. 이 책은 나중에 『뜻으로 본 한국 역사』라는 이름의 개정판으로 나왔고, 유영모의 맏아들이 번역하여 영문판으로도 나왔다.

오산학교에 10년간 있었는데, 그때는 스스로 '십자가 중심 신앙에 충실한 무교회 신자'였다고 했다. 본래 교파를 싫어하여 무교회라는 것이 생겼는데, 아이러니하게도 무교회가 하나의 교파로 굳어가는 것을 느끼고, 또 우치무라에 대한 개인숭배 태도가 보이기도 하는 것 같아 반감이 들기 시작했다. 더욱이 중요한 것은 자주적으로 생각을 깊이 하면서 예수가 내 죄를 대신해서 죽었음을 강조하는 우치무라의 십자가 대속 신앙을 받아들일 수가 없게 되었다. 심정적으로는 무교회주의에서 떠났지만, 그것을 크게 공표하여 부산을 떨 필요를 느끼지 않아 그런대로 몇 년을 지냈다.

오산에 있으면서 우리나라의 구원은 '믿음을 중심으로 하는 교육을 통해 농촌을 살려내는 것'이라 생각하고 자기가 오산에 온 것도 이를 실천하기 위함이라고 믿었다. 1936~1937년 우리의 민족정신을 말살하려는 일본의 식민지정책이 점점 가혹해지자 함석헌은 죽을지언정 이에 맞서야 한다고 하였지만 오산학교 행정자 측이 어쩔 수 없이 타협하는 쪽으로 기울자 그는 평생을 바칠 마음으로 왔던 학교를 떠날 수밖에 없었다. 1938년 봄 "눈물로 교문을 나왔다."

교문은 나왔지만 차마 학생들을 떠날 수는 없었다. 오산에 머물면서 일요일마다 학생들을 만났다. 그렇게 2년을 보내다가, 후배 김두혁이 평양 시외에서 경영하던 덴마크식 송산농사학교를 넘겨주겠다고 하여 1940년 그리로 갔다. 가자마자 설립자가 독립 운동에 가담했다는 혐의로 검거됨에 따라 함석헌도 덩달아 감옥에 들어가게 되었다. 억울하게 1년간 옥살이를 하고 나오니 아버지도 세상을 떠나고 집안이 말이 아니었다. 고향에서 농사를 짓고 있는데, 1942년 김교신이 《성서조선》에 실은 「조와」弔蛙라는 우화 때문에 잡지에 관여했던 사람들이 모두 검거되는 사건이 터졌다. 다시 감옥에 들어가 1년의 옥고를 치르고 나왔는데 이 때문에 나중에 독립유공자 자격으로 대전 국립묘지에 이장될 수 있었다. 출옥 후 다시 농사를 짓고 있는데, 2년 후 해방이 되었다.

함석헌은 이때까지 감옥을 네 번, 그 후로도 세 번 더 들어갔는데, 감옥에 있을 때 얻은 것이 가장 많았다고 한다. 그는 감옥을 '인생 대학'이라 부르고, 감옥 속에서 불교 경전도 보고, 노자, 장자도 더 읽을 수 있었을 뿐 아니라 '어느 정도의 신비적인 체험'도 얻었다고 한다. 이런 경험을 통해 '모든 종교는 궁극에 있어서는 하나라는 확신'에 이르기도 했다. 함석헌은 감옥에서 깨달은 바를 스스로 다음과 같이 정리했다.

이것은 단순히 국경선의 변동에만 그치지 않을 것이다. 인간 사회의 구조가 근본적으로 달라지려는 세계혁명의 시작이다. 세계는 한 나라가 되어야 한다. 국가관이 달라져야 한다. 대국가주의시대大國家主義時代가 지나간다. 세계관이 달라지고 종교가 달라질 것이다. 아마 지금과는 딴판인 형태를 취할 것 아닐까? 종교의 근본 진리야 변할 리 없지만 모든 시대는 그 영원한 것의 새로운 표현을 요구한다. 각 시대는 제 말씀을 가진다. 장차 오는 시대의 말씀은 무엇이며, 누가 받을까? 새 종교개혁이 있기 위해 이번도 새 학문의 풍風이 일어나야 하지 않을까? 그러면 역시 과거의 새로운 해석이 있어야 할 것이다. 새로운 고전古典 연구가 필요하다. 그 고전은 어떤 것일까? 서양 고전이 될 수는 없다. 그것은 이미 다 써먹었다. 그럼 동양 고전을 다시 음미하는 수밖에 없을 거다. 막다른 골목에 든 서양 문명을 건지는 길은 동양을 새로 맛보는 데서 나올 것이다.

특히 종교 문제에 초점을 맞추었는데, 기성 종교는 국가주의와 너무 깊이 관련되었기에 낡은 문명과 함께 역사의 쓰레기통으로 들어갈 수밖에 없을 것이라고 했다. 마치 '종교 없는 그리스도교'를 말한 디트리히 본회퍼나 2천 년 전 예수 탄생 때 동방에서 선물이 온 것처럼 지금도 '동방에서 새로운 정신적 선물이 와야 한다'고 역설한 토머스 머튼을 읽는 기분이다.

　해방 후 사람들의 강권에 의해 임시자치위원회 위원장이 되고, 이어서 평안북도 임시정부 교육부장의 책임을 맡기도 했다. 반공 시위인 신의주 학생 시위의 배후로 지목되어 소련군 감옥에 두 번이나 투옥되었다. 밀정이 되기를 요구하는 소련 군정에 더 이상 견딜 수가 없어 남한으로 넘어왔다. 1947년의 일이다.

씨올의 언어

월남하여서는 무교회 친구들의 협력으로 일요 종교 강좌를 열어 1960년까지 계속하면서 말과 글로 자신의 생각을 펼쳤다. 젊은이들 사이에 그의 사상에 공명하는 사람들이 많이 생겼다. 필자도 「생각하는 백성이라야 산다」 등 그 당시 《사상계》思想界에 실린 그의 글들을 읽었다. 그의 생각이 일반에게 알려지면서 한국 교회는 그를 이단으로 낙인찍고, 그의 무교회 친구들도 그를 멀리하기 시작했다. 세 가지 주된 이유는 그가 십자가를 부정하고, 기도하지 않고, 너무 동양적이라는 것이었다. 그러나 함석헌은 십자가를 부정하는 것이 아니라 '바라보는' 십자가에서 '몸소 지는' 십자가를 강조하였다. 기도도 '형식과 인간끼리의 아첨에 지나지 않는' 공중 기도를 삼갈 뿐이라고 하고, 동양 종교의 '깊은 뜻을 알지 못하고 그저 교파적인 좁은 생각'으로 동양적인 것을 배척하는 것에는 결코 동조할 수 없었다고 한다. 결국 표층 종교에 속한 사람들이 심층 종교로 들어가는 함석헌을 이해할 수 없었던 셈이다.

그러나 이런 일로 구태여 무교회와 결별할 생각은 없었다. 무교회를 떠난 결정적 계기는 '중대한 사건' 때문이었다. 그가 오산 시절부터 간디를 알고 오랫동안 간디를 좋아해 간디 연구회를 만들 정도였는데, 동지들 사이에서 간디의 아슈람 비슷한 것을 만들자는 제안에 따라 1957년 천안에 '씨알농장'을 만들고 젊은 몇 사람과 같이 지내게 되었다. 이때 '도저히 변명할 수 없는 잘못'을 저질렀다. 형세는 돌변했다. 친구들이 모두 외면하고 떠나버린 것이다. 견딜 수 없이 외로웠다. 그러면서 관념적으로 믿고 있고 감정적으로 감격하던 십자가가 본인에게도 다른 사람에게도 아무 소용이 없음을 절감하게 되었다. 그는 그때의 심정을 다음과 같이 표현했다.

십자가도 거짓말이러라

아미타불도 빈말이러라

"우리가 우리에게 죄지은 자를 사하여준 것 같이 우리 죄를 사하

여주옵시고"도 공연한 말뿐이러라

내가 쟝발쟝이 되어보자고 기를 바득바득 쓰건만 나타나는 건 미

리엘이 아니고 쟈벨뿐인 듯이 보이더라

무너진 내 탑은 이제 아까운 생각 없건만 저 언덕 높이 우뚝우뚝

서는 돌탑들이 저물어가는 햇빛을 가리워 무서운 생각만이 든다.

이때를 예견한 것인가? 함석헌은 1947년 월남 이후 지은 그의 시 「그
대 그런 사람을 가졌는가?」에서도 이와 비슷한 심정을 토로하고 있다.

만리 길 나서는 길

처자를 내맡기며

맘놓고 갈 만한 사람

그 사람을 그대는 가졌는가

온 세상 다 나를 버려

마음이 외로울 때에도

'저맘이야' 하고 믿어지는

그 사람을 그대는 가졌는가

탔던 배 꺼지는 시간

구명대救命袋 서로 사양하며

'너만은 제발 살아다오' 할

그 사람을 그대는 가졌는가

불의不義의 사형장死刑場에서

'다 죽여도 너희 세상 빛을 위해

저만은 살려두거라' 일러줄

그 사람을 그대는 가졌는가

잊지 못할 이 세상을 놓고 떠나려 할 때

'저 하나 있으니' 하며

빙긋이 웃고 눈을 감을

그 사람을 그대는 가졌는가

온 세상의 찬성보다도

'아니' 하고 가만히 머리 흔들 그 한 얼굴 생각에

알뜰한 유혹을 물리치게 되는

그 사람을 그대는 가졌는가

스승 유영모마저도 그를 공개적으로 질책하고 끝내 그를 내쳤다. 그러
나 물론 그에 대한 사랑을 버린 것은 아니었다. 『다석일지』에 보면 "함
은 이제 안 오려는가. 영 이별인가" 하며 탄식하는 등 7~8회에 걸쳐
제자 함석헌을 그리는 글이 나온다. 유영모는 "내게 두 벽이 있다. 동
쪽 벽은 남강 이승훈 선생이고 서쪽 벽은 함석헌이다"고 할 정도였다.

심정적으로는 그럴지라도 겉으로는 스승으로부터도 버림받아 홀로 된 그에게 퀘이커가 나타났다. 퀘이커에 대해서는 오산 시절부터 들었지만 '좀 별난 사람들'이라는 정도로만 알고 있었는데, 한국전쟁 후 구호 사업으로 한국을 찾은 퀘이커들을 만나 처음으로 퀘이커 신도가 된 이윤구를 통해 이를 접하게 되었다. '갈 곳이 없는' 상태에서 '물에 빠진 사람이 지푸라기라도 붙드는 심정으로' 퀘이커 모임에 나갔다. 1961년 겨울이었다. 이후 1962년 미국 펜실베이니아주에 있는 퀘이커 훈련 센터인 펜들힐Pendle Hill에 가서 열 달 동안, 비슷한 성격의 영국 버밍엄에 있는 우드브루크Woodbrooke에 가서 석 달 동안을 지냈다. 이때까지만 해도 특별히 퀘이커가 될 생각은 없었다. '하룻밤 뽕나무 그늘 밑에서 자고 가려는 중의 심정'이었다. 그러다가 1967년 미국 북캐롤라이나에서 열렸던 퀘이커 세계 대회에 퀘이커 친우들이 그를 대해주는 데 어떤 책임감 같은 것을 느껴서 결국 퀘이커 정회원이 되었다. 그러면서도 그는 자신의 심정을 다음과 같이 읊었다.

> 그래도 나는 여전히 '수평선 너머'를 내다봅니다.
> 내가 황햇가 모래밭에서 집을 지었다 헐면서 놀 때에 내다보던 수평선, 피난 때 낙동강가에서 잔고기 한 쌍 기르다 죽이고 울면서 내다보던 수평선, 영원의 수평선 너머를 나는 지금도 내다봅니다.

함석헌은 유영모와 달리 현실 참여에 적극적이었다. 1961년 장면 정권 때 국토건설단에 초빙되어 5·16군사정변으로 군사정권이 들어오기 전까지 정신교육 담당 강사로 활동하기도 했다. 1970년에는 잡지

《씨알의 소리》를 창간하여 그의 '씨알사상'을 널리 펼치고 동시에 군사정권에 반대하는 목소리를 대변하기도 했는데, 1980년 신군부의 전두환 정권에 의해 폐간되었다가 1988년 8년 만에 복간되었다. 군사정권에서는 군사독재에 맞서서 1974년 윤보선, 김대중 등과 함께 민주회복국민운동본부의 고문을 맡아 시국선언에 동참하는 등 민주화 운동에 앞장서느라 여러 차례 옥고를 치렀다. 이런 민주화 운동을 인정받아 1979년과 1985년 두 차례에 걸쳐 미국 퀘이커 봉사회의 추천으로 노벨 평화상 후보자로 선정되기도 했다.

1989년 췌장암으로 서울대학교병원에 입원, 2월 4일 새벽 5시 28분, 87년 11개월 가까이를 살고 세상을 떠났다. 함석헌을 따르며 그의 가르침을 받은 박재순 박사에 의하면, 돌아가시기 전 산소호흡기로 생명을 연장시키려 애썼다는데, 스승 유영모가 돌아가신 날에 맞추려고 그런 것이 아니었던가 생각된다고 한다. 장례식은 조문객 2천 명이 오산학교 강당에 모여 오산학교장으로 치르고 경기도 연천읍 간파리 마차산에 묻혔다가, 2002년 8월 15일 독립유공자로 건국훈장이 추서되고, 이에 따라 대전 국립 현충원으로 이장되었다. 영원한 '들사람'에게는 약간 의외의 조치가 아닌가 여겨지는 면도 있다.

함석헌은 동서고금의 정신적 전통에서 낚아낸 깊은 사상을 바탕으로 일생을 통해 일관되게 생명, 평화, 민주, 비폭력 등을 위해 힘쓴 '행동하는 신비주의자', 세간에서 말하는 '한국의 간디'라 할 수 있다. 성경에 보면, "제자가 그 선생보다 높지 못하나 무릇 온전케 된 자는 그 선생과 같으리라"(『누가복음』 6장 40절) 했다. 『도마복음』이나 『장자』에도 비슷한 말이 있다. 유영모 선생님의 제자이지만, 어느 면에서는 스승이 이루지 못한 부분을 보충했다는 의미로 '청출어람이청어람'靑出於藍而靑於藍의 경우라 볼 수도 있지 않을까?

사랑이 이긴다

이제 함석헌의 사상이 어떻게 세계 종교의 심층, 곧 신비주의 전통과 통하는가, 그의 가르침이 어떻게 우리가 살펴본 인류의 정신적 스승들의 사상을 통섭하고 있는가, 몇 가지 예를 들어 간단히 살펴보기로 한다.

첫째는 경전을 '끊임없이 고쳐 해석해야' 한다는 가르침이다.

경전의 생명은 그 정신에 있으므로 늘 끊임없이 고쳐 해석하여야 한다. (……) 소위 정통주의라 하여 믿음의 살고 남은 껍질인 경전의 글귀를 그대로 지키려는 가엾은 것들은 사정없는 역사의 행진에 버림을 당할 것이다. 아니다, 역사가 버리는 것이 아니라 자기네가 스스로 역사를 버리는 것이다.

종교적 진술을 문자적으로 이해하려는 '정통주의나 근본주의적' 태도는 종교의 더욱 깊은 뜻을 이해하는 데 가장 큰 걸림돌이 된다. "성경을 문자적으로 읽으면 심각하게 받아들일 수 없고, 심각하게 받아들이려면 문자적으로 읽을 수 없다"고 한 신학자 폴 틸리히의 말이 생각나는 대목이다. 경전은 달을 가리키는 손가락과 같다. 그 자체로는 의미가 없는 것이다.

둘째는 '자라나는 신앙이 되게 하라'는 것이다.

신앙은 생장기능生長機能을 가지고 있다. 이 생장은 육체적 생명에서도 그 특성의 하나이지만, 신앙에 있어서도 그러하다. 신앙에서 신앙으로 자라나 마침내 완전한 데 이르는 것이 산 신앙이다.

옛 전통을 자랑하는 교회는 낡아빠진 종교다. 우리들만이 유일한 진리라고 말하는 종교는 낡아빠진 종교다. 신학적인 설명을 강요하기 위해 과학을 원수처럼 생각하는 종교도 역시 낡아빠진 종교다.

자라지 않은 신앙은 죽은 신앙, 생명이 없는 신앙이다. 물로 세례를 받은 사람은 다시 바람(성령)으로 세례를 받고 결국에는 불로 세례를 받아야 한다는 『도마복음』의 주장과 일맥상통한다. 우리의 의식구조가 변화를 받아 점점 더 깊은 차원의 실재를 볼 수 있어야 한다는 뜻이다.

셋째는 '하느님은 내 마음속에 있다'는 것이다.

하나님은 다른 데선 만날 데가 없고, 우리 마음속에, 생각하는 데서만 만날 수가 있다.

자기를 존경함은 자기 안의 하나님을 믿음이다. (……) 그것이 자기발견이다.

내 속에 있는 하느님이 바로 나의 가장 '본질적인 나'라는 뜻에서 내 속에 있는 하느님이 바로 나의 참나라 할 수 있다. 내 속에 있는 하느님을 발견하는 것이 바로 나의 참나를 발견하는 것이다. 이런 발견을 일반적으로 일컬어 '깨침'이라 한다. 심층 종교에서 말하는 가장 중요한 요소를 지적하고 있다.

넷째, '예수가 아니라 그리스도'이다.

> 나는 역사적 예수를 믿는 것이 아니다. 믿는 것은 그리스도다. 그
> 그리스도는 영원한 그리스도가 아니면 안 된다. 그는 예수에게만
> 아니라 본질적으로는 내 속에도 있다. 그 그리스도를 통하여 예수
> 와 나는 서로 다른 인격이 아니라 하나라는 체험에 들어갈 수 있
> 다. 그때에 비로소 그의 죽음은 나의 육체의 죽음이요, 그의 부활
> 은 내 영의 부활이 된다. 속죄는 이렇게 해서만 성립된다.

놀라운 통찰이다. 예수는 자기 속에 있는 그리스도 혹은 그리스도 의
식Christ-consciousness임을 발견한 분이다. 우리도 우리 속에 있는 그리스
도를 발견하면 예수와 같은 그리스도 의식에 동참하여 그와 일체감을
느낄 수 있다. 1945년에 발견된 『도마복음』을 비롯하여 심층 종교의
기본 가르침과 일치하는 것이다.

다섯째는 '사랑이 이긴다'는 가르침이다.

> 평화주의가 이긴다.
> 인도주의가 이긴다.
> 사랑이 이긴다.
> 영원을 믿는 마음이 이긴다.

지금까지 살펴본 것처럼, 세계 거의 모든 종교의 신비주의 심층 전통

에서는 나와 하느님이 하나임을 말함과 동시에 나와 다른 이들, 나와 다른 사물들이 결국 일체임을 깨닫는 것이 중요하다고 강조한다. 마이스터 에크하르트의 말이다. "어떤 경우가 천박한 이해인가? 나는 답하노라. '하나의 사물을 다른 것들과 분리된 것으로 볼 때'라고. 그리고 어떤 경우가 이런 천박한 이해를 넘어서는 것인가? 나는 말할 수 있노라. '모든 것이 모든 것 안에 있음을 깨닫고 천박한 이해를 넘어섰을 때'라고."

여섯째는 '너와 나는 하나'라는 가르침이다.

> 나는 나 혼자만 있는 것이 아니다. 남과 같이 있다. 그 남들과 관련 없이 나는 있을 수 없다. 그러므로 나와 남이 하나인 것을 믿어야 한다. 나·남이 떨어져 있는 한, 나는 어쩔 수 없는 상대적인 존재다. 그러므로 나·남이 없어져야 새로 난 '나'다. 그러므로 남이 없이, 그것이 곧 나다 하고 믿어야 한다.

함석헌은 "내 속에 참나가 있다", "이 육체와 거기 붙은 모든 감각·감정은 내가 아니다", "나의 참나는 죽지도 않고, 늙지도 않고, 변하지도 않고 더러워지지도 않는다"고 하면서, 그러나 이것만으로는 부족하고 나와 만물이 하나임을 알아야 함을 강조하고 있다. 가히 사사무애의 경지이다.

일곱째는 '다름을 인정하라'는 것이다.

> 우리의 생각이 좁아서는 안 되겠지요. 우주의 법칙, 생명의 법칙이

다원적이기 때문에 나와 달라도 하나로 되어야지요. 사람 얼굴도 똑같은 것은 없지 않아요? 생명이 본래 그런 건데, 종교와 사상에서만은 왜 나와 똑같아야 된다고 하느냐 말이야요. 생각이 좁아서 그렇지요. 다양한 생명이 자라나야겠는데…….

이사야나 아모스만이 하느님의 예언자가 아니라 동양의 공맹, 노장도 모두 다 하느님의 예언자이다. 궁극적 실재가 인간의 이성으로 완전히 파악될 수 없다는 것을 알면 말이나 문자로 표현된 것의 절대적 타당성을 인정할 수 없다. 궁극 실재에 대한 우리 인간의 견해見解는 그 타당성이 결할 수밖에 없다. 모든 견해가 이럴 진데 나의 견해만 예외적으로 절대로 옳다고 주장할 수가 없다. 자연히 다원적 사고를 인정하게 된다. 거의 모든 심층 종교, 신비주의 전통에서 한결같이 주장하는 바이다.

이런 몇 가지 예만으로도 함석헌의 사상이 유영모의 사상과 마찬가지로 세계 종교의 심층 차원인 신비 전통과 맥을 같이한다는 것을 아는 데 충분하리라 생각한다. 특히 오늘날 우리나라의 종교들이 거의 표층 종교 일색으로 변해 있는 상태에서 이들의 가르침이 얼마나 귀중한가 하는 것을 다시 마음에 새기게 된다. 여는 글에서 언급한 것처럼 독일 신학자 칼 라너나 도로테 쥘레가 미래의 종교는 어쩔 수 없이 심층적인 종교, 신비주의적 종교일 수밖에 없다고 했을 때 유영모·함석헌의 사상에서 미래 종교의 광맥을 보는 듯하다 하면 과장일까?

남기는 화두

지금까지 우리는 인류 역사에서 횃불을 들어준 인류의 스승들을 간략하게나마 살펴보았습니다. 이런 살핌을 통해 발견할 수 있었던 중요한 사실 하나는 종교라는 이름의 같은 지붕 아래 지금의 나를 위하는 데 신명을 바치는 자기중심주의적이고 기복적이고 미성숙한 표층 종교가 있고, 이와 대조적으로 정신적 눈뜸을 통해 지금의 내가 우리가 받들어야 할 궁극 실재가 아니라는 사실을 자각하고 이를 극복하므로 큰 나, 참나, 얼나를 발견함을 궁극 목표로 삼는 심층 종교가 병존하고 있다고 하는 사실입니다.

이런 엄연한 사실 앞에서 우리는 우리 스스로를 살펴보게 됩니다. 우리는 아직 표층 종교에 속한 사람인가, 이제 심층 종교에 속하는 사람인가? 아직 심층 종교에 속하지 않았다 하더라도 심층 종교의 존재를 인지하고 그 차원으로 우리의 눈을 돌리려 하는가, 아니면 아직도 표층 종교를 고집하면서 심층 차원의 종교 자체를 부정하고 그런 차원에 속하거나 그런 차원에 이르기를 바라는 사람들을 정죄하고 욕하는 사람 쪽에 서 있는가?

이것을 필자가 이 책을 끝맺으면서 독자 여러분에게 던지는 화두話頭로 받아주기 바라며 이제 컴퓨터에서 손을 떼고 두 손을 모읍니다.

찾아보기